平實導師 著述

ISBN 978-626-96703-7-6

執著離念靈知心爲實相心而不肯捨棄者，即是畏懼解脱境界者，即是畏懼無我境界者，即是凡夫之人。謂離念靈知心正是意識心故，若離**俱有依**（意根、法塵、五色根），即不能現起故；若離**因緣**（如來藏所執持之覺知心種子），即不能現起故；復於眠熟位、滅盡定位、無想定位（含無想天中）、正死位、悶絕位等五位中，必定斷滅故。夜夜眠熟斷滅已，必須依於**因緣**、**俱有依緣**等法，方能再於次晨重新現起故；夜夜斷滅後，已無離念靈知心存在，成爲無法，無法則不能再自己現起故；由是故言**離念靈知心是緣起法**、**是生滅法**。不能現觀離念靈知心是緣起法者，即是未斷我見之凡夫；不願斷除**離念靈知心常住不壞之見解**者，即是恐懼解脱無我境界者，當知即是凡夫。

——**平實導師**

如聖教所言，成佛之道以親證阿賴耶識心體（如來藏）爲因，《華嚴經》亦說**證得阿賴耶識者獲得本覺智**，則可證實：證得阿賴耶識者方是大乘宗門之開悟者，方是大乘佛菩提之眞見道者。經中、論中又說：證得阿賴耶識而轉依**識上所顯真實性**、**如如性**，能安忍而不退失者即是**證真如**、即是大乘賢聖，在二乘法解脫道中至少爲初果聖人。由此聖教，當知親證阿賴耶識而確認不疑時即是開悟眞見道也；除此以外，別無大乘宗門之眞見道。若別以他法作爲大乘見道者，或堅執**離念靈知**亦是實相心者，則成爲實相般若之見道內涵有多種，則成爲實相有多種，則違**實相絕待**之聖教也！故知宗門之悟唯有一種：親證第八識如來藏而轉依如來藏所顯眞如性，除此別無悟處。此理正眞，放諸往世、後世亦皆準，無人能否定之，則堅持離念靈知意識心是眞心者，其言誠屬妄語也。

——平實導師

# 目次

## 第二輯：

〔以下《成唯識論》卷第三〕



## 第三輯：

第一節　以五教十理印證第八識實有



第二節　別從他義證有第八識

## 第五輯：

第六輯：

## 第七輯：

## 第八輯：

## 第十七章　三種自性性及違教難之辨

## 第三篇　唯識位

## 第九輯：

**第十輯：**

# 自序

「一心說，唯通八識」，是唯識學界有名的標語，意謂：「若主張人們都各只有一心時，則只能名為阿賴耶識一心；但阿賴耶識一心之說法唯通八識心王之理，餘說不通。」然而時至末法之二十世紀末的佛教界，宣稱證悟、已得阿羅漢果的大法師、大居士們，竟然已經無人能懂了。

二十世紀末以教禪聞名的中國兩岸所有大法師們，往往開示曰：「靜坐到離念而在心中都無語言文字時，即是大悟徹底。」例如平實初始弘法之時，臺灣最先以教禪及主持禪七聞名的北部某大法師，甫聞平實所度弟子告知：「人有眞心與妄心，要把眞心找出來，就能眞的了知實相而發起般若眞智。」此大法師竟當場質疑：「人們都只有一個心，哪來的二個心？」竟不信人類同有妄心、眞心。

平實之弟子後時舉說此事時，平實當場答曰：「人類豈止兩個心？總共有八個識呢！《成唯識論》具載分明。」於是有人請求講解《成唯識論》，以明八識正理，是故平實定下日期開始宣講《成唯識論》，時在一九九六年二月六日，於中信局佛學社始講；此起每週於中信局、石牌、建國北路三處同時分別講授，每週各宣講一次；一九九七年新春過後不久，將三處同修們合聚於臺北市中山北路六段某巷地下室正覺同修會初成立時之會址，每逢週二講授一次，於一九九九年十一月九日講授完畢。

此論宣說之當時並未限制聽者必須有證悟等資格，如是前後歷時三年九個月簡要講授圓滿，具足宣說八識心王之理；當然也同時演述了本論中十大論師對於眞如法性、三自性、十因、四緣、五果及增上緣中之二十二根，以及諸心所法，十地各斷一障二愚、得二種智……等百法正義，兼及玄奘對十大論師正訛諸說所作的教判；證明二十世紀末中國所有佛教大法師對佛法之不解，錯將外道常見法認作佛法，墮入離念靈知識陰境界中，故名末法時期。

如是不解佛教眞實法教的事實，非唯臺灣或大陸，乃至全世界佛教其實皆亦如是，證明 佛所預記末法時期眞實無訛。然而深究唯識增上慧學之眞旨，即是《華嚴經》中所說「**三界唯心、萬法唯識**」之眞實理，謂有情的五陰身心包含十八界等法以及所有心所，乃至器世間等，全部都是第八識如來藏阿賴耶識之所變生；所別者，唯有各自變生如十八界，或共同變生如器世間及外六塵。

三界唯心者，十方三界有情的五陰、十八界（含一切有情覺知心所觸知的內六塵），皆唯由各各自有之如來藏阿賴耶識之所變生；三界器世間之任何一個世界，也都是由同一個銀河系世界等共業有情全部的如來藏共同變現成就，包括外六塵。一切法唯識者，謂三界萬法皆唯八識心王和合運作方得成就；由於所見六塵都是自識如來藏所變生故，隨於各個不同有情的所見即有不同。若因業障而有身障者，不得具足八識心王，則少一識或少多識，萬法不得具足成就；十方三世一切世間莫非如此，故曰：「三界唯心、一切法唯識。」

非唯華嚴、唯識等諸經如是說，乃至般若之實證亦是以第八識眞如作爲所證，是故《大般若波羅蜜多經》卷五九七云：「又，舍利子！蘊、處、界等三世之相非深般若波羅蜜多，蘊、處、界等三世之相所有眞如、不虛妄性、不變異性、如所有性，是深般若波羅蜜多。」眞如即是第八阿賴耶識之別名，亦是第八識的法性，是故《大般若波羅蜜多經》卷五六九〈法性品第六〉說：「天王當知！眞如名爲無異、無變、無生、無滅，自性眞實，以無諍故說名眞如，如實知見諸法不生。諸法雖生，眞如不動；**眞如雖生諸法，而眞如不生，是名法身。**」如是以眞如之名指涉第八識心體，並且說明眞如第八識即是法身，能生諸法，是諸法的所依身故。

然八識心王歸結之，唯是阿賴耶識一心，亦名如來藏、異熟識、無垢識，再無他心異法也。謂七轉識皆存在並生活及運行於阿賴耶識中，由阿賴耶識之種子支援方得生住異滅、世世不斷。非但七轉識如是，乃至五色根亦復如是，故說有情之世世五陰十八界等身心，無始劫來不曾外於阿賴耶識心體，始終都由阿賴耶識所含攝。然而八識心王運作之時和合似一，若從表相觀之，竟然似是唯有能覺能知之意識一心；若究其實，總有八識，缺一不可，是故唯識增上慧學中便有此說：「**一心說，唯通八識。**」實乃出於通達《起信論》者之所說也。

復次，宣說一切法相皆來自八識心王之理，依此正理而成立法相唯識宗；然「法相唯識宗」之建立，並非始於唐玄奘大師，而是始於其弟子窺基一代之佛教界，亦非窺基之所建立；所以者何？謂玄奘大師之所弘傳、之所建立者，乃全面性之佛法，具足三乘菩提，並非唯有增上慧學唯識一脈故。玄奘自身亦因所說屬於全面性的整體佛法，是故不曾起意自立宗派，弟子窺基法師自亦深知其理。

後時有人以法相宗或有宗之名，稱呼此一宗派；或以慈恩宗命名之，然窺基本意必然無意建立宗派；意謂佛法不宜割裂而分宗立派，執著其中一法而建立宗派者，其實皆有過失。亦謂慈恩宗所說是七轉識及五色根、六塵都由第八識所生，萬法函蓋器世間等，皆唯八識心王之所生、所顯；並廣敘八識心王及所生諸法互相關聯之正理，兼及三乘菩提之實證，而非單單止於宣說諸法法相，亦非單取第八識眞如或某法、或戒律、或般若密意以建立宗派而已；是故所涉始從二乘解脫道，中則實相般若，末及唯識一切種智，具足三乘菩提，然而佛教界名之爲佛教中之一宗，實有偏頗。

此外玄奘於此論中所說之法又復詳說人我空、法我空之正理，教導眾生求斷我執與法執，斷除煩惱障及所知障，兼攝三乘菩提；是故悉將萬法收攝於空性心如來藏阿賴耶識中，故說「能取空、所取空」，如是詳細顯示能取之七轉識見分及所取之五色根與六塵等相分萬法，悉是空性心如來藏中之法，都攝歸於空性心中；則能取之七轉識及所取之色陰等十一法，乃至諸所有煩惱等心所及善十一法，全都攝屬於空性如來藏心之內。如來藏既名空性而非三界有，如是弘揚如來藏妙法之道場，他人焉得謂之爲有宗？又如來藏既含攝諸法相、名相，然自身從來離諸法相、名相，《佛藏經》中名之爲「**無分別法、無名相法**」，焉得謂爲法相宗？

復有後人以唯識宗之名指稱此宗，亦有過失，謂此宗之法並非單指如來藏阿賴耶識，更非單指依他起性識陰六轉識之虛妄生滅性，亦非單指遍計執性之第七識意根與第六意識，其實廣及八識心王之圓成實等三種自性，以及此八識相應及不相應法、所生及所顯諸法，略說約爲百法，廣則猶如《根本論》所說六百六十法；其中法相之廣之深，並非學術研究、意識思惟之所能稍知，證明此論非單只演述八識或六識，必須有道種智之修證方得勝解其中文義，焉得單稱之爲唯識宗？必欲稱其宗派者，應全名爲法相唯識宗，謂此名方能彰顯其所說「**三界唯心、一切法唯識**」之意涵故；然而仍有過失，謂陷本宗所弘揚之全面佛法於侷限之宗派狀態故，已經昧略玄奘一生所述具足成佛之道全面而整體之內涵故。

復次，玄奘大師於中土出發前往天竺之時，本已恢復其往世所證之慧解脫果，是故早已精通二乘菩提《俱舍論》，而能在到達天竺之前，以彼論降伏西域當代大師木叉毱多即是明證；且是實證慧解脫果而得精通，非如當時木叉毱多一類依文解義者之假謂精通也。然實非僅如此，謂其本有之般若智慧發起而有往世明心、見性之智慧同在，是故出發前往天竺之前，仍在大唐時，才聽聞一次即能上座爲諸僧眾演繹《大般涅槃經》所說明心與見性之道理；然而玄奘此時自知尚非成佛，距離佛地猶遙，隨即探究悟後進修成佛之道，是故發覺大唐國度竟無一經一論，具足宣說可資證悟者進修成佛之全部道次第與內涵；於是不顧大唐國法之禁止，發起大心日伏夜行，祕密前往天竺，甘冒違法之大不韙，欲求菩薩悟後修道成佛之全部內涵——成佛之道五十二位階之內涵與次第，即是《瑜伽師地論》也。

玄奘當時求法及欲弘傳 如來具足完整之佛道內涵極爲心切，乃不顧政府禁令及路途危險，「寧可向西而死，不願東返而生」；幸蒙 觀世音菩薩加持，及重新受生而來之往世弟子各在不同崗位，幫助玄奘成就種種因緣，終能平安到達天竺；亦蒙 文殊菩薩勸令戒賢論師忍受病痛，息滅絕食捨命之念，並加持戒賢論師病痛漸漸消失而得延壽，終能候得玄奘到來而親自傳授《瑜伽師地論》等，使玄奘得聞大乘增上慧學妙法，引發往世之所證而能言及戒賢之所未能言者，令戒賢論師大爲讚歎；然後取得具足演述成佛之道的大部分經論，返回大唐開始傳法及譯經，預先建立南方禪宗所悟於不敗之地。

玄奘於天竺受學之時，次第恢復更多往世之智慧，此事非唯驚覺戒賢菩薩，後來並廣破當時天竺勢力正盛之聲聞部派佛教、假冒大乘僧演說六識論表相佛法等僧眾，亦降伏當時五印一切外道，所憑皆是唯識增上慧學無生法忍之智慧也。

又，玄奘在天竺隨諸菩薩遊學時，佛門凡夫論師們誤會唯識學之主要教派有四：一是小乘六識論的薩婆多部——說一切有部，主張色與心二法都是實有，落在常見中。

二是六識論的聲聞部派佛教凡夫中觀論師一類，例如清辨、佛護等人的空宗一派，主張在勝義諦中，六識心與外境六塵都不是眞實的存在，而在世俗諦的境界中則是心識與六塵實有，如是雙說而自認爲非有非空，自稱證得中道，本質是成爲思惟想像所得的假中道；現代臺灣已故不久的釋印順以及西藏的宗喀巴，和《廣論》學者所建立之應成中觀學派，都是此一流類，實質上兼具斷常二見。

三是攝性歸心而主張只有一個心，可以分成六種作用，不信受另有意根與如來藏各有自己的心性與作用，現代臺灣釋印順與古西藏宗喀巴及兩岸的《廣論》團體兼屬此一流類。

第四種則是認爲人類有眼識等六種心，各有不同的作用，但不會有心所法，更不會有八識不同心所法互相異同的現象，如是類佛門中及佛門外的外道，於現代佛教中已經絕跡。以上是當時天竺佛教主要的四種邪見，至於當時的重要外道則有常見、斷見、數論、勝論、極微等，各有不如理之主張。由於對生命及器世間的眞相如是眾說紛紜，玄奘當時在天竺以「眞唯識量」的意旨，用當地語文爲大眾演說佛法義理，累積了許多過程與經驗，後來以當地文字寫成此論之資料，廣辨十大論師之正訛，作爲與外道及部派佛教凡夫論師論辯時的提示，文義極爲簡約，唯自所知。

玄奘回到大唐譯經期間，由論法故曾與唐太宗言及此事，說明在天竺時曾依如是經歷與內容而寫作了評論十大論師的內容，綜攝佛門內外凡聖等十大論師對世親〈唯識三十頌〉的解釋，將其中的證悟菩薩、聲聞凡夫僧及外道之說，寫下來一併加以評述辨正；本意是作爲自己閱讀，以及與外道論辯時的提示之用，是故字簡義繁。唐太宗聽聞此事之後命其略說義理，聞後大悅而要求玄奘將評點十大論師之說，譯成中文流布；後因弟子窺基法師強力請求綜理十大論師之評而合集成一論，玄奘最後接受整理爲一部，才有《成唯識論》十卷流傳於中國。

然而從論中被玄奘辨正的錯謬對象來看，除了卷一至卷三談論了當年許多外道對生命及萬法來源的謬誤以外，卷四開始大部分是指正部派佛教諸聲聞論師，對大乘法義的錯謬主張。部派佛教那些聲聞論師，不知自己所學、所知都屬聲聞法，往往以大乘僧自居而妄說大乘法義，完全不知自己落入六識論外道法中，猶如今時海峽兩岸諸大法師住於聲聞法中而自以爲是大乘僧。如是部派佛教諸凡夫僧妄將聲聞法說爲大乘法，以證悟之大菩薩自居而各各造論流通；但因其聲聞法及所說大乘法之法義有誤，被人檢擇時即必須演變而有新說，如是事相流傳久之繼續演變之後，便有「大乘佛法弘傳演變」之歷史，並在二十世紀正覺出世弘法之後繼續演變；不明內情之釋印順等人舉之而說，振振有辭指稱「大乘佛法前後演變至今不絕」。

由於此事古今如出一轍，現代佛教界的大法師們亦復如是，同將不正確的聲聞解脫道法義，當作是大乘佛菩提道的法義；細觀此等人所說之佛法演變內涵或過程，其實都與親證大乘法之歷代菩薩眾無涉；正是不懂三乘菩提之異同，妄將二乘小法取代大乘妙法又誤解二乘法之僧人，並且所說的二乘菩提亦是落入常見或斷見之中，自稱是已證佛菩提之人，違犯菩薩重戒之大妄語業及謗三寶而虛妄說法，成爲謗佛及謗法者，枉受三壇大戒。

又，《成唯識論》是破相顯宗，也是攝相歸宗的增上慧學，是表顯「**三界唯心、一切法唯識**」正理的一部妙論，非有無生法忍者不能如實讀懂論中文義；若有文字障者，更無論矣！觀於平實弘法以來三十年中所見，諸多自認爲懂《成唯識論》而評論平實所說錯誤之人，率皆如是錯解論中正義，無一例外；例如二〇〇三年正覺同修會中發動法難的眾人，無一出於其外；乃至近年退轉的琅琊閣、張志成等人，亦復如是廣於網路上貼文，然其所說略解《成唯識論》之文，都與論中所說正義恰好相悖，故說此論極難令人如實理解，即有註釋之必要，始能弘揚深妙法及救護眾生。而此論中破除世間一切相乃至佛法中六無為之相，分明顯示各階位中佛法眞如之宗旨，高舉　釋迦如來之佛地本懷；亦綜攝佛菩提道完整而大概之正理，雖極簡略卻又包含、完括。

云何平實言「《**成唯識論**》**綜攝佛菩提道完整而大概之正理，雖極簡略卻又包含、完括**」？謂本論所說全依《阿含經》、《楞伽經》、《楞嚴經》、《解深密經》正理而加以演繹，並且傍及諸經諸論，由解說相、名、分別、正智、眞如而及於八識心王正義，再由八識心王及其心所之正義，聯結圓成實等三種自性；然後依三自性而與五事、五相、三受、三性、四種眞實……等法，闡釋其間的互相聯結與含攝，具足顯示七種性自性及七種第一義；如是演繹此等諸法與五法八識之聯結，令知佛法體系中的一切法是如何互相關聯，成就「**法住、法位**」之智慧；再教導學人檢視自身是否具足增上緣二十二根善法，及解說十地與等覺地中所應斷之各一障與二愚及應證之法，末說三無性而達佛地眞如境界；如是次第演繹五法、三自性、七種性自性及七種第一義，具足函蓋一切佛法。

再於最末後提出三無性正理，令知佛地眞如之理，以及佛地三身四智之正理，最後究竟轉依佛地眞如而得成佛，具足成就佛地一切種智功德，突顯「**一切法唯識**」之正義。《成唯識論》如是正理，若未證得無生法忍者皆所不知，又其文字極爲簡略而含義甚廣，故說本論極簡略而包含、完括一切佛法，具足成佛之道。

然而《成唯識論》中所說這些正理，都要經由實證第八識及第七識以後學之，方才有體；以能現觀論中所說諸法自性及行相故，所學亦有第八識眞如心作爲所依故，方免臆測想像而得次第邁向佛地。若無實證第七識意根及第八識如來藏之眞如法性而轉依成功者，所學《成唯識論》終究無體，只是臆想而有的思想，或如學術研究一類思惟所得的玄學，皆非義學。如是以之炫耀於世俗人而求名聲者皆可成功，實質上則是誤導眾生者，若論佛道實證則無其分，連見道功德亦無。如是正理，學人應知。

學人若能福慧雙修之後，再求禪宗之證悟，然後親隨大善知識受學，完整通達論中妙理而得各階段之現觀者，輔以廣大福德及解脫道之實證，即可入地，生如來家，成眞佛子，不論身相。然論中法義甚深、甚廣，又復文言極度簡約，揉譯成中文時復因窺基主張教內和諧之故而未指名道姓以論，加以現代佛弟子不知本論寫作當時之佛教界時空背景，是故本論眞義極難理解，非唯已入眞見道位之證悟者仍難理解其義，古今亦多有世俗專作學術研究者加以錯會乃至謬解而梓行成書者，率多依文解義而成爲錯解、謬註。

即使宣稱親聞玄奘口述之後加以記錄之窺基法師，所作《成唯識論述記》（「述記」謂親聞之後憶念而作筆記）中之所說，亦不免偶有錯誤；何況末法時期未悟凡夫不曾實證第八識如來藏而僅作學問研究之人，終究未有一人能予如實註解。以是緣故，今有加以註釋之必要，以饗今世、後世一切如實證悟般若之菩薩眾，作爲如是四眾悟後進修之資；亦擬註釋完成之後，親於正覺同修會增上班中述說時作爲教材，再於述說達到足夠印成一輯時即予梓行，公開發售，以滿足喜愛唯識學之研究者、「專家」或修學者之所需。然於此一註釋中所說，當盡量依現代佛教界人士所知及時空背景而作釋義，於古昔佛教界之邪見及辨正不多作舉述，只舉其中重要的部分而作辨正，以利現代佛教界大眾悟後進修及加行位實修之資。

復觀窺基於《述記》中所說，往往就論中後述之義而於論之前段先行旁徵博引，未作深入又淺白之解釋；加以其註釋亦爲文言，而《大正藏》中對於《述記》之斷句錯誤連連，致令讀者不解《述記》之正旨，故於《述記》及《成論》論文正義悉皆不得如實理解；以是二故《述記》旁徵博引後，凡夫讀者閱之益增迷亂，反失宗旨；詳閱《成唯識論》後亦然，皆不能眞解。

然平實所觀《述記》內容其實瑕不掩瑜，今於此《釋》中，將每一段論文之正義先作語譯，然後一一解釋，以免邪人故意誣爲扭曲；並盡量援引《瑜伽師地論》中的聖教爲證，兼引其他經教旁徵；若窺基法師於《成唯識論述記》中，對論文之解釋符合論文原義者，即予援用，不再於書中解釋；但會在增上班中針對窺基法師的註解加以解釋，增進增上班已悟學員之道業。此外並側重於論文中的義理解釋，務令已悟如來藏者閱之，得以直接理解論文中所述正義而得如實證解，早日通達唯識性、唯識相及唯識位（資糧位、加行位、通達位、修習位、究竟位）之正義，俾能助益悟後進修之道業。然而本書內容雖屬解釋，但文義仍非未悟或錯悟者所能全然了知，但能作爲眞悟而轉依成功者進修種智之用；至於論中部分文義之深入解說等詳細內涵，僅於正覺同修會增上班中廣說，讀者愼勿以爲此書中所說已函蓋《成唯識論》中隱說之全部內涵。

復觀窺基註解論文眞義時所徵引之內涵，又往往係《成唯識論》中之後卷所釋義理，窺基竟於前卷先行引述，讀者未知論中後文所說正理，閱其《述記》文時自然難解，讀之益增困惑，竟無實益。乃至末法時代亦有少數證悟者，由於善知識輕易所助以致所悟極淺，悟後眞妄不分，只是極少分觸證眞如；又因自大而不肯請示善知識之故，閱讀《成唯識論》及《成唯識論述記》時，亦不免誤會論意而對正法及善知識加以妄評，誣謗平實爲不能如實勝解《成唯識論》，造下故謗三寶之大過；今於此《釋》書中則不隨之同作先引，庶免讀者益增困擾。

復次，鑑於末法時代狂慢之人漫山遍野，平實不能不作如下之言：唯有眞實悟入中國禪宗而且轉依成功者，依止第八識的眞如法性之後，追隨眞善知識如實聞熏般若妙法及種智妙義，方能稍解此一鉅論中之深妙義涵；然而悟入禪宗所證眞如之前，必須先有四加行，令得「世第一法」之後方可求悟，否則悟後不能轉依眞如時不免謗法、謗賢聖，招得來世極不可愛之長劫苦痛異熟果報，便如張志成一般救之無用，令人扼腕。

但眞實悟入之後亦未可便作入地之想，務須以非安立諦三品心及如幻、陽焰、如夢等「三種現觀」是否已證，以及「梵行已立」是否現前，以爲入地之引證基礎；非唯如此，入地之前尚須加行大乘安立諦之十六品心及九品心，作爲阿羅漢果是否已證而發起聖性，並作爲相見道位已經確實完成之驗證準繩，以免大妄語而招得未來世長劫極不可愛異熟苦果。

或有閱讀此一《成唯識論釋》者，因閱文中所說似有契入，其實都屬仍未實證之人，以未先修四加行及諸福德資糧包括定力故，六度之修集尚有欠缺故，尚未具足資糧及加行二位的功德，其所謂之悟便成大妄語業，縱使眞悟第八識者亦屬於解悟而無實質。若有已入眞見道位者，亦未可一悟便得入地，由未修得非安立諦三品心及發起地前三種現觀故，仍缺初分無生法忍；亦仍欠缺安立諦十六品心的實修，以仍欠缺親證解脫果所發起之聖性故；如是類人若自謂得悟或已入地者，即不免大妄語業，務必愼之！

若是未悟或未能現觀如來藏眞如法性之讀者，或者雖已確實觸知如來藏而眞妄不分時，其實只是似悟者，更未轉依成功，仍非眞悟，以致未能超越禪宗「毫釐有差、天地懸隔」等公案之考驗；皆應先求大善知識深入勘驗無誤，並加以鉗鎚鍛鍊增上智慧而得轉依成功之後，讀之方免誤解，以免誤犯大妄語業而墮三塗。至於錯悟或解悟之人，則無論矣！

以此緣故籲請佛門四眾愼勿兒戲，必當顧念大妄語業後必得未來無量世極不可愛異熟果，以及未來無量世障道之業障，如《佛藏經》中 世尊所說；勿以短短一世之名聞利養或眷屬爲慮，萬勿以爲閱讀此《釋》文字表義而能理解時，即爲親證唯識增上慧學，便向他人宣稱證悟乃至誇耀入地，免招未來多劫極不如意苦異熟果。是故本《釋》之用意，主要在於幫助實證如來藏而證眞如，並發起般若智慧而得轉依成功之**眞見道位**菩薩，作悟後起修之資，得廣增益**相見道位**等**後得無分別智**；其中所說並非未悟、淺悟者所能現觀，一般聰睿學人讀之，愼勿自認能眞理解，以其未能階於十種諦現觀故。若故作證解之言，示人以證悟或地後聖者之相，來世有殃在，特須留意。

又此《成唯識論釋》原名《成唯識論略釋》，寫作到一半之後，鑑於會中仍有多位聰明伶俐之人，自認能讀懂《成唯識論》眞義，而其實是誤會論意，卻自以爲是而以論文及《述記》之文，舉來質疑平實所弘佛法正理；爲救彼等諸人及顧慮後世亦仍將有如是學人，平實不得不將原爲《成唯識論略釋》之內容，增補而改名爲《成唯識論釋》，並於講後公開梓行，以釋群疑而杜彼等諸人捨壽後下墮之因緣；至於論中原以略釋之方式所作的註解文字，則仍留存不易，或已加以增補爲《成唯識論釋》，合先作此說明以釋或疑。亦因已經增補之後，尚未證悟之人亦得以閱讀而瞭解論文中之眞實義，所餘者即是實修各種福慧資糧及四加行；日後若有因緣入於正覺同修會中，自身亦無實證上之業障者，便得證悟眞如而能現觀唯識性與唯識相之正理，如實進入唯識位，得階勝義菩薩數中。

唯識學本爲菩薩證悟大乘菩提的眞見道之後，所應修學之慧學，實爲入地後所應進修之增上慧學；入地前僅得非安立諦三品心，以及安立諦十六品、九品心，屬於相見道位所得後得無分別智，未到通達位的初地心；於此諸品心實證而具足三種現觀之後，必俟心心無間而成就無間道，並能現觀所證非安立諦三品心之智慧與眞如平等平等方得轉入初地，名爲證得初地眞如；此時再依十大無盡願等增上意樂已得清淨而眞得入地，位在初地入地心，始名見道之通達位。故說唯有親證眞如而如實轉依成功者，方能進修如是唯識增上慧學。

地前證悟菩薩於此唯識增上慧學多屬隨分修學，有助於相見道位中非安立諦及安立諦之實修，而非即能具足實證，是故此《釋》寓含之深義，並非眞見道而有根本無分別智之初悟者所能臆想，當知絕非眞妄不分之似悟者或錯悟者所能現觀而得了知；更非專作學術研究、文字訓詁者所能臆測——尤其是六識論之中觀學者等凡夫，皆屬學術研究專作文字訓詁之依文解義而錯解者，由未眞見道、未除大乘小乘二種眞正見道所斷異生性，係未證人無我及法無我者，亦未廣修相應之福德智慧資糧與定力故；彼等皆未如實勝解唯識正義，所作對於《成唯識論》之註解內容極多錯謬。更有凡夫法師居士錯誤連篇之唯識學著作，而其中所說皆屬相似佛法，混淆正法而嚴重誤導佛法學人者其過甚大，不免嚴重後世果報；讀者於此切宜愼防，以免誤信其言而宣稱入地，招得未來世無量劫之慘痛異熟重報。

又，現代佛教雖然已有諸多註解《成唯識論》[1]的著作傳世，但因諸家之註解言不及義以及嚴重謬解；間有較正確者，仍不免言不及義及部分錯解者，而皆不能詳述。乃至窺基之《成唯識論述記》[2]中，雖宣稱爲「述記」，然而親聞玄奘之演述而於其夜或次日加以記錄時，仍不免有所謬說，以其未能對玄奘之演繹全部生起勝解故，是對《成論》中的法義並未全部具足念心所有以致之。而其《述記》緣於玄奘譯經事業繁忙，窺基及其助造《述記》之弟子亦因自信太過，未曾一一請求玄奘修正，或因窺基晚年體衰未察，是故不免偶爾謬說之過，違背《成論》之意旨，自不得全部引爲最正確之佐證，仍當依止《成論》原本爲主，此亦合先敘明於此。至於《成論》中之多門分別、廣說佛法之義，詳後依於論文次第

1 以下或者簡稱《成論》。

2 以下或者簡稱《述記》。

明解，本序文中即不重贅。

又此《成唯識論釋》[3]之寫作，重在眞悟佛子之悟後進修，特別重在見道前應有之大乘佛法正理，以及眞見道、相見道、通達位等義理之解說，改正窺基法師對見道與初地通達位前所作加行之謬解[4]，救護眞悟佛弟子免於重蹈本會中極少數人似悟之後旁生岐見之覆轍，繼續誤信窺基在此部分之誤註而自以爲入地、成就大妄語業。以此前提著眼，特重於眞見道、相見道、通達位正義之解釋，並舉會中似悟者所經歷之質疑、異議等事爲證，以明眞義而引入眞悟之地，庶免失於大乘見道通達位等三位完整內涵之宗旨，冀得幫助眞悟之佛子們快速進修早得入地。

預估閱讀本《釋》者，約爲二種人：其一、已經眞見道者，讀此《釋》時應先閱讀《成論》本文後再閱讀「語譯」之文，然後再閱「釋義」而思惟之；如是讀完一遍之後，再重讀時只需閱讀論文及「語譯」即可；唯除閱讀「語譯」之時

---

3 以下有時簡稱爲《釋》或「本《釋》」。

4 眞見道前之四加行，大異於入地前安立諦十六品心及九品心之加行，不應混爲一談而將《楞嚴經》中所示入地前應有之安立諦加行移入第七住眞見道位前，謂安立諦十六品心等是眞見道前所攝，其實應於相見道位之末位方所應修，絕非眞見道位前之所修。

尚有未能理解之處，才需再讀該部分之「釋義」，至少前後應讀二遍。

其二、一般修學唯識學而尚未證眞如者，於每次閱讀本《釋》之時，皆需隨於此《釋》中所說，逐字逐句逐段隨順書中次序而閱讀及思惟，不可專讀「語譯」即作爲已知已解，因爲尚未實證眞如之前，皆不可能眞實勝解書中所說；然後一面閱讀之時，即應一面尋求教外別傳之法而求證眞如，直到實證眞如之後再來閱讀，方能確實對論中所說生起勝解而得證果，如是應知。

爲達成此目的，每一段「論文」都先作「語譯」，方便眞悟之佛弟子易於直接契入論中所說法教，免去尋枝摘葉之繁，速得論中正義。若有證悟者於「語譯」中不能快速證解或不能深入理解者，亦可隨後於「釋義」中再作深入理解，而後回歸「語譯」中整合之法義再細讀一遍，即得如實理解「語譯」之內涵；是故本《釋》中雙俱「語譯」及分段「釋義」，以助眞悟之佛弟子四眾。至若《述記》中廣引經、論中之資料，本書「釋義」中或有援引、或予捨略，另作其他經教之援引，皆依《成唯識論》的內容而作抉擇，若有意深入求證者可以依《述記》文中所引自行查證之。

茲以此一《成唯識論釋》開筆在即，此後將以法務以外之零碎時間陸續撰寫；

爰陳述諸端如上，用以爲序，時在二〇一五年四月解三之後。

佛子 **平實** 敬識於竹桂山居

補序：關於此套《成唯識論釋》之著作，原爲《成唯識論略釋》；鑑於本會親教師團中之一員曾經執著《述記》中對於大乘三種見道位階之謬說而提出質疑，隨後由平實加以說明[5]，已解其疑，並於親教師會議中自行要求公開懺悔滅罪，回歸《成唯識論》原有的大乘見道三個位階的正理，已經圓滿一場佛事。但因仍有助教老師張志成等人共同化名琅琊閣者，繼續於網上公開提出質疑並作人身攻擊，平實乃將該大乘見道等辨正內容納入《涅槃》書中，冀其於出版後閱讀而可理解其同一主張之謬誤。

不意《涅槃》出版後，該助教老師等人閱之仍不解其意，繼續以同一網名或本名及他名，而在網路中提出其眞見道即是初地之謬誤主張，並且提出更多謬誤主張而貼網廣傳其謬，對外聲稱平實所說不符《成論》，觀其所說則全部違背《成論》原意。此行爲顯示彼助教老師等人於自身所悟已經失去其念心所，故對禪宗

5 詳見《涅槃》書中之釋義。

所悟內涵自作別異之主張，否定禪宗所悟即是第八識如來藏之事實，更誤會論中所說「心心無間」之「無間道」眞義，主張眞見道時一悟即入初地；並認爲眞見道時心心無間即是具足證得三無性而入初地，成就大妄語業。此是平實愛才而急於重用故，將其證悟之因緣早計成熟，提前幫其快速悟入之過失，咎在平實。

觀其所提出法義，顯示對《成唯識論》產生極多嚴重誤會與謬解，可以言爲完全不懂《成唯識論》；以其撰文流通後貽誤眾生之廣大或深遠，令人不能不側目，以是緣故，平實不得不將此《成唯識論略釋》改爲《成唯識論釋》，後於其中加入更多引證及理證上之解釋，以求後世不再有類似彼助教等人出頭妄說誤導未悟凡夫之愚癡行爲。今作如是補記，說明爲何將《成唯識論略釋》內容增補而成爲《成唯識論釋》，同時更易書名之再一次因由，記於原序文之後。今觀本《釋》內容，總有唯識性、唯識相、唯識位等三篇，共爲二十一章、一〇一節、四六一目，可謂翔實，以奉有緣人，盼皆得力。

時在公元二〇二一年立夏

佛子 **平實** 記於松柏山居

#《成唯識論釋》

## 第一篇 唯識性

### 第一章 略說唯識性——萬法皆唯有識

#### 第一節 緒言

「成唯識論」者，依言表義，謂「成就一切法唯識所成之論議」也，意即六根、內六塵、外六塵、六識、心所……乃至器世間等萬法，皆唯八識心王之所變生，然此等一切所生的生滅法，皆必須匯歸於第八阿賴耶識，因爲七轉識亦是第八阿賴耶識所生故。「經、律」皆爲本師佛 釋迦如來所說，「論」則是諸菩薩所造，專爲演繹 佛所說經中深妙難知之義理，以供一切勝義菩薩悟後進階入地乃至成佛之資；兼爲未悟菩薩生起欣仰之心，求證眞如及道種智、一切種智而作準備。然而自古流傳下來的諸論之中，也有許多大乘法中的凡夫菩薩及聲聞凡夫僧等六識論者所造，例如安惠論師所造的《大乘廣五蘊論》，佛護、清辨……等人亦復如是造論，所說即是密宗的應成派或自續派等六識論的中觀邪見，所說皆是意識境界，法義錯謬萬般，全無中道觀行之義，不可據以爲憑，後世學人如是應知。

此《成唯識論》中之文義，目的在於表顯三界萬法皆唯八識心王和合運作之所生所顯；若離八識心王，即無任一有爲法可得出生，亦無任一無漏法與涅槃之可顯示。若探究八識心王之原本時，則七轉識及其心所等全部攝歸妙眞如心，亦名阿賴耶識、異熟識、如來藏，佛地易名爲無垢識，故云「**三界唯心**」，三界萬法皆唯第八識眞如心而有故，生起之後亦是依附於此第八妙眞如心而運行故。

第八識心自住之現量境界即是實相境界，即是大乘菩薩所證之本來自性清淨涅槃，如是性淨涅槃即是二乘無學聖人入無餘涅槃後的境界，都非未悟或錯悟之人所能臆測。此心廣有多名：如來藏、阿賴耶識、異熟識、無垢識、阿陀那識、心、眞如、無心相心、非心心、無住心、不念心、無分別法、無名相法、涅槃、法界、法性、不虛妄性、不變異性、平等性、離生性、法定、法住、實際、虛空界、不思議界……。一切外道所說創造器世間及有情生命之大梵天王、大自在天、祖父、宇宙本源、冥性、常、造物主、天父……等無量名，其實皆是指涉此心；然諸外道無明所障，不曾親證此心，皆墮臆想測度分別妄想之中，是故說爲上帝、大梵天王、天父、祖父、造物主等無量名，以致廣有諸種邪見流傳於世，墮於六十二外道見中，悉皆不外於此。

二乘聖者悉知必有此心常住，於二乘經中說爲「**諸法本母**」，名之爲「識」，由是緣故「**因外無恐怖，因內無恐怖**」，確認死時入無餘涅槃後並非斷滅，方得實斷我見、我所執、我執等，不墮蘊處界入之中，於聲聞菩提、緣覺菩提得有實證。如是事實具載於《阿含經》中，今猶可稽者，如《中阿含經》卷五十四〈大品第二、阿梨吒經第九〉所載，拙著《阿含正義》書中亦多所舉證。

若非有此「**諸法本母**」第八識實存之認知而確信無疑，則聲聞菩提四聖諦即無由實證，必墮五陰我之變相中而自以爲親證菩提，墮入大妄語業中；睽於末法時代海峽兩岸各大山頭諸大法師們之同一所墮，再徵之於《阿含經》中比丘眾實證聲聞解脫果之事實，復徵之於 世尊演繹因緣法時，先詳述十因緣法之逆觀與順觀，令大眾先行成就黑品法及白品法之現觀，然後演說十二因緣法之順觀與逆觀，同樣說之爲黑品法、白品法等，一一具文可稽，無可質疑。龍樹菩薩亦依此第八識妙眞如心而造《中論》，有智之人當信此識爲眞、爲實，莫認佛法意涵爲假、爲虛，自墮佛護、清辨、宗喀巴之自生論或釋印順等人之無因論、共生論中，則佛道之實證方有可冀。

此謂三乘菩提之實證，其精進修習者不論是哪一乘的實修，皆必須先以八識心王正理之深信、得忍爲前提，方有實證之可能；捨此八識論正義而依止密宗自續派、應成派中觀之六識論者，必墮粗意識或細意識等三界境界中，欲求聲聞道、緣覺道之實證，即使求斷我見尚無可能，何況斷我執、我所執等？求出三界生死諸苦即成奢談，欲求佛智更無論矣！此謂捨此第八識眞實心，更無實相般若之可證，謂般若深義中之「**眞見道**」證眞如者，即是現觀第八識如來藏之妙眞如性也，是故《成唯識論》最末後說：「**眞如亦是識之實性，故除識性無別有法。**」

眞如既是第八識於蘊處界入等諸法運行中，所顯現之眞實與如如法性，乃竟有人否定第八識之恆存以後，仍求眞如之實證，甚而宣稱已經實證佛地或諸地眞如者，皆愚人也，離第八識心體之運行時即無眞如之可見、可證故，如是而求證眞如或言已證眞如者，皆屬心外求法之外道。自從正覺同修會成立及弘法以來，如是推翻第八識之邪說者層出不窮，已有三次推翻八識論之法難具體事例發生；可知學佛之前必須先認知人人都有八識，遍十方三世法界亦皆無有超越八識之正理，如是八識不增不減之正見建立已，方可實證眞如及免於退轉。今於此書出版前之琅琊閣、張志成等一群人，於網路上公開主張證三無性者即是證眞如，以三無性的思想作爲證眞如的現觀，成爲心外求法者；觀乎彼等否定此識等謬文，亦可知如是正理矣！

又三界世間——器世間，實由共業有情之如來藏所共生者；諸有情之五陰或如無色界之四陰世間，則由各各有情自身之如來藏各別出生；《華嚴經》因此而廣宣「**三界唯心、萬法唯識**」之正理，至今末法之世，亦仍多有眞學實修之佛弟子四眾一一親證而現觀之，便見二乘聖者所證有餘、無餘涅槃，本是依此第八識心獨住之不生不滅境界而方便分別施設，並非究竟。如是實證第八識而現觀本來自性清淨涅槃之佛弟子四眾，皆得以此實證之現觀而共相證明：若捨第八識心如來藏，則無三界器世間及有情之存在，自無二乘涅槃與大乘般若之可實證，亦無諸地道種智之可修可證，而三界世間亦無生住異滅不斷循環等事相存在之可能，佛道究竟極果一切種智之實證亦復成爲空談。以是緣故，證明三界世間與諸萬法，實皆由八識心王之所成就、之所建立、之所實證、之所現觀；演繹如是正理之議論，即名之爲「**成唯識論**」。至若琅琊閣等人於網路上否定**此識之實證爲大乘見道**者，其知見之敷淺與無知即無需與論也，無知之人而自以爲全知，卻來否定實證之善知識，要求善知識要隨同學術界等尚未實證之凡夫所說，確實不可與語也。

至於本論中依於現量而以種種門、辨識當時佛門十大論師中之眞正論師，以及大乘法中的凡夫論師及四大外道之錯謬主張，並據理、依教加以辨正者，意在普令佛門四眾悉知凡夫論師與聲聞論師之所墮，亦得以了知外道之邪見，比對之下即得明了正法之異於凡夫、外道所在，令佛門四眾因此易於入道；若不舉例加以比對，則四眾弟子即難以輕易理解正法與外道或凡夫異見之迴異所在。以是緣故，玄奘大師於論中說「**若不摧邪，難以顯正**」，誠至理也。於此論中以種種門而論辯之各種法義，今勿先舉，讀者隨後釋論之時一一閱之，並同時加以思惟、觀察，即得漸知也。

## 第一目　造論者爲玄奘菩薩

**論文：「護法等菩薩造，三藏法師玄奘奉　詔譯。」**

**釋義：**先述《成唯識論》創造之緣起，隨後說明此論爲何是玄奘所造，然於本論中竟說爲「**護法等菩薩造**」之緣由。

釋迦如來本爲古佛，已於無量無邊百千萬億那由他劫之前成佛；爲應往昔同生於轉輪聖王家中的千位兄弟相約次第成佛之願力，於賢劫中再度前來娑婆世界示現，成爲賢劫千佛中的第四佛。釋迦古佛二千五百年前再來示現成佛及入滅度後，文殊師利、觀世音、維摩詰、央掘魔羅、大勢至等菩薩眾，或隨　釋迦古佛前往其餘星球世間繼續示現八相成道等事，利樂眾生；或回到各自的淨土世界或本師佛世界，繼續自己的弘化大業或輔佐本師佛的弘化大業，留下此界所度已經入地之諸聖弟子繼續住持正法。

此娑婆世界正法期過後，像法期屆臨，諸聖弟子轉生多世以來，或往生色究竟天、或往生兜率天彌勒內院、或往生於 如來重新示現之世界繼續追隨；以是緣故，本來有極多位地上菩薩共同住持正法之現象因此改變，此界住持正法之聖弟子漸漸減少，五百年後絕大多數法師所說法義多屬相似像法；只能依文解義故，所說佛法已屬像似佛法而非眞正佛法，故名此一時期爲像法時期，此爲 如來入滅已過五百年後之佛教界漸漸演變成就之景象；直至 如來入滅五百年後到一千五百年中之一千年間，正法與像法流行一如 佛陀當年所記，並無差池。

逮至 如來入滅一千五百年過後，趨向末法時代所將出現的現象亦已出現，例如諸師所說「佛法」多屬外道見，若非同於常見外道墜入意識心中，主張離念靈知即是眞如、佛性；即是推廣中觀見時竟以六識論而說之，則墮無因論之緣起性空斷見論，已非像法時期的所說無謬但無能實證，印證此時開始已非像法時期而屬末法時期了。是故 佛滅後一千五百年後的末法時代，多數大法師們所說「佛法」並非佛法，例如錯將常見外道所墮境界—例如離念靈知—認定爲佛法實證之境界，或將斷見外道所墜無因論本質之緣起性空說，錯認爲即是 如來所說阿含佛法之緣起性空，反而厲聲指責如來藏正法之實證及弘傳者爲邪師魔師，指控如來藏勝義爲外道神我。此爲末法時代的現在具體實例，始從末法時期開始不久的諸方大師論著，以及正覺同修會所梓行的書中法義辨正內容，皆是彰彰可明，於《大正藏》集入之附佛外道僞經僞論亦一一可稽。如是末法時期的初期，住世的地上菩薩已不到十位，次第轉生而住持正法，屢被外道及佛門外道所攻擊，不得不奮力而作法義辨正，情況都很辛苦，難以爲外人道。

此末法時期乃至外道性力派的六識論邪說亦能混入佛教中，入篡正統而宣稱是佛教正法，反而喧賓奪主，自稱比正統佛教由 釋迦如來所弘傳的三乘菩提正法更殊勝，即是唐密與今時藏密所傳《大日經》等邪經，外現受持眞言密法，內實暗傳性力派之性交成佛邪法於出家人之間，全無絲毫三乘菩提修證，同時亦犯下特大號的大妄語業。又以三乘菩提難修證故，賢聖自古以來並非人間之多數，以致如是外道法冠上佛法名相之後，廣加滲透於天竺晚期佛教界，遂至最後全部佛教都被性力派的性交成「佛」外道五陰境界所取代，學術界稱之爲「晚期佛教——坦特羅佛教」，現代新譯爲「譚崔佛教」，實質全非佛教，因其見、修、行、果四個層面都與佛法的內涵及實證無關（詳見拙著《狂密與眞密》四輯之全面辨正）。直至回教軍隊入侵天竺時，消滅名存實亡的晚期假佛教—坦特羅佛教—之後，學術界方依表相而說佛教滅於回教軍隊之手，實則回教軍隊入侵之前二百到三百年間，天竺眞正之佛教已經滅於密宗外道法了。

此是千餘年前的末法時期初始時之歷史事實，直到今日，末法時期之現象依舊存在，比之於千餘年前之窘境並無絲毫遜色。以是緣故，八識論的了義正法弘傳，總是猶如絲縷幾欲斷絕；探究邪法興盛之背後緣由，雖因政治勢力與統治之君王愛好密宗房中術所致，其實亦是眾生福薄及業力所導致，是故聖弟子幾次復興佛教正法抵禦外道法入侵的義行，往往功敗垂成。

及至今日，無因論之緣起性空說，例如釋印順及被其主動繼承法統之宗喀巴《菩提道次第廣論》中所說，其實皆是古天竺聲聞部派佛教六識論之遺緒，他們於否定第七識意根及第八識如來藏後，唯恐他人責其墮入斷見中，乃返回識陰境界，再次將粗意識或細意識建立爲常住心，謂爲能生五陰之法，由於返回識陰境界而建立細意識常住之思想，不外於識陰範疇，故成外道常見法。

具體事例即如宗喀巴《廣論》中建立粗意識爲「結生相續識」，認定雙身法領受淫樂的極粗意識爲能生五陰的根本識，不知不見意識唯能存在一世之事實，不知意識乃生滅法，亦是識陰所攝，便認定五陰是由意識所生，落入龍樹《中論》所破「諸法不自生」之「自生」邪見中，具足常見外道見，如是常見邪法明載於其「菩提道」及「密宗道」

等二種《次第廣論》中。如是證明宗喀巴絲毫不知意識是生滅法，是假藉根與塵相觸因緣而從第八識如來藏中出生，亦是夜夜斷滅而攝屬識陰之內；如是不可能出生任何一陰的意識，既不能自生亦不能生他，絕非有情眾生之「結生相續識」，證明宗喀巴因此落入龍樹所破的「自生」與「無因生」等邪見中，墮入粗意識生滅境界中。

又如釋印順建立細意識常住說，言下亦謂細意識爲有情眾生五陰生起的本源，同墮《中論》所破之「自生」及「無因生」、「共生」之中；並依臆想而妄斷禪宗祖師所悟之心爲意識覺知心之直覺，將禪宗諸祖所悟如來藏強行扭曲而指爲意識心之直覺，是將 如來於《阿含經》中所說意識是根觸塵所生之生滅法等聖教棄之不顧，亦乃公然違背意識夜夜斷滅之現量，妄稱細意識常住不滅。宗喀巴與釋印順二人皆自稱其法從龍樹菩薩延續而來，所說卻公然與龍樹《中論》相違而不自知，同墮意識境界而不曾外於識陰，具足我見，連聲聞見道智慧亦無，而皆宣稱已成佛道。

然 如來聖教舉示遠意識、近意識、現意識、粗意識、細意識之生滅無常後，總結說：**「諸所有意識，彼一切皆意法因緣生故。」**證明佛護、安惠、清辨、蓮花生、宗喀巴、阿底峽、寂天、釋印順一類人，皆是末法時期佛門眾所公推的大法師，所說之法卻連像法時期說的「與佛法像似」的層次都不能及，而與常見、斷見外道合流，所說中觀純屬外道六識論的邪見，所說已非佛法，宜其生在像法、末法時期而成爲凡夫大師。宗喀巴與釋印順，一被密宗喇嘛們公推爲已成之佛，一被臺灣佛教界公推爲導師，自身亦將傳記命名爲《看見佛陀在人間》，然而皆屬未斷我見之凡夫，所說豈唯不屬佛法，連像似法都還談不上，只是末法時之非法妄說，緣於此等眾人皆悉秉承聲聞部派佛教六識論之凡夫論師所說邪見故。以是緣故，此一時期諸多大法師所說法義，正符合末法時期之現象，由此反證此際眞是末法時期。

然而如是大師未斷身見、虛妄說法的現象，並非 如來示現入滅二千五百年後方始出現，而是玄奘大師離開天竺之後不久即已普遍存在了，才需要玄奘大師藉十八天的無遮大會加以摧滅，只是於今爲烈罷了。以此緣故，玄奘大師當年於天竺時不得不取十大論師之說，將其中之凡夫謬見一一評論，將其中賢聖之說一一給予認可，並說明認可之緣由，於是乃成此論。

平實撰寫此文之初衷，是將《成唯識論》重新加以簡略註釋而不廣論議，以免同墮窺基當年廣加援引之過；亦不以艱深文字而作註解，欲令末法時代初證七住位眞如之菩薩們，於實證無相眞如之後，於進入相見道位中觀修之時易得理解「相眞如」正理，助其堅固阿賴耶識本來無生之忍，並助其速得通達而能自行摒除部派佛教等外道邪見餘毒，速得入地；以此原則再度審視之時，則有語譯兼及釋義之必要。至於細說，誠恐初證眞如之菩薩們尋枝逐葉而忘捨根本，即非所宜，其中密意及細說部分，預定將於後時正覺同修會增上班中詳解；然而由於退轉者張志成之嚴重錯謬說法及無根毀謗正法與賢聖，不得不再作補充說明而轉爲《成唯識論釋》。

玄奘菩薩當年弘法時的環境，距離 如來示現入滅已一千一百餘年，末法時代不久之後即將開始；故於玄奘離開天竺之後不久，密宗漸漸風行於天竺，唐密亦隨後風行於中國，所依據之主要經典皆爲僞經，即是《大日經》、《金剛頂經》、《佛說一切如來金剛三業最上祕密大教王經》，其中《大日經》、《金剛頂經》的性力派性交成佛左道密宗之法，已開始在僧眾中暗地推廣了，然而外在則示現以眞言唸誦爲其弘傳之宗旨；此是外顯一般密宗持明表相，通稱爲眞言宗，內實左道密宗男女合修之法，仍無異左道密宗，但不傳予在家護法居士等。而密宗《金剛頂經》裡的種種邪見，也已經在唐密廣大弘傳的情況下，開始泛濫於大唐後期的佛教界了。由此故說彼時正法已不風行，流行於當代的佛法既非像似佛法，只能說爲非佛法而同於外道見，時已將及末法時期。

所幸玄奘年少之時仍有俱舍宗在弘揚著，少年時的玄奘有緣得閱《俱舍論》，自行恢復其往世之慧解脫實證，又自行恢復往世對佛菩提道之見道實證智慧與果德；然而往世在天竺時，已曾三世爲國王而護正法，因此失去五神通、意生身等，致有胎昧，頓忘佛菩提道之全部次第與內涵；縱有自行再證得慧解脫並證悟眞如與佛性之智慧，但於外在都是密宗識陰境界的環境下，已無法從實質上大力弘護正法。於此景況下，欲使中國佛法具足佛菩提道之全部內涵與次第，以廣利益菩薩種姓之佛子們，其實無由得成。隨後由於聞知《瑜伽師地論》具足這些內涵，於是發願前往天竺，欲取得這部《根本論》，並重新受學於天竺諸大菩薩，以求通達大乘佛菩提道之次第與內涵，並將大乘經教取回華夏以利眾生；乃違背政府禁令私自出國，自行前往天竺受學各種悟後應修之法，以及取經回國意欲譯出，因此幾致命喪中途。

於是歷盡艱辛到達天竺之後，多方參訪善知識及廣學正法，降伏聲聞凡夫論師與外道之後學成歸國，廣弘「**唯識性、唯識相、唯識位**」正理，乃至私傳佛法密意而幫助譯經的出家在家弟子們得證眞如；並且奉詔廣譯諸經，藉以降伏當代諸師之邪見謬說。此舉已實質上成就後來南方禪宗六祖慧能得以出世弘法之因緣，得藉此論及諸已譯經教的背後支持，而使禪宗得在南方廣弘，終得立於不敗之地。

本論起首，雖自稱說是護法等十大菩薩所造，其實是玄奘大師於天竺時，依世親菩薩之〈唯識三十頌〉爲主軸，記錄當時十大論師之解說，並給予評論及解釋，廣破十大論師中之凡夫論師所墮空有二邊邪說，及小乘部派佛教凡夫論師等邪見，並解說大菩薩們與護法菩薩的主張為何正確之理由。追溯玄奘尚在天竺之時已造《制惡見論》流通，即有部分法義在實證者口中流傳，並導致戒日王因此而為玄奘強行召開法義辨正無遮大會，總有十八日，而無一人敢於上前論議[6]，終能降伏部派佛教聲聞僧及外道凡夫等眾。

---

6 關於玄奘在天竺法義辨正無遮大會中是否有人上臺論議之事，有二處所載如下：一、《大唐大慈恩寺三藏法師傳》卷七：【又答慧天法師書曰：「大唐國苾芻玄奘謹致書摩訶菩提寺三藏慧天法師足下。乖別稍久，企仰唯深；音寄不通，莫慰傾渴。彼苾芻法長至，辱書敬承休豫，用增欣悅；又領白氎兩端、讚頌一夾，來意既厚，寡德愧以無當，悚息悚息。節氣漸和，不知信後體何如也？想融心百家之論，栖慮九部之經，建正法幢，引歸宗之客，擊克勝鼓，挫鍱腹之賓，頡頏王侯之前，抑揚英俊之上，故多歡適也。玄奘庸弊，氣力已衰，又加念德欽仁，唯豐勞積。昔因遊方在彼，遇矚光儀；**曲女城會，又親交論**；當對諸王及百千徒眾，定其深淺；此立大乘之旨，彼竪半教之宗；往復之間，詞氣不無高下；務存正理，靡護人情，**以此遞生淩觸**。**罷席之後尋已豁然**。今來使猶傳法師寄申謝悔，何懷固之甚也！法師學富詞清，志堅操遠，阿耨達水無以比其波瀾，淨末尼珠不足方其皦潔，後進儀表，屬在高人，願勗良規，闡揚正法。」】二、《大唐大慈恩寺三藏法師傳》卷五：「自是邪徒戢翼，**竟十八日無一人發論**。」又記載曰：【乃將法師袈裟遍唱曰：「支那國法師立大乘義，破諸異見，**自十八日來無敢論者**，普宜知之。」諸眾歡喜，為法師競立美名，大乘眾號曰「摩訶耶那提婆」，此云「大乘天」；小乘眾號曰「木叉提婆」，此云「解脫天」。燒香散花，禮敬而去，自是德音彌遠矣。】

如是二段文字所載似有二意，其實可作如是解釋：玄奘菩薩在曲女城會時親自交出《制惡見論》並當眾宣講，以此《制惡見論》立大乘之旨，論中徹底破斥小乘論師的惡見。而慧天是當時極有名的小乘論師，其主張為玄奘菩薩及當時多數學人所共知，玄奘菩薩當初是指名道姓破斥；

後時玄奘因 文殊菩薩之指示返回華夏，譯經之餘曾與唐太宗言及評論及辨釋十大論師所造《成唯識論》之事，因此乃奉唐太宗之命譯爲中文，譯時又經弟子窺基法師力爭而揉譯爲一部完整的論；論成之後玄奘依例爲弟子們演繹，故有弟子窺基著《成唯識論述記》，用以解釋本論，二者並行流傳於中國。然論中所引述十大論師之義，或是貞實、或屬穀皮，未得法眼者難辨其眞假；玄奘大師爲令正法久住及勸令學人出迷雲故，乃有此著譯出而得傳世。

惜乎弟子窺基初時囿於世俗和諧之見，極力勸阻玄奘原著中指名道姓之辨，主張中譯時應將原名隱諱而論正訛；玄奘固然心志雄猛，但卻心性婉約，接受其力勸而以諸多

---

就算沒有指名，但慧天名聞於當世，許多學人亦可知玄奘大師破斥的是他的惡見。因此當玄奘菩薩在曲女城會上將慧天這些小乘論師的惡見一一提出而且破斥得淋漓盡致時，對慧天而言就像是被當眾當面訶斥一般，因此「遞生淩觸」，然「罷席之後尋已豁然」；如此解釋與此卷前說：「曲女城法集之時，又深折挫，彼亦媿伏。」及卷五「竟十八日無一人發論」等說法皆不相違逆。　再者，依天竺無遮大會的規矩，上臺論辯的負方若非自裁就得拜對方爲師，而慧天是當時有名的論師，如果他有上臺辯論，這麼大的事不可能完全查不到歷史記錄。又他於大會前早已被玄奘菩薩多次破斥，如此卷前說：「慧天於小乘十八部該綜明練，匠誘之德亦彼所推重，法師遊西域日常共切磋。彼雖半教有功，然未措心於《方等》，爲其執守偏見，法師恒詆訶。」於此曲女城會時玄奘菩薩更宣講了《制惡見論》，所以他應該不會在玄奘提出《制惡見論》之後還敢上臺論辯。

「有義」取代天竺梵文原論中十大論師之名，隱其名諱而作論辯；於是《成唯識論》雖然合譯而撰成中文以廣流通，然破邪顯正之初衷因此不顯，無能發揮抵制邪說救護衆生之原意與悲願。其害乃至持續流毒至末法時代二十世紀中，亦導致當時諸多凡夫論師之邪論仍被誤會爲正論，收入中土及日本《大正藏》等《大藏經》中繼續流傳，遺害佛子而危害中華、日本佛教至深。

後時窺基縱使自知己謬，撰作《述記》時改弦易轍，翻而將十大論師指名道姓一一辨正之，欲成就眞悟論師之宗旨而顯凡夫論師之邪謬，以求廣弘玄奘此一大論之宗旨；然而本論中隱名辨正法義之大謬已成，而《述記》所說文言含義深邃，又廣徵博引益增紛亂，乃至淺悟之人卒難理解，何況未悟之人。又因《成唯識論》及《述記》中的文字簡潔扼要，導致後人閱讀之時正確斷句亦難，更無能生起勝解，以致千餘年後之今時，十大論師例如德慧、安惠、難陀以及隨後的佛護、清辨……等凡夫論師之六識論之謬論，仍在末法時代被各大山頭凡夫大師據以弘揚[7]，於實質上持續抵制正法之推廣。此實肇因窺基於玄奘奉詔中譯時力排梵文原本中指名道姓之舉，於譯本中皆以「有義」取代玄

7 被臺灣佛教各大山頭共推爲「佛法導師」的釋印順，甚至規定佛學院之課程中，必須教授安惠論師之邪論《大乘廣五蘊論》。

奘所評論之部派佛教凡夫論師等姓名，目的則是爲了保持佛教界表相上的和諧友好。

然《成唯識論》前身之分開單評十大論師，各有一本，其本意爲應付部派佛教諸聲聞師及外道之挑戰，所以皆僅作提示性文字，以提示自己應對外道之重點，並無細解之處；後時窺基對於本論中之正義加以解釋而造《述記》時，卻又因於文言而且要言不繁，亦且偶有誤會以致錯解之處；而其所造《述記》所言內容有時簡略，有時復又旁涉繁雜[8]，往往令末法時代學人讀其《述記》時，治絲益棼無法理解，乃臆測其證量甚深。

非唯凡夫讀者如是，古今初悟菩薩閱其《述記》時亦難理解，況諸未悟、錯悟之讀者何能理解？以致多數探究唯識正義者大多無有意願細心探究，或無能力眞探窺基法師《述記》所說而致誤會，竟使《述記》指名辨正凡夫論師邪見之舉徒勞無功，遑論據以理解《成唯識論》？致使本論所述了義正法深妙大義沈沒不彰久矣！令人不覺感嘆。

今由以上事實，說明《成唯識論》其實並非十大論師所造，而是玄奘後時解釋世親菩薩〈唯識三十頌〉時創造此論，並爲應對聲聞部派佛教諸僧及外道而作論述，同時列

[8] 窺基之《成唯識論述記》雖名《述記》，卻非聽聞當時依玄奘所述而記，乃是聞後之夜晚或次日方始記述，其中亦有聞已失憶以致後時記錄時已失卻玄奘本旨者；《述記》造成之後又未經玄奘大師加以審閱，是故其中亦有謬誤。今於此《成唯識論釋》中，僅就見道相關部分已於正覺同修會中引生誤會之內容，給予舉證論辯，其餘則置而不論。

舉當時十大論師對此頌之正訛解釋，一一加以評述或辨正，最後仍以「有義」之方式作出自己的正確結論。因此，《成唯識論》實質上是玄奘所作，而非十大論師之作。論文始處所謂「護法等菩薩造」之說，只是玄奘當年的謙詞，亦因援引十大論師的論點而作評論，是故稱爲十大論師共著。又造論者名稱之後所列「**三藏法師玄奘奉詔譯**」之句，亦已顯示該論中對十大論師的評論文字，是在天竺時以印度文所造，已曾解說於當時天竺；後來攜回大唐時，才奉唐太宗之命而改譯爲中文並揉合造爲一部《成唯識論》。

十大論師者：一、達磨波羅菩薩，中譯爲護法菩薩。二、寠拏末底論師，中譯爲德慧論師，安惠之師也。三、悉恥羅末底論師，中譯爲安惠論師，與護法菩薩同時。四、畔徒室利論師，中譯爲親勝論師。五、難陀論師，中譯名爲歡喜論師。六、戍陀戰達羅論師，中譯爲淨月論師，與安惠同時。七、質呾羅婆拏論師，中譯爲火辨論師，與世親同時。八、毘世沙蜜多羅論師，中譯爲勝友論師。九、辰那弗多羅論師，中譯爲最勝子論師。十、若那戰達羅論師，中譯爲智月論師。最後三位論師皆是護法菩薩弟子。當時十大論師是否能共造此論？眞相很簡單，必須是出生於同一時代才有可能，但如上所說十大論師並非全都生於同一年代，由此證明不可能同造此論。

又如十大論師中之第三安惠論師，窺基於《述記》中讚云：「**唐言安惠，即糅《雜集》，**

救《俱舍論》，破正理師；護法論師，同時先德，南印度境羅羅國人也，妙解因明，善窮內論；扇徽猶於小運，飛蘭蕙於大乘，神彩至高，固難提議。」證明安惠論師是與護法菩薩同世之「先德」，並非《成唯識論》造作當時之人，不可能是《成唯識論》之共同造論者。復觀安惠之作《大乘廣五蘊論》，歸第八阿賴耶識於識蘊中，成爲意識出生意識之「自生」邪見，亦成爲被生之意識出生「能生意識之阿賴耶識」之邪見，實質爲六識論者，未斷常見。安惠之論中又復多所妄說，平實已於《識蘊眞義》中舉其謬誤之大者加以評論，證其不解大乘義理，顯非實證如來藏而誤會眞如正理之人。安惠雖然廣解因明、聲明之理，實則不解內明妙義，坐凡夫論師數中；然因窺基亦曾如是大讚安惠，則必令其謬論廣被尊崇，難免誤導眾生樂於修學其謬論；亦令玄奘於《成論》中破斥安惠謬見之功德，橫被折損，此實窺基之過也。

又，此論中評論之文字並非十大論師所說，而是玄奘所說，故說此論是玄奘菩薩所造。引述十大論師之論議以後，大部分論文同樣是玄奘立論，或引述十大論師所說加以評論後，作下最後決定性的議論。因爲十大論師之說法，互有不同，並且往往有互相正式反對而提出異說者，縱使生在同一年代，亦無可能會合一處共造《成唯識論》，而是各人各造一部論，所說互異故。例如見分、相分、自證分、證自證分之說，護法菩薩說有四分，雖屬創見而符合地上菩薩之現量及聖教量；火辨等人則建立三分之說，親勝、德慧主張唯有二分，安惠甚至違背其師德慧而主張只有一分：「**唯有識自證分，無相、見分。**」錯謬已極。如是諸多論師所說，已於《成唯識論》中被破，豈有可能共同造作此論來廣破自己之邪論？由此明證此論絕非安惠等人參與共造者。

又如種子之本有與熏習，諸論師之主張亦互有不同，護法菩薩倡「**本有、新熏二者皆有**」，難陀則唱言唯有新熏之說，此論中認同護法之論而破難陀之說，焉有可能立論互違者共同造作此論？又安惠主張阿賴耶識亦是識蘊所攝，屬生滅法，公然違背三乘菩提聖教；亦有其他論師認同者，例如其師德慧；然護法等菩薩主張阿賴耶識常住，是萬法之本源，以其圓成實性含攝依他起性及遍計執性；亦說阿賴耶識是眞如之體，眞如是阿賴耶識之相分，而與安惠等人對壘角立，如何可能共造此論？

又安惠之主張全違護法等大論師，觀其智慧猶在凡夫，我見未斷、眞如未證、般若不存、解脫闕如，無生法忍即無論矣！當無可能被諸大論師認同而合造此論，是故窺基於《述記》中有時力責安惠說：「**此安惠義，西方共責。**」如是，安惠所說違於實證之論師所說者甚多，此不繁引，容後釋義中再行舉述。由此證實此論並非十大論師共同合造。

今者略標十大論師之生年或生平，以示其異，證非共造《成唯識論》者。世親菩薩，乃無著菩薩弟，佛入滅後九百年（約公元五一四年）出世，秉承兄長無著菩薩之意而造〈唯識三十頌〉。十大論師爲：一、護法菩薩：六世紀中葉，那爛陀寺住持，爲戒賢論師之師，輩分屬玄奘之師公，早逝，玄奘未得見。二、德慧論師：五世紀末至六世紀初，爲安惠論師之師，與陳那論師同時，更早於護法論師。三、安惠論師：與護法同時，詳《述記》卷一所載，年老之時與玄奘同時。四、親勝論師：是世親同時人，與護法及其弟子勝友、最勝子、智月皆不同時。五、難陀論師：譯作歡喜論師，勝軍論師之師，與安惠同時。六、淨月論師：與安惠同時，造〈勝義七十釋〉等。七、火辨論師：與世親同時，不與護法、安惠同時。八、勝友論師：護法菩薩之門生，曾造《唯識述記》。九、最勝子論師：護法菩薩之門生，另造《唯識述記》。十、智月論師：護法菩薩之門生，亦自造《唯識述記》。由此可證十大論師大部分並未同一年代，不可能共造《成唯識論》，證明此論係玄奘所造。

又：窺基於《成唯識論述記》卷一亦云：「慧愷法師俱舍序云：『佛滅已後千一百年，天親菩薩出生造論。』依今所傳，諸部說異，今依大乘：『九百年間天親菩薩出世造此頌本。』眞諦法師《中邊疏》亦云：『凡百年中，天親生也，同時唯有親勝、火辨二大論師造此頌釋。千一百年後，餘八論師方造斯釋。』」亦可證明十大論師大多並非同時人，無可能共造此論。

又，一者十大論師住世之時或前或後而傳承有異，二者彼等住世之時或有往來或無交集，三者法義見解互不相容已有諍論，四者生年所處年代並不同時，安能合聚共造此論？由此多端，證明並非十大論師共同合造大唐的《成唯識論》。而此論中於諸多論辯課題，往往舉諸論師不同異說之後，由玄奘最末解說評論定案，皆同於護法菩薩之意，往往大異諸多論師之說，由此證明此論實乃玄奘菩薩依世親〈唯識三十頌〉意旨，集十大論之解說一一加以辨正評斷及補充定案，明確證實此論爲玄奘菩薩所造，而非十大論師也；論首標明爲護法等諸大論師所造者，實乃援引歷代諸多論師所說而作評斷，爲免有人因此引生煩惱，是故玄奘作此自謙之說。

又如前上二段所舉《成唯識論述記》卷一所說史實，以及論中對十大論師的評論等，在在處處證明此論並非十大論師共造，而是十大論師各有所造，同名《唯識述記》或《成唯識論》；然後玄奘將之雜揉取捨而成十卷，並加以明辨正訛，證明此部《成唯識論》是玄奘所造。

而此《成唯識論》寫於天竺，以應部派佛教等聲聞僧與諸外道之質疑，並解釋其道理，屬於自我提示之論，是故論中唯有自己讀懂之文，他人讀之往往不解乃至誤會。然後論主玄奘歸國時攜回中土，奉唐太宗之命而譯為華文時合揉為一部論，是故開頭載明「**大唐三藏法師玄奘奉詔譯**」，確實是由玄奘奉詔後所譯，然而梵文本亦是玄奘所造，回大唐後再由玄奘所譯，譯時加上十大論師之說而作評判，前後本無矛盾。說之為護法菩薩等人所造，亦符合玄奘委婉之心性。此等正理，皆可說明此論之論主實為玄奘，非十大論師。

〔《成唯識論》卷一〕：

## 第二目　歸敬如來及僧團以及利樂有情

**論文：「稽首唯識性，滿分清淨者；我今釋彼說，利樂諸有情。」**

**語譯：**【至誠頂禮一切法唯識的法性，同時頂禮已經滿證或分證唯識性的究竟清淨者佛陀與菩薩僧團；我如今闡釋世尊及分證唯識性的清淨菩薩所說唯識正法，用來利樂各類有緣的有情眾生。】

**釋義：「稽首唯識性」**：禮拜之時雙手雙膝著地，並以額頭貼地，具足五輪來表示最高的敬意，名為稽首；但是稽首之意，有時則為頷首，此處則作禮拜之意使用。「**唯識性**」

最簡略的解釋即是：萬法皆唯八識心王的自性所生、所顯，意謂證得眞如及人空、法空時之智慧所住境界，名爲親證唯識性者。廣說則是唯識五位的修行內涵與智慧境界，已將虛妄唯識、眞實唯識具足圓滿實證之人，即是具足實證唯識五位後的圓滿過程；這也是已將虛妄唯識的「依他起性、遍計執性」，及眞實唯識的「圓成實性」等，具足而圓滿實證了，然後匯歸於三無性而究竟解脫。此容隨後依於論文一一解說，此不贅述。

「**稽首唯識性**」即是先禮敬大乘佛法僧三寶中之法寶，因爲諸佛及諸菩薩、聲聞、緣覺，莫不由法而生故；法即是第八識眞如，眞如心體能生萬法而廣顯「**一切法唯識**」之勝義，是故應當先禮法寶——唯識性。然而唯識性的傳授都是由諸佛如來起始，所以同時也是歸敬於本師 釋迦如來。

唯識性的正理，窺基法師有一段文字如是說，《成唯識論述記》卷一：「成唯識者，舉宏綱，旌一部之都目。復言論者，提藻鏡，簡二藏之殊號。成乃能成之稱，以成立爲功。唯識所成之名，以簡了爲義；『唯有識』，大覺之旨隆。本頌成中道之義著，唯謂簡別**遮無外境**。識謂能了詮有內心，識體即唯持業釋也。識性識相皆不離心，心所心王以識爲主；歸心泯相總言**唯識**，**唯遮境有**，執有者喪其眞；識簡心空，滯空者乖其實；所以晦斯空有，長溺二邊。悟彼有空，高履中道。」如是之意，非未悟之人得解，平實則於增上班已悟同修中說之。於此《成唯識論釋》書中不言，以免篇幅廣增。然而窺基部分所言則違本論之旨，謂外六塵境乃共業眾生之第八識所共成，並無實存不壞之外境，是故外境實無，不應遮止。又其所言「遮無外境」之說，亦違背自家隨後所說「歸心泯相總言唯識，唯遮境有」，既然萬法悉皆「歸心泯相」而「總言唯識」，又如何可以「遮無外境」。後時既言「唯遮境有」而不許主張外境實有，當知覺知心識陰所見外六塵境界，其實即是內識阿賴耶所變生之內六塵境，是故「唯遮境有」，又如何可以「遮無外境」，豈非自語相違而自律背反？

然唯識性有二理，一爲虛妄唯識性與眞實唯識性，二爲世俗唯識性與勝義唯識性。虛妄唯識性者，謂遍計所執性及依他起性；眞實唯識性者，即圓成實性及清淨依他起性。言世俗唯識性者，即是依他起性及遍計執性；勝義唯識性者，即是圓成實性與清淨依他起性。然世俗唯識性依於勝義唯識性而有，若是依勝義唯識、眞實唯識的第八識眞如心自住境界而觀時，則「無智亦無得」，三自性皆滅，成爲三無性，異熟滅盡方證佛地眞如。

欲證唯識性者，必須先於眞見道位證眞如，發起根本無分別智已，再依於唯識相的中道觀行，方能具足現觀「相眞如」，唯識性始能次第證得圓滿，是故欲證圓滿的唯識性者，不得離於唯識相而求證。已證唯識性及唯識相者，始通三乘菩提，非唯獨通大乘而不通二乘，亦非唯能通二乘也。

**「滿、分清淨者」**：舉凡造作正式的論典時，除了對法寶禮敬，也應該先向法主禮敬，而此娑婆世界的眞正法主是福德與智慧俱皆圓滿的 釋迦世尊。論中說，由於三大阿僧祇劫廣事修行福慧二法，福慧圓滿而使所證唯識法性具足圓滿了，欲示現於人間利樂有緣人故，降生人間示現八相成道，一代時教盡說五乘佛法：人乘、天乘、聲聞乘、緣覺乘、佛乘。是故 世尊才是人間眞正之法主，人間一切五乘妙法皆由 釋迦佛之現觀而具足演繹，方能流傳而如實利益有情故，即是「滿證清淨者」，不是「分證清淨者」。

後世佛教雖然代有法主，全都繼承自 釋迦如來，皆屬代行 如來利益有情之法主職事；是故一切菩薩造論而欲利益有情時，皆當先行禮敬眞正法主 釋迦如來。然而諸菩薩於人間造論之時，除非乘願再來之菩薩自行發起往世之所證，否則此世亦皆有其師承，即是尚未成佛然已分證唯識性之師尊，名爲「分證清淨者」，是故造論者理應猶如面對「滿證清淨者」一般加以禮敬；這句「滿、分清淨者」即是禮敬滿證及分證的所有法主，禮敬之實，則是五輪投地禮拜，故說「稽首」。

唯識性之滿分實證者，必是心地與智慧都已究竟清淨者，即是諸佛如來，具足而且遍知第八識中所含藏的一切種子而發起其功德；在此娑婆世界的正法住世時代所說之如來，則專指娑婆教主本師 釋迦牟尼佛。至若分證者，唯有在唯識增上慧學中，次第經歷三賢位的資糧位、加行位等修習，於第七住位眞見道「**證眞如**」後轉依不退開始，函蓋隨後轉入相見道位中，於**非安立諦**三品心（內遣有情假緣智、內遣諸法假緣智、遍遣一切有情諸法假緣智）已經全部實證，具足大乘見道通達位中應該現觀的虛妄唯識及眞實唯識諸法，發起初分無生法忍，由此證明對大乘見道位的眞如已經通達，確認已經具足入地時應有之初分無生法忍；最後又依**安立諦**大乘四聖諦觀修，具足十六品心（大乘四聖諦之一一諦各有法智忍、法智、類智忍、類智等四品心，合爲十六品心）、九品心（大乘四聖諦之一一諦各有四品心，依止觀言之，其中之法智、類智總有八品心，一一觀各有不同，故爲八；一一諦各有法智忍、類智忍，八忍皆同屬一止，合爲一品心。如是，止有一品心，觀有八品心，合爲九品心）的觀行，證實能取的見分、所取的相分，全部屬於空性阿賴耶識，發起慧解脫功德，完成相見道位的實修，已成就阿羅漢果；然後設供、跪於佛前勇發十大願，於此十大願確能窮盡未來際永不退轉，成爲十大無盡願；如是復於其後日日佛前發願，直到心心無間樂於實行十大願已，名爲增上意樂清淨，方能得佛加持授予「**大乘照明三昧**」，再依**非安立諦**的眞如智慧，發起受生願而起惑潤生進入初地，名爲證得初地眞如，「**生如來家、住佛子住、成眞佛子**」，眞已度過第一大阿僧祇劫。如是眞入初地之時，自有如來示現加持，如經所說，此時即已完成「遠波羅蜜多」的修行過程與內涵。

進而實修初地至七地的「近波羅蜜多」，完成布施、持戒、忍辱、精進、靜慮、般若、方便等七度波羅蜜多；這是先於三地滿心度過色陰區宇，得證「色陰盡」境界[9]，發起意生身，廣化十方世界有情；繼續進修至六地滿心時，已度過受陰區宇，得證「受陰盡」境界；轉入七地心中，於滿心位度過想陰區宇，證得「想陰盡」境界[10]，此時已經斷盡三界愛的習氣種子隨眠，度過第二大阿僧祇劫。

然後轉入第八地起修「願、力、智」等三種波羅蜜多，名為「大波羅蜜多」；至十地滿心位度過「行陰區宇」，已得「行陰盡」的境界，完成三大阿僧祇劫道業。於十地滿心位前，菩薩放光禮敬諸佛，以及警覺諸多九地以下菩薩前來受益，然後由諸佛放光加持而各得無數三昧已，再為此十地滿心菩薩授職，始成等覺菩薩。

最後於等覺位中廣修大福德，所謂百劫修相好，於整整百劫之中，「無一時非捨命時，無一處非捨身處。」藉此而將最後的無記性種子異熟變異狀態全部滅盡，一切種子全部清淨而不再變易了，此時「識陰區宇」已即將度過，即將進入「識陰盡」的境界而成為

9 請詳拙著《楞嚴經講記》細說。

10 「受陰盡」、「想陰盡」境界，請閱拙著《楞嚴經講記》細說。

妙覺菩薩境界，由 佛授記爲一生補處菩薩、紹繼佛位；然後於法滅盡之前往生兜率陀天，觀察可以出世成佛的因緣已屆，下生人間斷盡故意所留的最後一分種子異熟性而頓悟成佛時，進入「識陰盡」的六根互通境界，起大神用，才是「滿清淨者」。如是成佛時完成「識陰盡」的功德，於六塵境界中已能六根互用。未達佛地前，皆屬於「分清淨者」菩薩；合此「滿清淨者」及「分清淨者」，名爲「滿、分清淨者」。

如是道理，窺基法師說得好，《成唯識論述記》卷一說：「此即如來智周德圓、窮眞如性，故稱爲滿。瀲鑒無垢，二障都盡，說名清淨。瀲鑒曰清，無垢名淨；者即假者，意顯如來證唯識理究竟圓極，名『滿淨者』。於唯識性『分清淨』者，分謂少分，淨者同前，即諸菩薩分證唯識眞如自性；覺未圓明，名『分淨者』。欲顯師弟悟證不同，故於唯識說『滿、分淨』。」

未證第八識眞如之前，是唯識性尚未證得而未入門之凡夫位菩薩，或阿羅漢位迴心大乘之第六住菩薩，只能稱爲外門熏習唯識性之凡夫或二乘聖者，所學所修福慧等，皆屬唯識五位中之資糧位廣集資糧，或始修加行而屬加行位，未入第七住位。例如 佛在《菩薩瓔珞本業經》卷上〈賢聖學觀品第三〉開示說：「諸善男子！若一劫二劫乃至十劫修行十信得入十住，是人爾時從初一住至第六住中，若修第六般若波羅蜜，正觀現前（註），復值諸佛菩薩善知識所護故，出到第七住常住不退。自此七住以前名為退分。」證眞如之時名為「若修第六般若波羅蜜，正觀現前」，所證眞如即是第八識之識性，詳後論文中說，此勿先述。（註：《大正藏》改為「若修第六般若波羅蜜，正觀現在前」。）

**「我今釋彼說」**：「我」是指造作此論的人，即是玄奘菩薩，因為此四句偈是玄奘菩薩所造。此句意說：「**我玄奘如今解釋『滿、分清淨者』釋迦如來及無著、世親、護法……等菩薩們所說的唯識性正理**。」在此世界的「滿清淨者」則是 釋迦如來，是故此時所說「彼」字是指稱 釋迦世尊。「分清淨者」是已證而未圓滿者，此時所說之「彼」即是馬鳴、提婆、無著、世親、護法、戒賢等菩薩；主要為寫作〈唯識三十頌〉的世親菩薩，此論是以世親菩薩的頌文作為主軸故。玄奘藉世親菩薩造的〈唯識三十頌〉來貫串唯識百法明門，解釋 釋迦如來始從阿含時期、末至唯識方廣時期的八識心王正理，將前後三轉法輪的唯識五位等法性內容，並將諸菩薩之闡釋加以系統性的解說，是於初入末法時代，將「**滿、分清淨者**」的 世尊與菩薩們的妙法給予解釋，冀得利樂有緣佛子，是欲成就 世尊及諸大菩薩利樂有情之大願也。

竊基於《述記》中所謂：「**此中意顯，我今釋彼世親所說三十唯識，令法久住。**」僅是其中一理，謂世親菩薩並非玄奘偈中前一句所說，對於唯識性之修證已經圓滿之「滿證清淨者」，只是鄰於初地之「分證清淨者」。然而窺基自云：「**世親雖是地前菩薩，於唯識性決定信解；雖未證眞，亦隨修學，分有所得，名分淨者。**」既如是，當非玄奘偈中所說「**滿、分清淨者**」之一，以「未證眞」故。當知玄奘「**我今釋彼說**」之「彼」字，應係釋迦如來及無著、世親、提婆、護法、戒賢等諸菩薩而非單謂世親也。

然世親雖只鄰於初地，窺基仍不得謂其「雖未證眞」，此說菩薩第七住位中已證如來藏而現觀其眞如法性故，已經親證眞實法而能現觀唯識性，皆得名爲「**證眞如**」者，否則不得勝解眞如故，焉得鄰於初地。唯有證解眞如者方有般若正觀現前故，《菩薩瓔珞本業經》中佛亦謂第七住菩薩已證般若不退故，如前所說，窺基不得謂世親爲未證眞如者。

世親亦因證第八識所顯眞如，依於「眞見道」位所得根本無分別智，始能繼續進修「相見道」位的後得無分別智，最後完成**非安立諦**三品心而鄰於初地，方得名爲「分證清淨者」故；若世親尚處小乘法時未曾力謗大乘法者，被兄長無著所度而轉入大乘法中證眞如之後進修，當非僅僅鄰於初地。然其得度後證眞如而進修，廣造大乘論鼎力護持大乘妙法之後，僅能鄰於初地心，此乃其尚處小乘法時曾經妄謗大乘法而得之法障，致令當世不得入地。然第七住位已實證**非安立諦**初品心「**內遣有情假緣智**」之初分故，要藉此眞如無分別智方能漸修圓滿此智故，要藉此智圓滿方能漸修第二品、第三品「**內遣諸法假緣智」及「遍遣一切有情諸法假緣智」，始能鄰於初地故；如是**非安立諦**三品心於入地前必須具足故，窺基焉得謂世親菩薩爲「雖未證眞」之人。

如上所述多緣，證實此偈中的前三句意思，已經顯示《成唯識論》是由玄奘菩薩所造作，並非十大論師等賢聖與凡夫共同造作。又因《成唯識論》所舉十大論師對〈唯識三十頌〉之解釋互有出入，乃至互有悖反而爭執不下者，不可能合造《成唯識論》，非唯生年不同而無法合造此論。此亦顯示此論並非彼十大論師之共作，是則此偈、此論皆應是玄奘所作，殆無疑義。

**「利樂諸有情」**：玄奘解說　釋迦如來及諸菩薩所說唯識性正理之目的，是爲了要利樂一切想要親證唯識性的有情，主要是指大乘法中具有福德及正知正見的佛弟子們，也函蓋人天乘及聲聞、緣覺乘根性的有情在內，期待大乘以外的佛弟子也能因爲理解唯識性正理之故，發起大心想要實證而成爲「唯一佛乘」的行者，實證唯識性之後方能眞實獲得利樂而改行菩薩道。

凡是大乘法中的佛弟子，遲早都必須修證唯識性正理，否則無以成佛；雖然有許多人眞正走上成佛之道的因緣仍未具足，但是只要對唯識性聞熏久了以後，未來劫中終有發起愛樂唯識性修證意願的一天，因此「**釋彼說**」的唯識性正理長久宣揚以後，終必產生「利樂諸有情」之目的。又，此偈並非世親菩薩〈唯識三十頌〉之文，謂此偈明確解釋爲何造作此《成唯識論》之緣由：是欲解釋世親之〈唯識三十頌〉——「釋彼說」，謂解釋〈唯識三十頌〉之所說也，證明此論爲玄奘所造者。

又，二乘解脫唯得利樂少數有情，其法唯以自度爲主故，諸阿羅漢若未迴心大乘者，捨壽後皆必入無餘涅槃而不再受生人間住持解脫道故，其法所能利樂有情者蓋少。又從聲聞部派佛教上座部分裂成爲小乘部派佛教之後，流傳至西元五百年時凡夫論師覺音出世弘法，未斷我見乃竟造作《清淨道論》，大受推崇廣爲流通，以致阿羅漢所造《解脫道論》不能廣弘；此後該部凡夫論廣爲南傳佛法所宗奉，乃至今時南傳佛法中都奉爲唯一所依之妙論，竟不讀頌《尼柯耶》及《解脫道論》，單依此凡夫之論修行，以致解脫道妙法失傳於人間久矣！是故千餘年來南傳佛法中，難覓一人已斷三縛結而證初果，然而竟有多人自稱阿羅漢者，覺音論師誤導眾生之罪難辭。此亦顯示凡夫造論之過失，豈唯無功，實有大過。

時至二十世紀末，方由正覺所推廣之解脫道實證正理與觀行法要問世，冀望未來數十年中漸漸有人得證初果，是故正覺梓行《阿含正義》於人間，舉示解脫道之眞實義。由此證實，解脫道「利樂諸有情」之功德本來不彰，亦易失傳；所以者何？實證解脫道者捨壽後或入無餘涅槃，或生色界而不還人間，或生欲界天而不能在短時間再還人間，以致解脫道妙法不得不逐漸失傳，要待菩薩代爲住持之。是故最後仍必須仰賴正覺所傳大乘妙法「**唯識性**」之廣爲弘傳，方能再有佛法「**利樂諸有情**」之功德實現於人間。因此故說，聲聞解脫道必須伴隨大乘妙法之復興，方能重新出現於人間而顯示其「**利樂諸有情**」之微少功德，由此亦可見「**唯識性**」妙法方是眞能「**利樂諸有情**」之法。

至於「**利樂諸有情**」之「**唯識性**」妙法，仍需仰賴分證「**唯識性**」之諸菩薩弘傳，徒法不足以自行故，實證之菩薩僧等四眾即是末法時代佛寶與法寶之代表者故；由有勝義菩薩僧四眾，即能使末法時代之大乘佛、法、僧三寶具足故，亦能令三乘菩提及聲聞教之三寶具足故，如是「**利樂諸有情**」之內涵方乃得以具足。

然而時至末法，凡夫學人自謂能解《成唯識論》者絕非少見；更有學人得善知識助，親證眞如已，仍墮眞妄不分之中，不思所證粗淺，反非善知識所說爲誤解《成唯識論》；究其眞實，只是陷於窺基法師誤解「眞見道、相見道、通達位」所說之錯誤內涵中，並非眞能理解本論；至若深入證解，則無論矣！如是凡夫卻來否定眞善知識所說，故謗眞善知識爲不解本論者；如是成就地獄重業猶未自知，誠可哀憫！茲舉 世尊聖教預作告誡，以警同儕：

《大寶積經》卷二，世尊云：「迦葉！於未來世當有比丘，年紀二十、三十、四十乃至百歲，爲老所侵，莊嚴衣服；雖剃鬚髮，毀壞威儀，老病衰朽無有威光，趣向邪法。臨命終時，由罪意樂之所障蔽，熟思已犯、懈怠不修，而於三處示現證得；何等爲三？或矯現威儀，或復詐現修持淨行，或舉手自稱言『我無與等』。以此三處示現有證，斯人咸墮增上慢中，臨命終時心生追悔，既命終已生地獄中。」誠願佛門一切學人於此特須警覺在意，萬勿輕易犯之，以免捨壽時後悔之無及。

然窺基法師於《述記》中，講述「辨教時機」時說得很好，學人應知；《成唯識論述記》卷一：「辨說教時會者，如來設教隨機所宜；機有三品不同，教遂三時亦異。諸異生類無明所盲，起造惑、業，迷執有我，於生死海淪沒無依。故大悲尊初成佛已，仙人鹿苑轉四諦輪，說阿笈摩除我有執，令小根等漸登聖位。彼聞四諦雖斷我愚，而於諸法迷執實有；世尊爲除彼法有執，次於鷲嶺說諸法空，所謂摩訶般若經等，令中根品捨小趣大。彼聞世尊密義意趣說無破有，便撥二諦性相皆空、爲無上理。由斯二聖互執有、空，迷謬競興未契中道。如來爲除此空、有執，於第三時演了義教，解深密等會，說一切法唯有識等，心外法無，破初有執；非無內識，遣執皆空；離有、無邊，正處中道；於眞諦理悟證有方，於俗諦中妙能留捨。」這個義理必須先行理解及確定，學法之時方免六識論者之誤導，重蹈琅琊閣、張志成等人覆轍。

窺基法師然後舉示《成唯識論》法義之所依據，例如《成唯識論述記》卷一說：「又今此論爰引六經，所謂華嚴、深密、如來出現功德莊嚴、阿毘達磨、楞伽、厚嚴；十一部論，瑜伽、顯揚、莊嚴、集量、攝論、十地、分別瑜伽、觀所緣緣、二十唯識、辨中邊、集論等爲證。理明唯識三性十地因果行位了相大乘，故知第三時中道之教也。如瑜伽論第七十六，解深密經廣說其相。此約機、理漸教法門以辨三時，若大由小起，即有三時年月前後，解深密經說唯識是也。若頓教門，大不由小起，即無三時前後次第，即花嚴中說唯心是。」

此《成唯識論》所被種姓是誰？如《成唯識論述記》卷一云：「無姓有情不能窮底，故說甚深；趣寂種姓不能通達，故名甚細。由此論旨唯被大乘，及不定姓趣菩薩者，非被獨覺、聲聞、無姓三種機也。故所被機必唯上品，所顯幽旨亦離二邊，浩汚包括難可詳矣。」此謂《成唯識論》並非人人可學，必須是菩薩種姓，或是不定種姓而且善根深厚者，方可受學及修證也，定性聲聞緣覺皆非此論所被之人。觀諸末法時代退轉於正覺之人等，莫非如是，無緣受學此論，竟來指謫平實所弘揚《成唯識論》之法有誤，欲逼平實提前梓行此一論釋，供其參酌；然而弘法者必有時程規劃，當於因緣成熟時方能說之，說後方可出版梓行。如今解說已畢而梓行之，公諸於天下，「唯識性、相」之妙法漸可明矣！

此論之中心主體是何？謂八識心王也，中心主旨則是唯識性、相及其位次；至若八識心王之匯歸，則是第八識如來藏阿賴耶識也，佛地改名無垢識。是故《成唯識論述記》卷一說：「龍軍論師、無性等云，謂佛慈悲本願緣力，其可聞者自意識上文義相生，似如來說。此文義相，雖自親依善根力起，而就本緣名爲佛說，佛實無言。此若依本乃無文義，唯有無漏大定、智、悲；若依自識有漏心現，即似無漏文義爲體；無漏心現，即眞無漏文義爲體，此即如來實不說法。故大般若四百二十五、文殊問經等，佛皆自說『我成佛來不說一字，汝亦不聞』。」此即是《心經》所說「無智亦無得」之意，謂第八識如來藏之自住境界也。

隨後《成唯識論述記》卷一如是載：「二十論說，『展轉增上力，二識成決定』，是故世尊實有說法，言不說者是密意說。此論根本既是佛經，故出體者應如經說。此釋雖二，然此論主，無不說法。」

## 第三目　緒說造論之緣由

論文：「今造此論，爲於二空有迷謬者生正解故，生解爲斷二重障故。由我法執，二障俱生；若證二空，彼障隨斷；斷障爲得二勝果故。由斷續生煩惱障故，證眞解脫；由斷礙解所知障故，得大菩提。又爲開示謬執我法迷唯識者，令達二空，於唯識理如實知故。」

語譯：【如今造作這一部論典，是爲了想要使對於人空與法空有迷惑而產生虛謬見解的人，可以出生正確理解的緣故；幫助他們生起正確理解，則是爲了想要幫他們斷除煩惱障與所知障等二種重大障礙的緣故。由於有情同有我執與法執等二種遮障同時生起，若是能證得人空與法空等二空，他們的我執與法執等二障就會隨之斷除；而斷除這二障之目的是爲了要幫他們證得解脫果與佛菩提果等二種殊勝果報的緣故。由於斷除相續而生的煩惱遮障的緣故，能斷此障而證得我空的人便可以證得眞正的解脫；由於斷除對所知障內涵無知的障礙而理解所知障內涵的緣故，便能證得大菩提。又爲了打開及顯示正理而使錯謬地執著有我有法的迷惑唯識性的人，教令他們通達我空與法空，對於唯識性的正理能如實了知的緣故。】

釋義：「今造此論，爲於二空有迷謬者生正解故，生解爲斷二重障故。」「今造此論」：玄奘始從天竺投生於中國前，以曾三世爲護法故而爲國王，以致失去往世已有之神通與意生身故有胎昧；然於西行天竺取經之前，已經恢復往昔天竺時所證之解脫果及證眞如與眼見佛性之智慧，當時已成爲慧解脫及實證眞如與佛性之菩薩，已有如幻觀的現量；依菩薩願不捨衆生，及爲求具足而完整的成佛之道聖教得以弘傳於中國，廣利華夏學人，方始發願前往天竺而不顧禁令與安危，西行求經；返回大唐之後廣譯諸經，又造此論，成佛之道的完整內容方得弘揚於中國，成爲中國至今傲視全球的文化瑰寶，譯經之後不久，禪宗之證悟明心，因有諸經之護持而得以廣弘。

對於返回中土已經通達眞如的玄奘菩薩而言，是已經入地的聖者，證得多種現觀；而他對於三界愛的現行已經斷除，因此證得阿羅漢果而解脫於我執、我所執；並已斷除習氣種子隨眠，兼有深妙的無生法忍，是故玄奘造作此論時絕非爲自身名聞或利養，純粹爲了利他而造論。

「**爲於二空有迷謬者生正解故**」，玄奘造作此論所欲利益的對象，若能如實證解此論，將會有兩種利益：第一是以前對於我空與法空有迷惑以及誤解的人，可以因爲如實證解此論中闡釋的唯識性、相等正義，理解先前對於我空與法空的誤解，由此而斷除我見，乃至斷除我所執與我執，證得解脫果的人我空，成爲慧解脫的聖者；再者也可以由此論而如實現觀蘊處界等一切法莫非是空性心第八識——五陰自始至終都在第八識空性心中生住異滅、循環不已，本來即應攝歸第八識空性；由此現觀而深入觀察，終能現觀**非安立諦**等三品心而加以內遣（後述，此不預說），通達初地眞如而證得法我空。

如是，一般學人本來雖於人空及法空有所迷謬，以致錯認邪說爲正說的人，若能經由此論法義的如實證解而親證人我空與法我空，對二空便有正確的理解與實證，由是遠離對於二空產生迷謬之無明，永遠不墮於空有之爭中，跳脫於其外而得眞如實智，發起實相般若。

二空是生空及法空；生空或名我空，是於眾生分上的五陰等法無有所知，執爲眞實不壞之自我時，若能現觀其爲無我，名爲證得生空或我空。法空，是指有人對於蘊處界，亦即是對於十二處、六入、十八界、心所……等諸法中所觀見的無數法，認定其全部或局部眞實有我恆存，是常住法，名爲法我；若於如是法我，能觀察其爲生滅不住之有生法，並無一法之中有眞實我，名爲證得法空。如是二空滅除無明，即是此論所欲說明之正理。

迷與謬是二種人，如《成唯識論述記》卷一云：「一切異生諸外道等，此愚癡類，彼於二空全不解了，名爲迷者；聲聞、獨覺及惡取空，邪解空理，分有智故，名爲謬者。不解、邪解，合名迷謬。或但不解，無明名迷；若不正解，邪見名謬。癡、邪見人，名迷、謬者。」

「**生解爲斷二重障故**」，然而對《成唯識論》的正確理解，可以使行者斷除二種重大的遮障，這二種重障是指煩惱障與所知障；若是錯解此論之人，則不能斷除絲毫。云何煩惱障與所知障名爲重障？煩惱障對菩薩們的遮障，是障礙菩薩們無法證得解脫果，無法出離三界生死中的種種苦。既無法出離三界生死中的種種苦，便也同時遮障了更進一步修證佛菩提道的可能性；因爲「**證眞如**」而生起實相般若以前，必須先斷我見；若不先斷我見，永無可能「**證眞如**」，必墮蘊處界我之中故；或是「**證眞如**」後仍將退轉，以其我見未能先行斷除故。以是緣故說煩惱障中的我見、我所執、我執等，必致有情沈墮生死中；或是由於這二障會遮障有情證悟眞如故，都屬於重障。

又煩惱障之重者，例如修證佛菩提道的第一大阿僧祇劫最末位的十迴向位，轉入初地之前必須斷除分段生死——斷盡三界愛的現行而證阿羅漢果；隨後轉入第二大阿僧祇劫的地後修道過程中，還必須斷除煩惱障所攝的三界愛習氣種子隨眠，才能進入八地起的第三大阿僧祇劫修行過程。以如是煩惱障極難斷除而致諸大阿羅漢之習氣種子隨眠尚難除盡故，說此煩惱障爲重障。

所知障更屬重障，以其深奧微細而難破，若不證第八識眞如即無法打破所知障；此是一切不迴心之三明六通大阿羅漢所不能破，更不能斷，故此所知障名爲重障。又因所知障內涵深廣而難以除盡故，也函蓋煩惱障故，七地滿心已斷盡煩惱障所攝習氣種子隨眠者，轉入八地初心以後，方能開始專門斷除變易生死異熟法種，尚需一大阿僧祇劫精勤修行方能除盡，故名重障。

窺基法師對於重障的解釋非常好，《成唯識論述記》卷一說：「**由煩惱障障大涅槃流轉生死，由所知障障大菩提不悟大覺；一者猶如金剛難可斷故，二者擔此難越生死流故，三者押溺有情處四生故，四者墮墜有情沒三界故；此上四義毀責過失故名爲重，通二障解。五者或二障中我法二執爲障根本，生餘障類，但說二執名爲重障；我法執之餘末，障皆輕故。**」

然而〈唯識三十頌〉及此論中，對於成佛之道的內容，基於所度對象是娑婆世界此際的五濁惡世有情，則以大乘見道之通達入地爲偏重內容，是故此句中「**斷二重障**」之意涵，以見道通達位轉入初地時所必須斷除的二種障的障礙與開解爲主。

對於此論闡述的大乘見道有如實證解的菩薩們，在「**證眞如**」而心得決定，轉依成功而不退轉以後，依此論的解說而如實修證慧觀、定力、解脫、廣大福德、增上意樂以後，可以超越第一大阿僧祇劫，是因爲此論中已經說明，在悟後的三賢位中必須修證**非**

**安立諦**的三品心：**內遣有情假緣智、內遣諸法假緣智、遍遣一切有情諸法假緣智**；再加上「**相見道**」位的最後部分，即是**安立諦**十六品及九品心；由如是「**眞見道**」及「**相見道**」的智慧與眞如心平等平等故，能通達初地入地心眞如的解脫與實相智慧，名爲分證初地眞如。

若能配合其他應有的條件[11]而發起對十無盡願的增上意樂，日日發願俟其增上意樂得清淨時便能入地，此時有佛加持而證明之，證得「**大乘照明三昧**」，即得完成第一大阿僧祇劫的修證過程與內涵。這便顯示此論的實修，對於佛菩提道的見道通達位中所應斷除的二種重大遮障—煩惱障與所知障—都能如實斷除，是由實證而得切實出生勝解的緣故，才說「**生解爲斷二重障故**」。

「**由我法執，二障俱生；若證二空，彼障隨斷；斷障爲得二勝果故。**」「**由我法執，二障俱生**」：我執是執著五陰假我爲實有，法執是執著諸法中的某法爲實有之我，或如執有外六塵被自己所見知者亦名法執；然而二執皆妄，因爲蘊處界等我皆非實有，依蘊處界而生的諸法亦非實有，是故應斷。所以上來勝解重障之義已，以下說明二種重障其實唯有二執：我執與法執。我執是煩惱障所攝，法執是所知障所攝。煩惱障的品類眾多，

[11] 詳見《明心與初地》口袋書，或本論卷九通達位函蓋眞見道及相見道等法義。

而法執中的品類更多，所以法執更加深廣難斷。我執亦因眾生所不知的法執而生，故說我執只是法執中的局部，法執函蓋我執。

若是具足我執與法執的人，正是被煩惱障及所知障雙雙遮障的凡夫異生，因此先打破二障即是學佛人的要務；是故若依大乘法能斷我見而斷除三縛結，薩迦耶見已除，便能對我執斷除第一分，煩惱障的遮障便滅掉一分。若能「**證眞如**」而觀察能取的覺知心等見分，以及所取的色身五根與六塵境界相分，現觀此二分都是空性如來藏中的一部分——能取所取空，轉依成功而能成就佛菩提中的「**眞見道**」功德，根本無分別智生起了，實相般若在胸，法執便斷除了第一分，所知障便滅掉了第一分。然而煩惱障與所知障的由來，正是我執與法執，所以說，「**由我法執，二障俱生**」。

若斷不了煩惱障的影響，即是我見及我執深重，所以貪、瞋或愚癡深重者，「**眞見道**」以後遇到事相上的事情不如意時，也會受煩惱障所攝的貪、瞋或愚癡所影響，失去轉依的功德，二障相應的煩惱便會繼續生起；甚至因此而推翻以前的所悟，只因自認一悟即入初地，而自己所悟並未擁有初地的功德，以此爲由而否定善知識所授爲非眞悟，不接受證悟之時只是第七住位，企求初地功德；於是造謠抵制正法而作故謗善知識等大惡業。這在平實將近三十年的弘法過程中，再三、再四證明此一事實，學人於此不可不愼，若究其實，都是源於煩惱障的深重所致。

「若證二空，彼障隨斷」，若能具足證得人我空——詳細將我所執、我執全部滅除，煩惱障的現行便全部滅除，雖仍有煩惱障相應的習氣種子隨眠現行，亦能成就出離三界生死苦的果報，位在阿羅漢果，獲得解脫果的殊勝果報。

若能詳細將大乘見道通達位中應該全部滅除的法我執滅除，具足證得「相見道」位的法我空，見道位現行的所知障便全部滅除，成就了見道「通達位」的無生法忍——具足見道位應有的法空觀，位在初地聖果，即是獲得佛菩提果的殊勝果報；然而推究所知障與煩惱障的由來，全都源於我執與法執，因此玄奘大師說「由我法執，二障俱生」。意謂若非有我執與法執，就不會有煩惱障與所知障——二障俱生的緣由即是我執與法執等二種遮障；以是緣故，「若證二空，彼障隨斷」，意謂菩薩若能依解脫道具足實證人我空，使煩惱障的現行滅除；也依佛菩提道具足實證見道「通達位」中應實證的法我空，斷除了「通達位」所知障的現行，對於佛菩提道二種見道位中所應斷除的煩惱障與所知障，便能隨之斷除，則入初地。

若未證二空，則二障不斷，異生性必定會再生起，即是沒有轉依成功，方又再度造作二障相應的種種惡行等作爲，發起異生性，所以窺基法師於《成唯識論述記》卷一說：

「問：『煩惱障中品類非一，可言本斷、餘惑不生。所知障中唯有法執，殊無品類，何法爲流，言根斷時莖葉亦盡？』答：六識執外五識等中法、愛、恚等，異熟生攝；定下劣性，能障定者。法執等流，所知障攝，故說根斷莖葉亦除。」道理亦然，所以斷除根本煩惱才是最重要的事，若是根本的我執法執都未斷除，只斷二障等枝葉，久後又從根本再生枝葉，終究未能斷除二障。由是可知，斷薩迦耶見及「證眞如」轉依才是根本。若對薩迦耶見藕斷絲連，久後遇緣又復再生，所斷的二節斷藕又連在一起，異生性又復生起而現行，於是破法及毀謗賢聖等業，恣意造之無所忌憚，即是顯示二障所依的根本（我執與法執）尚未斷其少分。

若對「證眞如」心中有疑，未能剎那剎那心得決定，或如主張外於第八識心體而有眞如可證者，即是所知障之根本未斷——法執具足存在，轉依不成功，久後遇緣又復生起所知障而轉生煩惱障，復造惡業。若是薩迦耶見藕斷絲連，於事相上有不如意時，我執與我見隨即復生，又對正法大造惡業。如是二障俱皆障礙學人進修佛菩提道，此亦是佛世以來的常態，直至如今更加彰顯。

問：「爲何求斷二障？」答：「斷障爲得二勝果故。」爲何說解脫果與佛菩提果是勝果？因爲這二種殊勝的果報中，斷煩惱障是一切世間的天、人、阿修羅所不能證的緣故，名之爲勝，三惡道即無論矣！至於斷除所知障、證佛菩提果後，位在賢位或聖位之事，亦非二乘聖者之所能，唯有菩薩歷經久劫方能具足證得故，外道與凡夫更無論矣！當然更可名之爲「**勝果**」。

如是因地分斷我執（註）法執而打破二障，即能證得解脫於分段生死及證得實相法界的殊勝果報。若想要進而斷除二障的其他隨煩惱，還得轉入第二大阿僧祇劫中，繼續斷除煩惱障中的習氣種子隨眠，不以斷除現行爲足。若是想要進而分斷所知障中修道所應斷的「上煩惱」隨眠，同樣皆屬於進入初地開始修道位中所應修者；滿足七地心以後，進入第三大阿僧祇劫中繼續斷除所知障中的種子異熟，永離變易生死，方能獲得解脫道及佛菩提道的究竟勝果，則是諸菩薩之所努力進求者。所以佛地斷盡二障時說是殊勝果，容後卷九、卷十再說。以是故說，斷除成佛之道中的這二種重大遮障，其目的是爲了要獲得解脫果與佛菩提果這二種殊勝而究竟的果報之故，所以說：「**斷障爲得二勝果故**。」

（註：佛菩提道中所說的我執函蓋習氣種子隨眠，故曰分斷。）

問：「**爲何斷此二障得名勝果？**」答：

「**由斷『續生』煩惱障故，證眞解脫；**」由於斷除前後連續出生的煩惱障故，便可以證得「**眞解脫**」。佛出世間之前，每有外道自稱已得解脫、已證涅槃；如是類人之中，有宣稱自己是阿羅漢者，也有宣稱自己是如來者，其實全部非眞。今我 釋迦文佛出世宣說的解脫，方名「眞解脫」，然後度諸外道已證禪定而宣稱證阿羅漢或證得如來果者，實證阿羅漢以後方有眞阿羅漢及諸菩薩，以及 釋迦世尊所示現的眞實如來，是故《成唯識論述記》卷一說：「解謂離縛，脫謂自在；障即煩惱，名煩惱障。此持業釋，障蔽涅槃令不趣證。凡夫所修諸行暫滅，外道苦行計證涅槃，乃至有頂諸惑暫斷（應爲暫伏），所顯之理執爲圓寂。今說彼是彼分涅槃，雖理名眞，種不斷故非眞解脫。」由生死苦的現行與習氣種子悉皆未斷故，非眞解脫。

又如不迴心大乘的二乘聖者，未證第八識如來藏而未曾證得眞如，無能現觀死後所入的無餘涅槃中的本際，故其所證的解脫並非眞實解脫。何以故？皆因二乘聖者所證的解脫是方便施設，世尊依如來藏不生不滅說有解脫，然二乘聖人未曾實證第八識如來藏，不能現觀本來自性清淨涅槃，故其解脫並不眞實，即非「眞解脫」。

是故二乘聖者生前所住的有餘依涅槃，並不了知將來捨壽以後「不受後有」時，迴無來世五蘊或四蘊的涅槃解脫境界是什麼；而他們捨壽後入了無餘依涅槃時，又沒有五蘊、四蘊之我存在而成爲「不受後有」的無我狀態，當然也沒有五蘊等自我可以了知無餘涅槃中無有境界的解脫境界，因此二乘聖者以及外道的解脫，玄奘、窺基皆說爲「非

**眞解脫**」，只是 世尊依第八識如來藏而方便施設，令彼等畏懼生死苦的不迴心二乘聖人、暫得遠離生死流轉。

唯有諸地菩薩所證之解脫方是「**眞解脫**」，因爲諸地菩薩世世捨壽時皆有能力入無餘涅槃，只是因爲無止盡的十大悲願所持，故不取無餘涅槃而繼續受生於人間或色界、或兜率天的內院中；但在捨壽前仍然住世弘法的任何時刻，都能現觀阿羅漢與緣覺們，捨棄五蘊之後所取無餘涅槃中的境界，其實便是如來藏捨離五蘊、十八界後的無境界的本來解脫生死境界；而這種解脫生死的無生無死境界，其實是在捨壽之前便已本來存在著，即是第八識獨存而名爲「**本來自性清淨涅槃**」的無境界境界，所以諸地菩薩所證的解脫境界才是「**眞解脫**」。

異生凡夫這種煩惱障所攝的我見、我所執、我執，在有情身中是世世相續不斷出生而存在著，故名「**續生**」；由於眞修解脫道而斷除這種相續而生的煩惱障故，便能出離三界生死而得解脫生死眾苦，從此以後不再接受後有而得離苦，玄奘菩薩因此說：「**由斷『續生』煩惱障故，證眞解脫。**」

然而煩惱障所攝的煩惱爲何名爲「**續生煩惱障**」？煩惱是由有情自身我執所攝的貪瞋癡所引生的，故名煩惱；由於自身的三毒會相續引生煩惱，成爲隨煩惱及各種執著，故名「續生」。但如果煩惱是由邪分別或是由邪師所教導而生起的，也會相續引生，亦名「續生」煩惱。或因世世流轉生死之中如是煩惱相續不斷，亦名「續生」煩惱。由如是煩惱遮障學人證得涅槃，不得出離三界生死，故名「續生煩惱障」。若斷除「續生煩惱障」，便可證得眞正的解脫。

**「由斷『礙解』所知障故，得大菩提。」**所知障因何立名？窺基法師說得好，《成唯識論述記》卷一說：「**言所知者，即一切法若有若無皆所知故。了所知智，說之爲解。礙是障義，由法執類覆所知境，障礙正解令不得生。**」即是對若有若無的一切法全部皆應有所知，例如外道所施設眞實我或眞實法，皆屬不存在之或無之法；然而修行者對此等竟無智慧能知，即被此所知不足而遮障智慧，令實相智慧不得生起，故名所知障。

所知障的存在，不障礙二乘行者實證解脫果，因爲想要出離三界生死的人，只要斷除我見、我所執、我執，便能成爲阿羅漢或緣覺，即可獲得出離三界生死苦的解脫果，不必打破或斷除所知障。然而想要成就佛果的菩薩們，卻是必須「**證眞如**」才能打破所知障，不再障礙菩薩了知實相法界，即對實相法界不成障礙。但一切尋求成佛者，必須於斷盡所知障之時，一起斷盡故意所留的最後一分煩惱障才能成佛。

換言之，想要成佛的人，都必須次第完成大乘見道、修道的過程才能成佛，這是打破法執與斷盡法執的過程。但大乘見道位有三：**眞見道**、**相見道**、**通達位**，「**通達位**」函蓋前二種見道，意謂必須先有「**眞見道**」，以其根本無分別智的功德爲憑，進修「**相見道**」位的後得無分別智功德，於「**相見道**」功德圓滿時方是「**通達位**」的初地心，不可猶如退轉者張志成一般誤會「**眞見道**」時即入初地。

想要證得見道「**通達位**」功德而證得初地眞如初分的菩薩，必須次第具足證得「**相見道**」位的**非安立諦**三品心現觀；想要證得**非安立諦**第一品心的人，必須先獲得「**眞見道**」的證眞如智慧現觀，發起根本無分別智而具足第七住位不退轉的功德，才能繼續深入現觀深修而得眼見佛性，雙觀如來藏兩個不同層面的總相，方是具足「**眞見道**」的功德；此時依眼見佛性時出生的如幻觀而作轉依，才容易具足第一品心。

換言之，想要具足「**內遣有情假緣智**」第一品心，因此證得第十住眞如的人，必須先獲得「**眞見道**」位的根本無分別智；這是必須親證第八識如來藏而現觀祂的眞如法性，名爲「**證眞如**」，才能首次打破所知障而獲得「**眞見道**」的兩種功德：本來自性清淨涅槃的解脫功德，般若波羅蜜多現前的實相智慧功德。要如是轉依成功，常住於第七住位不退之後，始得發起根本無分別智。

然後轉依所證第七住位眞如進入「**相見道**」位繼續進修，至第十住滿心位眼見佛性之時如幻觀成就，方能圓滿眞如總相的「**眞見道**」智慧而具足實證**非安立諦**第一品心——「**內遣有情假緣智**」圓滿，方能隨後實行對於第二品心、第三品心的觀行過程，最後完成第三品心而轉依成功，方得通達而進修**安立諦**十六品心等，才能轉入初地心中。於如是眞見道之前，則是必須先斷除薩迦耶見，否則無由「**證眞如**」，不得「**眞見道**」功德。

至於發起根本無分別智的障礙，都是由於對眞如智慧的瞭解過程中，所必須聞熏的佛法知見被無明或邪見所障礙，以致無法獲得正確的慧解所致。這類慧解的障礙，來自對實相法界的無明或邪師的教導，也就是對於生命及宇宙萬有的起源無法了知而存在著無明；例如從六識論邪見所產生的常見、斷見、唯物論[12]、冥性、造物主、大梵天王……等邪見，皆屬所知障含攝的無明；如是無明，屬於「**無法**」所攝，猶如龜毛兔角，虛妄想故；非如離念靈知等都屬於「**有法**」，不離三界有故。

以此緣故，異生凡夫不能了知「**有法**」與「**無法**」，誤解眞如及佛性後所得的眞如觀，都屬於妄想所得故，所觀並非眞如、佛性，都與大乘見道無關，也與二乘見道無關。如是誤會之事，古今如然，非唯末法今時方有，是故《成唯識論述記》卷一說：「**異生雖作**

---

12 西方醫學、物理學、天文學認爲是由四大極微聚集而出生了色身，再由色身生起覺知心，非由第八識生起，即是**物能生心**的邪見，泛稱唯物論，以馬克思爲代表人物。

**二種無我眞如觀等，大非菩提。**」謂唯有證得第八阿賴耶識而現觀其眞如法性者，方是如實「**證眞如**」，方是實證大菩提，以外皆非「**證眞如**」故。

此類對法界實相種種無知的無明，都會遮障學人對於打破所知障的努力；這些無明邪見若無法滅除，便不可能獲得佛菩提「**眞見道**」的功德，縱使有大善知識幫助而證悟第八識以後，轉依眞如仍不能成功，不能生起根本無分別智，自然無法悟後進修而獲得「**相見道**」位的功德。如是之人不起後得無分別智，更談不上初地見道位的通達，遑論佛地之大菩提果。

若能親證第八識如來藏而不退轉，悟後現觀此第八識運行過程中顯示的眞如法性，再繼續進修後得無分別智，藉著證得初分的初地眞如的智慧轉入住地心中，進修十度波羅蜜多，一一滅除煩惱障所攝的習氣種子隨眠，並斷盡所知障含攝的一切粗細無明，最後斷盡變易生死，即能獲得大菩提果——成就究竟佛地的功德，這一切都是要依「**眞見道**」所得的根本無分別智作基礎才能修學成功，所以「**眞見道**」是一切學佛者進入內門修學的首要所求。

成佛是要具足一切種智的，一切種智即是第八無垢識所蘊含一切種子的智慧，無垢識因地名爲異熟識或阿賴耶識。然而一切種智的因地—在諸地菩薩位的般若智慧—名爲道種智。初地道種智的初分生起，則是緣於對第八識如來藏所含藏種子的初分了知——大乘見道「通達位」智慧的具足。

但大乘見道「通達位」智慧初分生起的最初始依憑，卻是中國禪宗的開悟——證眞如，即是《菩薩瓔珞本業經》說的「第六般若波羅蜜正觀現在前」；然禪宗開悟明心「證眞如」的般若智慧，則是緣於親證第八識如來藏而生起的根本無分別智；此第八識名如來藏，亦名阿賴耶識、異熟識，進修至佛地改名爲無垢識，音譯名爲菴摩羅識。

由因地證得此第八識而打破無始無明，現觀此識的眞實如如法性而名之爲「證眞如」；由此實證而轉依眞如，能斷除對於實相法界的「礙解」，即是初步打破所知障，成就大乘「眞見道」位的根本無分別智，初次證得大菩提果。外於實證第八識心，即無「證眞如」可言，所說皆不可信，因爲眞如即是第八識於一切法中運行的過程、所顯示出來的眞實而如如的法性故，是故論主玄奘於此論之卷十末後說：「眞如亦是識之實性，故除識性無別有法。」

由是故說，三大阿僧祇劫修道的最後成就佛果，最初之始實乃肇發於因地第七住位的明心「證眞如」，方能使「般若波羅蜜正觀現在前」，發起實相般若根本無分別智；此即是修習佛菩提道最初滅除一分對實相的「礙解」，否則即無後來成佛之道可言，因此玄奘菩薩說：「**由斷『礙解』所知障故，得大菩提。**」以此緣故而促使玄奘大師寫作此論，於論中宣示菩薩所修的大乘見道「**證眞如**」之眞實理。

「**又爲開示『謬執我法』迷唯識者，令達二空，於唯識理如實知故。**」除了演繹「**證眞如**」的大乘見道眞實理以外，又爲了先打開「**唯識性、唯識相**」與「**唯識位**」的正理，再長時間示現給菩薩種姓的佛子們得以悟後修道，則必須對一切謬執人我、法我爲眞實法，而迷惑於「**唯識性、唯識相、唯識位**」的學人們詳細解說，藉此促使他們如實證解「**唯識性**」與「**唯識相**」，方能實修而進入「**唯識位**」的緣故，因此而造作《成唯識論》。

「**唯識性**」有二義：「**眞實唯識性**」與「**虛妄唯識性**」。眞實唯識性，謂第八識之圓成實性及清淨位的依他起性；虛妄唯識性，謂染污位的第七識意根，連同意識對依他起性之六識、五根、心所等諸法所產生的遍計執性。

唯有具足親證八識心王者，方能現觀第八阿賴耶識如何出生五陰等我，方始現觀阿賴耶識具有「**眞實唯識性**」，也能現觀七轉識具有「**虛妄唯識性**」；如是之人方是如實證解「**唯識性**」的佛弟子，成爲大乘法中的「**眞見道**」位菩薩。

如是具足證得「**唯識性**」的人，方有能力進修「**唯識相**」，即是於八識心王的行相中一一現觀其中的二種「**唯識性**」，以及各種的眞如行相，如是歷觀各種「**相眞如**」之後，方得具足「**眞見道**」與「**相見道**」位的所有智慧與解脫，方可入地進修無生法忍。

若不曾證得第八識眞如者，即不能現觀八識心王的二種「**唯識性**」，即無力進修「**唯識相**」；不能具足證得八識心王的「**唯識相**」者，即不得入地，遑論無生法忍的進修，則不需為其解說「**唯識位**」的正理，以唯識五位的正理若爲說之，皆成戲論故。

「**謬執我法迷唯識者**」，是因謬執人我或謬執法我爲眞實我，而不知全部皆屬於第八識所生的生滅法，是故對「**一切法唯識**」的正理有所誤會的情況，古今所在多有，非唯不絕如縷，而是猶如滔滔大河廣有多眾，而且盡未來際永無中斷。

於是有人謬解而主張「**唯有眞實唯識**」，因此破斥主張「**虛妄唯識**」之大師者；亦有謬執「**唯有虛妄唯識**」而破斥主張「**眞實唯識**」之大師者，例如釋印順雙俱如此二破，自謂能融合所有佛法所說的中觀。然而釋印順的妄執「**虛妄唯識**」及錯悟者的妄執「**眞實唯識**」，二者皆執一邊以破另一邊，形成部派佛教以來就存在的空有之爭；而他們自身所住之一邊又都屬於謬執而作主張，皆不外於損減執或增益執，於自身所主張之「**眞實唯識**」或「**虛妄唯識**」，全都屬於錯謬之說理。

唯有雙俱「**眞實唯識**」與「**虛妄唯識**」之理，並且所證二者全都屬於現觀而且正確無訛，意謂已能如實證得人我空及法我空的賢聖，於八識心王悉皆現觀其種種自性無一遺漏者，方屬眞實證得「唯識性」之賢聖，其餘皆屬妄計、妄執、妄說，是故《瑜伽師地論》卷六十三如是說明心、意、識三種能變識的道理：

「復次，此中諸識皆名心、意、識。若就最勝，阿賴耶識名心，何以故？由此識能集聚一切法種子故，於一切時緣執受境，緣不可知一類器境。末那名意，於一切時執我、我所及我慢等，思量爲性。餘識名識，謂於境界了別爲相。如是三種，有心位中心、意、意識，於一切時俱有而轉。若眼識等轉識不起，彼若起時應知彼增，俱有而轉。如是或時四識俱轉，乃至或時八識俱轉。」

如是分明宣說有情同皆各有八識心王，此八識心王分成三類能變識，或時八識俱轉，乃至或時唯有三識俱轉等。然而古今誤會唯識正義者所在多有，例如近代主張「眞實唯識」者，多屬錯認識陰六識全體或其中之意識爲眞實不壞心者，例如認定離念靈知爲眞如，或如認定六識能覺能知的自性爲佛性的各大山頭大法師等人，皆墮識陰等生滅法中，不離對依他起性諸法的執著，成爲遍計所執性的凡夫異生，並非如來藏圓成實性之「眞實唯識」正理。

例如應成派中觀的六識論者宗喀巴，於《廣論》中公開主張意識是能生五陰之心，因此主張意識眞實，認定意識是「結生相續識」而自稱懂得「眞實唯識」之正理，其實已落入龍樹所破「**諸法自生**」之外道邪見中——意識能出生意識自己，本質屬於常見外道。亦如近代錯悟之禪宗所謂開悟者，主張日常生活中放下煩惱、放下語言妄想之離念靈知心爲眞實不壞心，或主張靜坐時之離念靈知心爲常住心，說此識陰覺知心爲常住之眞實我，名爲眞如，墮入人我之中而成爲誤解「**眞實唯識**」之邪見者，亦是「**謬執我法迷唯識者**」。

宗喀巴亦不外於如是邪見，故於《廣論》中主張六識覺知心是常住心，明言意識是常住心；又認定樂空雙運的無上瑜伽雙身法中，所領受之淫觸是本來而有的常住覺受，名爲「俱生樂」，又說住於該境界中領納淫樂觸覺之意識或六識心爲常住法，說該淫樂境界爲常住不滅，落入色陰及識陰的內我所中；並以其中領受樂觸的覺知心並無色法物質，即說爲究竟之空性心。

宗喀巴又誤認生滅性之識陰淫受我所，以爲常住之本有法，說之爲究竟佛地之常樂；以是緣故，更謬計而高推爲報身佛之快樂境界，以如是欲界中最低賤之貪欲境界而凌駕於本師 釋迦佛之上，乃於《廣論》中公開主張意識即是經中論中所說的「結生相續識」，墮入常見外道法中，不離外道五現見涅槃之最低階層中。

另如同屬六識論邪見的應成派中觀師釋印順，繼承宗喀巴之邪說以後，再反宗喀巴之說而主張一切法空，說識陰六識全屬虛妄，是故主張虛妄唯識觀，認爲《成唯識論》或無著、世親、護法、戒賢等瑜伽師所說的「**眞實唯識**」所證的第八識如來藏爲外道神我，指控如是實證之賢聖「**與常見外道合流**」；如是文字具載於其《妙雲集》與《華雨集》中，今猶可稽。

然釋印順於此復觀自己如是主張已使佛教所說無餘涅槃等墮於斷滅見中，又返執細意識爲常住法，作「**細意識常住說**」，誤以爲細意識並非意識，謬認及主張細意識不歸識陰所攝，由是執著細意識而返墮於識陰之中，不離外道常見。是故釋印順雖然主張「**虛妄唯識**」，否定識陰六識，認定爲虛妄法，卻又回墮於識陰中認定細意識常住不滅，悖反自身「**虛妄唯識說**」之主張，墮入「自律背反」的邏輯自違之中；又復回歸於宗喀巴《廣論》三士道等常見外道知見中，卻自謂已成佛道，將其傳記名爲《看見佛陀在人間》，成就特大號的大妄語業。

復有其他種種「**謬執我、法**」，迷惑於「**唯識性**」所說「三界唯是空性第八識眞如心而成就，萬法唯依八識心王和合而生滅」之正理，落入識陰我等境界與見解中，即是違背「**三界唯心**、**萬法唯識**」之正理，皆屬「**謬執我法迷唯識者**」。

玄奘菩薩欲爲此類有心學法而謬執人我、法我的佛弟子眾轉入正見中，寫作正理的開示，欲使這些人都能了達人我空與法我空以後，進而覺悟諸法法性唯是空性如來藏——經由實證而得現觀諸法都由第八識如來藏空性所生，由如來藏協同祂自己所出生的五色根與七識心王和合運作，方能有萬法的一一生住異滅，謂萬法皆唯空性心如來藏所生、所住、變異、壞滅。眾生若能如是證已，便能實證大乘法的最初「**眞見道**」，發起根本無分別智而證得初分「**唯識性**」；欲使他們對二種「**唯識性**」的正理如實了知的緣故，特地寫作此論。

具足實證「**唯識性**」者唯有諸佛如來，已經具足修完唯識五位，故能具足四種圓寂：有餘依涅槃、無餘依涅槃、本來自性清淨涅槃、無住處涅槃，亦能將八識心王的各種勝妙功德全部顯發及運用。論中如是所舉，容後依憑論文逐一論述，今先略舉現代、近代之大師錯謬處，加以略說如上，以免學人未來繼續被迷惑而同步大妄語業後塵。

亦如千餘年來三論宗諸多空見師、中觀師等人，皆屬迷唯識者，才會否定第八識眞如心。古今禪宗內諸多誤執離念靈知即是眞如者，則是謬唯識者，故執蘊處界入等三界人我爲眞實法，落入人我與法我中。又如古今許多學禪者堅持六識心的知覺性爲佛性，或認定諸法之中的自性不滅，即是眞實不壞我，亦是落入法我之中。如是諸人都成爲「**謬執我法**」之凡夫，而妄執識陰自性爲眞實我、眞實法，即屬「**謬執我法**」而迷惑於唯識性之人，卻反過來毀謗實證第八識如來藏者爲外道神我之徒。

**「令達二空，於唯識理如實知故。」**意謂不論何人，凡是想要實證唯識理的人，都必須先了達人我空及法我空；人我空的實修即是二乘菩提之實證，法我空的實修即是第六度般若與四加行的實修；如實了知二空之後，方有可能追尋諸法背後的「**唯識理**」。若未曾了達人空與法空者，落入人我或法我之中，誤執人我或法我爲眞實我時，即無可能探究諸法從何法中出生的道理，絕對不會去參禪推究「父母未生前的本來面目」，將無可能證得萬法根源的第八識如來藏，便無可能現觀有情及諸法如何從如來藏中出生，於「**唯識理**」即無可能如實知，便成「**迷謬唯識理**」之凡夫、異生。

### 第四目　造論緣由——爲救迷謬唯識理之二大類四種人

**論文：「復有迷謬唯識理者：或執外境，如識非無；或執內識，如境非有；或執諸識，用別體同；或執離心，無別心所。爲遮此等種種異執，令於唯識深妙理中得如實解，故作斯論。」**

**語譯：**【此外還有因爲迷惑與謬解唯識性正理的四種人：一、或如執著身心之外的六塵境界能被六識所觸知，是故外境六塵猶如六識等覺知心並非不存在；二、或是執著身內的第八識或七轉識，全部猶如身外六塵境界都是空無而非眞實有；三、或是執著六識的作用，雖然各有別異而心體是同一心；四、或是謬執離開覺知心以外，就沒有別的識與心所法了。爲了遮止這幾類的種種不同謬執，教令他們能在唯識增上慧學的深妙正理中得到如實的證解，所以造作這一部論典。】

**釋義：「復有迷謬唯識理者」**：「迷謬唯識理者」有二大類、四種人，二大類是「迷唯識者」及「謬唯識者」；四種人即是此段論文中說的四種，其中第一種及第四種人，名爲「迷唯識理者」，因爲是完全不能理解「一切法唯識」的正理，也沒有好好閱讀及研究過，例如釋聖嚴、釋惟覺、釋星雲、釋證嚴等一類人；第二及第三種人名爲「謬唯識理者」，因爲曾經修學唯識正理而不能生起勝解，所以生起邪分別故，此說古天竺的清辨、佛護、安惠……等一類人，以及近代、現代的寂天、宗喀巴、釋印順之誤計正理等人[13]。

清辨論師主張：「**若論世諦，心境俱有；若依勝義，心境俱空。**」圓測法師《般若波羅蜜多心經贊》評論說：「**清辨《掌珍論》曰：『眞性有爲空，如幻緣生故；無爲無有實，不起似空華。』**」這都是謬解唯識性正理的凡夫，屬於六識論者的通病，所以窺基法師《成

13 於二〇二〇年起，應再加上網路中的琅琊閣、張志成等人，同屬「謬唯識理者」，他們主張十八界中的六塵是外六塵，並主張思惟三無性所得的思想即是證眞如……等。

唯識論述記》卷一評曰：「**經中所言唯心等者，識最勝故。由心集生一切法故，非無心外實有境也。**」末句已破清辨「心境俱空」之說，因爲第八識眞實有，非空，所以依眞實心第八識自住境界而言時，方可說心與境俱空，但不可如清辨論師斷曰：無第八識，亦無第八識所變生的內六塵境。然窺基說「**非無心外實有境也**」則有過失，因爲外六塵境界是共業有情的第八識所共同變生者，廣義而言亦屬於第八識心內之境界也。

清辨對佛經般若系列諸經依文解義，謬於唯識正理，故認爲：「**依世間的正理或是依二乘世俗諦而言，覺知心等六識與所了別的六塵外境都是同時存在的；若是依大乘勝義的道理而言，則是所有心與所了知的六塵外境皆是空無。**」由於他是六識論者，所知心即是意識等六，不知、也不接受有第七、第八識眞實存在；所以清辨不知「般若諸經中所說種種正理乃依如來藏識自住境界而言」，誤以爲意識所理解的六識與外境都是緣起性空，是故說空；同於現代釋印順所主張的六識論緣起性空的假中觀，自然無法斷除人我見，當然也不能斷除法我見，何況能證第八識實相空性的境界而生起智慧，所以他也不信六識所覺知的六塵是第八識所變生的內相分，認定六識是覺知外六塵，也是墮於第一種迷唯識者之中。現代網路上無根毀謗正覺的琅琊閣、張志成等人只是佛護、清辨與釋印順的遺緒罷了。

觀於圓測法師所舉清辨所著之《掌珍論》所說偈義，清辨認爲眞性是有爲性的，所以是如幻緣生的，因此即是空；又說眞實能生萬法的無爲法，是從來不曾生起，當這個無爲法被人言說之時則如空華一般，也不是眞實的存在。這便是謬解唯識性正理的凡夫，這幾年於網路上大放厥辭的琅琊閣等人即是此類人，同屬「**謬唯識者**」，才會將離念靈知誤認作阿賴耶識而主張阿賴耶識能分別五塵。

打從清辨造作邪論而諍辯於護法菩薩之時起，人間方有所謂「空有之諍」[14]；然而護法菩薩其實並未與清辨相諍，因爲所說之理皆如實故；自是清辨對護法菩薩橫生爭執，謬於「**唯識性**」及「**唯識相**」而以誤解之說，相諍於護法菩薩故。

又：護法菩薩弘揚的第八識如來藏空性雖是無爲性，其實是無漏有爲法，所以能生萬法而成就一切染淨等有爲法，而其自性本離有爲，從來即非三界有爲有漏之法，本來就是涅槃性而具足圓成實性，清辨等人云何可以指責護法菩薩墮在有中，而責瑜伽行派爲有宗？是故瑜伽行派所修、所證、所說的唯識增上慧學，固然有三界有等各種法相，但不是單說諸法法相存有等事實，而是同時從諸法的緣起性空深入解說；並且說明諸法

14《成唯識論了義燈》卷一：「然護法菩薩千一百年後方始出世，造此論釋（謂《瑜伽論釋》）及《廣百論釋》。清辨菩薩亦同時出，造《掌珍論》，此時大乘方諍空、有。」

的緣起性空，其實是由空性心如來藏阿賴耶識爲主體，藉種種緣而生起諸多有漏性或無漏性的有爲法，如是探得宇宙萬有的根源與生起的實相，方名如實的緣起性空。清辨所說的內容其實與現代的釋印順一樣，都是緣生性空，不是緣起性空，因爲所說全都是三界中的有爲法、緣生法，並非萬法的根本因如來藏藉緣生起諸法。

護法菩薩也說明，事實上是藉第八識如來藏之功德，才能有各種緣生法暫住及變異、壞滅，是由如來藏藉緣生起諸法，由此故說諸法皆屬空性心所有，並無人我、法我可以眞實不壞，故名所取空、能取空，說明能取的七識心及所取的五色根及六塵，皆是歸屬於無我性的空性如來藏；如是可令已實證第八識空性如來藏之菩薩們，得以斷除法我執，非僅斷除人我執。如是所說、所修、所證皆是空性心第八識，絕非三界有，焉得謂之爲有宗？

又，如來藏空性心能生三界萬法等有，自身境界中則無絲毫三界有，更不可說之爲三界有所攝之法，方名眞正的「**唯識性**」及「**唯識相**」，焉能謂之爲三界有？是故此宗實應正名爲「**法相唯識宗**」，不得單言「**法相宗**」或「**有宗**」，亦不得單言「**唯識宗**」或「**空宗**」，皆墮一邊故。若究其實，玄奘一脈不應立宗，立宗一事是後人妄加者，因爲玄奘一脈所弘者是完整的佛法，而非片面或偏限的不完整佛法。舉凡誤將此一宗派稱呼爲其中一種，而非具足稱其全名者，皆屬「迷、謬唯識理者」；玄奘之寫作《成唯識論》種種理由之一，正欲救治如是空有之諍的「迷、謬唯識理者」，自身所證則離空與有二邊故。

復次，迷唯識與謬唯識合共二種之中，則有四種差別如下：

**「或執外境，如識非無」**：第一種人是謬執外境六塵眞實而爲自己六識之所觸知，認爲外六塵境界實有，猶如自己識陰六識覺知心實存一般，並非第八識如來藏之所變生。如是類人不信覺知心所觸知的六塵境界，是自心如來藏依外六塵所變生的內六塵。其實六識所觸知的六塵只是內六塵，並無外六塵被自己的六識覺知心所觸知；因爲六識是心，屬於精神，而外六塵是色法，心不觸色故不能接觸與了知外六塵，只能了知內六塵，內六塵是第八識心所變現，故覺知心方能接觸及了知。然而學習佛法之後由於「迷唯識理」故，依於對聖教的誤會而認定外六塵實有，與六識一樣都是實有，成爲「執外境如識非無」的凡夫僧，即是小乘薩婆多部—說一切有部—等六識論聲聞凡夫僧之境界。釋印順、琅琊閣、張志成等人即是同類人，都屬於「迷唯識理」之凡夫，其部派亦因此而得名——說一切有部。

薩婆多部四眾流派，都妄認爲「離心（心指如來藏）之境」猶如六識一般眞實存在而常住不壞，執著六識所觸知的六塵並非自己第八識所變生的生滅不住的內六塵假有法，認爲六識所接觸的外六塵境常住不壞，落入「**妄執有外六塵境眞實被有情覺知心所觸知**」的邪見中，所以「**執外境如識非無**」。他們不知有情覺知心中所了知的六塵境界都是自心如來藏所變生的內六塵，不知自己打從有六識以來不曾領納或接觸過外六塵境；故說薩婆多部諸師是迷於「**眞實唯識**」正理的人，才會成爲「**或執外境，如識非無**」的凡夫。這類人對唯識學沒有研究，全然無知，更不曾實證，所以他們對唯識增上慧學的所知全都錯誤，故名「**迷唯識者**」。若是曾經研究唯識增上慧學而錯謬領受唯識義者，即是「**謬唯識者**」，所說當然也是錯誤，成爲另一種人。

「**或執內識，如境非有**」：第二種人是指清辨論師一類自學般若諸經及《中論》、《百論》後，又研讀第三轉法輪唯識增上慧學諸經之聲聞人，他們在認定外六塵境界眞實不壞的前提下，又誤會此二部論正義與了義的唯識諸經所說「**諸法皆空**」的緣故，誤以爲論中說的「**一切法空**」，是連第七識意根、第八識如來藏都否定爲無，全都緣生性空，不知經中說的是一切法都屬於空性第八識。他們都不知道諸了義經及二論中說的是，妄心七轉識以及所有諸法都非眞實法，並無眞實我可言，但卻都是出生於空性心如來藏，也是要依止於如來藏心方能有生住異滅，所以這些法都歸於空性心所有。然而第八識如來藏實存，但如來藏對內六塵無知無覺，所以祂自己的境界中迴無一法可得，如是演說般若而說爲「一切法空」。

但清辨等論師由於誤解這些正理的緣故，便將唯識正理謬解而加以錯誤的解說，因此而成爲「謬唯識」一類的凡夫。這類人都會撥無第七識意根與第八識如來藏，最後成爲世尊所破斥的「惡取空」與「損減執」之人；近代之宗喀巴與釋印順等人只是清辨的遺緒，所弘揚之中觀般若皆類於此；達賴喇嘛自然不外於此而如宗喀巴一樣落入常見外道中，同屬六識論之凡夫，同名「謬唯識」之愚人。

**「或執諸識，用別體同」**：這是第三種人，修學大乘法時不明白八識心王和合似一的凡夫出家菩薩們，他們也曾研讀第三轉法輪唯識學諸經或唯識論，同時錯解大乘諸經所說的**八識心王作用各別，其實只是第八識一心的作用**，所以誤認爲：只有意識一心而有六種不同的作用，認爲六識心是「用別體同」，其實只是一個意識心。法鼓山的釋聖嚴屬於這類人，然而他卻沒研究過唯識學，又屬於「迷唯識」的凡夫大師。

這類人大多是只信有六識等心，並將六識所有功能與自性都歸納於同一意識覺知心，屬於曾經研究唯識諸經而產生錯解的「謬唯識」凡夫僧。此類人不單是末法時代的現在廣泛存於諸大法師中，其實古時便已廣泛存在著，特別是聲聞法所攝的部派佛教六識論之諸聲聞僧。

**「或執離心，無別心所」**：這是第四種人，指經部師及覺天論師等一類人，他們引述《阿含經》中所說「**三法和合名爲觸**[15]」，以及佛說五蘊而非更多蘊，但五蘊中只有受、想二個心所法的行，不信這二個心所法以外還有許多的心所法應攝入五蘊中；也不懂所謂心者函蓋心所法，執著自己的六識心中只有這二個心所法，再也沒有別的心所法了。這一類人是屬於「**迷唯識**」之凡夫僧，完全不懂萬法唯有八識心王所生、所顯的道理，而 佛所說尚有其他諸種心所，並非唯有受、想二種；然經部師等人迷於唯識學中「**心含攝心所**」的道理，便否定現前可以驗證的其他種種心所法，也推翻第七、八識的存在，誤認爲只要有六識心就可以讓有情運作於三界境界中。

然而心者必定含攝心所法，才會有心的作用，這才是唯識增上慧學中的正義，所以本論末後也說：「**此中識言，亦說心所，心與心所定相應故。**」以此聖教及悟後現觀的緣故，經部師當然不可以主張一切人只有六識心，亦不可主張一切識都只有受、想等二個心所的行，而是尚有觸、作意、思等心所。所以說這第四類人是「**迷唯識者**」，因爲他們

15 《雜阿含經》卷八：【爾時，世尊告諸比丘：「有二因緣生識，何等爲二？謂眼色、耳聲、鼻香、舌味、身觸、意法……」如是廣說，乃至「非其境界故，所以者何？眼、色因緣生眼識，彼無常、有爲、心緣生；色若眼、識，無常、有爲，心緣生；**此三法和合觸**，觸已受，受已思，思已想，此等諸法無常、有爲，心緣生，所謂**觸**、**想**、**思**。耳、鼻、舌、身、意亦復如是。」】

對唯識學是不曾研讀而且全然不懂的，卻來為人演說大乘唯識妙法。

但聲聞部派佛教的清辨論師等人，認為覺天論師等人的說法違背般若中道正理，於是在主張一切法空的前提下，又主張唯有外境是眞實法，覺知心六識所觸知的是外六塵，並沒有內相分六塵境界被覺知心所觸知，否定自心藏識變生內六塵的事實。

清辨等人以為在這前提下否定五蘊六識以後，就不會成為斷滅空，因為外相分六塵實存不滅，以此建立為中道；也因為這個見解而提倡「**有相無見**」的邪說，意謂外六塵境界相分實有不滅，而見分六識會滅失，如是又成為「**謬唯識者**」。但《阿含經》中已經說過有「**外六入**」及「**內六入**」，內六入即是六識觸知第八識所變生內六塵，由這內六入而作六塵境界的了別；如《長阿含經》卷八：「**又，諸比丘！如來說六正法，謂內六入：眼入、耳入、鼻入、舌入、身入、意入。復有六法，謂外六入：色入、聲入、香入、味入、觸入、法入。**」證明實有內六塵。

順世外道也像這樣建立，和清辨等人一樣主張「**有境無心**」，說覺知心所觸的外六塵實有而六識心無常。安惠論師卻另外主張相分與見分全都不存在，認為就符合諸法緣起性空的正理，不但成為「**謬唯識者**」，也屬於「**迷唯識者**」。如是種類的「**迷唯識**」與「**謬唯識**」的凡夫僧也很愛好造論，以博取名聞利養，於是所造邪論混淆了正法，使令正法步入像法及末法時期，惡業非輕。所以《雜阿含經》卷三十二說：「如是，迦葉！如來正法欲滅之時，有**相似像法**生；**相似像法出世間已，正法則滅**。譬如大海中船，載多珍寶，則頓沈沒；如來正法則不如是，漸漸消滅。如來正法不爲地界所壞，不爲水、火、風界所壞，乃至惡眾生出世，樂行諸惡、欲行諸惡、成就諸惡，非法言法、法言非法，非律言律、律言非律，以相似法句味熾然，如來正法於此則沒。」

如是凡夫論師古今一氣，努力寫作邪論而與善知識爭，將第八識貶爲三界有，將證悟第八識的菩薩們誣爲有宗。以其邪說與凡夫之意識相應而易於理解故，極易流通而被眾多凡夫學人所信受；善知識的第八識正法則因難知、難解、難信、難證故，導致不易流行；於是相似像法大爲流通之後，正法勢力被漸漸消滅，最後終至滅沒。則正法滅沒之肇因者，即是這些凡夫論師所致，彼等諸人死後必當迎來滅法之不可愛異熟果報，學佛之人如是應知。

**「爲遮此等種種異執」**：綜合上述所說二類「迷唯識」及「謬唯識」的部派佛教聲聞凡夫論師等四種人，合稱爲「迷謬唯識理者」。但不論是「迷唯識」或「謬唯識」者，全都是六識論的學佛人或部派佛教的聲聞人以及外道們，才會產生如是二大類的四種邪見執著，由此再衍生出各種邪見而產生更多種類對唯識增上慧學的執著與謬說。是故《成唯識論述記》卷一說：「第二，例破餘小乘外道等也。小乘、外道不知唯識境離心無，妄計便起。且外道中，於能所緣皆執我法，迷唯識故。如僧佉等，計思是我，心有實體，即計能緣爲我、法也。如吠世等，別有我體，非即是思，實有諸法，即於所緣計我、法也。其小乘中犢子等，計我爲能知者，亦執有法。法藏部計心緣相應，化地部執緣俱有法，法救說心所體即是思。此等種類非唯是一，故今論言種種異計，破境實有。」

例如清辨論師執著六識心與心所法實有，然後又依所誤會的般若法義而主張「一切法空」而自相牴觸；又怕落入斷滅空，重新建立六識心外之六塵境界實有，而說如是見解可以成就非空非有，成爲中道，如是自命爲中道觀的密宗二派中觀空宗，將實證第八識的菩薩們貶爲落入三界有的有宗，但他們自己實質上仍不能脫離三界有之範疇，反而不曾實證空法，不離上述二大類的四種邪見。玄奘爲救這四種邪見者，故造此論。

屬於小乘法的聲聞部派佛教中，亦有多派因此而產生邪見，例如正量部主張有見分而無相分，依見分即能緣於外六塵境界而作了別，沒有第八識所變生的內相分六塵。然而彼說若屬事實，既無內相分六塵，見分何能生起？以六識心不能觸及外色法六塵故。唯有自心藏識所變生的似色法帶質境的內六塵境界，六識心方能接觸及了別，內六塵是自心所變生故。否則，六識心縱能生起，又何能了別？

復如清辨論師一派，主張有相而無見；但是有相分而無見分時，又是誰人得見種種六塵相分？又如大乘法中及聲聞部派中的其他部派，也一直有人認爲相分、見分都是眞實有的；而聲聞論師安惠則誤會般若諸經，誤解「**一切法空**」之義，主張相分、見分都不是眞實存在等。部派佛教諸部僧眾，凡此邪見種種異說，都是緣於迷惑唯識與謬解唯識正理而產生的，通名「**迷謬唯識理者**」。玄奘寫作此論之目的，即是爲了遮止諸多小乘部派佛教凡夫僧，以及遮止外道等人之邪見故。

另有外道及部派佛教中之聲聞僧人，例如僧佉、吠世、犢子部、法藏部、化地部、法救論師等人，同皆別有種種異見異執，本論於卷一末、卷二初、卷四、卷七中，皆有舉述及評論破斥，容後再敘，茲不先論。然而窺基法師於《成唯識論述記》卷一所引經中所說，佛門四眾皆應信受：「**若未知眞，不了妄故，是故經言：『非不見眞如，而能了諸行，皆如幻事等，雖有而非眞。』**」

謂若有人修學佛法而想要徹底證知我與法皆非眞實者，於親證人空及法空之後，必須先證得我、法之外或之上的另一個眞實法——第八識如來藏空性，再將此眞實法，與虛假不實的蘊處界入等我與法再次相待而觀，便可如實現觀而證明諸行中的我與法都是虛假而不實。是故證得眞實法的第八識眞如，便是一切修學佛法者的首要之務，名爲大乘見道或見諦，能對第八識的眞如法性如實現觀，即得現見實相法界。

**「令於唯識深妙理中得如實解，故作斯論。」**此乃玄奘自敘寫作此論之用意。「**深妙理**」謂「**一切法唯識**」之正理。「**如實解**」謂如理作意而得生解，亦名勝解，有勝解即有念心所，正智因此而得出生。

「**如實解**」有二意：有漏法如實知有漏法，無漏法如實知無漏法；有爲法如實知有爲法，無爲法如實知無爲法；實有法如實知實有法，實無法如實知實無法。復能現觀一切有漏法、無漏法，以及有爲法、無爲法，皆悉空性心如來藏及其所生七轉識之所生、所顯，謂「**能取所取皆空**」（「空」指空性如來藏阿賴耶識），如是現觀能取及所取皆屬於空性心如來藏，即是「**如實解**」「**唯識性**」之賢聖。然「**唯識性**」極難實證，欲「**如實解**」者實難，是故窺基於《述記》中云：「**小聖、邪師，智尚微、闕，解生迷、謬；菩薩大悲，爲欲除彼我、法執故，顯離妄心無別二取，說唯有識。**」

又，於「**唯識性**」得「**如實解**」者，唯有已證第八識眞如之大乘賢聖，否則即無可能深入勝解有漏法之虛妄；由此故說，唯有「**證眞如**」之菩薩方能「**如實解**」「**唯識性**」，不論對「**眞實唯識**」或「**虛妄唯識**」都是如此。但很不幸，這卻是末法時代的大法師與學人們所不知者，因此修學佛法時便走錯路頭而不求證眞如，坐在離念靈知的意識或識陰境界中，墮在生滅二邊而自以爲已證中道之觀行，如是誤會而自稱爲中觀師；或者誤會眞如而有錯證之時卻自認爲已證，永與大乘見道絕緣。如是類人，於成佛之道即無實修之本質，總在資糧位中打轉，卻又誤以爲自己已經實證佛法，乃至如釋印順以凡夫身而自認成佛，卻又完全不敢回應筆者對他書中法義所作的辨正。

若能如實勝解「唯識性」，對「眞實唯識」與「虛妄唯識」皆得「如實解」，得名「勝解」，自然得入悟後漸修階段，久後方能通達「唯識相」而得入地，轉入修習位中；再經二大阿僧祇劫修足十度波羅蜜多，最後便能成佛。此即意謂，雙俱「虛妄唯識門」與「眞實唯識門」等「唯識性」者，方是如實勝解「唯識性」的賢聖。

## 第二節　總論萬法之由來——眞我

### 第一目　首先寄問徵起

論文：「『若唯有識，云何世間及諸聖教說有我法？』頌曰：

由假說我法，有種種相轉，彼依識所變；

此能變唯三，謂異熟思量，及了別境識。（一）（註：此數字是表明〈唯識三十頌〉

中之第一首頌。以下皆同，不另註釋。）」

**語譯：【**問：「如果只有八識心王，爲何世間人以及種種聖教中都說有我、也有諸法呢？」答：〈唯識三十頌〉中這麼說：

由於假名而說有我、有法，來說明世間有種種我與種種法的相貌在運轉，那些我與法其實都是依於八個「識」所變現的；

這種能變現諸法的「識」只能分爲三個種類，是說異熟性的識、思量性的識，以及能了別六塵境界的識。**】**

**釋義：「若唯有識，云何世間及諸聖教說有我法？」**問：「世間及諸聖教中都說到有我、有法，爲何唯識增上慧學中卻說無我、無法？豈非違教又違正理？」外道不解三乘菩提諸法，聲聞部派佛教諸凡夫論師同樣不解，以此緣故而有此問。

所謂「世間」與「聖教」，云何名爲「世間」與「聖教」？窺基法師說得好：「言世間者，可毀壞故，有對治故，隱眞理故，名之爲世；墮世中故，名爲世間。由此滅、道，或非世間，無對治故。言聖教者，聖者正也；與理相應，於事無擁，目之爲聖。又契理通神，目之爲聖。又聖者正也，心與境冥，智與神會，名之爲聖。此所說教，名爲聖教。」

（《成唯識論述記》卷一）

**「頌曰：由假說我法，有種種相轉，彼依識所變；」**論主玄奘菩薩引述世親菩薩的《唯識三十頌》中的第一首頌來解說：由於假說的三界一切有情我，以及一切有情所認知的種種法中的我，同樣都有各種不同的法相各自運轉著，那些我以及那些法的行相，全都是依於《楞伽經》中說的「**眞識、現識、分別事識**[16]」等三種能變識而變生的。

《成唯識論》是以世親菩薩的《唯識三十頌》作爲主軸，來說明唯識三法（唯識性、唯識相、唯識位）的正理，以及「**唯識位**」（資糧位、加行位、通達位、修習位、究竟位）的次第與內容，所以後面所說都會以這三十頌作爲主軸來繼續解說。這三句頌中的前二句是答難及破我執、法執，後一句標出宗旨及歸結於八識心王的三種能變識。至於八識心王區分爲三種能變識，世親菩薩是依《楞伽經》中的聖教而說的，並非自己隨意擅作區分，詳後所引，先不舉述。

「**假說我、法**」中有二種假：一、無體隨情假，是世間多分有情及外道所執著者，所說之眞實我並不存在。二、有體施設假，聖教所說世間法中雖有法體存在，但並非指

[16] 《楞伽阿跋多羅寶經》卷一〈一切佛語心品〉：「大慧！略說有三種識，廣說有八相。何等爲三？謂**眞識**、**現識**，及**分別事識**。大慧！譬如明鏡，持諸色像；現識處現，亦復如是。大慧！現識及分別事識，此二壞不壞，相展轉因。大慧！不思議薰及不思議變，是現識因。大慧！取種種塵，及無始妄想薰，是分別事識因。」

涉有眞實不壞之人我與法我，都屬於現象界中眞實存在的生滅法，是故假說爲我與法。既是假說，則非眞我、眞法。

一般人所謂的我，無非是色身及覺知心，正是末法時代大法師們所錯悟的「清清楚楚、明明白白」的心，或是錯悟古人所說「澄澄湛湛」的離念靈知心，事實上全都是離語言妄念時而能了別六塵境界，並非眞正的無分別心；中台山惟覺法師則加上「處處作主的心」，正是第七識意根的思量法相。如是都屬常見外道法而非佛法，符合末法時代的現象，所以今時連相似像法都難以存在，於廣受佛門凡夫大法師及外道所抵制的窘境下，眞實的佛法八識論正義更難存在，因此不名像法時代。

這些凡夫大法師們所謂的悟，其內容全部加起來，便是世間眾生所知的我，具足我相，正是聖教中爲了度眾方便而施設假說的「我」。由於有這樣的我，就會有六塵境界中的種種了知、觀察、思惟、分別、決定、取捨，如是虛妄分別的行相，在清醒位乃至夢境中不斷運轉著，於是就有了種種法相的生住異滅等行相而不能終止，使令有情落入「相」與「名」中不得脫離。

但這些我，不論是人間我、三惡道我、欲界天我、色界天我、無色界天我，以及伴隨這些世間有情種種我而出現的各種法相，在聖教中是承認其現實上存在著，是故依現象界標準而說爲有體，並未撥無這些我與法在現象中的存在；但聖教中說明這些我與法，都不是眞實我、眞實法，也不是眞實不滅的存在，由是而施設種種方便，說明這些「我、法」全都是有生有滅之自性，其實全都是依於三類「識」而變生出來的暫有我、法。但眾生不能瞭解而妄計爲眞實的我、法，於是生起常見、斷見等惡見、邪見及我執、法執，因此而世世流轉生死，永無了期，便有三界六道中的種種苦受。

外道復質疑說：「**若有眞實的我與法，可以依假立而說我與法是假；但我與法若是確實不存在，假我與假法又依何法而立？**」是故世親的頌中歸結說：「**彼依識所變。**」謂佛法中假說的人我與法我，都是因爲三種能變識而變生出來的，所以只是暫時的存在，全都不實而虛妄，有此勝解者便能證得人我空及法我空；能證二空者，即能證得第八識的眞如法性而有現觀，即能成就道業。

「**此能變唯**三，**謂異熟思量，及了別境識**。（一）」世親菩薩第一頌的後半段說：這個能變生出三界我與法的識，總共只有三大類，就是異熟識、思量識、了別境界的識。世親菩薩如是所說，是依《楞伽阿跋多羅寶經》卷一〈一切佛語心品〉而說的，經中佛說：「**大慧！略說有三種識，廣說有八相。何等爲三？謂真識、現識，及分別事識。**」是說第一類爲眞實而常住的識，是一切有情的根本識，即是第八異熟識、阿賴耶識，名爲眞識。第二類爲促使眞識變生諸法的現識，即是第七識意根，又名末那識，能促使眞識現起諸法故名現識。第三類爲分別六塵事相上的識，即是意識等六識覺知心，正是末斷我見者之所住。

異熟識的語意，著重在所執持的種子異熟及異熟生死方面而立名；若依我愛種子、善惡業種子的執藏方面來說，具有執藏分段生死種子的染污體性，則立名爲阿賴耶識。若依二乘菩提的實證，分段生死種子的執藏性已經斷盡、煩惱習氣種子尚未斷盡，亦可名爲「滅阿賴耶識」，可以單獨立名爲異熟識，不名阿賴耶識。若依大乘法而言，菩薩入地前斷盡分段生死時已立名爲異熟識，然而起惑潤生而不取無餘涅槃，轉入初地繼續受生修行佛道而自度度他，則又復名爲阿賴耶識；直到習氣種子隨眠斷盡而轉入八地心時，第八識方又立名爲異熟識，位在七地滿心或八地初心時起。但在凡夫異生位的阿賴耶識，同時也名爲異熟識，因爲同有異熟體性故。若依無始無明「**上煩惱**」斷盡來說，則立名爲無垢識，位在佛地。

此第八異熟識、眞識，並非凡夫與二乘聖人之所能證，故不能知，是故《大方廣佛華嚴經》卷九〈入不思議解脫境界普賢行願品〉說，阿賴耶識是諸大乘賢聖之所證，非凡夫及二乘聖人所知：「**善男子！譬如猛風，吹大海水，波浪不停；由境界風，飄靜心海，**

**起識波浪，相續不斷**。因緣相作，不相捨離，不一不異；如水與波，由業生相，深起繫縛。不能了知色等自性，五識身轉。彼阿賴耶終不自言『我生七識』，七識不言『從賴耶生』，但由自心執取境相分別而生。如是**甚深阿賴耶識行相微細，究竟邊際**，唯諸如來、住地菩薩之所通達，**愚法聲聞及辟支佛、凡夫、外道悉不能知**。」

此第一種能變的第八異熟識，能變生現識意根、五色根、內六塵、分別事識等六識，及各種心所法；同一共業有情之諸多異熟識，復能共生一個三千大千世界以及外六塵；第八異熟識有如是等內涵，故說是第一種能變識，即是圓成實性——能圓滿成就一切染淨諸法的眞實性。其多種體性，於後自當一一解說，此處勿庸預說。

第二種能變的思量識，即是第七識意根，於《楞伽經》中說之爲「現識」，以能啓動異熟識變生諸法，得令諸法從異熟識中現行故，名爲現識，此即自性釋。此第二能變識，四大部阿含諸經中則說之爲「意」；於第三轉法輪唯識增上慧學諸經中，則說爲意根或末那識。此第七識是有情不斷入胎的動機或因由，也是五色根與內六塵可從第八識中生起的緣由；也是意識生起及存在時的所依，佛說意識是「意、法因緣生」故。

此第七識意根爲六根之一，是無色根，不可見、有對，並非釋印順書中所指稱的腦神經。此識種子無始劫以來，恆時從第八識中流注而出，恆時現行未曾中斷，故說意根末那識常隨第八異熟識共存而不曾中斷，稱之爲「恆」。此識不但時時無間的存在，乃至眠熟、悶絕、正死位、無想定（含無想天）、滅盡定等五種無心位中，亦皆存在不斷，故說爲「恆」。於意根存在之時，依於六識而剎那剎那緣於諸法的現量而不捨離，故名爲「審」；處處作主而不中斷其思量性，故名「思量」，即是剎那剎那作主而不停歇。如是，合此三種功能故名「恆審思量」。

此第七識意根有遍計執性，故名末那識，有覆無記。若是配合意識的虛妄分別時，更能具足遍計執性，是故恆、審、思量時雖然是無記性，卻能遍緣諸法、恆時執著，故是有覆性，非二乘聖者所知。此意根雖然恆時現行而存在，但其存在卻是由眞識阿賴耶識不間斷地流注意根種子方得存在，是剎那生滅性，不是實有法，是故《入楞伽經》卷八〈剎那品十四〉說：「**大慧！意識共五識身相應生，一念時不住，是故我說彼法念時不住，大慧！言剎尼迦者，名之爲空。阿梨耶識名如來藏，無共意轉識熏習故名之爲空，具足無漏熏習法故，名爲不空。**」謂六俱意根剎那剎那生滅不住，連一念時都不能住，名之爲剎尼迦，即是空而非實。

意根末那識即以如是自性，促使異熟識變生五色根、識陰六識以及內六塵等諸法；如是諸法變生之後，與各類心所相應而令眾生流轉生死無窮無盡，致令諸法恆生恆滅而無終止，成就眾生無始以來的生死輪迴。以意根末那識具有促使如來藏流注各類法種現行的功能，是故《楞伽經》中說其爲「現識」，於此論中說其爲第二類的能變識。

第三種能變的「了別境識」，即是眼、耳、鼻、舌、身、意等六識，其功能即是了別六塵境界，故名「了別境識」。此六識具有「顯境名言」的五別境心所故，能令六塵境界顯現於六識心中；謂諸六塵境界都要有這六識，方能顯示出來，然後才會有各種善、惡、無記性的心所——才會有善十一及煩惱等心所現行，才有三界的境界領受等，故名第三種能變識。

如四大部阿含諸經所說，依眼等扶塵根與意根觸色等外六塵，名爲「外六入」；再由眼等五淨色根與意根觸色等內六塵故，名爲「內六入」；由「內六入」及意根的作意與思心所，異熟眞識即能出生眼識等六識。此六識要有根、塵、觸等三法的助緣，才能從第八眞識如來藏中出生；六識出生已，合名識陰，五陰所攝。

由有此六識故，則能了知內六塵中的一切境界，此內六塵境界則是與外塵聯結無二，有情因此得以生存於三界中；是故有情所了知之三界諸法乃至出世間、世出世間萬法等六塵境界，皆因此六識之了別性方能現前，故說此等六識亦名能變識，成爲第三能變識。

由有六識等第三能變識的「虛妄分別」等熏習，致使意根配合意識依「虛妄分別」

而產生遍計執性，如是無始以來的「虛妄分別」等熏習，能令有情的蘊、處、界、入及諸心所等法，不斷從第八阿賴耶識中流注出來，於是造就蘊、處、界、入等法的現行，方能成爲有情眾生。若是永滅遍計執性時，則染污的依他起性有根身及前六識俱滅，有情的根、塵、識等種子不復生起，三界法永滅而成無餘涅槃，便無一切法。以有此六識故，諸法得以現前於有情六識心中；以此緣故，說此六識等心爲第三能變識。

關於這三種能變識、總共八個識，窺基法師說得好，《成唯識論述記》卷一說：「《楞伽經》中兼說識性，或以第八染、淨別開，故言九識，非是依他識體有九，亦非體類別有九識。小乘根淺，不知心、意、識三種體別，又未除所知障，不了依他，故唯說六；然依根境，別體相故說十二處、十八界等，非唯六識。經部雖立有**細意識**，即是第六別位起故。」

又，《成唯識論義蘊》卷三，道邑法師說：「意識所緣不可知故者，俱是**細意識也**；言是**種子識**者，即此細意初受生已，能與諸法爲依，名種子識也。言即我第八識者，謂第八識依第七故，常相續故，所緣行相不可知故，能持種故，**由此汝說細意識者，即我大乘第八識也**。」故說小乘人常說「不可知不可證的細意識」而能生五陰等法，其實即是大乘經中所說第八識阿賴耶，不需另立細意識名；否則在不可知亦不可證之情況下，永遠與第八識之實證無緣，則無法稍知中道之意，又如何能作中道之觀行而言為中觀的實修，如是何必主張細意識常住及持種說。

至若推究常住及持種之功能，並非意識心之所能，不論粗細意識，因為一切粗細意識皆是生滅法故。有智之人只要回歸大乘經中說的第八識如來藏即可，然後求證之，有朝一日定可證得而現觀其眞如及持種……等現量，即成實義菩薩，無需外於大乘諸經另立細意識而說為不可知、不可證者。

### 第二目　廣破我、法實有

**論文：「論曰：世間聖教說有我法，但由假立，非實有性。我謂主宰，法謂軌持，彼二俱有種種相轉。『我』種種相，謂有情命者等，預流一來等；『法』種種相，謂實德業等，蘊處界等；『轉』謂隨緣施設有異。」**

語譯：【論曰：世間和聖教中同樣都說有「我」、有「法」，這只是由於暫時的存在而假名建立，並非這些「我」與「法」眞實有常住不滅的自性。此世間「我」是說能作主而且能宰制，「法」是說軌範以及能前後住持相續，那「我」與「法」二個同樣都有種種的性相持續運轉，全都不離於行。「我」的種種運轉性相，是說凡夫位的有情、命根、認知、作主等，或是初果預流、二果一來乃至諸菩薩等；世間諸「法」的種種性相，是說萬法之所從來的眞實體，以及祂能生能顯種種法的功能，乃至祂所運行出來的作用等，以及三界世間流轉中的五蘊、十二處、十八界、六入；「轉」是說，隨著三界六道凡夫的世間境界，以及三乘賢聖出世間境界的因緣差別，所施設的名稱就會有差異。】

**釋義**：「**論曰**」：玄奘菩薩舉出世親菩薩〈唯識三十頌〉的第一首頌來作回答以後，一般人是聽不懂的，於是要加以更多的議論，來讓聞者或讀者有所瞭解，即是論議。「**論曰**」之後的文字，就是玄奘所寫的議論。

「**世間聖教說有我法，但由假立，非實有性。**」「**世間**」是指一般人，也就是尚未在佛法三乘菩提中有所實證的一切有情，不論其爲天主、天人，或是人類中各種宗教的教主與信徒，乃至不信任何宗教的有情等；在這些有情之中，凡是能思惟而以言語互相溝通，來討論解脫與萬法起源者，都屬於這句話中所說的「**世間**」一類的有情。這些人都不離三界生死等空間，也都不離三世流轉等時間，所以名爲「**世間**」。至於三惡道有情及一般世俗人，並非此段文字所說的「**世間**」，因爲他們不談論「**我**」或「**法**」以及「**我、法**」之所從來等，因爲正在領受苦異熟果或攀緣世間法，無暇作此探究故。

「**聖教**」則是指三乘菩提中的經論等神聖教授，或是實證三乘菩提的賢聖所造的議論或書籍所說，其內容能令眾生實修而得解脫，或是親證實相而入菩薩位故，名之爲「聖教」，是故實證者依其對實相法界的現觀所說即是聖教量，不論其爲古人或今人。

「我」是指有情，粗分爲五陰：色、受、想、行、識；或細分爲六根、六塵、六識，合爲十八界；或以六入爲我，或以十二處，或以想、受爲我，或以思爲我等，所執非一，但皆不離於行。

人間的我或畜生道的我，通常都具足五陰我、具足十八界我，同有內外六入，低等有情的六入則有不同程度的減少。由於有五陰我或十八界我，便有六入；有六入，便有行，即可具有喜怒哀樂以及種種記憶，而同皆屬於具有我見、我所執、我執的有情；如是等我，泛指三界六道眾生。

然而我與法，也函蓋聲聞、緣覺、菩薩、諸佛等四種賢聖，這些賢聖雖然已證人無我，甚至大乘賢聖還證得法無我，但在世間常住時無妨仍有清淨的依他起性世間我，可以面對大眾自稱爲我，方能與有情同事而利樂有情；這便是「聖教」中假說的「我」與「法」，屬於假名建立。

三界六道眾生當然都有自我，也能認知自我的存在與延續；四種賢聖雖然已能滅掉自我而出離三界世間，不再有後世生死；二乘聖者雖然已滅我所執及我執，然而捨壽入無餘涅槃前，依舊有最後的微苦所依五蘊繼續存在，也方便稱之爲「我」，才能住壽而隨緣度化有緣人同證解脫、出離三界生死。

大乘賢聖，或如三賢位中從第七住的位不退開始，已經「證眞如」而證得本來自性清淨涅槃，生起根本無分別智，已得第一分解脫。或如諸地菩薩，悟後進修入地而有力能在每一世捨壽時入無餘涅槃，所證解脫與二乘無學聖人無異。但因起惑潤生而入初地以後，雖然世世都有能力取無餘涅槃，仍依十大願而世世受生不入無餘涅槃，直到七地滿心證得念念入滅盡定已，亦不取無餘涅槃；乃至諸佛如來親證無住處涅槃而具足四種涅槃，卻由因地所發十大願的無盡願力所持，於無數小世界中不斷受生，繼續示現八相成道而度眾生。

如是諸佛如來都已具足實證人無我、法無我，或如諸地菩薩分證人無我、法無我，世世起惑潤生而受生於十方三世的世間，繼續取得五蘊以度眾生之時，皆以方便自稱爲「我」，方能隨起語言文字而教化之，利樂有情永無窮盡，皆屬假名爲「我」。

有「我」就會有「法」生住異滅而相續不斷，顯現爲有情的模樣。但不論是凡夫有情之五陰我，或是二乘聖者之五蘊我，乃至諸佛菩薩爲利樂眾生而受生取得的五蘊我，都附帶有種種「法」生住異滅，在一世之中相續不斷，便稱之爲「法」。

例如將此五陰我細說之後，分爲八識心王、五十一種心所有法、十一種色法、二十四種心不相應行法、六種無爲法等。但現象界中一切的「我」與「法」都是生住異滅，又沒有常住不壞的法性，全都是依於第八識而於有情身中生起以後，暫時相續不斷的情況，來施設說有我、有法；而這樣的我與法，並不是眞實有，沒有常住不壞的自性，所以都只是假名爲我、假名爲法。

**「我謂主宰，法謂軌持，彼二俱有種種相轉。」**「我」是說能作主而宰制某些事物，例如我要吃飯、我要出門、我要度眾生等；於自己心中能作主而決定是否要實行或終止各類事情，這便是「我」，所以窺基法師解釋「主宰」說「主是我體，宰是我所」，即是由「主」等八識，來「宰」制諸多我與我所等法。「處處作主」就是落入時時刻刻主宰各種事相的「我」之中，是識陰與意根合作下的結果與特性，即是遍計執性。

「法」是說某些事物的存在或運行時的軌範，例如法則；猶如車軌規範車輛之行路，是故「法」又稱爲軌。至於法則的存在，一定是前後延續不斷，被大眾所了知而受持及遵行，所以稱爲「持」；如是法與軌，合稱爲「軌持」。「法」的存在，一定有其「軌」則與相續不斷的「住持」性，因此「法」便稱爲「軌持」。

現象界中所有的「我」與「法」並非各自獨立的，是相繫不離而同時在運作的，是由「我」在各種「法」中繼續運轉著，否則即非有情。但因爲往世的業因差別而有此世不同種類有情身的「我」，顯現出來四生二十五有，甚至有各種無量的差異性而持續存在著，這也是「法」；由有各種不同有情身心的緣故，就會有種種不同的性相持續運轉，顯示出三界六道與四聖差別，所以說「我」與「法」都同樣會有種種行相持續運行著，故說「有種種相『轉』」。

**「『我』種種相，謂有情命者等，預流一來等；」**三界有情有各種不同的「我」，這無量無數的「我」在各種不同的運轉過程中，顯現出身心不同的自性與法相，說之不盡；但若綜合歸類而以欲界來說，則包括三惡道的眾生，都具有活動身心、飲食、命根、認知、記憶、行相、造業、思量作主等特性，或多或少而顯現出來，完全不同於植物，而有異生性分明現前。或如人及天主、天人等，例如凡夫位人天的身心活動，也有情感、命根、認知、記憶、作主、思量、行相等，都具有「我」的相貌。欲界如是，上二界亦復如是。

名爲「有情命者」，所謂「有情」，謂於五陰身心運作之時同有情緒運行而有喜怒哀樂愛厭等表現；第八識若離，六識消失，如是情緒即告斷滅，則非有情。「命」謂有情一期生死必有時段差別，短者刹那刹那，長者乃至八萬大劫，皆名一世；究其命根者，以人類而言，謂第八識駐身現行故有生命及身暖存在，此識若離則謂命盡。愚人不了實相，則依所見表相而謂六識滅盡不復再起，名為命盡；由此說「**我**」種種相虛妄不實，是流轉法、黑品法。

或者猶如初果預流、二果一來、三果不來、四果無生等二乘聖者，尚未入無餘涅槃前，仍有五蘊「**我**」存在，同諸凡夫有情；但此諸聖人具有出世間智慧，如是賢聖於捨壽入涅槃前的五蘊，也假名稱之為「**我**」。乃至諸菩薩，上至諸佛如來於八相成道的過程中，持有五蘊而被有緣眾生所依止，在八相成道的過程中所顯現的五蘊，以及為度化眾生而方便施設，都自稱為「**我**」。由此證明，現象界中確實有「**我種種相**」，因三惡道、人間的異生凡夫、三乘賢聖而有差別。

「**預流一來等**」，預流、一來是二乘聖人，「**等**」字謂大乘菩薩中已有修證者。窺基法師說得好，《成唯識論述記》卷一：「**述曰：聖教我種種相，預流、一來、不還、無學、二十七賢、十三住聖**[17]**，三乘、十地，皆聖教中我種種相。**」此謂佛法中諸賢聖等，住

[17]《成唯識論掌中樞要》卷上：「二十七賢聖者，一信解，二見至，三身證，四惠解脫，五俱解脫，六預流向，七預流果，八一來向，九一來果，十不還向，十一不還果，十二阿羅漢向，十三阿羅漢果，十四極七返有，十五家家，十六一間，十七中般涅槃，十八生般涅槃，十九無行般涅槃，二十有行般涅槃，二十一上流般涅槃，二十二退法阿羅漢，二十三思法阿羅漢，二

在人間或三界中時仍有我與法的示現，方能度化有情。

佛法中的諸賢聖亦有「我、法」等，猶如《成唯識論述記》卷一說：「**問：『世說我法率己妄情，聖說我法有何益用？』答：由四緣故，一、言說易故，二、順世間故，三者、能除無我怖故，四、有自他染淨、信解、事業等故。**」是故佛法中諸賢聖亦必須有三界中的我與法，方能與世間有情互動而攝受之；然如是我與法亦是假名，亦是世間實物有，成就世間萬法故。

**「『法』種種相，謂實德業等，蘊處界等；」**「**法**」可以大分爲六類：實、德、業、蘊、處、界。如是諸法皆與五陰我同時存在。世間諸「**法**」有種種不同的性相與行相，下從三惡道有情所知的諸法，中如人間、天界等凡夫認知的形而上學，上至無上法的實相妙法等，全都屬於「**法種種相**」所函蓋的範圍。

例如「**實、德、業**」，是說萬法之所從來的眞實體，以及常住不壞的眞實體能出生或顯現出種種法的功能差別，名爲實、德；乃至實體法所運行出來的各種作用名之爲業，全都屬於「**法**」的範疇，即是「**等**」字所攝；例如緣起、根、諦、處非處、三善巧（四

---

十四護法阿羅漢，二十五住法阿羅漢，二十六堪達法阿羅漢，二十七住不動法阿羅漢。十三住聖如疏第九卷。」**十三住聖**，不外於二十七賢聖，不另註釋。

無礙智的前三）或四無礙智，及諸別別法。

又如三界世間有情流轉中的五蘊、十二處、十八界等，這當然包括四聖六凡等法界中的一切有情所有的五蘊、四蘊，以及十二處、十八界的或多或少，乃至心相應的心所等及不相應行法，也都屬於「**法**」的範疇，亦是「等」字所攝。至於勝論外道所說的「**實**、**德**、**業**、**有**、**同異**、**和合**」等六法，或如數論外道建立二十五冥諦等法，也是墮於世間的「**我**」與「**法**」中，詳後論文所破。

『**轉**』**謂隨緣施設有異**。」「**轉**」是指三界六道凡夫的世間境界，以及三乘賢聖出世間的境界，各有不同的因緣差別，顯現在外時就會有各種不同的有情身心，而且是世世變異成熟而在六道中不斷地轉變，直至佛地爲止。

乃至從凡夫位的天、人境界中脫穎而出，成爲三乘菩提中的賢聖，於是在現象上就得施設各種不同的名稱來指認，因此，爲不同有情而施設的法就會有各種差異。例如四聖六凡差別，例如蘊處界入差別，又如各種心所法差別，或如各種無爲法上的差別，都是由於有情在世間的造業或熏習出世間法的不停運轉，隨其因緣而有不同的轉變，導致成熟受果的改變，於是有四生二十五有中的各種不同有情的名稱施設。

## 第三目　我法皆是內識阿賴耶所變

**論文：「『如是諸相若由假說，依何得成？』彼相皆依識所轉變而假施設。識謂了別，此中識言亦攝心所，定相應故。變謂識體轉似二分，相見俱依自證起故，依斯二分施設我法。彼二離此，無所依故。」**

**語譯：**【問：「像這樣的各種不同法相，若只是依名詞施設而假名言說，那麼這些依世間相假說的我與法等，究竟是依於什麼而能成立的？」答：那些我與法的種種相，全部都是依於三種能變識所轉變出來，然後再假藉名言施設爲我與法。「識」的意思是說了知及分別，這裡面「識」這個說法也含攝心所法，心與心所一定相應的緣故。「變」是說「識」這個心體運轉而變生出來時，好像是有相分及見分等二分出現了，因爲相分與見分全部都是依自證分生起的緣故，就依這相分與見分等二分而施設了我與法。那相分與見分若是離開這個異熟識，也就無所依的緣故。】

**釋義：「『如是諸相若由假說，依何得成？』」**一般學佛人或世俗人，或如落入蘊處界中的外道修行者，聞說「我」與各種「法」都只是假說而成立，不是實有的，心中疑惑便提出了這樣的問難。因爲「我」與「法」既然是假名，並非實有，那麼「我」與「法」究竟是依於何物而有？這是有世間智的學人一定會想到的問題，就知道這些施設的假我、假法背後，必定有一個常住法而能出生這些假我、假法，才能無始以來不斷流轉而不中斷，當然會認定還有一個第八識的存在，是故唯有六識論的凡夫位僧俗才會否定第八識。

由於這些有世間智的學佛人或外道們都會想：既然「**我**」與「**法**」都虛妄，虛妄之法不可能自己生起——不自生；背後一定要有一個內識常住不壞，方能世世不斷生起虛妄的「**我**」與「**法**」故。便提出主張：「**要依彼眞，可說假故。**」哲學界直到現代才懂得說「**假必依眞**」，或說「**假必依實**」，可能是讀了佛教經論才改變說法；但古代佛教修行人便已想到這問題了，因爲假**我**、假**法**都不可能無中生有，不可能「**自生**」，背後必定是有個眞實常住的不壞法作所依，假**我**、假**法**方能從無變生爲有的緣故。

「**彼相皆依『識』所轉變而假施設。**」「**我相**」與「**法相**」之所從來，其實都是源於異熟識——第八阿賴耶識，亦名如來藏識。這異熟識由於往昔無數劫來的「**虛妄分別**」熏習產生的種子，運轉時即變生了假「**我**」與假「**法**」，於是就依異熟識的運轉變生出來以後的五陰等假「**我**」假「**法**」的內涵，假名施設爲「**我、法**」。

「**識謂了別，此中『識』言亦攝心所，定相應故。『變』謂識體轉似二分，相見俱依自證起故，依斯二分施設我法。**」「識」的意思是了知與分別，所以第八異熟識也是有了別性的，只是不在六塵境界中作了別，卻能在六塵之外了別種種法，產生了世世變異成熟的出生在不同處所的不同有情與不同業報，所以名爲「異熟識」。這時關於「識」的說法，同時也含攝了這個識的心所有法，因爲「識」在三界中存在而運作時，一定與心所相應的緣故。

但此處所說的「識」，謂三種能變識，不單是指第八異熟識；所以「心所」之言，於異熟識時只說有五遍行，不與其他心所相應，唯除佛地。但第七識意根除了五遍行外，另有五別境中的少量慧心所；若是六俱意根時，又加上我見、我癡、我慢、我愛等四個心所；所以在染污位的六俱意根時，其相應心所多達十八個，於後論文（第十章第二節第四目「末那識心所門正訛辯論」）中當說。第六意識及前五識則同有五遍行、五別境等各五個心所，也相應於其他的善十一與煩惱心所；以是緣故，見分與相分全部都可以變生出來，運行之時即成其爲有情。

所以論主在這裡是隱劣顯勝，不細談八識心王的其他心所，偏於五遍行及五別境而說，意在顯示「識」一定會與心所相應，謂識勝於心所，心所是識所用，識爲主故。由能變生見分與相分，便有更細的自證分及證自證分，詳後論中所說。

「變」的意思是轉變而出生，本來沒有宇宙——沒有十方三界的空間與時間，都因爲共業有情的異熟識，秉持業種、煩惱障種及習氣隨眠與所知障隨眠，於是具有二取習氣種子，因此共同變生了三界世間；接著變生了各個有情的身心世間，令有情身心安住於三界世間流轉生死，所以說爲「識所轉變」。

當「異熟識」運轉而變生第二能變識及第三能變識時，已經先變生五色根及六塵而成就有情了，主要是變生出相分與見分二大類。以人類凡夫而言，相分是指五色根及六塵，見分是指意根與識陰六識；若依道種智而言，「異熟識」其實也有見分，但非二乘聖人及三賢菩薩所知。相分五色根及六塵是被了別的，見分則是能了別的，有能所之分，而同屬第八識所攝；第八識則不歸這二分所攝，因爲這二分是第八識所生故。此是依凡夫的所知而言，若論賢聖時，當於論中後說，此不先述。

這所取的相分五色根及六塵，與能取的見分七轉識等二分，其實並非眞實有，只是暫時存在而看來似有，因爲是由第八阿賴耶識所變生出來的暫時假有；所以見分七轉識與相分六塵，並不是由父母變生出來的，因此玄奘說「變謂『識』體轉似二分」，意謂第八識心體運轉之後，便顯現出來好像眞實存在而有見分與相分。

所以《成唯識論述記》卷一說：「**述曰：釋第三句頌。此中答意：彼世間、聖教所說我、法相雖無，於眞方可假說；然依內識之所轉變，謂種子識變爲現行，現行識變爲種**

子及見、相分，故名為變，依此所變而假施設為我、法相。」此謂第八識有種子識及現行識二義，未現行時名種子識，例如處胎位；現行識謂正處於現行位中，例如生活於人間時。於實證無生法忍者而言，其實第八識始終都處於現行位，即使處於五無心位中亦是現行識，唯除二乘定性無學入於無餘涅槃位中。第八異熟識所變生的相分也包含眞如，因為眞如是第八識的相分故，是第八識的行相所顯，亦是第八識之眞實性故。此容卷九解釋時再說，此處容略。

但有時眞如一名是指第八識心，不是說第八識的行相，所以《成唯識論述記》卷一說：「**心變眞如，亦名為法；若實眞如**（指第八識心體），**不可說為法與非法，非識所變，故非彼依。後得變似皆名為法，故此但說近依他依。此即顯示『識』所變者實非我、法，而諸世間及諸聖教假說我、法，言假設也。**」亦如《大般若波羅蜜多經》卷五六九說：「**諸法雖生，眞如不動；眞如雖生諸法而眞如不生，是名法身。**」如是所說眞如即是指稱第八識心體，已非指稱第八識之行相。

當相分內六塵與見分七轉識，被第八阿賴耶識變生出來時，就有能了別的七轉識等見分，以及被了別的五色根與六塵等相分，於是人類有情出現在人間受報及造作新業而流轉生死時，必定重新出生於不同的六道或不同的家庭，出生為不同的五陰而有不同的姓名，乃至出生不同的六道時而有不同的苦趣或樂趣果報，造業一世之後會有種種的變異成熟的現象，是故名爲異熟果。但前一句論文，玄奘爲何說「**此中『識』言亦攝心所，定相應故**」？是因爲第八異熟識變生出相分與見分時，一定是先與異熟識的自證分相應的緣故，才能變生其後的相分與見分，才會隨後而有第二及第三種能變識——七轉識——的出生，所以接著說：「**相、見俱依自證起故。**」意謂相分與見分都要依於識的自證分才能生起的緣故。八識心王若都沒有自證分時，即不可能有識別的功能，即不得稱之爲識；所以八識心王的一一識，既然都稱爲識，一定都會有自證分及了別性。然而其了別性各各不同，不得混濫爲只有七轉識於六塵中的了別性一種。

德慧論師主張只有見分與相分，沒有自證分；然而若沒有自證分，異熟識又如何能了知何時應該變生相分與見分，而令胎身得以增長具足及出生？又如何了知變現出來的有情應得何種相分與見分？故知其謬。他的弟子安惠則主張只有自證分，沒有見分與相分，更是荒唐；果眞如是時，既無見分，安惠又如何能了知種種法相？又如何可以主張六識的功能差別眞實存在？他所主張的意識又如何能出生識陰六識而寫在《大乘廣五蘊論》中？由此可知德慧與安惠師徒，都是不懂「**唯識性**」的凡夫，屬於「**謬唯識者**」。亦因讀不懂「**唯識性**」等經論，又偏想要出頭令人供養崇拜，才會寫出《大乘廣五蘊論》，把能生識陰的如來藏阿賴耶識攝歸識陰中，成爲能生者被攝入所生法中，顛倒已極。

依三賢位中「**眞見道**」的所證，說第八異熟識無有見分，說第七識意根有見分，說意識有見分、自證分及證自證分，說前五識唯有見分；相分則是指五色根及六塵，歸第八阿賴耶識所有、所持。然於無生法忍位及少分相見道位菩薩的現觀而言，則說一一識各有四分，與前所說有別，是因爲所證粗細有別、現觀的智慧廣狹淺深有別故，當依所說之法定位而確認之，愼勿認定善知識說法有過失，否則即有大過。

問：「**此《成唯識論》的後文中，爲何也說諸識皆有四分？**」答：此論並非只給「**眞見道**」位的菩薩們修學的，也涉及「**相見道**」位及初地以上菩薩所應修學者，是故兼論無生法忍的內涵，有時也說一一識都有四分。

「**彼二離此，無所依故。**」當第八異熟識依自證分而變現出相分五色根、六塵與見分七轉識時，就依所變生的相分與見分來施設「**我**」與「**法**」；有色根及六塵等相分與見分二法，若是離開了這個第八阿賴耶識心體，或者離開第八異熟識的自證分時，就連相分與見分都不可能存在，何況能有「**我**」與「**法**」的假名施設？所以「**彼二離此**」的「**此**」，是指第八異熟識及其自證分，而非指相分六塵等與見分七轉識；因爲相分即是「**法**」，見分即是「**我**」，由見分來執著相分而說：「**這是我的眼睛、我的身體，這是我所了別的六**

塵境界等法。」而見分與相分都得依第八識的自證分才能生起故。

《成唯識論述記》卷一說：『既有自體及此二分，依何分上假說我、法？』答：依斯二分施設我、法。依此相、見，計所執上，世間、聖教說爲我、法。彼我、法二，離此相、見無所依故，故依所執相、見二分施設我法。世尊能知識自證分及眞如等，法性離言，非我非法；爲除愚夫所執實我、法，於彼識所變二分之上假說爲我、法，方便誘引令知假說，非謂實有。」意謂眞實法是第八識自身及其心所，此外由此第八內識所變的見分七轉識，以及內相分六塵與五色根，即是世間所謂的「我」與「法」。其中見分即是七轉識在六塵上具有了別性，相分即是所了別的五色根及六塵等；即依所變的七轉識見分與五色根、六塵等相分，假說爲「我、法」，以各種方便誘引眾生了知「我」與「法」皆是假說，並非實有，因此實證而得遠離生死苦惱。

《述記》中又提及古天竺聲聞僧對於眞如的諍論，他們說眞如亦應成爲證悟者悟後的**所執**，例如《成唯識論述記》卷一所說：「問：『眞如非識之所變現，何成唯識？**亦依眞如執爲實法**，寧非染分之所依止？』答：雖非識變，識實性故，亦名唯識。眞如離言，與能計識非一非異，非如色等可依起執，故非執依，此中不說。又《解深密經》說亦爲執依，然與依他稍不相似；依他之法與所計執，有少作用相狀可同，隨能計心新新而起；

心上所現即是依他，是能計心之所親取。**真如不爾**，故此不說。遠望疏言，亦可依執，諸末學者依起執故，《解深密》說亦不相違。」此理應解，以不涉論文本旨，容於增上班中說之。

## 第四目　我法的存在是阿賴耶識的自心現量

**論文：「或復內識轉似外境，我、法分別熏習力故，諸識生時變似我、法。此我、法相雖在內識，而由分別似外境現。諸有情類無始時來，緣此執爲實我實法；如患夢者患夢力故，心似種種外境相現，緣此執爲實有外境。」**

**語譯：**【或者復由內識如來藏的運轉變現而使有情接觸相似外境的內六塵境界，由對自我以及諸法不斷錯誤分別熏習的力量所致的緣故，七轉識出生之後轉變爲好似眞的有內我、也有外法被自己認知。這個我與法的相貌雖然只是存在內識如來藏中，然而由於錯誤分別而好像是眞的有外境顯現出來。各種有情之類從無始時以來，緣於這個假我、假法而執著爲眞實的內我、眞實的外法；猶如罹患長夢不醒症的人因爲罹患夢症的勢力故，有情眾生的心中好像是有種種身心之外的六塵境界法相出現，緣於這樣的自心第八識所變現的諸法而執著爲眞實有外境被自己所接觸領受。】

**釋義：**由於見分七轉識「**我**」，了別相分六塵等諸「**法**」的緣故，就會有無量無邊的「**法**」衍生出來；然而「**我**」與「**法**」終究都是「**自心現量**」，全都是由各人的自心第八識所出生、所顯現的事實。然而凡夫並不知道，或如二乘愚人不能現觀一切諸法全都是「**自心現量**[18]」，是故認為六識所覺知的外六塵境界實有而非內六塵，就落入六塵境界中不能自拔而沈淪生死苦海中，永無出期或是不能生起實相智慧。

本會有一小群退轉者共同化名為琅琊閣，或如後時其中一人因身分曝露而公開姓名的張志成先生，在網路上公開否定第八識的實有，並否定有第八識所變生的內相分六塵，謂唯有外六塵而無內外六塵之分，宣稱他們覺知心所接觸的都是外六塵，誣謗平實所說內六塵等聖教為編派出來之謊言，同樣陷入部派佛教六識論聲聞僧的有境無心邪見中。如是等一類人，皆屬於不懂第八識「**自心現量**」的愚人。彼諸人等自稱懂得《成唯識論》，而其發揮之後所說都與論中此處所說互相背反；非唯如是，張先生等人對本論中的其他極多處論文所解釋的法義，所說者亦皆全面背反，而竟不能自知所說與論中真義違背，只能說為文字障與業障吧。此等諸人即同此處論文所說的：「**如患夢者患夢力故，心似種**

18 「自心現量」謂五陰十八界等我與法，都是自心如來藏阿賴耶識所變生與顯現的事實。詳見《楞伽經》經文所說，及拙著《楞伽經詳解》諸輯解說。

**種外境相現，緣此執為實有外境。」**

**「或復內識轉似外境，我、法分別熏習力故，諸識生時變似我、法。」**有情眾生所以為的外境——所接觸的外六塵境界，其實並非外六塵的境界，都是由各自的第八識如來藏，依於外六塵而變現出來的內六塵境界；正是由內識如來藏[19]依據五色根及意根所接觸的外六塵，來變現出自己的內相分六塵境界[20]，給覺知心「**我**」領受、了知、分別，而六識覺知心則誤以為自己所領受的是外六塵境界，再由意根我來思量作主，全然不知所領受的六塵皆是「**內識**」所變生的內六塵；所以玄奘於此論中依現觀及聖教而說「**或**

---

19　「內識如來藏」的道理，不單大乘法中如是說，二乘聖者的論中亦如是說，請詳拙著《阿含正義》中的舉證與解說。

20　《長阿含經》卷八：【「又諸比丘！如來說六正法，謂**內六入**：眼入、耳入、鼻入、舌入、身入、意入。復有六法，謂**外六入**：色入、聲入、香入、味入、觸入、法入。」】《雜阿含經》卷三十一：【爾時，世尊告諸比丘：「有**內六入處**，云何為六？謂眼內入處，耳、鼻、舌、身、意內入處。於此六法觀察忍，名為信行，超昇離生，離凡夫地；未得須陀洹果，乃至未命終，要得須陀洹果。」】《雜阿含經》卷三十一：【佛告羅睺羅：「有**內六入處**。何等為六？謂眼入處，耳、鼻、舌、身、意入處。此等諸法，正智觀察，盡諸有漏，正智心善解脫，是名阿羅漢，盡諸有漏……」】《出曜經》卷十九〈華品〉：【「度彼此者，謂內外六情：**內六入**、**外六塵**；是故說，比丘度彼此也。」】《光讚經》卷六〈三昧品〉：【「彼何謂內外法空？**內六入**、**外六入**，是為內外法空。」】由如是諸多聖教說有內六塵，證明聲聞論師及張志成等人都是凡夫知見。

**復內識轉似外境**」，意謂內識阿賴耶依於外六塵境界，運轉而變生出內六塵境被覺知心七轉識所知、所分別，好似分別外境六塵一般，然而眾生對此現量全然不知，本會中的退轉者琅琊閣、張志成等人即屬此類被責之愚人，是故主張所了別者皆是外六塵，並無內六塵之存在，以此見責於筆者。

古時的十大論師之中，有難陀論師、親勝論師二人，同樣墮入不知「**內識轉似外境**」之中，本會現代的退轉者張志成即是其遺緒，他們都執著外境六塵實有而被六識所了知；都不知六識所了知的六塵境界都只是內識阿賴耶所變生的內相分，並非了知外相分外六塵。所以這二大論師誤會《攝大乘論》而建立相分與見分，不同意有自證分及證自證分。至於陳那論師認定見分等三分都是實有，但不信六識所見的相分六塵是內識所變生的，所以否定相分六塵爲內識所變的一分。

然而一切眾生六識所見的相分六塵，都只是內識所變生的內相分六塵，並非外六塵，是故實有內識所變現的內相分六塵，護法菩薩因此建立相分爲識所變，成爲四分中的第一分；見分則是八識心王全部都有，但異熟識的見分不在六塵上作了別，因此在「**眞見道**」位及凡夫位中都不說異熟識有見分，只說有相分；也因爲「**眞如亦是識之行相**」，故也屬於相分。如是說明，方能幫助學人遠離見分七轉識而證悟第八識眞如。

又因內識如來藏必有了別性，否則不能變現任何一法，證明確實有自證分；而其他七識同樣也有自證分，非唯見分，由此緣故護法菩薩建立此第三分。又因意識心確實有證自證分，護法菩薩因此建立第四分，皆不違經亦不違論。這也有聖教可資證明，如《大乘密嚴經》卷三〈阿賴耶微密品第八〉說：「諸仁者！**阿賴耶海為戲論粗重所擊，五法、三性、諸識波浪相續而生**，所有境界其相飄動，於無義處中**似義而現**。」第八識既能觸知粗重煩惱種子，即因外境所擊故「似義而現」變生諸法，當知第八識必有自證分。

亦如《楞伽阿跋多羅寶經》卷四〈一切佛語心品〉：【佛告大慧：「**如來之藏，是善不善因，能遍興造一切趣生**；譬如伎兒，變現諸趣，離我我所。不覺彼故，三緣和合方便而生；外道不覺，計著作者，爲無始虛僞惡習所熏，名爲識藏；生無明住地，與七識俱；如海浪身，常生不斷。離無常過、離於我論，自性無垢，畢竟清淨。其諸餘識，有生有滅；意、意識等，念念有七；**因不實妄想，取諸境界種種形處，計著名相，不覺自心所現色相**，不覺苦樂，不至解脫，名相諸纏，貪生生貪。」】

復如《長阿含經》卷十所說：【「阿難！**緣識有名色**，此爲何義？若識不入母胎者，有名色不？」答曰：「無也。」「若識入胎不出者，有名色不？」答曰：「無也。」「若識出胎，嬰孩壞敗，名色得增長不？」答曰：「無也。」「阿難！若無識者，有名色不？」

答曰：「無也。」「阿難！我以是緣，知**名色由識，緣識有名色**，我所說者，義在於此。」】

更有其他聖教，在在皆已如是說明第八識出生「名色」之理，「名」中已有七轉識，能生「名」的識當然是第八識，證知第八識必定有自證分，才能變生「名色」。由內識如來藏阿賴耶能生「名色」故，凡有名色之處，菩薩皆現觀爲「自心現量」，謂現觀名色等一切法皆是第八識阿賴耶之所變現的事實，自身的「名色」本無今有，攝歸如來藏而與如來藏非一非異，是故「名色」即是第八識的「自心現量」。

故說第八阿賴耶識是一切有情生命的本源，即得現觀其眞如法性，名爲「證眞如」，是佛法實證的中心所在；證得阿賴耶識而能轉依眞如者，即名大乘的「眞見道」菩薩。始從二乘解脫道的實證，末及最後的成佛，皆依第八識而生、而有、而始，是故應當修證第八識而避免錯解及誤證。以此緣故，辨明所悟是否正確，即是非常重要的事了。

但安惠論師不信有第八識，只信受聲聞部派佛教六識論的邪法，認爲第八識只是意識的細分；他又把第七識意根認定爲第六識的種子，主張意識是現行位，意識不現行時的種子即是意根，而不知意根是意識之俱有依，意識現行時必有現行位的意根成爲所依及配合；所以安惠有如下的說法記載於《述記》卷一中：「**若安惠解，七識相應諸心、心所皆名分別**，能熏習故，**即由分別熏習種生**。熏者擊發義，習者數數義。由數熏發有此種故，後諸識起變似我法。」

安惠於《大乘廣五蘊論》中甚至將能生識陰及意根的第八識阿賴耶，歸入所生的識陰中，成爲能生法攝屬所生法的顚倒想；若是有人想要安惠信受所見的都是內相分六塵，是由如來藏阿賴耶識所變現的，絕無可能，因爲他的邪見及邪分別都非常嚴重，而其所說連世間法的邏輯都不通，不可能讓他信受五陰我與諸法都是「**內識所變**」的正理。

一般眾生例如琅琊閣及張志成等人都同於安惠論師，都是由於沒有智慧現前觀察「**自心現量**」的聖境，也不能瞭解這個深奧的正理而無法信受，總是誤認爲這個見分七轉識假我是眞實的，所以釋印順、琅琊閣、張志成等人絕不信受十八界中的六塵是內識所變，深心之中亦不信有阿賴耶識，而以離念靈知取代阿賴耶識，乃至在網路上公然否定玄奘於此論中的所說，卻說符合玄奘論中的所說而見責於筆者；三界世間所有顚倒邪見，都無過於此。

眾生又因無始以來的分別熏習，認定覺知心六識所觸知的相分六塵等諸法都是外境，也都是眞實的，從來不知識陰六識所見的都是如來藏變生出來的內相分六塵，與外六塵一模一樣，是故誤認爲眞。由於無始以來的邪分別產生這樣的錯誤知見，不肯改變而自稱正在努力尋求正見，自然永不可得。

世世在這樣的「**我、法分別**」之中不斷熏習而產生了邪見勢力，於是就在七轉識從自心如來藏中出生時，猶如誤認內相分爲外塵一般，其心境運轉於內六塵之時便同樣誤認見分的我確實是眞實的，而存在於內相分六塵境界中的諸法也是眞實法，並且認定所見內六塵眞是外六塵境。如是等人絕對斷不了薩迦耶見，落入內識阿賴耶所變生的六塵與六識妄心境界中，只能繼續流轉生死而不得解脫。

關於「**諸識生時變似我、法**」，《成唯識論述記》卷一，引述護法菩薩的解釋云：「**護法釋云，識自證分所變相、見依他二分，非我非法；無主宰故，無作用故，性離言故。**」安惠就此亦有其解，然只是依文解義而屬謬解，當依護法菩薩所解作爲學法的所依。

又《成唯識論述記》卷一說：「**然護法等云，第六、七識妄熏習故，八識生時變似我法。安惠釋云，由七識熏習分別力故，八識生時變似我法，八識之中皆有執故。**」安惠所言第八識者即是細意識，是由意識細分而來，仍屬意識，故說「**八識之中皆有執故**」，仍是邪分別所起邪見；因爲阿賴耶識對六塵離分別性，沒有任何我執或法執，由此可見安惠沒有證得阿賴耶識而純憑思惟理解，但卻與張志成一樣想像錯了，同樣落入意識的細分之中，成就邪見及誤導學人。

「**此我、法相雖在內識，而由分別似外境現。**」由於見分七轉識我，以及相分五色根、六塵等法，全都是存在於內識如來藏之中，不曾有一絲一毫、也不曾有一剎那存在於內識如來藏之外；但眾生由於尚未證悟內識如來藏，不知實相境界而無法現觀見分與相分都是第八識的「**自心現量**」，總以為自己覺知心是在外六塵境界中存在及生活，於是由「虛妄分別」而誤認，就好像有眞正的外境顯現出來被自己覺知心所接觸、了知、分別、領受，其實都是生活在內識如來藏心所變生的內六塵境界中。

猶如「廬山煙雨」一般，若未遠離「廬山煙雨（人我與法我）」時，一定看不見「廬山煙雨」的全貌——不見阿賴耶識，落入「廬山煙雨」的泥濘與迷霧中。這個道理很難令人理解，但卻是宇宙中始終存在的事實，只有眞悟的明心者不退轉而轉依成功之後方能現觀；然而明心證悟卻又很難，所以世人大多不解，正法勢力因此衰微，錯悟及未悟者勢力龐大，便得合力加以攻訐，致使正法勢力遭受打擊，不利於眾生。

「**諸有情類無始時來，緣此執為實我實法；**」人類等六趣有情之類，自從無始劫以來無明籠罩，緣於這樣的見分七轉識假我、相分內六塵假法，誤以為是眞實我、眞實法，以此緣故不能斷除我見、我所執、我執，於自我及六塵境界生貪而流轉生死無窮無盡。

二乘聖人諸阿羅漢，雖然信受 佛所說的如是「**自心現量**」，但也未曾實證而無法現觀，純憑對 佛的具足信而相信 佛陀所說內識變生我與諸法的道理，故能滅除我見與我執；然而想要第六住位以內的凡夫異生類有情信受這個道理，自然是很困難的，所以眾生便於無始以來就存在的這種無明之中，繼續執著假我、假法而堅持是實我、實法，都不知五蘊十二處以及六識心都是假我，也不知所接觸的六塵境界只是內六塵的相分境界，都是如來藏自心所變現的。

所以張志成等一類愚癡人，將假我、假法「**執為實我實法**」的狀態，正是於依他起性上產生遍計所執性，於是成為不淨性的依他起性法，於無盡的生死輪轉中不免墮入三惡道中，故名異生；然而依據實義菩薩的現觀，其實一切法全都是圓成實性的境界，並非張先生等一類愚人之所能知。

「**如患夢者患夢力故，心似種種外境相現，緣此執為實有外境。**」有情落在蘊處界入之中，將內六塵當作外六塵，於分別及領受所謂的外六塵時，覺得所領受的六塵確實是真的存在，因此便誤以為五色根、作主的意根及六識心，都是真正的自我；也會誤以為六識心的自己真的有接觸外六塵境界，都不能了知所觸知的六塵其實只是自心阿賴耶所變生的。此類人猶如患了作夢症的患者一樣永遠醒不過來，繼續在覺知心中認定有外境六塵等種種法相出現，而被自己覺知心所觸知與分別，就執著自己的見分假我是真實我，同時執著內相分六塵假法作為真實被自己所觸知的外境，都不知道自己從來都是活在內識自心如來藏中，所住的六塵境界都只是自心如來藏所變現出來的內相分，由不知故實相智慧便不能生起。

以上是破斥部派佛教的經部師所說，筆者兼及退轉者琅琊閣等人及張志成，證明古今同如是類愚人，不知不信一切法皆是內識之所變生。以下破聲聞部派佛教的難陀論師：

**論文：「愚夫所計實我實法都無所有，但隨妄情而施設故，說之為假。內識所變似我似法，雖有而非實我法性；然似彼現，故說為假。」**

**語譯：**【愚癡的凡夫眾生們所誤計的眞實我、眞實法，其實全都不是常住亦非眞實不壞，終歸無所有，都只是隨著虛妄理解所產生的情執而施設為眞實我、眞實法的緣故，佛法中則說這些全都是假有。內識如來藏所變現出來好似眞我的七轉識見分、好像眞實的五色根與六塵境界相分，雖然現象上暫時存有，然而並非眞實我與法的性質；但是在現象上卻好似有眞實的我與法現前了，以此緣故說那我與法屬於假有。】

**釋義：**從實證佛菩提的菩薩們的現觀來看，凡夫眾生都是愚癡的，總是錯誤地計著說：見分七轉識為眞實我，相分五色根及六塵境為眞實法。其實全都是暫時假有而不是眞實不壞的，都只是隨著眾生的無始無明、一念無明，而從內識如來藏中世世不斷出生的生滅法。但眾生不能理解這個事實，世世都產生了「**虛妄分別**」而不斷加重我所執與我執，我見、我所見也越來越深重，於是假名施設而主張見分六識爲眞實我、相分六塵及五色根爲眞實的外法，卻都不知道佛法中從來都說這些都是假有的生滅法，說爲人空及法空。

內識如來藏所變現出來好似眞我的七轉識見分，以及像似眞實的五色根與六塵境界相分，雖然從現象上來看是存有而可以領受到的，卻都只是暫時存在而最後終必壞滅，並沒有眞實常住的性質而可說之爲眞實我、眞實法；但是在現前的生活上卻好似有眞實的見分我與外相分六塵法，顯現在覺知心眼前的領受中；但從實證的賢聖菩薩來看，依舊說這樣的我與法全都是假有而非眞實的我、法，都是內識阿賴耶所變生出來的。

特別是第八識如來藏變生出來的六塵境界相分，眞的好似外六塵的境界，其實只是第八識如來藏所變生出來的；但是愚癡凡夫看不透，落在所謂的外法六塵境界中生起執著，認定自己覺知心所接觸、所了別的是外六塵相分。其實假我六識心都只是接觸及領受內相分的六塵境界，不曾一剎那領受過外六塵境界，是故有智慧的實證菩薩們就說：「六識所領受的六塵境界都是內識如來藏所變生的，只是內六塵的自內法而非外六塵外法；是故六識只存活於內識所變生的內六塵境界中，從來不曾生活於外六塵境界中，未悟的凡夫六識所認爲實有的外六塵，其實從來不曾被六識所接觸及領受。既然所接觸、所領受的六塵境界都是自心如來藏所變生的，就不必再執著了。」由此而得解脫六塵的繫縛。

然而難陀論師等部派佛教凡夫僧不解此理，因爲聲聞人並無智慧而不能現觀，所以認定如來藏變生的七轉識假我是眞我；又認定六識心眞的有接觸及領納外六塵境界，不知六識所接觸及領受的這些六塵境界都是內相分，是由自心如來藏所變生的假法，於是造論而與實義菩薩諍論，成就空有之諍。

## 第五目　辨外境之有無

**論文：「外境隨情而施設故，非有如識；內識必依因緣生故，非無如境。由此便遮增減二執。」**

**語譯：**【所謂的六塵外境只是隨著眾生的虛妄情解思惟而施設的緣故，不是眞實有而猶如眼等六個識一樣虛妄；內識阿賴耶必須依於惑、業種子等因與各種外緣才能出現在三界中的緣故，所以不是沒有而猶如六塵境界一般呈現出來。由於對這個道理有所實證而生起勝解時，便能遮斷增益執與損減執。】

**釋義：**從此段論文開始，是辨正外境之實有或實無，不辨正七轉識見分的有無。五色根是覺知心所執著爲我的對象，少年人看到人會老、也會死，就知道五色根這個身體不是常住不壞的，卻會把覺知心—識陰六識—誤認爲常住不壞的眞我，就是把覺知心認作可以來往三世的常住心。成年人也會像少年人一樣誤認覺知心爲眞實我，通常得要是聰明人，而且學佛或思惟形而上學以後，才會認知覺知心並非眞實我。

但這只是在自己有智慧，而且是遇到有善知識教導正確的思惟理路以後，才能如此確定；可是面對六塵境界時，不論年老、年輕，也不論有學識或沒學識的人，全都會認爲覺知心所接觸及領受的六塵是外境，不會也不能接受六塵是「**自心現量**」的事實——會認定自己所接觸的六塵境界即是外六塵境界，都不知道覺知心所面對的六塵境界，只是自己的第八識如來藏依據外六塵境界所變生的內六塵——不知六識所觸知的六塵其實是第八識的「**自心現量**」。

在此情況下，就有了增益執與損減執的發生；就是把並非眞實有的六塵生滅法當作眞實有，因此反過來堅定執著七轉識見分或細意識作爲常住不壞的我，也堅定執著自己所觸知的六塵相分爲常住不壞的外六塵，如是堅執假我與假法。例如常見外道認定覺知心爲常住不壞的眞實我，或如佛門中「心外求法故名外道」的大法師們，將離念靈知—離開語言妄念的識陰六識了知性—認作是常住不壞的眞如或佛性，這是將生滅性的假我增益爲常住不壞的眞實自我，落入增益執中。

增益執，是將第八識所變生的非常住不壞之假我見分，強行增益爲常住不壞的眞我；同時也是將第八識所變生的並非常住不壞的假法相分六塵，強行增益爲常住不壞的實有法外六塵相分。損減執則是將實有的眞我第八識阿賴耶識心體，將此能變生假我、假法的眞實存在而有自性的阿賴耶識，損減爲不存在之施設我；同時也將阿賴耶識所變生的內六塵相分，謗爲不存在的施設法。如是等人將能生諸法的第八識謗爲外道神我，猶如古時部派佛教諸聲聞論師與近代佛學學術界及釋印順一般，極力否定第八識的眞實存在，是故名爲損減執。

還有一種人也是損減執，例如聲聞部派佛教的多數論師，都說第七識意根與第八識如來藏不曾存在，極力主張意根只是意識的種子，認定第七與第八識只是 世尊藉語言文字施設建立的唯名無實之法。如是類人，執此邪見不捨，即無可能斷除我見、滅除我執，永與三乘見道絕緣，亦名損減執者。也就是將實有法謗之爲無，此類人大多數盡其一生不受善知識教導，永不改易其邪見，故將實有法損減爲實無，名爲損減執。

凡是墮損減執者，爲求證三乘菩提而欲斷我見時，於了知無餘涅槃的境界時，必恐墮入斷滅空中，是故必定回頭另行建立細意識常住說，或墮入大梵天、上帝、自然、冥性、造物主……等外法之中，說爲常住不壞而能生萬物者，名之爲造物主，因此復墮於增益執中。因爲細意識或大梵天、上帝、自然、冥性……等，都是所生法，並無創造萬物的能力，更無出生有情的功德。這類人是將實無之法建立爲實有法，所以落入增益執中，永爲異生凡夫。

若能如實證解內識如來藏藉諸因緣出生名色：出生見分七轉識假我與相分五色根、六塵等假法。如實現觀而證明 如來所說第八識的「**自心現量**」是法界中的事實，則能遮止增益執與損減執的生起，是故玄奘說：「**由此便遮增減二執。**」

但是從這一段論文開始都是在辨正外境究竟是有或無，也就是要先辨正見分六識心究竟有無接觸及領受外六塵相分；先不論內識阿賴耶究竟是有或無，亦不論內識所生的六識覺知心實有或實無，先論述有無外相分的六塵境界被覺知心所觸知、所了別、所領受。所以前段論文說「**如患夢者患夢力故，心似種種外境相現，緣此執爲實有外境**」，這一段論文又說「**外境隨情而施設故，非有如識；內識必依因緣生故，非無如境**」。

這二句「**內識必依因緣生故，非無如境**」，是在說明第八識要藉內因種子與外在的種種藉緣才能出現在三界中，六塵要藉第八識及種種藉緣才能生起，所以說「**非無如境**」。窺基法師對此事解說得很好，雖然解釋的角度不同；《成唯識論述記》卷一說：「**由內識體是依他故，必依種子因緣所生，非體是無，如遍計境。彼實我法猶如龜毛，識依他有**

故非彼類，即顯**內識是依他有**，心外實境體性都無。此中色等相、見二分，**內識**所變；不離識故，總名內識；由此眞如是識性故，亦非非有。」這是將六識定義爲內識。

如是說明同樣屬於內識的識陰六識，由於五別境等顯境名言故，能使六塵境界顯現於心中，但這內識即是眼等六個識，「**體是依他故，必依種子因緣所生**」，本無自體，而是以內識阿賴耶異熟識爲體，確定是有所依的眞實體第八識，攝歸第八識故說「**非體是無**」。但眾生無知，不知其依他起性而遍計爲有其自體，便否定第八識心體與功能的存在。所以眼等六識心並無實體，要依第八識含藏的眼等六識種子爲因，依第八識所變生的內六塵境界爲助緣，方能從內識如來藏中生起。窺基法師又解釋說，於相分六塵與見分六識等相分與見分之中，其實皆是內識眞如心第八識之所變生；如是相分與見分皆不離八識心王故，所以七轉識連同第八識總名內識。

玄奘此二段論文說的是外境乃內識八個心共同變生出來的，若無七轉識的顯境名言五別境心所，六塵境界即無法顯示於覺知心中，即不成其爲有情。但六塵是六識出生的藉緣，是由第八識眞如心所出生，六識覺知心方能接觸及了別，由此證明六塵非實有，是識所變；顯見六識從第八識心中出生的順序是在六根與六塵之後，亦證明六識要依種子因及六塵緣方能出生，當然亦是虛妄性的生滅法。然後玄奘論文又繼續說明：

論文：「境依內識而假立故，唯世俗有；識是假境所依事故，亦勝義有。」

語譯：【六塵境界是依內識如來藏或八識心王而假立的緣故，因此這六塵境界只是世俗法中的存有，並非眞正不滅的存在；然而內識如來藏等八識心王，是假藉外六塵境作爲內六塵變生時的所依事的緣故，所以八識等內識不但是世俗有、也是勝義上的存有。】

釋義：以下繼續辨正外六塵境之有無，是辨正覺知心有無接觸及了知外六塵境界。有聲聞凡夫僧提出質問：「既然內六塵境界是有，外六塵境界都不存在，都是依內識如來藏而說之爲假，那麼內六塵境界及內識如來藏，是世俗有也是勝義有嗎？」

答：從法界的實相來看時，並沒有存在如來藏心外的六塵境界被有情所觸知，每一個有情所觸知的六塵境界，全都由各自的內識阿賴耶依據外六塵變現出來的內相分六塵，與外六塵境界一模一樣，使有情誤以爲自己見分覺知心所觸知的六塵境界是外六塵境界，其實都只是觸知內相分中的六塵境界，並非外相分的六塵境界。

有情各自十八界中的六塵，才是有情覺知心所能觸知的境界，這是由內識如來藏所變生的，然後才變生依他起性的六識心來接觸及分別，才有種種法。這是依內識阿賴耶而假立有種種法，因此這十八界所攝的六塵境界，唯是世俗法中的存有，不是實有的不生滅法，當然是生滅性的假有法，不會是外六塵。因爲是由內識如來藏所變生的各人都有的六塵，攝屬各人自己的十八界法；有生則必有滅，所以內相分的六塵並非實有法，故說「**境依內識而假立故，唯世俗有**」。

然而內識如來藏，卻是要假藉外六塵境界作爲助緣才能變生出內六塵境界，所以論說「**假境所依事**」，是假藉外六塵境作爲所依事，才能變生出內六塵相分來。當內六塵變生出來時，雖是假有，卻是好似眞有外六塵境作爲六識心的所依和所了別的對象。這是眞正證悟的菩薩們才能現觀的事實，也因爲這是法界實相中的事實故，這件事情在勝義上當然是分明存在的眞實事，當然是「**勝義有**」。

以下廣破外道、小乘凡夫僧等妄執，仍是說明外境實無，六識所分別的境界唯有內相分的六塵境界，是第八識所變生的，如是建立眞我第八識，兼破外道及凡夫僧所說虛妄的眞我：

**第六目　廣破外相分六塵境實有**

**論文：「『云何應知實無外境，唯有內識似外境生？』實我、實法不可得故。『如何實我不可得耶？』諸所執我略有三種：一者執我體常周遍，量同虛空，隨處造業受苦樂故。**

**二者執我，其體雖常而量不定，隨身大小有卷舒故。三者執我體常至細如一極微，潛轉身中作事業故。」**

語譯：【問：「爲何說是應當了知事實上並無外六塵境界被覺知心所觸知，只有內識運轉變生而有相似於外境的內六塵境界出生呢？」答：眞實我見分、眞實法相分都不可得的緣故。問：「爲何說凡夫所執的眞實我不可得呢？」答：凡夫所執著的各種我，大略來說共有三種：第一種是執著眞實我的主體是常，而且周遍於一切處所，其分量等同於虛空而無邊際，因爲能夠隨著受生及生存的一切處所，來造作業行而且領受苦樂的緣故。第二種執著有眞實我的人，認爲眞實的我，其體雖然常住，然而其分量不一定是很大或者很小，因爲會隨著身量的大小不同而且有卷合及舒張的緣故。第三種人是執著眞實我的體性爲常住，然而其體的分量非常微細，猶如四大中的一個極微那麼小，因爲會潛藏及運轉於色身之中而造作各種事業的緣故。】

釋義：「**『云何應知實無外境，唯有內識似外境生？』實我、實法不可得故。『如何實我不可得耶？』**」外道與小乘凡夫僧，不能理解佛菩薩所說「唯識無境」的正理，依舊執著七轉識或識陰六識等見分爲眞實我，又執著眞的有外六塵境界被自己覺知心見分所觸知，於是提出這個質問：「爲什麼說學佛的人應當要了知，事實上並沒有外六塵的境界被自己所了知，而只有內識運轉時變生了相似於外境的內六塵境界被自己所觸知？」

例如外道質問說：「在六塵境界中有作者也有受者，這個自我主體難道都不存在？既然六塵境界中的作者或受者有阻礙或有因緣存在，又怎麼會沒有外境法所攝的六塵等實體？」又如小乘部派佛教質問說：「有情五陰都有士夫的作用存在，怎麼可以說『我』是不存在的？依於眾緣而積聚的有色根及覺知心等也是存有的，所以才有『得』等事情來成就了行蘊；而這行蘊非無，聖教中說是無為，如何也可以撥為無法？難道離識時便沒有外境？又如何可以知道確實是由內識變似外六塵境界產生的？」

因為他們都覺得自己覺知心每天在了知外六塵境界，領受其中引生的苦樂捨等覺受，是故認為我與法是在外六塵的境界中事實上存在著的，不能說是「唯識、無境」。論主玄奘先簡略答覆說：從見分覺知心與相分五色根及六塵境界中，想要找出真實我、真實法，其實都不可得的緣故，所以沒有外六塵存在於覺知心中，才要主張「唯識、無境」，是因為七轉識見分我，與相分五色根、六塵等境界，都是內識如來藏所變生的。

外人隨即又問：「為何說真實我不可得呢？」這是常見外道的疑惑，聲聞部派佛教等凡夫僧同有此疑，不單是外道而已。例如犢子部僧人及正量部、經量部等凡夫論師以及外道，當他們聽聞菩薩演說佛法時所說五陰、十八界等法都是生滅的，其中並沒有真實我可說，而他們認爲另外有一個眞實我細意識，是常住不壞的。但都只是妄想邪見。

他們提出質問說：「大乘所說的『我與法都不是眞實存在』的說法，我們暫且不談法的部分，先談一談眞實我，你們菩薩怎能說眞實我不可得呢？」這一問，轉到蘊處界中有無眞實我的主題來了，即是要探討見分七轉識實有或實無。既然蘊處界中沒有眞實我，然而蘊處界卻可以不斷生住異滅而世世流轉生死，必然背後還有一個眞實我，這個眞實我當然不可能是被蘊處界所攝。這個假必依實的觀念是正確的，但是眞實我究竟是什麼，這便是探究生命眞相的人都應該加以討論的重點了，所以論主玄奘如此答覆來辨正之：

**「諸所執我略有三種：一者執我體常周遍，量同虛空，隨處造業受苦樂故。」**佛門凡夫論師或外道們所執著的各種我，歸類之後大略來說共有三種：第一種佛門凡夫論師或外道所執著的眞實我，認爲主體是常是一，而且周遍於一切處所，所以這「眞我」的質量等同於十方虛空而沒有邊際，一切有情都基於同一個眞實的大我爲主體；由於這個大我遍一切處所，所以能隨處受生，然後於所生存的一切處所來造作各種業行，在各種生存的環境下領受六塵境界的苦樂等覺受故。這是執著眞我之體是常，而且是遍一切處。

此類邪見是數論[21]、勝論[22]等外道之主張，即是古時印度僧佉、吠世史迦等外道

21 數論外道別譯僧佉外道，是以二十五諦（亦名二十五冥諦）成立其理論，故名數論。二十五諦是：自

所主張的道理。近代香港故月溪法師捨壽時的偈中有說「遍滿虛空大自在」，也是類此外道，才會寫出《大乘絕對論》的邪說，主張大我猶如經濟學上說的「托辣斯」控股公司控制許多小公司的理論一般，主張有一個大我來統攝無數的有情五陰小我。

一神教的造物主上帝，亦類似此一外道，都屬於大我思想的邪見；但他們把別人所說的大我改成上帝，因此主張上帝造物及造人等，說一切有情的身心及命根都來自上帝所創造[23]，將來死後也歸上帝所管以及處理。但是以五陰的實質而存在的上帝，於事實上及正理上，都不可能出生別的有情，因爲那已經成爲《中論》所破的「他生」了；所以他們後來改革教義，改稱上帝無形無色而遍一切處，因此認爲一切有情受苦受樂、上升下墮等事，全都是上帝的旨意。這是第一種外道認爲實有大我的常住不變。

**「二者執我，其體雖常而量不定，隨身大小有卷舒故。」**第二種執著有眞實我的凡夫，他們認爲眞實的我，其體性雖然常住，然而不是遍一切處，而是一切有情各自都有自己的眞我；這個眞我的體量不一定很大或者很小，因爲會隨著天身的廣大身量而變得

---

性（冥性）、大、我慢、五唯、五大、五知根、五作業根、心平等根、我知。後文自會評論之，此處勿論。

22 勝論主張有一不可知的自性出生了一切有情，這個自性遍一切處所、遍一切有情身中存在。

23 但《舊約》中所說的上帝卻有五陰形色，也是有喜怒哀樂的天神，故說「以上帝的形象造人」，其層次攝屬欲界，不及色界。

很大，這時眞我之體是舒張開來的；也會因爲微小有情的身量很小，這個眞我受生於微小有情身中時，就使眞我之體卷合縮小起來變得很小。這是因爲他們認爲眞我住在有情身中，會隨著有情身量的大小不同而產生舒張或者卷合等現象的緣故。

這是古時尼犍子外道的主張，他們認爲修苦行便能得解脫，因此而自苦其身乃至裸形無恥，所以這種思想的信受者又名無慚外道；當時這類邪見的創始者，名爲離繫子外道，故又名爲離繫外道。但這種思想有很大的過失，隨後論文中會再辨正說明。

**「三者執我體常至細如一極微，潛轉身中作事業故。」**第三種凡夫與外道的執著，是認爲有一個眞實我住在自己的身中，但不是遍一切處或遍於身中，它的體性是常住不壞的，然而它的體量非常微細，就如同四大極微中的一個極微塵那麼小；而它潛藏在有情身中很快速的來來去去，所以也會運轉色身去造作各種事業。

這是古印度的獸主外道及遍出外道所執著的邪見。獸主外道或名牛主外道，但其所說的眞我，非但與牛爲主，亦遍於諸獸而爲其主。遍出外道，謂其自認遍能出離各種俗世之法，故亦名爲出家外道。如是二種所說眞我體如一個極微，「**潛轉身中作事業故**」，亦有大過，詳後論文中再解說之：

**論文：「初且非理！所以者何？執我常、遍量同虛空，應不隨身受苦樂等。又常、遍故，應無動轉，如何隨身能造諸業？」**

**語譯：**【第一種外道的說法不合正理！所以者何？既然執著有一個大我常恆而遍一切處所，其體之分量同於虛空一樣大，就應該不會隨著各個有情住在身中領受苦樂等境界。而且又是常恆與遍一切處所的緣故，就應該沒有運動與變生的能力，如何隨著各個有情的色身而能造作種種善惡及無記業？】

**釋義：「初且非理！所以者何？執我常、遍量同虛空，應不隨身受苦樂等。」**第一種邪見是勝論等外道的說法，確實是不合正理的，因爲這類數論、勝論、造物主等大我思想的外道，他們執著有一個大我常住、永恆，而且是遍在一切處所存在，成爲一切有情共同所屬的大我，而這個大我或眞我的體量又與虛空一樣——遍滿虛空。

既然遍滿虛空，就如同一個瓶子裝滿了水而沒有留下空間時，裡面的水即無法動轉一樣，這個一切有情共有而常恆的大我之體，當然也同樣是不可動轉；既不能動轉，又如何能成爲各個有情身中的眞我，而使每一有情各自動轉呢？這個大我又是遍在十方世界一切處所中存在的，是不能動轉的，也就不可能隨順每一個有情，不可能住在諸有情身中領受各各不同的苦樂捨等一切境界，因爲三受或五受的境界不相容故，不可能同一時間而各有不同的苦樂捨等覺受。假使他們強辯說這是可能的，那麼當大我遍十方虛空等一切處時，一切有情都同以這一個大我爲主體，就應該某一有情快樂時，宇宙中的一切有情都在同一時間領受快樂，領受苦果與不苦不樂果報時亦應是如此。

**「又常、遍故，應無動轉，如何隨身能造諸業？」**而且外道們說的眞實大我之體，是常恆又遍一切處所的緣故，所以遍滿十方虛空之中，就應該不能動轉；所以當這個大我眞我住在一切有情身中時，一切有情便應該沒有運動與變生諸法的能力；因爲一切有情的造業及受諸苦樂等，猶如滿瓶之水不能動轉一樣；所以他們的主張，於理於事都說不通。那麼這個大我又如何隨著各個有情的色身，能造作種種善業、惡業及無記業？所以外道們說的由一個眞我大我創造了無數小我的理論，是無法成立的。

**論文：「又所執我，一切有情爲同爲異？若言同者，一作業時一切應作，一受果時一切應受，一得解脫時一切應解脫，便成大過。」**

**語譯：**【此外，這類外道們所執著的大我，既然遍一切處所，那麼在一切有情身中究竟是同一個或是不同一個呢？若是說爲同一個大我時，當這一有情造作業行時，就應該一切有情同時都在造作同一種業行；當一個有情正在領受果報時，一切有情也應該同時

領受同一種果報；當一個有情證得解脫時，一切有情也應該同時證得解脫；這樣一來，便會成就很大的過失。】

**釋義：**換句話說，這類外道們所執著的眞我或大我，既然又說是遍於十方界的一切處所，那麼在一切有情身中究竟是同一個或是不同一個？就立刻成爲大問題了！一切有情同樣屬於一個大我，而且大我遍一切處所，當這兩個前提確定下來時，不論是一切有情同屬一個大我或各自有不同的大我，問題都會立即出現，但他們都沒有想到自己的主張已經出了大問題。

當他們辯解一切有情是同一個大我，若是某一個有情正在快速移動身體時，就應該一切有情同時也在作快速移動身體的事，例如同時跑步；當一個有情正在領受快樂或痛苦時，一切有情也應該同時在領受同一種快樂或痛苦；而且，當一個有情證得解脫時，其他的有情也應該同時證得解脫，因爲主體是同一個大我，又是遍一切處所的，當然同一個大我應該是隨時都與一切有情聯結著的，苦樂等種子的流注也就應該是相同的。

但這樣一來，便會成就很大的過失，有世間智慧的人，只要被提醒時就會懂得這個大我遍一切處的主張有大過失，而且他們也無法證明同一個大我是如何與諸有情互相聯結著，意謂著無法證實他們這樣的主張。反過來，當有情的眞我若是佛法中說的第八識眞如心體時，便無這些問題，因為每個有情各自都有自己的第八識眞如心阿賴耶識，也不是遍於十方三界的一切處所，而是遍於各個有情的十二處或十八界中。

**論文：「若言異者，諸有情我更相遍故，體應相雜；又一作業一受果時，與一切我處無別故，應名一切所作所受。若謂作受各有所屬無斯過者，理亦不然；業果及身與諸我合，屬此非彼不應理故；一解脫時，一切應解脫，所修證法，一切我合故。」**

**語譯：**【假使外道們回答「眞實的大我於各有情身中是各各不同的」，這時又會因為諸有情的眞我互相都遍一切處所的緣故，那麼諸有情的眞我自體應該互相重疊而相雜在一起，成為諸多有情的大我之體互相混雜；而且當一個有情造作業行或一個有情領受果報時，因為與一切有情的眞我都是遍一切處所而沒有不同，已經相雜的緣故，這一個有情的所作所受，就應該名為一切有情的所作所受。如果外道改說「所作所受各有所屬、互不相同而沒有這些過失」的話，道理也不能成立；因為各個有情造業、受果以及色身，都是與諸有情的大我眞我和合，這時的眞我大我卻是屬於這個有情，而不是屬於其他的有情，才能造業與受果互不相同，這就不能相應於他們自己說的道理了。此外，當某一個有情解脫的時候，其他的一切有情也應同時解脫，因為某一個有情所修證的解脫法，

是與一切有情的眞我和合混雜而同在一處的緣故。】

**釋義：**「**若言異者，諸有情我更相遍故，體應相雜；**」若一切有情都屬於同一個大我，名爲眞實我，而這個大我又是遍於十方三界的一切處所時，必然會有上一段論文所提出的同一造業，同一上升或下墮，以及同時證得同一解脫的大問題。

假使那些主張大我思想的外道，改爲回答說：「**眞實的大我在各個有情身中，是每一個有情各都有自己的眞我，是互異而非同一個大我。**」然而他們主張的眞我卻又是遍十方虛空一切處所都存在的，這時又會變成諸有情各各不同的眞我都得同樣遍十方一切處所，那麼諸有情的眞我自體便應該互相重疊而混雜在一起了，這樣一來，所有的造業、所作、因果、熏習等就全部混雜了，還能有差別、有各自的因果嗎？然而從「**自心現量**」的現觀，卻證實有情的眞實我是不可分割與合併——不增不減，也是不可重疊的。

「**又一作業一受果時，與一切我處無別故，應名一切所作所受。**」而且當一個有情造作業行或一個有情領受果報時，因爲與一切有情的眞我處所互相重疊而沒有不同處所的緣故，大家的眞我已經混雜而互相涉入了，這時某一個有情的所作與所受，都應該名爲一切有情的所作與所受，因爲大家的眞我混雜爲一體了，所以眞我流注出來的見分六識所作，也應該都同一所作；而這個眞我所流注出來的六塵相分，當然也應該是一切有情都同時領受才對，便成爲大家都領受同一種六塵相分了。猶如多燈共置一室時，光光互照的同一室之中，無有不受照者；是故諸多有情若有一人造業或受果時，即應名爲「一切所作所受」。

**「若謂作受各有所屬無斯過者，理亦不然；業果及身與諸我合，屬此非彼不應理故；」**如果外道們發覺自己的主張出問題了，就改說：「所作所受各有所屬、互不相同而沒有這些過失。」這道理也不能成立；因爲各個有情造業、受果以及色身，都是與諸有情的眞我和合混雜而成爲同一個遍十方界的眞我了，這時卻說：「眞我屬於這個有情，而不是屬於其他的有情，才能造業與受果互不相同。」可就與他們原來所主張的說法，產生邏輯不通的過失而無法說服別人了。

如果他們說的道理可通，那麼提婆達多所造的下墮地獄惡業，就應該與一切有情共同領受；或如耶若達多每天造種種食故，一切有情亦應每天造種種食；因爲業果及身心既然都屬於遍十方界的眞我所生，應與諸多有情之眞我互相和合，則應是一切所作、一切所受故，卻與現象法界中的現量完全相違。

**「一解脫時，一切應解脫，所修證法，一切我合故。」**最後，當某一個有情修行而證得解脫時，其他的一切有情當然是應該同時得到解脫，因爲某一個有情所修證的解脫法，是依同一個眞我而存在的，而他的眞我卻是與一切有情的眞我和合同一了，那麼他證得解脫時產生的種子就應該與一切有情共有，因爲全都遍於一切處所的緣故，於是便應該一切有情同時證得解脫。

但在事實上卻不可能如此，因爲古時 世尊成佛了，阿羅漢們得解脫了，但如今竟然還有這麼多有情未成佛、也未得解脫。這便證明「數論、勝論、大我、上帝、大梵天王」等造物主的思想，都是邪見，不是法界中的實相。

**論文：「中亦非理，所以者何？我體常住，不應隨身而有舒卷；既有舒卷如橐籥風，應非常住。又我隨身應可分析，如何可執我體一耶？故彼所言，如童竪戲。」**

**語譯：**【這三種外道法，排在中間的第二種說法也沒有正理可言，爲何如此呢？當眞我自體常住時，就表示不應該會隨著色身的大小而有舒展或卷合的事；但外道們說的眞我自體既然會有舒展或卷合，猶如風鼓或簫笛裡的風一般不停進出，像這樣而「量不定」的眞我就應該不是常住的，成爲生滅法，就不是眞我了。而且，這個眞我既然如此可以卷合與舒展，便該隨著每一個有情身中都可以分解而剖析出來，又如何可以執著而主張有情與眞我是同一自體呢？以此緣故，他們離繫子無慚外道所說的道理，就如同小男童、

小女童的戲論言語一般。】

**釋義：**「中亦非理」，排在第二順位被破的離繫子（裸形、無恥）外道的說法，一樣是沒道理的。

**「所以者何？我體常住，不應隨身而有舒卷；既有舒卷如橐籥風，應非常住。」**「橐」是含容空氣的皮袋，「如橐籥風」就像蘇格蘭風笛一樣，由人吹氣入皮袋中再加上壓力吹出風來，風笛就能發出聲音，所以風笛的皮袋一定會有時卷時舒的不同。既然眞我是常住及永恆的，常就是不變異的，住則是不動搖的，就應該一切有情的眞我都是相同的自性，本來就應該不會有所變異，又怎能隨著各個有情色身的大小不同，而有舒展變大或卷合起來變小的事情呢？

譬如天身高大，昆蟲或細菌則很微小，離繫外道所說的眞我既然常住不變，持身時就不該如此會有大小的變異或更動。否則就會如同皮製的風鼓或風袋，或簫笛中的風一樣，可以一進一出而使有情色身有所卷舒的現象，豈不是與物質一樣是生滅的體性了？眞我既然同於物質一般，應該便可剖析出來物質性的眞我；而且既是物質性的眞我，當然就不是常住的自性，不能主張爲常住法。

這一段論文是破外道大我，故說大我既然常住，其體就不該有所卷合、或有所舒展。

以下論文則破之曰：既可卷舒則應可以分析，既可分析出來時，則應是一切有情各各都有自己的眞我，不該是同有一個眞我而有卷舒：

**「又我隨身應可分析，如何可執我體一耶？故彼所言，如童豎戲。」**而且他們主張的眞我既然是隨身而住的，又是可以卷合與舒展的，便應該是許多不同的有情都可以重複剖析而驗證出來：這是卷合的，這是舒展的。才能證實他們的說法爲眞實無謬。然而這樣一來，就不該主張一切有情的五陰與他們的眞我是同一個自體。

所以離繫外道所說的眞我忽大忽小而可以卷合舒展，又如同風在風笛或風鼓中一般不停進出而非常住，已經同於物質之法不斷來去，就不該說是常、是恆，因爲物非常故；這樣的眞實我在身中來去而非遍身，即非造作色身者，即不能持身，也不能令色身有所卷舒運動，所說自律背反而不符現象界的現量與邏輯。他們又說諸有情的眞我，都與自己的色身一體——「**執我體一**」，卻不是與色身一體而在身中有所來去，便成爲自語相違。這樣的說法，就好像幼稚的童男童女所說的戲論一般了。

以上是破離繫外道及造物主、大梵天王、上帝等外道已，再提出現量上的理論，來破第三種獸主外道、遍出外道所說違於正理：

論文：「後亦非理，所以者何？我量至小如一極微，如何能令大身遍動？若謂雖小而速巡身，如旋火輪似遍動者，則所執我非一非常，諸有往來非常一故。」

語譯：【最後第三種外道的說法也沒有道理，所以者何？眞我的體積若非常微小，小到猶如四大極微中的一個極微，如何能夠使得廣大天身同時遍身動搖？若是改說「眞我雖然極小，然而可以快速巡迴全身，猶如旋火輪一般看來好像是同時遍身動搖」的話，那麼他們所執著的眞我可就不該說是與有情的色身同一，並且這樣的眞我也不該是常而不壞；因爲凡是在眾生身中來來往往的，一定不是常，也一定不可能與有情色身合爲同一個眾生故。】

**釋義**：第三種外道是極微外道，他們的說法同樣沒有道理，因爲他們說的眞我體積非常微小，小到猶如四大極微中的一個極微一般，當然無法遍布全身存在，又如何能使廣大的天身同時遍身動搖？

他們若是改口說：「眞我雖然極小，但能快速巡迴全身，就好像旋火輪一般看來好像是整個圓圈都有火一般，就可以同時遍身動搖。」那他們所執著的眞我，可就不該說是與有情的色身同一，因爲是在身中來來去去而非遍滿全身的。然而眞我第八識是於一切時都遍滿全身——遍十二處的，才能使五色根全身不會毀壞，而且能全身動搖。眞我若如極微一般在身中快速移動而來來去去，不能遍身而持身，那身體是無法維持的，一定會快速毀壞。

並且，依照他們的說法，他們所說的眞我也不該是常住不壞法；因爲凡是在色身中各個部位有所往來，而不是一切時都遍布全身的，就一定不是常住的法性。既不遍身，也一定不可能與有情色身合爲同一個衆生，就表示眞我若是如他們所說的猶如極微時，一定不能持身而使色身隨即死亡，當然不是有情衆生的眞我。

### 第七目　摧破三種我見

論文：「又所執我復有三種：一者即蘊，二者離蘊，三者與蘊非即非離。初即蘊我，理且不然；我應如蘊，非常一故；又內諸色定非實我，如外諸色有質礙故。心心所法亦非實我，不恒相續，待衆緣故。餘行餘色，亦非實我，如虛空等，非覺性故。」

語譯：【此外，凡夫、外道們所執著的眞我還有這三種：第一種人妄執眞我爲即蘊我，第二種人是妄執眞我爲離蘊我，第三種人是錯誤執著眞我爲與五蘊非即非離。第一種人執著的即蘊我，在正理上說來一定是不對的；因爲這樣一來，眞我便應該如同五蘊一般，就成爲非常，也是與五蘊同一而不該再立名爲眞我的緣故；而且內身的種種色質一定不是眞實我，因爲內身的種種色質猶如身外的種種色質都有質礙的緣故，所以即蘊我一類的眞我不可能存在。並且還有一個問題：眾生所知的心與心所法，也不是眞實不壞的我，因爲即蘊我的覺知心等六識同樣不能恆時相續不斷，需要等待眾多因緣才能生起及存在的緣故。至於其他的行、其他的六塵色質，也不可能是眞實不壞我，因爲猶如虛空、無情等一般，都不是有覺知性的精神體的緣故，所以即蘊我的主張不能成立。】

**釋義：「又所執我復有三種：一者即蘊，二者離蘊，三者與蘊非即非離。」**玄奘在此又作了補充說明：佛門凡夫與外道們所誤計而執著的眞我，還有下面這三種：即蘊我、離蘊我、與蘊非即非離的我。

**「初即蘊我，理且不然；我應如蘊，非常一故；」**先說第一種即蘊我，這是小乘聲聞部派佛教等凡夫論師，以及常見外道所執著的「即蘊我」，從正理上來說當然是不對的；因爲這樣一來眞我即是五蘊，便應該如同五蘊一般，與色蘊或受想行識四蘊相同，就會成爲非常，因爲是與五蘊同一，而五蘊是生滅法的緣故。

這第一種人當然是因爲虛妄想而執著眞我與五蘊相同，這就是常見外道類，部派佛教小乘論師都是此類人；在末法時代的佛門中有許多大法師也正是如此，所以宗喀巴在《廣論》中說色身是常住的，又認定藉五蘊而出生的淫樂覺受等我所也是常住的，其實正是受蘊，卻說能領受涅槃的覺知心六識也是常住的，等於主張識蘊也是常住的不壞法。最後主張五蘊是由五蘊中的細意識所出生的，這正是標準的「**即蘊我**」，即是五陰生滅法，也成爲《中論》所破的諸法「自生」的過失。

**「又內諸色定非實我，如外諸色有質礙故。」**落入「**即蘊我**」而主張眞我就是五蘊的人，要如何解釋身內器官等種種色質的生滅性？由於四肢與五臟六腑全都是生滅必壞的，受想行識也是有生必滅之無常法，當他們主張眞我是「**即蘊我**」時，眞我豈不就成爲生滅法了？怎能名爲眞我？

所以五蘊全部或局部，例如離念靈知心，識陰所攝，一定不是眞實我，當然不該說眞我即是五蘊我。也因爲四肢與身內的種種器官都是色質，猶如身外的種種色質都有質礙，有質礙就是生滅性，也不能在色身中快速來去而有功能，當然不該說是眞我。

而且「**即蘊我**」既然也是色法物質，與色蘊二者都是有質礙的色性，那麼「**即蘊我**」又應該如何與五蘊中的色蘊互相和合？一定互相都有排擠性，猶如此物存在此處之時，他物即不能也存在此處。必須如第八識心一般無形無色，沒有質礙而有大種性自性，這樣非即蘊的眞我方能與五蘊和合似一。

**「心心所法亦非實我，不恒相續，待衆緣故。」**這也是一個問題：衆生所知的六識心與心所法，不可能是眞實不壞的我，因爲覺知心等六識不能恆時相續不斷，需要等待眾多因緣才能生起及存在的緣故；如果眞我是「**即蘊我**」，那麼眞我等於是覺知心，當覺知心夜夜斷滅時眞我便告斷滅，即非眞我。同理，眞我也同樣必須猶如覺知心六識一樣，要待緣才能存在，又怎能說是常住不壞的眞我呢？

所以玄奘對「**即蘊我**」六識心如此立量：「**亦非實我，不恒相續，待眾緣故。**」當然有道理，因爲識陰六識等心，以及這六識的心所法，全都「**不恒相續**」，因爲必定會在眠熟、悶絕、正死位、入無想定（或生無想天）、入滅盡定等五個狀態中斷滅，這時心與心所法都不會現前與存在，「**即蘊我**」的眞我就斷滅不存了。

而且這六識覺知心的生起，必須要藉六根與內六塵的出生並且相觸以後，六識才能從第八識如來藏中生起及存在而運作，所以說「**待眾緣故**」。當眞我是「**即蘊我**」時，眞我的生起與存在也必須「**待眾緣故**」，就成爲生滅法了，怎能說爲常住的眞我。玄奘這個立量，是沒有誰可以推翻的，因爲這是法界中的事實，是現量。這也符合比量與聖教量，理上必定如此的緣故，聖教中也如是說，所以外道和古今密宗雙身法中說的「**即蘊我**」並非眞我，只是五陰生滅法中的局部或全部罷了。

**「餘行餘色，亦非實我，如虛空等，非覺性故。」**六識能覺能知的自性簡稱爲「覺

**性**」，如是能知覺的自性是五遍行及五別境心所法的總稱，由此等心所便可以覺知六塵境界中的種種法故，所以六識心都可以覺知諸法；第七識意根也可以覺知極少數法，與意識同時同處時便能了知一切法；第八識則能覺知六塵外的諸法，但對六塵中的一切法都無所知。換言之，虛空無法，所以無覺無知，面對六塵境界中的一切法時，全都無法接觸及分別，則非有情相應之法，不可說是眞我。

言歸正傳，眞我必然不是色蘊，也不是受想行識蘊，而且必定有七種性自性[24]，才能「**圓滿成就一切染淨諸法**」而出生有情的五陰身心，方能領納及了別六塵境界，這顯示眞我如來藏具有圓成實性；所有不具有圓成實性而可以被現觀的法，都是生滅法或想像法，不是常住的眞實我。

至於其他的諸法，例如身行、口行、意行，或是身內的器官與色質，以及身外的各種色質等，也都不可能是有情眾生的眞實不壞我；因爲這些全都是有生之法，也都猶如虛空與無情一般，全都不曾具有六塵內或六塵外的覺知性，亦不同於內識如來藏能了知六塵外法，所以不可能知道何時何處應該生起五蘊或滅壞五蘊。只有內識（眞如心阿賴耶

24《楞伽阿跋多羅寶經》卷一〈一切佛語心品〉：「復次，大慧！有七種性自性，所謂：集性自性、性自性、相性自性、**大種性自性**、因性自性、緣性自性、成性自性。」

識）才能了知內六塵以外之諸法，而能生起五蘊中的色蘊以及識蘊覺知心；而色蘊是物，物不能生心的緣故，是故外道所說的「即蘊我」，在道理上不能成立。

**論文：「中離蘊我，理亦不然；應如虛空，無作受故。後俱非我，理亦不然；許依蘊立，非即離蘊，應如瓶等，非實我故。又既不可說有為無為，亦應不可說是我非我。故彼所執實我不成。」**

**語譯：**【中間的第二種人所說眞我是「離蘊我」，這個道理也是不正確的；因為眞我若是離於五蘊的，不與五蘊和合時就應該猶如虛空一般，對五蘊是無所作用也是無所覺受的緣故。至於最後第三種人所主張的非即非離五蘊的眞我，在道理上也是講不通的；因為他們既然允許依於五蘊來建立眞我而說為非離時，眞我就不能等同離蘊而說為「非即」，這就應該猶如瓶盆等物，不是眞實我的緣故。而且，這樣一來既不可說眞我是有為或無為，同時也應該不可說是眞我、或者不是眞我了。所以由此道理來看，說他們所執著非即蘊非離蘊的眞實我是不能成立的。】

**釋義：「中離蘊我，理亦不然；應如虛空，無作受故。」**「中」是指排在中間的第二種「離蘊我」，他們由於錯誤認知而妄執眞我是離蘊的，說有「離蘊我」；例如古時僧佉外道所計的「離蘊我」，於此已經被破。又如近代虛空外道說的能量我，十四世達賴喇嘛在眾生出版社爲他出版的書中也曾經如是說；但他同時又落入「即蘊我」之中，因爲他同時奉行宗喀巴在《廣論》中的說法，因此在世界各國努力推廣雙身法，說那是常住不壞的境界，事實上全都不離五蘊，與他有時主張的「離蘊我」自相背反。

又如基督教說的眞我上帝，也是「離蘊我」，同樣是在有情的五蘊之外，所以在實相法界的正理中來看，他們《聖經》所說可就破綻百出了；因爲他們說的眞我既然是離五蘊而非與五蘊同時同處，既不在五蘊身中就不可能在有情身中有所作用，便應該猶如虛空一樣在有情身中無所作，也不能領受有情五蘊身心的運作與需求等，所以無法像如來藏一樣對五蘊身心有所回應，或是在業力及熏習等種子上有所往返，因此上帝這個五陰外的「眞我」，無法對五陰有所領受而作回應，才會使耶穌死前大喊：「上帝！您爲何離我而去？」其實他自己的上帝不曾離他而去，只是耶穌自己不懂而已，因爲眞我就是第八識阿賴耶，與他同在，從來不曾離去。

**「後俱非我，理亦不然；許依蘊立，非即離蘊，應如瓶等，非實我故。」**「後」是指排在最後的第三種外道見，即是聲聞部派佛教犢子部。他們對於第一、第二種錯誤的道理，已經思惟過了，知道第一種「即蘊我」與第二種「離蘊我」的說法有許多錯誤，不想跟進「**離蘊我**」或「**即蘊我**」的主張；他們也看見五蘊都有生滅性，最後終究要歸於壞滅而不能去到未來世，否則豈不是應該所有人都是一出生就知道往世的事了？這也證明意識不是從前一世往生過來的，只有一世存在，因此他們主張「**非、即離蘊**」，是說眞我與五蘊非即又非離，簡稱爲「**非、即離蘊**」。

這類因爲妄計而執著眞我與五蘊非即非離的人，都是曾經聽聞過佛法說的非即非離道理的凡夫僧，例如古時的清辨與佛護等論師，全都不離這第三種的邪見謬計；但主要是犢子外道，後來他們歸依佛門成爲部派佛教中的犢子部，屬於聲聞凡夫僧。《成唯識論述記》卷一云：「**上古有仙，居山寂處，貪心不已，遂染母牛，因遂生男，流諸苗裔，此後種類皆言犢子，即婆羅門之一姓也。《涅槃經》說犢子外道歸佛出家，此後門徒相傳不絕，今時此部是彼苗裔，遠襲爲名，名犢子部。**」這是聲聞部派佛教犢子部的由來。

從表面上看來，犢子部所說眞我與五蘊非即非離的主張好像是正確的，表面上與佛經中的說法相同，但其實還是錯誤的；因爲經中聖教說的非即非離，是內識如來藏與五蘊非即非離，才能說是「**非、即離蘊**」，因爲與五蘊和合似一，也能對五蘊有所作用及領受。但清辨、佛護等人所說全都不離五蘊，不曾觸及第一義的空性心阿賴耶識，純從思惟妄想來主張眞我與五蘊非即非離，這是想像出來的思想。凡是屬於想像而非實證之法就會出現問題，在道理上是講不通的。這是因爲既然允許取五蘊諸法中的全部或局部，來建立眞我而說爲「非離蘊」的時候，眞我就不可以再視同離蘊而說爲「非即蘊」了。

而且五蘊中的五色根及六塵等十一法，全都是物質，那麼他所說「非離蘊」的眞我就是五蘊，豈不是如同瓶盆等物一樣，全都和五蘊中的色蘊一樣成爲生滅性的物質，或全都成爲覺知心六識等精神了？但五蘊等生滅性的物質或心，不該說是眞我呀！

**「又既不可說有爲無爲，亦應不可說是我非我。故彼所執實我不成。」**當第三種人主張眞我「非、即離蘊」時，這樣一來，眞我既然「非即蘊」就不是含攝在五蘊中，但又說不離五蘊而成爲「非離蘊」，那麼這個眞我究竟是物質或不是物質呢？顯然應該成爲「既非物質也是物質」了，就會成爲生滅法，也成爲自律背反了。

若說「非物質亦是物質」而主張不是物質，就不可說眞我會有無漏有爲法，因爲這時的眞我已經屬於五蘊的有漏有爲法範疇了。若他們說眞我不屬於五蘊而又屬於五蘊，那麼他們說的眞我就應該不屬於五蘊才是；若仍然屬於五蘊，這樣的眞我是不能存在的，只是依五蘊等生滅法而想像施設爲有，那麼這個眞我在五蘊身中便成爲沒有作用的假設，純屬名言施設的思想了。這麼一來，他們說的眞我，既然不可說是有爲或無爲，同時也就應該不可說是眞我或者不是眞我，就成爲戲論之言，成爲言不及義了。

由以上所說的這些道理看來，這三類部派佛教的聲聞凡夫僧與外道們所說的道理，以及他們所執著的眞實我，全都只是想像，當然都是不能成立的。

### 第八目　以思慮及作用破外道眞我

**論文：「又諸所執實有我體，爲有思慮？爲無思慮？若有思慮，應是無常，非一切時有思慮故。若無思慮，應如虛空不能作業，亦不受果。故所執我，理俱不成。**

**又諸所執實有我體，爲有作用？爲無作用？若有作用如手足等，應是無常。若無作用如兔角等，應非實我。故所執我，二俱不成。」**

語譯：【而且，這三類人所執著爲眞實有的眞我本體，祂究竟是有思慮的法性呢？或者是沒有思慮的法性呢？若是有思慮的法性，就應該猶如覺知心六識一樣都是無常，因爲猶如覺知心一樣會中斷，並非一切時都能有思慮功能的緣故。他們若說眞我之體是沒有思慮功能的，可就應該如同虛空一樣不能造作任何業行，連無漏有爲法的功能都沒有，也不會依於因果律而出生來世該有的異熟五蘊來領受苦樂果報。所以說，這三類人所誤計而執著的眞我，從道理上來看，全部都不能成立。

此外，各種凡夫與外道所執著的實有眞我的自體，究竟是有作用？或者是無作用？

若是有作用猶如手足眼耳等，這個眞我應該就如同眼等也是無常的。若是沒有作用猶如兔子頭上的角或龜殼上的毛一樣，應該就只是思惟出來的思想而不是眞實我。以此緣故，這些凡夫、外道們所執著的眞我，不論是在有作用或者無作用等兩方面來討論時，兩方面都不能成立。】

**釋義：「又諸所執實有我體，爲有思慮？爲無思慮？」**這一段論文中所提出來的問題，都是古天竺的外道或部派佛教等佛門凡夫大法師們所不曾想過的難題，他們是無法解決的。乃至到了今日，那些外道與悟錯了的六識論大法師們，也都一樣無法解決。

首先第一個問題是：**「這三類人所執著爲眞實有的自我本體，究竟是有思慮的法性呢？或者是沒有思慮的法性呢？」**當他們聽到菩薩提出這個問題時，都還不知道這會有什麼問題呢。眞我「有思慮」，是破僧佉外道；眞我「無思慮」，是破犢子部聲聞凡夫僧及吠世外道。

這是因爲眞我既然出生了五蘊，當然會與五蘊有所互動；既能出生五蘊也有互動，就一定有六塵境界以外的思慮行爲，才能與五蘊中的十一個色法及覺知心都有互動，但卻不像離念靈知在六塵境界中的思慮；因此緣故，論主玄奘提出這個問題來：

**「若有思慮，應是無常，非一切時有思慮故。」**僧佉外道主張的眞我既不是第八識如來藏，玄奘菩薩便提出這個問題來：當僧佉外道說的眞我若是有思慮的，便是在六塵中了知而作思慮的心，本質就是眼等六識，應該猶如覺知心六識一樣都是無常；因爲會對六塵思慮的眞我，一定猶如覺知心一樣五位斷滅，並非一切時都能有其他思慮功能的緣故，常常中斷的緣故就不能說是常而不壞的眞我。這時他們要如何解釋自己所提出的眞我是有思慮或無思慮的？因爲一定會進退兩難的。

**「若無思慮，應如虛空不能作業，亦不受果。」**這是破吠世外道及犢子部聲聞僧所說。當他們聽到玄奘的所破而懂得主張眞我有思慮時，知道會有上面所說的問題存在，便改口說：「眞我自體是沒有思慮功能的。」但又會有問題出現：眞我既然「無思慮」而如同岩石無情一樣，便應該如同虛空一樣不能造作任何業行，連無漏有爲法的功能都沒有，當然就無法與所生的五蘊互動，更不會像內識阿賴耶一樣有六塵外的微細思慮；那樣的眞我就不能依因果律而出生未來世應該有的異熟果五陰，一切有情就不能領受未來世的苦樂果報，就會推翻現實上存在的因果律，也應該人間看不到大家都不願去當的畜生道等三惡道有情了。

**「故所執我，理俱不成。」**由以上所說的這些道理，可知這三類凡夫僧與外道們所誤計而執著的眞我，依正理來說時全都不能成立。

**「又諸所執實有我體，爲有作用？爲無作用？」**這是再度從作用上來破凡夫僧與外道的主張。部派佛教諸凡夫僧與外道所執著、所主張的各種實有的眞我自體，究竟是有作用？或者是無作用？對於想要驗證自己是否眞正實證眞我的人，想要驗證是否實證父母未生前的本來面目的人，這是一個很切身的命題；因爲這可以檢驗自己的所悟是否正確，避免大妄語業和誤導眾生的大惡業；也可以證實自己所悟的眞我究竟對或不對，或只是一己的邪見妄想，或是已被假善知識所誤導而成就大妄語業。

**「若有作用如手足等，應是無常。」**能出生五蘊的眞我，一定是有作用的，但卻不該是五蘊範圍內的作用；若是無作用，顯然就是妄想，因爲眞我既能出生五蘊，一定是有作用的；眞我出生五蘊之後就一定會與五蘊有所互動，就不能說是無作用。但眞我的作用若是手足等色身的來去動作等作用，眞我就等於是手足色身等，應該也是無常；若是無常，就不是眞實不壞的自我。

這同時也是破常見外道等人所說的「**即蘊我**」，同時也破密宗說是眞我的細意識而有作用，例如後時的蓮花生、宗喀巴、寂天、阿底峽、歷代達賴等附佛外道，因爲他們所謂的眞我或常住法都是五陰，所以有作用而如同五陰，不外於五陰而成爲「**即蘊我**」，都是無常之生滅法。

**「若無作用如兔角等，應非實我。」**知道眞我有六塵境界中的作用等過失以後，密宗和外道們若是改答：「**眞我沒有作用，所以不會與五陰互動。**」那麼這個所謂出生了五陰的眞我，豈不就好像兔子頭上的角或龜殼上的毛，或如火熱中的冰塊一樣，都只是語言上的戲論建立而非實有，就應該不是確實存在的眞我。

這是破大梵天、上帝、祖父、勝論、數論、虛空，也破今時的密宗等外道的弘揚者，他們說：「**上帝**（或大梵天、祖父、虛空、細意識）**能出生五陰，但不能與五陰時時互動。**」既然眞我出生了五陰，便應該駐在五陰身中而與五陰時時互動，當然是有作用；但信仰上帝一類的信徒們提出上帝爲眞我時，卻不能有作用而與所生的五陰時時互動，這顯然便是妄想施設而非有，當然上帝等都不是有情的眞我。

**「故所執我，二俱不成。」**從有作用或無作用等探討的緣故，便知道佛門凡夫論師以及外道們所執著的眞我，在有作用或者無作用上面來討論時，兩方面都不能成立，全都進退兩難。

## 第九目　以眞我有無所緣境而破外道

**論文：「又諸所執實有我體，爲是我見所緣境不？『若非我見所緣境者，汝等云何知**

實有我？』若是我見所緣境者，應有我見非顚倒攝，如實知故。若爾，如何執有我者，所信至教皆毀我見、稱讚無我？言無我見能證涅槃，執著我見沈淪生死？豈有邪見能證涅槃，正見翻令沈淪生死？」

語譯：【再者，那些凡夫與外道們所執著爲眞實有的眞我自體，它的所緣境界是我見所緣的境界嗎？這是因爲外道質問說：「如果眞我的所緣不是我見所緣境界的話，你們菩薩如何能夠知道確實有一個眞我？」答：假使眞我的所緣是我見所緣境界的話，就應該有「我見是正理」而不該說我見是顚倒妄想所攝，因爲對眞我及我見已經如實了知的緣故。如果眞是你們所說的這樣，爲何那些執著有眞我的人，所信受的究竟教導都是毀斥我見、稱讚無我的正見？而說無我的正見能使人證得涅槃，執著我見者沈淪生死？豈有邪見能證涅槃，而正見翻令沈淪生死的事？】

釋義：「又諸所執實有我體，爲是我見所緣境不？」除了以上所探究的問題以外，那些凡夫與外道們執著眞實有一個眞我自體，但那個眞我是否爲凡夫眾生的我見所能緣能觸的境界？眞我若是具有我見的人所能緣觸的境界，就該所有異生、凡夫、外道們，生來便都能了知眞我而不必修行參究了。這是破斥那些不斷我見而主張實有眞我的凡夫們，以下則分爲兩破：

**「『若非我見所緣境者，汝等云何知實有我？』」**如果知道「**眞我的境界是我見者的所緣境界**」的答覆是有過失的，改爲回答說：「**眞我的境界不是具有我見者所緣的境界。**」就表示他們所說的眞我在運行與了別的境界中，沒有五蘊等假我、假法眞實存在，因爲眞我沒有慧心所。然而凡夫總是錯會這裡面的道理，就提出這個問難：「**既然眞我的境界中是沒有五蘊，那麼你又如何能夠知道除了五蘊以外，還確實有另一個眞我？**」所以論文就開示說：

**「若是我見所緣境者，應有我見非顚倒攝，如實知故。」**答：假使堅持說眞我的境界可以是我見者所緣境界的話，那麼依外道這樣的見解，所有未斷我見的人，就應該都能知道眞我的所在了；同時也應該有一種「**我見是正理，不歸顚倒妄想所攝**」的邏輯，因爲這種未斷我見的人，應該都已經同時如實了知眞我的緣故。但事實上絕對不可能，這也證明，所修所悟若不是實證內識如來藏阿賴耶識，只要有大善知識住在人間，不論從哪個方面來探討這個能生五陰的眞實我時，他們都是會有問題而無法自圓其說的。

**「若爾，如何執有我者，所信至教皆毀我見、稱讚無我？言無我見能證涅槃，執著我見沈淪生死？」**於是論主玄奘接著又反問外道或聲聞凡夫說：「**如果我見能使人證得涅槃、出離三界生死，那麼一切執著五蘊諸法即是眞實我的人，在所信受而認爲是絕對眞**

理的上師教導中，爲何全部都是毀棄我見而稱讚無我的正見？爲何又主張無我見能使人證得涅槃，而執著我見不願捨棄的人會繼續沈淪生死？」這是說，假使我見的智慧能使人證得涅槃，而所證的涅槃中卻是無我性的第八識眞我存在，這二者是不可能同時存在的；因爲眞我與我見的道理互相背反的緣故，證明我見的所緣是與涅槃解脫不相契的，所以住在我見之中的人們，都不可能證得第八識眞我，因爲眞我第八識是無我性、涅槃性的。

**「豈有邪見能證涅槃，正見翻令沈淪生死？」**於是論主玄奘最後作了結論而反問說：哪有我見邪見能使人證得涅槃，而無我的正見反而會使人沈淪生死的？因爲那些落入我見中的凡夫大法師們都依據聖教而說：「**生起我見的人會沈淪生死，因爲是染污的緣故；生起無我見的人能證涅槃，因爲是清淨的緣故。**」如今即以他們的說法反過來質難他們，所以再作結論說：我見是邪見，豈能使人證得涅槃，而說正見反而會令人沈淪生死？

### 第十目　有我見者不能證眞我如來藏

**論文：「又諸我見不緣實我，有所緣故，如緣餘心。我見所緣定非實我，是所緣故，如所餘法。是故我見不緣實我，但緣內識變現諸蘊，隨自妄情種種計度。」**

**語譯：**【而且各種未斷我見的人，都不曾、也不能緣於眞實我如來藏，有三界法作爲所緣之故，猶如我見緣於其他六識等心的事實。我見者的所緣一定不是眞實我，因爲我見是覺知心的虛妄所緣之故，猶如其餘的色等諸法一樣都是覺知心的所緣。由於這個緣故，有我見者不會緣於眞實我如來藏，只是緣於內識如來藏所變現的五蘊等我，然後隨著自己虛妄的情解而作出種種錯誤認知而加以執著。】

**釋義：「又諸我見不緣實我，有所緣故，如緣餘心。」**不論是佛門凡夫僧或居士們，或者是外道們，當各種我見存在之時，都不曾也不可能緣於眞實我如來藏，因爲我見的所緣就是三界中法——或是欲界境界我，或是色界境界我，或是無色界境界我。就好像在人間的我見者，同樣都緣於其他六識等心，或是緣於六識心的變相等，這都是事實。

這是總破佛門聲聞部派佛教的凡夫僧及諸外道，即是立宗云：「你們緣於五陰有眞實我之邪見，即不能緣於能生五陰的眞我。」再說明其因：「我見有所緣故。」因爲「我見」一定會緣於五陰身心故，然後再譬喻之：「猶如我見所緣都是緣於五陰我等外色或六識等故。」既緣於外色或緣於五陰中的六識例如離念靈知，當然就不會也不可能緣於內識如來藏故。

**「我見所緣定非實我，是所緣故，如所餘法。」**前說「有我見者的所緣一定不是眞實我」，這是立宗。然後說明其因：「我見」之所以被稱爲「我見」，就是因爲有「我見」的人都是緣於五蘊等法爲眞實我，通常都是把覺知心虛妄地當作眞實我，以識陰六識作爲自己所緣的緣故。這是立因。然後說，就好比五色根與六塵等諸法一樣，都是覺知心的所緣，不外於五蘊身心等假我、假法，這是立喻。

**「是故我見不緣實我，但緣內識變現諸蘊，隨自妄情種種計度。」**然後作結論說，由於這樣的緣故，我見之所以名爲「我見」，全都是緣於五陰身心的全部或局部等我，從來都不會緣於眞實我第八識如來藏，只是緣於內識眞我如來藏所變現的五陰等假我；若是緣於眞我第八阿賴耶識而且成功轉依時，「我見」一定會斷除而不存在了。眾生由於「我見」的緣故，於是依於「我見」而產生的虛妄情解，對五陰假我作出種種錯誤認知而加以執著，所說的眞實我都屬於「妄情」及「計度」，故名「我見」。如《成唯識論述記》卷一云：「如瑜伽、顯揚、十六大論，皆緣影像自心相分爲所緣緣，無有一我是相分者故，是但緣識所變。蘊蘊各別故，故言諸蘊。即計此蘊種種計度，故與小乘所說有異。」其理當解。謂「我見」者都是緣於識蘊所行影像的相分作爲所緣緣故。

## 第三節　我見破已再破我執

### 第一目　我執的種類及俱生我執

論文：「然諸我執略有二種：一者俱生，二者分別。俱生我執，無始時來虛妄熏習內因力故，恒與身俱；不待邪教及邪分別，任運而轉，故名俱生。

此復二種：一、常相續，在第七識；緣第八識起自心相，執爲實我。二、有間斷，在第六識；緣識所變五取蘊相，或總或別起自心相，執爲實我。此二我執細故難斷，後修道中數數修習勝生空觀，方能除滅。」

語譯：【然而各種我執大略歸類共有二種：第一種是俱生我執，第二種是分別我執。俱生我執，是由於無始時來虛妄熏習於心中作爲發起因的力量故，恆不間斷的與五蘊身心同時存在；不必等待別人作邪教導、以及自己所作的邪分別，就會自行生起而任運不斷地運轉著，以此緣故名爲俱生我執。

這類俱生我執又分爲二種：一、常相續，只在第七識意根相應；是攀緣第八識所生起的假我與假法而生起自心存在與運作的假相，把假我、假法執著爲眞實我。二、有間斷，是在第六意識心中存在；是緣於內識如來藏所變生的五取蘊等我、法之相，或是在總相上、或是在別相上生起自心的行相，執著意識自心爲眞實我。這二種我執微細的緣故而難以斷除，要在後面的修道位中不斷地熏修串習殊勝的生空觀，方才能夠除滅。】

**釋義：「然諸我執略有二種：一者俱生，二者分別。」**「**我執**」的意思，是指見分七轉識對自己的執著，當然包括執著與自己相應的心所法在內。「**我執**」既屬見分，見分共有七識，於是依七識心及其心所的作用分為二類，成為「**俱生**」我執與「**分別**」我執。「**俱生**」我執相應於第七識意根及第六意識，「**分別**」我執則只相應於第六意識。

「**俱生我執，無始時來虛妄熏習內因力故，恒與身俱；**」「**俱生我執**」，是指意根末那識與意識二心與生俱來的「**我執**」，不由後天的分別所生。意根無始時來恆與意識共同作各種「**虛妄熏習**」，由此虛妄的熏習作為「**內因力**」，這類「**我執**」種子便存在常住的第八識心中，所以這類「**我執**」種子即與世世的五陰身同時存在。

但若意根獨住時，唯能了知極少分的法塵，不受意識的「**我執**」所熏習；若與意識俱，則能與意識共同熏習世間的各種虛妄法；熏習久之即成為「**內因力**」，雖然意識不能去至下一世，但此類「**我執**」種子於後世流注出來時即與意根相應，也必定會與來世的意識相應，所以世世都是與生俱有如是執著，唯除乘願再來的聖者。

「**不待邪教及邪分別，任運而轉，故名俱生。**」這一類「**俱生我執**」，不必等待此世出生以後再經邪師的邪教導，也不必經由此世意識自己所作的「**邪分別**」才產生，而是無始劫來虛妄熏習的「**內因力**」所導致，成為第八識心中所執藏的煩惱種子，和意識、意根同在而成爲與生俱來的「我執」。

這是由於往昔無始來的「虛妄熏習」成爲「我執」種子，存在內識阿賴耶所收藏的種子中，所以世世才一出生便與見分七轉識共存，使意根、意識依此「俱生」的「我執」種子，任運而生起「我執」的作用。

**「此復二種：一、常相續，在第七識；緣第八識起自心相，執爲實我。」**與意識、意根「俱生」而存在，無始以來相續運轉而不曾間斷的恆內執自己爲眞實存在不壞的自我，故名「俱生我執」。

但「俱生我執」有常而相續不斷的，也有非常而會間斷的。常而相續不斷的「俱生我執」，是在第七識意根中才有；因爲意根恆而不斷，不論在何位中，都是恆緣第八識所變生的五陰中的見分自心運行時的相貌，執著爲眞實常住的自我。故其相應的「我執」即伴隨意根恆時存在而相續不斷，因此說爲「俱生」的「常相續」我執。

這類「我執」是由無始時來的「虛妄分別」與熏習，累積成無數「我執」種子的緣故，蘊集成爲一種與生俱有的「我執」勢力，才會世世與生俱來而且現行不斷，是因爲意根貫通三世而不中斷，故名「俱生相續我執」。

**「二、有間斷，在第六識；緣識所變五取蘊相，或總或別起自心相，執爲實我。」**

至於「俱生」斷續「我執」，則是有間斷的。這個「俱生我執」會有間斷而不能相續，是因為與第六意識相應，而意識會中斷的緣故，所以成為俱生斷續我執；因為意識於五位必斷，於眠熟、悶絕、無想定（或無想天中）、滅盡定、正死位中皆斷滅，是故成為有斷續的「我執」。

意識俱生斷續我執，是緣於內識如來藏所變生的五陰等我、法之相，由於無始來的「虛妄熏習」故，將五陰的總相或別相中的見分了別之心，誤計為真實我，認為自己確實接觸及了別外六塵等真實法，於是將意識自己當作是真實不壞的自我，即是俱生斷續「我執」。由於眠熟位等五位中，意識這個「俱生我執」便會中斷，故名俱生斷續我執。

《成唯識論述記》卷一說：「**五取蘊者，彰此俱生我見之境不緣無漏。薩婆多中，一切煩惱皆名為取；蘊從取生，或能生取，故名取蘊。今者大乘如《對法》說，欲貪名取，唯貪為體，染希五蘊；蘊能生取，蘊從取生，蘊立取名。緣蘊總別顯執行相，總緣五蘊為我名總，別緣五蘊為我名別。**」如是正理學人應知。是故「我執」皆是緣於五取蘊而起，緣於七轉識自心影像之分別行相而轉，由無始來之串習及邪教導，執著見分自我真實，故生「我執」，成為俱生相續「我執」或俱生斷續「我執」。

「**此二我執細故難斷，後修道中數數修習勝生空觀，方能除滅。**」這兩種「俱生我執」，不論是「**常相續**」的「**俱生我執**」或是「**有間斷**」的「**俱生我執**」，由於比「**我見**」更微細的緣故，很難斷除。所以本論依《十地經》中所說，結爲「**不作意緣故，遠隨現行故**」，說爲微細難斷之執著，要在悟後的修道位中不斷的修學與熏習殊勝的「**生空觀**」，才有可能滅除。

今此論中顯示二種「**我執**」的微細所在，以及無始串習而成就「**我執**」之體相。而此「**細故難斷**」總有三因：一、非世間道所能伏，二、非初見道所能斷，三、大乘菩薩亦非七地未滿心前之所能斷。二乘阿羅漢之所斷我執，斷在意識，非斷意根，因爲意識永滅故意根則滅，故說只斷「**我執**」的現行，未斷意根相應的我執習氣種子隨眠，是故仍有隨眠偶然成爲現行故。

依解脫道而言，要在見道之後的修道位中不斷的精勤修學「**生空觀**」，即是二乘菩提，方能加以除滅，證得阿羅漢果。若是依大乘佛菩提道而言，要在「**眞見道證眞如**」之後，於「**相見道**」位修學即將完成而準備入地之前，由於加修**安立諦**十六品心及九品心，於完成這個「**勝生空觀**」之時成爲阿羅漢，方能斷除。

但入地之時必須起惑潤生再受生死，是故轉入初地後的「**修習位**」中，歷經一大阿僧祇劫精勤修學及熏習殊勝的「**生空觀**」，即是依無生法忍而修「**生空觀**」，直到七地滿心位斷盡習氣種子隨眠時方能除滅，故說：「後修道中數數修習**勝生空觀**，方能除滅。」

《成唯識論述記》卷一說斷我執時這麼說：「斷有二種，一斷種，二伏滅。今論斷種，第六識中，二乘入聖道暫伏滅，要離自地欲盡方斷，於金剛心方究竟盡。菩薩初地暫能伏滅，四地永不行，金剛心位方究竟盡。第七識中，二乘入無漏心方暫伏滅，金剛心方斷盡；菩薩七地已前入無漏心能伏，八地以上方永不行，金剛心方斷頓盡。故言『數數修道方能除斷』。又總而論六、七，道數數修，斷有數數、不數數義。二乘斷彼第六識執種子，非習能數數斷；菩薩數數斷其粗重名數數斷，其種子等、道數數修，非斷數數，以十地中皆不斷故。第七識執，要金剛心方能頓斷，三乘修道道數數修，方能除滅，非數數斷。」此理應知。

第二目　分別我執

論文：「分別我執，亦由現在外緣力故，非與身俱；要待邪教及邪分別，然後方起，故名分別，唯在第六意識中有。

此亦二種：一、緣邪教所說蘊相，起自心相、分別計度，執為實我。二、緣邪教所說我相，起自心相、分別計度，執為實我。此二我執粗故易斷，初見道時觀一切法生空眞如，即能除滅。」

語譯：【分別我執，也是由現在一世外緣力的緣故而產生的，並非與五陰身心俱生的；這類我執要等待惡知識的邪教導、以及自己所作的邪分別，然後方才生起，以此緣故名爲分別我執，這類我執唯有在第六意識中才有。

而這種分別我執也有二種：一、緣於惡知識的邪教導所說的五陰諸相，生起了意識自心常住的法相、分別識陰自己而作出了錯誤的認知，不肯改易而執著識陰爲眞實的自我。二、緣於惡知識的邪教導所說的眞我法相，生起了意識或六識自心的法相而作錯誤的分別，認知識陰全部或意識是眞我而堅決認定是正確的，繼續執著那個誤會的眞實我。這二種分別我執粗糙的緣故而易於斷除，在大乘法中初見道時，觀察一切法中的生空眞如，便能夠除滅。】

釋義：「分別我執，亦由現在外緣力故，非與身俱；要待邪教及邪分別，然後方起，故名分別，唯在第六意識中有。」凡是「分別」所生的「我執」，都是與意識相應的，是因爲唯有意識能作如是分別；而這類「分別我執」也是會有間斷的，也是因爲意識會間斷的緣故。這種「邪分別」是由於此世的外緣力而產生的，也就是遇到惡知識的「邪教導」，並非意識覺知心與生俱有的「我執」，與意識的「俱生我執」不同，是因爲意識能聽懂及能了別惡知識的教導內涵而且接受了。這類「我執」也可以是意識自己作了「邪分別」才產生的，因爲只有意識才會作這類詳細的分別，所以只會與意識相應。至於「邪分別」的內容則有二大類：一是識陰相，二是我相，但都是要遇到惡知識作了「邪教導」，或是自己有了「邪分別」，方才會生起的。

爲何這種「分別我執」只會在意識中生起？如《成唯識論述記》卷一云：「述曰：顯執所在。間斷粗猛，故有此執。餘識淺細，及相續故，不能橫計起邪分別；邪分別者必有間斷，及粗猛故。以第八識淺而不間，五間而又淺，七、二俱無，故唯在六。」如是所說應予理解，故說「分別我執」唯在意識。

**「此亦二種：一、緣邪教所說蘊相，起自心相，分別計度，執爲實我。」**「分別」所生的「我執」也有二種，第一種是經由惡知識的「邪教導」而產生的「分別我執」；這第一種「分別我執」，是落入「即蘊我」之中，是意識經由「邪教導」而作了「邪分別」，或如惡知識或自己的「邪分別」所產生的，分說如下。

第一種「邪分別」所生的「我執」，是意識隨著色身的成長而學習諸法，分別能力漸漸成熟以後，遇到惡知識教導了五陰的內容時，卻是教導錯了，誤將五陰內的局部（例如離念靈知）或全部（例如宗喀巴的《廣論》將五陰全部）當作眞實不壞我；或如許多大法師將識陰能覺能知的自性當作常住的佛性或是眞實我，或是將意識自身離於妄想雜念時認作是眞實我；這個修行過程中的意識「心相」生起時，即是「起自心相」。如是被教導的意識隨起「邪分別」，成就了錯誤的分別和認知以後，落入「即蘊我」之中，將生滅性的五陰執爲眞實的自我，故名「分別我執」。

「二、**緣邪教所說我相，起自心相、分別計度，執爲實我**。」第二種意識相應的「分別我執」，是緣於惡知識對眞我的各種「邪教導」，例如緣於數論、勝論、大梵天、現代一神教……等「邪教導」，說自己五陰身心之外另有一個眞我、大我，能出生自己的五陰；加上自己因此而生起「邪分別」，便生起了意識自心的分別行相，同樣是「起自心相」跟著惡知識作了錯誤的分別而有錯誤的認知，因此把惡知識所說的虛謬施設的眞我，認作是自己五陰背後的眞我。如是類人將惡知識的「離蘊我」「邪教導」認作眞實，以爲是正確的眞我，所以落入數論、勝論、大梵天、現代一神教……等外道見中，執著爲眞實的自我，同樣是意識相應的「分別我執」。

「**此二我執粗故易斷，初見道時觀一切法生空眞如，即能除滅**。」這二種「分別我執」都是與意識相應的，是比較粗糙而易於斷除的，在大乘法中「初見道時」，就是證得眞如而現觀一切法都從第八識眞如心中出生的，如是觀察有情身心一切法中的「生空眞如」，便能除滅這類「分別我執」。由於斷除這種我執時是在大乘的「眞見道位」，不是在後面的「相見道」位中斷除，所以說「初見道時……即能除滅」。

「生空眞如」是說，獲得大乘「眞見道」時，在蘊處界入等一切法中觀察無有眞實的眾生我，只有與蘊處界同時同處的第八識眞如是眞實我，名爲「觀一切法生空眞如」。此中「一切法生空眞如」，不宜解爲「一切有情眾生空無」的眞如，亦不宜解爲「一切法空無的眞如」，因爲這裡說的是大乘「眞見道」故，於一切法緣起性空之中並無一法是眞實而如如故。此亦不可說爲二乘見道，因爲二乘見道不可能見眞如故。

第三目　我執的緣起是五取蘊

論文：「如是所說一切我執，自心外蘊，或有或無；自心內蘊，一切皆有；是故我執皆緣無常五取蘊相，妄執爲我。然諸蘊相從緣生故，是如幻有；妄所執我，橫計度故，決定非有。故契經說：『苾芻當知，世間、沙門、婆羅門等所有我見，一切皆緣五取蘊起。』」

語譯：【就像是這樣所說的一切我執，自心阿賴耶識以外的各種蘊，或者實際上存有、或者實際上並不存在；至於談到自心阿賴耶識所攝的內蘊時，則不論是凡夫與外道全都是有的；由於這樣的緣故，各種我執全都緣於無常的五取蘊等生滅相，虛妄地建立而執著五取蘊爲眞我。然而有情的各種蘊相都是從因緣中出生的緣故，是如幻而不實的假有，不會有眞實不壞的「即蘊眞我」；至於虛妄計度後所執著的「離蘊眞我」，都是不如理作意的錯誤猜測故，決定不是眞實有。所以契經中曾說：「比丘們應當知道，世間一般人、出家修行人、在家的修行人等所有的我見，一切都是緣於五取蘊而生起的。」〕

釋義：**「如是所說一切我執，自心外蘊，或有或無；自心內蘊，一切皆有；是故我執皆緣無常五取蘊相，妄執爲我。」**「自心外蘊」是說離於自心阿賴耶識之外的五蘊或四蘊，例如離於自己的阿賴耶識之外，說別有五蘊的存在而執著爲眞我，這種我執所執著的自心外蘊，有時是存在著的，有時則是不存在的。例如密宗外道主張自己死後將會分爲五個部分去投胎，來世出生爲五個人來成爲五位上師，全都是「自心外蘊」，因爲不是與自己的阿賴耶識同時同處和合似一；最多只是五人中的一人是眞的由自己受生而出生的，其餘四人則是由其他不相干的別人來承擔爲他所出生的。更多的是來世所指定的五人都與他不相干，因爲他自己無法掌握來世的事，而來世忘失了前世的事。

如果有神通的人以神足通變化給別人看見，或如諸地菩薩以意生身化現給他人看見時，即是「自心外蘊」實有，離於自心阿賴耶識之外而化現故，便說爲「自心外蘊或有」。但一神教徒宣稱上帝示現神蹟時，其實都不能也不曾看見上帝有五蘊化身的示現，所以哲學界一直在質疑：「**創造有情及世間的上帝在哪裡？**」這時便成爲「**自心外蘊或無**」。若如數論外道主張有一個不可知的冥性出生了他們的五陰身心，但冥性始終無法證實爲有，而他們的五蘊卻是外於想像的冥性而眞實的存在著，便成了「**自心外蘊或有**」。

但不論哪一種外道或佛門外道，若是錯把自己五陰身心的全部，或是將五陰中的某部分，認定爲常住不壞的眞我——認定作可以出生五陰的眞我，此時其實是落入「**自心內蘊**」中，成爲「**即蘊我**」；而這種「**自心內蘊**」所緣的五陰中的眞我，包括心所法在內，其實都是假有，卻是現象界中一定存在的，就是「**自心內蘊，一切皆有**」。例如常見外道以及從常見衍生出來的各種外道，所緣的「**我、法**」都是五陰內的蘊我，本質上也都不曾外於他們自己的阿賴耶識眞實心。

但不論從「**自心外蘊**」或「**自心內蘊**」來認定眞我時，本質上還是緣於自己無常的五陰身心而生起的，同樣都落入自己的五陰身心中，依舊不離「**即蘊我**」的範疇；既然即蘊，這個所謂的眞我當然就是假有的生滅法，不是眞我。所以說：「**是故我執皆緣無常五取蘊相，妄執爲我。**」

正因此故，所以說遵循善知識的教導，如實現觀五陰身心的假有非常重要，也就是所學的二乘菩提必須正確。若能進而證眞如，如實現觀五陰身心如何從第八識眞如心中生起的，更爲重要，因爲親證眞如而得如是「**生空觀**」的現觀時，轉依第八識眞如心時即是證得「**生空眞如**」，轉依必定可以成功，即可斷盡意識相應的「**分別我執**」。

若如數論、勝論、大梵天、一神教……等外道所說的五蘊之外的眞我天神等，則屬於「**離蘊我**」，成爲假名施設的有，成爲「**自心外蘊**」的假有，其實仍然非有，因爲一切有情的五陰身心並非這些「**離蘊我**」所出生，所以這類「**自心外蘊**」的眞我，便是「**虛妄分別**」所生的「**我執**」。而其實這種「**我執**」也還是由五陰我而引生的，其實是依附於五陰而存在的虛妄想，並非實有。

**「然諸蘊相從緣生故，是如幻有；妄所執我，橫計度故，決定非有。」**五陰運行及存在的法相，都是從因與緣的和合才出生的，只是百年之中暫時而有，猶如幻化而暫時存在，不是常住法，並非不可壞。如實觀察時，五陰中的任何一法，都是有生而可滅的，並非眞實有，不可如末法時代諸大法師取其全部或局部認定爲眞實我。

五陰中恆審思量的第七識意根雖說是恆，無始以來不曾間斷過一剎那，但也是可滅的，例如阿羅漢入無餘涅槃後五蘊俱滅，連第七識意根亦隨同六識滅盡；而且意根並非眞實的常住法，因爲是由阿賴耶識所含藏的意根種子不斷流注而有，是剎那生滅的法性，故非常住。因此凡是從五陰中執取全部或局部或極少分，當作是眞實不壞的常住我，便是落入「即蘊我」之中，當然都是由於後天的「邪分別、邪教導」而產生的虛妄執著，都屬於不如理作意思惟而產生錯誤認知，才會執著爲常住不壞的眞實我，這樣的眞我當然都一定不是眞實有。

**「故契經說：『苾芻當知，世間、沙門、婆羅門等所有我見，一切皆緣五取蘊起。』」**由以上所說的這些道理，所以相應的諸經中聖教有說：「世間人、一切出家、在家的修行者所有的我見，全部都是緣於五取蘊而產生的。」這是由於預防有人否定「我見」的存在，所以要援引經中的聖教來作證明。而且三界中的一切有情「我見」，全都不外於執取五陰的範疇。

《成唯識論述記》卷一云：「言沙門者，息惡之義。婆羅門者，淨行種也。」若不能息惡，竟然領眾破壞正法等，即非沙門，應當還俗，例如釋印順及其門人以部派佛教的凡夫邪見取代佛法正見。如是類人，一切佛子皆不應供養，以免共業及助長破法的惡行；至於諸大山頭以常見外道法取代第八識正法，則無論矣！至於外道婆羅門，只是在家修清淨行的人，極果只能生於上二界天中，終究不能及於二乘菩提的解脫道妙法，何況大乘菩提的成佛之道，悉皆同於末法時代佛教中的諸大法師一般無二。

## 第四節　再辨眞我與假我——眞我與無我

### 第一目　首破執有五陰中的眞實我

論文：『實我若無，云何得有憶識、誦習、恩怨等事？』所執實我既常無變，後應如前，是事非有；前應如後，是事非無；以後與前，體無別故。若謂我用前後變易，非我體者，理亦不然；用不離體，應常有故；體不離用，應非常故。」

語譯：【問：「眞實我如果是不存在的，人們爲何可以有記憶、識知、背誦、熏習、恩情、怨仇等事情？」答：凡夫、外道等人不離五陰範圍所執著的眞實我，既然都説是常而且無有變異，則後時的記憶、識別、背誦、熏習、恩情、怨恨等事，應當今時猶如以前發生之時都沒有變異，但這樣不變異的事情卻不是眞的有；而以前的眞我在記憶、識別、背誦、熏習、恩情、怨恨等事情上面，也應該猶如後時的眞我一樣沒有差別，這事情並非不能存在，而且一定會如此；這是由於後時與前時眞我之體沒有差別，而五陰前後有差別的緣故。假使主張五陰我的這些作用前後有所變更改易，而不是眞我自體的話，這個道理也不能成立；因爲憶識等作用不能離開眞我自體，原來的憶識等作用應該常住而恆時都有的緣故；眞我自體也不能離開五陰的憶識等作用，否則這個眞我自體就

應該成為非常的緣故。】

**釋義：「『實我若無，云何得有憶識、誦習、恩怨等事？』」**有人提問：「既然五陰等我、法之中，都無眞實常住法故說為無我；但如果五陰身心眞的無有常住的眞我，又怎麼會有記憶、識別、背誦、熏習、恩情、怨恨等事情繼續存在？」這是很多人深入學佛十餘年之後，聽聞善知識破斥五陰為虛妄法、生滅法以後，心中生起的疑問。但事實上有情卻又繼續有這些記憶、識別……等事相於眼前存在著，於是由於無智慧而不懂內識如來藏實相之人，便有如此疑問產生而發問或是質疑。

「**實我**」當然是確實有，即是第八識如來藏，又名阿賴耶識、異熟識、無垢識。問題是外道與佛門中的六識論凡夫們，全都沒有斷除「五陰為眞實我」的「**我見**」，與常見外道合流，同皆住在五陰的範疇中，同將假我五陰的全部（例如蓮花生、宗喀巴等西藏密宗四大教派），或是將五陰的局部（例如中觀應成派的佛護、寂天、阿底峽、釋印順，以及禪宗裡的錯悟者落入離念靈知中）認定為「**實我**」（例如靜坐中的離念靈知，或是雙身法中領受淫樂的離念靈知），於是造成他們口中所說的「**實我**」無法成立，因為同屬「**即蘊我**」故，本質上就是五蘊我，不外於常見。

結論是，不知此一眞相的大法師與學人們，或如密宗外道及其他宗教所謂的造物主等，總是落入「即蘊我」或者「離蘊我」之中，當他們看見自己的主張被實證佛菩提的菩薩破斥了，因此便提出這個自認為的大哉問——他們都覺得自己提出的這個問難很有力、很正當，菩薩們是無法回覆的。但他們不知道的是：自己所認定的「假必依實」理論正確，然而實證上卻完全錯誤而落入五陰等我之中，所說的能生有情與萬物的造物主其實只是「即蘊我」或「離蘊我」，不脫「我見」的範圍。如是咎在自己未斷「我見」，也未追隨善知識熏習，故未能知「實我」的自性與功德，因此求證眞我無門。

**「所執實我既常無變，後應如前，是事非有；」**因為世間俗人以及出家與在家修行的外道們，所以為的常住不壞的眞我，全都不外於五陰十八界；但五陰或十八界皆是生滅性，所造業行及熏習等事都是前後有所變異的，有變異即是生滅法，並非常而不變的心，就不能執持所造業種及所熏種子，不會是眞實我。但他們不懂，所以主張五陰內的某部分自我是眞我，誤認為是常住不變的永恆存在。

既然眞我是常住而且自性是永遠不變的，才能執持一切所熏及所造的業種，卻又是五陰十八界所攝，那麼五陰出生後五十年中所誦習及憶識的內容，以及造作業行而與他人有了新的恩怨等事，這些內涵便應該和五十年前五陰剛出生時完全一樣才是，因為眞我常而不變的緣故；但這種事情卻是不曾存在過的，未來也不會存在。實言之，這類事情只有由第八阿賴耶識來出生五陰十八界，並且要與五陰十八界同時同處，才有可能受持所熏及所造的業種，其餘「即蘊我」或者「離蘊我」的心或法都不可能。

**「前應如後，是事非無；以後與前，體無別故。」**依他們所說的定義，以前的眞實我在憶識、誦習、恩怨……等事情上，自然應該如同後時現在的眞我一樣不會有變異，所以孩提時期的所知、記憶、恩怨……等事，跟現在五十歲時的所知、記憶、恩怨等，應該都是一樣——「前應如後」，而這些事情依他們的道理來說，不該是不存在的——「是事非無」。

因爲既然他們五陰所攝的眞我是常，眞我不外於五陰，則不論如何誦習、造作等，都不會改變眞我常而不變的自性，這是由於後時、前時的眞我五陰自體，必須前後都不改易而沒有差別的緣故，才能是常。也因爲五十年後的今時眞實我五陰，與五十年前的眞實我五陰，其心體與自性是常而不變的緣故，當然前所憶識、誦習……等事，至今就應該「前後無別」而不更易，因爲眞我五陰自體常而沒有變異的緣故，所以論主玄奘說：「以後與前，體無別故。」然而在事實現量上面，卻證實他們的所說錯了。

**「若謂我用前後變易，非我體者，理亦不然；用不離體，應常有故；體不離用，應非常故。」**假使他們的主張被如此拆破了以後，就改口說：「這些眞實我的作用前後有變更或改易，但是作用並不是眞我自體。」但這個新提出的道理也不能成立，因爲他們所主張的眞我既有「憶識、誦習、恩怨……」等作用，而這些作用並不能離開他們所說的眞我自體、而在五陰之中單獨存在，就表示這些作用存在時，眞我自體也應該常住而恆時都存在著，不該說是五陰所攝的全部或局部，所以說「用不離體，應常有故」。

而他們認爲的眞我既然如同意識心一般也有「誦習」等作用，「用不離體」，在這些「憶識、誦習、恩怨」等作用存在時，就不該認爲這些作用與眞我自體無關，不能主張這些後前變異的作用不是眞我自體，否則他們所主張的眞我，就應該是五陰所攝而無常的意識，不是他們所主張爲常而不變的眞我。因爲眞我既然攝在五陰之中，是五陰中的局部，那就是「即蘊我」，合乎「用不離體」的道理，就一定會有某種作用能利益有情；若他們認爲眞我是沒有作用的，所以沒有這樣的作用現前，則是假名施設而無實體，成爲虛妄想。必須是眞實我常而不變，與所生的五陰和合似一，而五陰前後有所改易轉變，背後的眞我也有不同五陰的作用，這些「憶識、誦習、恩怨」等事才能成就。

所以部派佛教聲聞僧與外道們「即蘊我」或「離蘊我」的見解是進退兩難，若認爲這些「憶識、誦習、恩怨」等作用，與他們主張的眞我（比如五陰的局部，或如上帝、大梵天、虛空、極微等）有關，那麼如是想像而施設的眞我有如是作用時，即是生滅性的無常法；若說這些作用與眞我無關，那麼他們所說的眞我即是假名施設而無實質上的存在，成爲思想故無體也無用，則所說兩邊都會有過失。由此證明一切世間人、修行人，舉凡所主張的眞我不外於五陰，但不是與五陰同時同處非一非異的內識如來藏時，都會有以上所論證出來的問題無法解決，不免進退失據。

### 第二目　唯有本識阿賴耶的常與自性可免過失

**論文：「然諸有情各有本識，一類相續任持種子，與一切法更互爲因，熏習力故得有如是憶識等事。故所設難，於汝有失，非於我宗。」**

**語譯：**【然而各個有情各自都有根本識如來藏，是前後同一種類而不變異的自性，相續不斷地任持各類種子，與一切法前後展轉互相爲因，由於有熏習力的緣故而能有這樣的誦習、憶識、恩怨諸事存在。所以你們聲聞凡夫、外道所設立的質難，只是對於你們自己的眞我主張會產生過失，並不會對我所建立的內識如來藏的宗旨產生過失。】

**釋義：「然諸有情各有本識，一類相續任持種子，與一切法更互爲因，熏習力故得有如是憶識等事。」**一般的世間人或佛門中的聲聞部派佛教六識論凡夫大師，與外道的出家、在家修行者，他們之所以無法親證第八識「眞實我」的根本問題揭曉了：他們不斷

**我見而落入五陰的範圍中，沒有實證第八識如來藏，以及否定內識如來藏的緣故而反過來無法斷我見。**

並不是像應成派中觀師一樣學過因明學，有力能破斥別人所說的法，而別人都無法回應時，就能證明他們自己所說的法義一定正確；例如正覺尚未開始弘法以前的兩岸佛教界，都被釋印順所評破而不能回應，但釋印順等人的密宗應成派中觀仍然錯了，不免被筆者依於實證的智慧以及現量及聖教量所評破。所以論主玄奘最後應當提出自己的宗旨來立論：唯有第八阿賴耶識如來藏才是眞我，才能避免外道們所說眞我被破斥的過失。

同理，當密宗應成派與自續派的古今中觀師破斥別人，令別人無法回應時，也不等於他們所說的道理即是正確。例如佛護、清辨、宗喀巴、釋印順等中觀師，他們不斷破斥別人所說的法義；乃至釋印順連 佛陀所說的法義也加以破斥或否定，例如他主張「大乘非佛說」，以及「四阿含諸經大部分是後人編造成立的，不是佛親口所說」，因此他不承認大乘諸經爲原始佛教。然而他們所能提出的眞實我，不過就是「**即蘊我**」罷了，仍然未離五陰等生滅法，竟說爲眞實我；是故被平實所破之後，向來極爲強勢而不許任何人評論的釋印順與密宗法王們，至死或至今都無以爲對。

他們由於「**邪分別**」及錯悟古人的「**邪教導**」等原因，於是無法親證「**實我**」第八識阿賴耶，然而他們所否定的如來藏阿賴耶識，卻是能生五陰身心的常住法而能執持各類種子，方能成就「憶識、誦習、恩怨」等情事，這正是宇宙及生命的實相，即是他們努力尋找而不可證的眞我。所以論主玄奘菩薩辨析那些人所說，證明他們落入五陰中的「即蘊我」等種種過失以後，接著提出宗旨來：**一切有情都各有本識如來藏名爲阿賴耶識，與五陰同時同處並行運作，此眞我本識非常非斷、非有作用非無作用**。於是附佛外道的佛護論師乃至今時的釋印順等人的各種過失，都不會落到證得本識「**實我**」如來藏的菩薩們身上。

論主玄奘接著說明：每一個有情各自都有自己的本識如來藏，這個「**實我**」才是一切有情各自的眞正自內我。這個眞我與各有情的五陰同在一起，互相有關、聯結，也能與五陰和合而共同運作，因此可以執持各個有情五陰所造作的一切事與業，於是眞我阿賴耶識的自性、功德並沒有變異，前後始終不改清淨涅槃之眞如自性，但卻能使生滅不住而不斷變異的五陰身心，繼續住在人間持續「**憶識、誦習**」，也能繼續保有「**恩怨**」等記憶而持續不斷變異，等候今世的未來、或是延續到未來世，可以產生改變而成就異熟果，或將所造業的種子與記憶維持不變。

「**故所設難，於汝有失，非於我宗。**」由於另有一個可以實證的本識如來藏爲根本因，由如來藏執持五陰的一切善、惡、無記性等熏習及業行的種子，同時與五陰和合似一不即不離，於是五陰的「憶識、誦習、恩怨」等變異事，與「實我」本識如來藏不變異而受持各類種子的自性可以並行存在，因此五陰的「憶識、誦習、恩怨」等變異事，便可以成爲種子持續存在於不變的第八識中，無妨五陰身心繼續有變異而改變第八識所保存的種子，如是持續無量世而不昧因果，於未來無量世後因緣成熟時，種子流注出來時就成爲果報，或是死後流注出來時就成爲下一世的異熟果。

如是實證第八阿賴耶識的菩薩們，對於外道與凡夫錯將五陰中的局部「即蘊我」認爲眞實我；或是錯將想像中才有的外法虛空或冥性、上帝等「離蘊我」，誤計而認定爲眞我，又都無法證實所說的眞我是如實存在的人，他們所產生的前面被破斥的那些無法自圓其說之問題，對於實證的菩薩而言也就全都不復存在了。

因此，落入五陰中的一切外道與佛門凡夫提出的各項問難，自然與論主玄奘菩薩無關了；因爲玄奘提出的另有內識如來藏執持業種或所熏習的種子，而可使業種及熏習種子可以變異，然而第八識如來藏心體自己的自性卻永遠都不變異所以常住；以此不變異的第八內識如來藏爲因，能與五陰同時同處而成就熏習等作用，卻無妨五陰可以有「憶識、誦習、恩怨」等變異。這樣八識論的宗旨當然可以合乎十方三世的三界中的現量，永遠立於不敗之地。

不但理論上如此，在實證上也確實可以證明人類都各有八識心王的存在，八識的作用與自性都各不相同而可以一一現觀，全都屬於現量而非比量，因為都可以從「**唯識相**」的觀行中證實這樣的「**唯識性**」，名為「**自心現量**」。這也證明，只要具足實證八識心王的人，都會有實相般若波羅蜜的智慧生起，擁有實相般若的正觀而成為大乘法中的賢聖。若未先斷「**我見**」，又無實證第七識而無如是智慧生起，也無親證第八識的本來自性清淨涅槃的解脫，即是錯會「**唯識性**」與「**唯識相**」的凡夫，他們最多只能處身於「**唯識位**」等五位的「**加行位**」中，甚或可能都還在「**資糧位**」中而自以為已經入地，全都是未證眞如第八識的愚人。

### 第三目　破虛空、數論、勝論外道

**論文：「『若無實我，誰能造業、誰受果耶？』所執實我，既無變易猶如虛空，如何可能造業受果？若有變易，應是無常。然諸有情心心所法，『因、緣』力故相續無斷，造業受果於理無違。」**

語譯：【問：「若是五陰沒有眞實的自我，又有誰能造作業行、又是由誰來承受果報

**呢？」答：你們所執著的眞實我是不離五陰或外於五陰，既然又說是無有變易而猶如虛空，如何可能造作業行以及領受果報呢？然而你們說的眞我若是有變易的，就應該是無常的，不該說是眞我。但是諸多有情都有第八內識的緣故，他們的心與心所法，由「因、緣」勢力的緣故而相續沒有中斷，所造作的善行、惡行、無記行成爲業種，導致未來領受苦樂捨等果報，於正理來看也就沒有違背了。】**

**釋義：「『若無實我，誰能造業、誰受果耶？』」**本識如來藏這個眞我的義理，屬於實相法界勝義諦，實在太深奧難解了，六識論的佛門凡夫與數論（冥性）、勝論、大自在天……等外道們，或是沒聽說過第八識，或是聽不懂，還以爲論主玄奘所說的**無蘊我性**的「**本識**」不是在講「**實我**」，誤以爲玄奘單說五蘊中都無「**實我**」，沒有說內識如來藏就是「**實我**」，於是依舊站在自己所墮「**五陰實我**」的「**即蘊我**」的立場，提出這個問難來。

因爲五陰是生滅性的假我，背後如果沒有常住的「**實我**」，就不會有實質的作者與受者；既無實質的作者與受者，能作與能受的實體應該就不存在；但現量上明明看見五陰身心存在的當下有能作者也有能受者，所以在道理上，生滅性的五陰背後一定有個常住不變的眞實法體，唯識學中說爲「**實我**」或「**眞我**」。這個第八識「**眞我**」心體常而不變，永遠都是無分別性及無覆無記性，但所含藏的種子不斷生滅變異而與五陰相應，可以成就「憶識、誦習、恩怨」等有爲法，永無過失。

世間人或佛門中的凡夫大師與外道們提出的這個問難，雖然確實問得有道理；因爲「假必依實」，生滅虛假的五陰背後若無「實我」存在，假我五陰即不可能生住異滅而能世世相續不斷，也不可能有「憶識、誦習、恩怨」等有爲法的存在；但如果「眞我」落入「即蘊我」時，這樣的我或五陰，也不可能有「憶識、誦習、恩怨」等事，因爲是生滅法而非眞實常住法體故，即不能持種而產生「憶識、誦習、恩怨」等有爲法。這道理也被現代的哲學界所公認而主張「假必依實」，但已經落後諸佛無量阿僧祇劫了，而哲學界至今也還是無法實證「眞我」。

哲學界以前都是錯在不信有本識如來藏，或是否定本識阿賴耶與五陰同時同處的事實與聖教，他們只信受與學術界站在一起的密宗，但不知道密宗自詡爲科學的自續派與應成派中觀，所說的假佛法正是迷信的教徒觀點，與正信而實證的佛教無關；於是他們依五陰的內涵來建立「眞我」以後，全都不能自外於前面被玄奘所論破的各種過失，便成就「與常見外道合流」的事實，卻由釋印順來指控第八識的弘揚者是「與常見外道合流」。後來探討了很久以後才醒覺佛法中說的「假必依實」的道理，確實是眞實而不可破的正理，對於實證佛法的教徒觀點開始半信半疑而非猶如以往的全然否定。

**「所執實我，既無變易猶如虛空，如何可能造業受果？若有變易，應是無常。」**這是析破數論（冥性外道）、勝論外道一類人的主張，因為他們主張造物主是不可知的冥性或勝性，是常而無變易的，猶如虛空一般遍一切處。然而問題緊接著跟隨而來：「**實我**」的勝性或冥性若是常、無變易，猶如虛空，就不可能有作用；無作用則猶如無情，不會使有情產生「**憶識、誦習、恩怨**」以及造業、受果等有為法諸事。

反過來說，若是堅決主張「**眞實我**」可以造業受果，如是有作用時卻一定猶如五陰一般不遍虛空，也不能遍於十二處、十八界，也會成為無常而有變易之生滅法，同於五陰；既是五陰，就不能持種而產生「**憶識、誦習、恩怨**」等事，自然也不能再主張說，他們同於五陰內涵的「**實我**」是常而不變易，是遍一切處。

**「然諸有情心心所法，『因、緣』力故相續無斷，造業受果於理無違。」**論破了外道的說法之後，應該提出正確的宗旨來，不能只破別人而提不出正確的宗旨，猶如那些凡夫大法師評論平實的法以後提不出自己的宗旨與理由，只是說平實錯了。近年來的琅琊閣、張志成等人也是一樣，只說平實講的唯識學違背《成唯識論》，但他們每一次舉出《成唯識論》中的字句以後，卻沒一句正確的評論理由，所說總是違背《成唯識論》的宗旨。

平實舉示別人的法義錯誤證據後，總是再從正理的現量上、比量上、聖教量上來作評論，所以佛教界高層應該都能心服口服。本論的論主玄奘也是一樣，所以玄奘說：然而諸有情各都具有八識心王與各種心所法，由於「因、緣」之力的緣故，此「因」第八識相續常住不斷，即使攝屬於「緣」的有情世世五陰身心是前後世的五陰各自獨立變異的，然而在造業與受果的事情上，在常與無常、變易與無變易的質難上，由於有眞我「因」第八識常住的緣故，五陰雖然都是變異而生滅的，便都沒有問題存在。

「『因、緣』力」的「因」，是指內識如來藏——眞我本識阿賴耶識；「緣」是指五陰、心所、業力、種子、父母、外在環境等。有「因」第八阿賴耶識，也有「緣」五陰身心等法，於是五陰在「因」與「緣」的配合下，一切「誦習、憶識、恩怨」等變異諸事，都可以沒有錯亂地繼續發生，無礙於造業與受報的因果律實行，並且在常與無常、變易與無變易的問難上，自然全都不存在了。

因為八識心王之中，各有其不同的自性與作用，八識心王函蓋了常與無常二性：第八識的心體常而不變異，所執藏的各類種子變異無常，所出生的五陰也是變異無常。八識心王既有有變易性的七轉識等心，也有無變易性的第八識心體來執藏不斷變異的各類種子；以此緣故，八識心王各自相應的心所法就有所不同，於是八識心王的和合運行，即能圓成世間、出世間、世出世間等法，即能變現一切染淨諸法而圓滿成就，永遠都不落入常或無常一邊，也不落入有作用與無作用一邊，更不會存在有變異或無變異的問題，自然沒有外道們的任何問難可以如理質問。而且這是親證八識心王的所有證悟菩薩們的現量，卻不是部派佛教諸聲聞論師及學術界所能臆想與現觀的。

關於這些質難的問題，援用窺基法師的說法來解釋便可以了，如《成唯識論述記》卷一說：「『心、心所法因緣力』等者，謂由七識熏習種子因緣力故，阿賴耶識生於諸趣相續無斷；六識造業，此并第八亦能受果，於理無違。又『心、心所』即（「即」應為函蓋）第八識，自許種子因緣力故，其現行識相續無斷；即此六識有時造業，并與第八亦能受果，於理無違。又八識等心、心所法，各自種子因緣力故，諸趣五蘊相續無斷；即此假者六識（應為六、七識）作業，（後世）六（及七）八受果，於理無違，除第七識（應不除第七識）。」如是《述記》文字，已予重新正確斷句及更正，讀者閱已應知其義。

## 第五節　有眞我如來藏方能有涅槃的實證

### 第一目　涅槃即是第八識如來藏

論文：「『我若實無，誰於生死輪迴諸趣？誰復厭苦，求趣涅槃？』所執實我既無生

**滅，如何可說生死輪迴？常如虛空，非苦所惱，何爲厭捨求趣涅槃？故彼所言，常爲自害。**

**然有情類，身心相續、煩惱業力，輪迴諸趣；厭患苦故，求趣涅槃。由此故知定無實我，但有諸識；無始時來前滅後生，因果相續，由妄熏習似我相現，愚者於中妄執爲我。」**

語譯：【問：「眞我若是確實不存在，又是誰於無盡的生死中輪迴於六道五趣中？又是誰因此而厭惡三界中的苦惱，追求趣入無生無死的涅槃解脫？」答：他們所執著的五陰眞實我既然沒有生滅性，如何可以說有生死輪迴？常而不生滅的五陰眞我成爲不變易時一定猶如虛空，不能被八苦、三苦所惱害，他們又何必爲了厭捨生死輪迴而渴求趣入無生無死的涅槃？所以他們所主張的眞我既是不外於五陰而主張的常、不變異，就永遠殘害自己的道業了。

然而數不盡的諸多有情種類，前後不同的五陰身心世世相續而不中斷、秉承著煩惱種與業種的勢力，輪迴於六道五趣中領受生老病死等苦果；由於厭患八苦、三苦的緣故，追求趣入無生無死無苦無樂的涅槃。由於這個緣故而知道五陰諸法決定沒有眞實不壞的自我，實際上就只有識陰等六個識在熏習、造業、受果，打從無始時以來一直是前世六識滅了後世六識又生，使得前世識陰與後世識陰的因果相續連貫，這都是由於虛妄熏習錯誤的我與法，使五陰這樣相似於眞實我的相貌持續出現，愚癡的人便於五陰之中虛妄執著爲眞實我。】

**釋義：「『我若實無，誰於生死輪迴諸趣？誰復厭苦，求趣涅槃？』」**外道與佛門中的聲聞部派佛教的六識論凡夫們，依舊不懂論主玄奘所說八識論的眞我如來藏與假我五陰同時存在並行運作的正理，繼續以自己的六識論邪見提出問難。此事猶如前年的琅琊閣、張志成等人一樣，讀不懂經與論，也讀不懂平實所寫的書籍，繼續重複提出二〇〇三年法難時，都已經以書籍公開回覆或解答的問題。

依他們承襲自釋印順的應成派假中觀的六識論見解，已經確定他們同是古天竺聲聞部派佛教凡夫論師們的遺緒。依玄奘於此論中所說，五陰既然生滅虛妄而無我，終歸壞滅，就應該只有一世，不該有前世的業因來到此世受果，也不該有此世的業因去到後世受果，才會提出以上的問難。這是由於他們不懂內識如來藏心與五陰非一非異的道理，在即蘊我與離蘊我都被玄奘推翻以後誤以爲沒有「眞我」了，難怪會有此一質難：「眞我如果是確實不存在，五陰又是生滅法而不通三世，那麼誰能於無盡的生死中輪迴於六道五趣之中領受苦樂？又會是誰因此而能厭惡及遠離三界中的苦惱，追求趣入無生無死的

**「所執實我既無生滅，如何可說生死輪迴？常如虛空，非苦所惱，何為厭捨求趣涅槃？故彼所言，常為自害。」**這是論主玄奘對凡夫論師與外道們提出反質。因為凡所認定為常的法，一定不該落入五陰範疇中，否則即成為無常說常的詭辯，與諸應成派中觀師所說無異，所主張的所謂眞我即不離五陰。

一定要心體永遠都是常，才能說是「**眞我**」；生滅無常的五陰我，一定是暫時而有的假我，當然是無我性的。若是常而不變異的「**眞我**」，當然不會有生滅或生死，也不會有輪迴，更不會有五陰自執為我的體性。然而六識論的凡夫僧與外道們所主張的常而不變的「**眞我**」，又說是遍於十方一切處所的「**眞我**」，卻是有生死而且有輪迴，不外於五陰的生滅自性竟說為不變異，他們因此而有五陰等功能的「**眞我**」，依舊是五陰內之法性，不是眞正的「**實我**」。

有智慧的大乘賢聖，都熟知五陰有各種三界法中的功能性，既有作用即有生滅性而非常，便知道五陰中的一切都是生滅法，才需要尋找能脫離生死輪迴以後繼續存在的眞實我，又名父母未生前的本來面目。外道們也懂得這一點，不幸的是他們錯將五陰的全部或局部認為常住不壞的「**眞我**」，誤以為自己這樣住於五陰的離念境界中就是脫離生死了，反而質問實證八識心王的菩薩所說不正確，引來一場論辯。

如今論主玄奘提出反問：「**他們所執著的實我既然常而不變，所以說是無生無滅，然而既是常而不變又無生滅的法性，這樣的眞我如何可以說有輪迴？既然是常，猶如虛空無法毀壞，但也一定猶如虛空一般沒有六塵境界中的功能作用，就不會有能作與覺受，也不會有生老病死等苦，又何須求出輪迴、趣向涅槃？**」

只有落入五陰中領受六塵境界而有痛苦的凡夫，才需要求離五陰境界，想要趣向不生不死沒有苦痛的涅槃。常而不變的「**實我**」如來藏，則是本來就不在生死中，也沒有苦受等，所以不需求出輪迴；但如來藏與五陰和合似一時，卻又有作用可以利益五陰，也不會落入常與非常、有變異與無變異、有作用與無作用的各種過失中，因此最後玄奘作了結論說：「**所以那些外道及佛門中的聲聞凡夫僧們，他們所說的常而不變的邪見，永遠會不斷地傷害他們自己的道業。**」

「**然有情類，身心相續、煩惱業力，輪迴諸趣；厭患苦故，求趣涅槃。**」十方三界一切有情之類所造的業因，都是前世五陰壞了之後，由後世另一個全新的五陰相續繼承而連貫起來，才能由善惡業因導致上生享樂或下墮受苦，在五趣六道中不斷升沈輪迴；然而在此世與後世不同的五陰之間，必然要有一個常住不變的心體存在，執持此世所熏習、所造業的各類種子去出生後世的五陰，才能實現因果律而領受異熟果。在生死輪迴過程中的五陰能領納各種覺受而覺得很苦，如是覺察有苦的人才會懂得尋求如何遠離生死苦，才會求證不生不死的涅槃而遠離生死苦。由此看來，五陰中的一切境界全都不離八苦與三苦；由不離苦而領納苦的五陰境界來看，五陰全部當然沒有眞實不壞的「**實我**」，因爲「**實我**」一定是離苦也離樂的。

「**由此故知定無實我，但有諸識；無始時來前滅後生，因果相續，**」由前世的五陰與後世的五陰相續輪迴受報來看，五陰是領受異熟果的人，其中最主要的內涵其實是世世不同的識陰六識，以能領受當世的種種苦樂而不憶往世事故；無始時以來都是前世的識陰滅了無法去到後世，而由後世新生的識陰六識來領受前世識陰所造的業果，無非是前後世不同的識陰六識「**前滅後生，因果相續**」，然而每一世的識陰都只能存在一世，不從前世來，也不去至後世，《優婆塞戒經》中因此說爲異作異受。

而且識陰這六識覺知心，不論是欲界、色界中的粗心、細心，或是無色界中的極細心，全都是因緣所生法，沒有一心可以離開根觸塵的因緣性而出生、而存在、而受苦、而滅失，因此這六識心中的全部，或六識中的任何一識，決定沒有一個是眞正的「**實我**」，因爲有苦有樂就不是眞實的我，眞實我是離苦樂的，全都是無覆無記性。

**「由妄熏習似我相現，愚者於中妄執爲我。」**有情之所以會有世世的識陰前後不同，而有「**前滅後生**」的現象持續不斷，導致有八苦、三苦的覺受，這都是以五陰等諸法中的虛妄熏習爲因，錯執五陰中的全部或局部作爲眞實我，於是落入「我見」而執著與五陰相應的各種我所，於是才會輪迴不斷直到這一世來。若能不落入五陰中，不將五陰妄執爲「**實我**」，就不會有這樣的輪迴痛苦持續存在。

問：「**既然前世五陰不同於此世五陰，爲何可以因果相續的實際受報，不會是他人前世所造之因，報在此人此世的果上而無因果關係？**」答：唯有外道們所說的常而不變，並且遍於十方世界的「**實我**」，才會有這樣的問題。於佛法中說，前世五陰雖非此世五陰，然而一切有情由於各有自己的第八識執持業種及所熏種子，也有同一有情的第七識意根，由於「我見、我執」而牽引第八識共同受生，來到此世連同新的五陰共同受報，則因果前後相屬的道理自然成就，並無違背，也不違因果律。

然而愚癡的人們，由於無始以來的虛妄熏習的勢力，導致一世又一世出生以來都把生滅不住的五陰認作眞實的我；所差別的只是有人誤認五陰全部爲眞實我，例如密宗《廣論》的雙身法；有人誤認五陰中的局部爲眞實我，例如認取離念靈知的末法時代大法師與其信徒們；有人誤認意根與識陰的全部爲眞實我，例如認定「**清清楚楚、明明白白、**

處處作主的心」就是眞實我。如是錯悟眞實我的末法時代大法師們所墮，舉之不盡，全都不外於五陰的範疇，即是玄奘所說的「**由妄熏習似我相現，愚者於中妄執為我**」，於涅槃解脫的實證便無其分。

有智慧的菩薩們則由正確的所知所見所學所修，證得第八阿賴耶識之後，便能如是現觀：不生不死的無餘涅槃中的境界，其實即是第八識心體獨住的離六塵見聞覺知的絕對寂靜境界。由是故說，有第八識如來藏心體寂靜而恆住，才有「**實我**」的存在與涅槃解脫的實證。

## 第二目　總破凡外所執五陰中的眞實法

**論文：『如何識外實有諸法不可得耶？』外道餘乘所執外法，理非有故。」**

**語譯：**【問：「如何是在內識以外主張為實有的諸法都不可得呢？」答：是因為外道與部派佛教二乘凡夫僧所執著的內識以外的眞實法，在正理上並不存在的緣故。】

**釋義：『如何識外實有諸法不可得耶？』外道餘乘所執外法，理非有故。**」「**餘乘**」是指古天竺聲聞法中的各部派。首先提出對於小乘部派佛教凡夫僧及外道的徵問：「如何識外實有諸法不可得耶？」一切法都是依內識如來藏而直接、間接、展轉出生的，凡屬被生之心、之法，都不能出生任何一法，因爲被生的法就沒有能生的功德故，當然第八識以外的所有能生的諸法都不可得；因爲五陰等法都是被第八識所生，而且住於第八識所生的六塵境界中。然而有情不知，自以爲是生活在外六塵境界中。

被如來藏出生的第二能變識意根，以及第三能變識的六識，都只是協助第八識變生其他的諸法，所以方便名爲第二能變識、第三能變識，正變生諸法時仍然是由第八識變生，並不是這第二能變及第三能變的七轉識可以變生其他的諸法。因爲只有能生的心可以出生一切法，被生的心都不能再生任何一法；這是法界中的定律，一切實證內識眞如心的佛菩薩都同樣有此一現觀以及爲人演說。但外道與二乘凡夫僧眾都不知此一正理，因此，論主玄奘提出這個問題來討論。

接著玄奘提出「宗旨」而總破外道之法：「**外道餘乘所執外法，理非有故。**」外道與部派佛教二乘凡夫僧眾所執著的「外於內識眞如心而眞實存在的諸法」都不可得。從正理上來說，除了如來藏第八識以外的所謂實有諸法，都不可能存在的緣故，因爲一切諸法全部都是從內識如來藏心中直接出生、間接出生、展轉出生的緣故，所以一切諸法莫非內識如來藏之所變生，全部是生滅法，不得說爲「**眞我**」或「**實我**」。

以上提出宗旨總破之後，以下是分破諸外道。分破之中，先破數論外道，以數論作為說明宗旨的「因」，之後再以數論外道的主張舉例作為「喻」而加以說明，然後才會有「結論」再作出來。數論外道破斥完後，再破其他的外道，此為分破外道法中的初破。

這是玄奘一貫以來的辨正方法，即是因明學中所說的宗、因、喻、結。

# 第二章　依唯識性破諸外道眞我及部派佛教聲聞僧

## 第一節　破數論外道的眞我

### 第一目　三事及大等法皆非實有常住

論文：「外道所執，云何非有？且數論者執：『我是思，受用薩埵、剌闍、答摩所成大等二十三法，然大等法三事合成，是實非假，現量所得。』彼執非理，所以者何？大等諸法，多事成故，如軍林等，應假非實，如何可說現量得耶？

又大等法若是實有，應如本事非三合成；薩埵等三，即大等故；應如大等，亦三合成。轉變非常，爲例亦爾。」

語譯：【外道所執著的第八識以外的眞實我，爲何不是眞的存在呢？且先來說明第一種外道的數論外道，他們如是執著說：「眞實我就是思，受用由有情、微塵、愚闇法所共同成就的大等二十三法，然而大等二十三法是由薩埵等三事和合成就，全都歸於冥性，這是眞實而非虛假的，因爲這是現前實際境界中所能觀察得到的事實。」

數論外道的執著並非正理，原因是什麼呢？因爲大等二十三法，是由多種事相來共同成就的緣故，猶如軍隊與樹林等一樣是聚合而成，應當是假有而非眞實有，如何可以說是現量所得的眞實我的道理呢？

而且大等二十三法若是眞實有，應該猶如能生的薩埵等三個根本事一樣，不必由薩埵及剌闍、答摩等三事來和合成就；因爲依照數論外道所說，薩埵等三法，其實就是大等二十三法的緣故；那麼薩埵等三個根本事也應該猶如大等二十三法一樣，也是由薩埵等三法所和合成就的，所說違背正理。那麼不論是薩埵等三個自體，或是二十三法等，其中的一法若是三事和合所成，不論如何轉變都是不離非常；若以其他的二十二法一一取爲例子來看，全都一樣是轉變而成的非常之法，道理全都是一樣的。】

**釋義：「外道所執，云何非有？」**於前段論文中提出因明學辯論法「宗」的命題，這個宗旨是直斥外道所說的道理不存在；接著要有原因來作說明，因此便以數論外道的宗旨作爲「因」，舉例說明而破斥之；再以數論外道所說的內容作爲譬喻，詳細加以說明，即是因明學中所說的「喻」。舉出數論外道爲例子解說完畢之後，再作下最後的結論。首先說明數論（梵名僧佉）外道所執著的內識如來藏以外的「實我」，爲何並非眞實有。

**「且數論者執：『我是思，受用薩埵、剌闍、答摩所成大等二十三法，然大等法三事合成，是實非假，現量所得。』」**數論外道執著說：「眞實的我就是思量性——冥性，是宇宙萬有的生因，是能夠受用薩埵（有情、貪愛）、剌闍（微塵、瞋恚）、答摩（愚闇、愚癡）三法所成就的大（覺想）、我慢、五唯、五大、五知根、五作業根、心平等根等二十三法；然而大等二十三法是貪、瞋、癡等三事和合所成就的，全部都得攝歸於冥性這個自性之中，由此證明這二十五諦所說的冥性是眞實而不是虛假的，也是現量中可以觀察出來的，因爲眞實有我（大——覺想）能夠受用這些事相。」數論外道認爲大等諸法都是由貪愛、瞋恚、闇鈍等三事合成，認爲這是事實而非假說，也是現量上可以觀察出來的。這是數論外道所執著的說法。

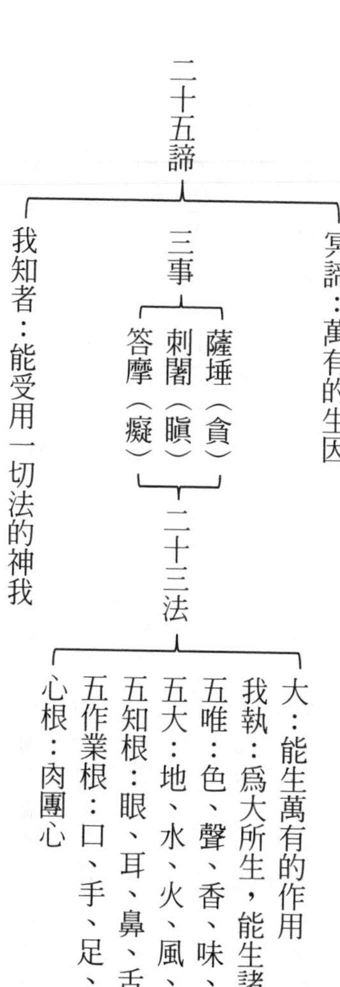

數論外道所說的法義，如《成唯識論述記》卷一所說：「梵云僧佉，此翻為數，即智慧數。數度諸法，根本立名，從數起論，名為數論。論能生數亦名數論，其造數論及學數論，名數論者。此師所造《金七十論》，謂有外道入金耳國，以鐵鍱腹，頂戴火盆，擊王論鼓，求僧論議。因諍世界初有後無，謗僧不如外道，遂造七十行頌，申數論宗；王意朋彼，以金賜之。外道欲彰己令譽，遂以所造名《金七十論》。……依《金七十論》立二十五諦，總略為三，次中為四，廣為二十五。彼論云『略為三』者，謂變易、自性、**我知**。變易者，謂中間二十三諦，自性所作名為變易；自性者冥性也，今名自性。古名冥性，今亦名勝性。未生大等，但住自分名為自性；若生大等便名勝性，用增勝故。**我知**者神我也。中為四者，一、本而非變易，謂即自性能生大等故名為本，不從他生故非變易。二、變易而非本，一說謂十六諦，即十一根及五大，總十六諦。又說但十一根，唯從他生名為變易，不能生他，是故非本。三、亦本亦變易，一說謂七諦，即大、我慢、及五唯量。又說并五大合十二法，謂從他生，復生他故。四、非本非變易，謂**神我**。諦廣為二十五諦者，一自性，二大，三我慢，四五唯，五五大，六五知根，七五作業根，八心平等根，九**我知**者。於此九位開為二十五諦。」

如是外道之主張，猶如《成唯識論述記》卷一所說：「次生心根，《金七十論》分別為體。有說，此是肉心為體，**神我**以思為體，故因明說『執我是思』。三德是生死因，由所轉變擾亂**我**故不得解脫，知二十三諦轉變無常，生厭修道，自性隱跡不生諸諦，**我**便解脫。」

**「彼執非理，所以者何？大等諸法，多事成故，如軍林等，應假非實，如何可說現量得耶？」**論主玄奘接著加以辨正說「彼執非理」，是說數論外道等人所執著的邪見並非正理。因為大（覺想）、我慢（我執）、五唯、五大、五知根、五作業根、心根等二十三法，每一種都同樣是由很多的事相共同來成就的，猶如軍隊由很多軍人聚合而成就，亦如樹林由很多的樹木共同成就一樣；因此「**大等二十三法**」是所生之法，未來必定有滅，是虛假而非真實法，不該將這生滅性的二十三法說是真實法；也不該說其中的大（覺想）一法，是現量中可以證實的真實我、真實法，因為大（覺想）同於外道神我，只是識陰。

法界中有一個定律是，凡是所生法，不能出生任何一法。例如第八識出生意根以後，接著可以在母胎中出生五色根，然後可以出生六塵；但五色根是由第八識藉意根作助緣，由第八識出生，不是由意根出生的。出生六塵時，也是由第八識出生，六根只是作助緣，六根不能出生六塵。又如五色根出生後具足六根，可以出生六塵；有六根與六塵後就可以相觸而出生六識，但六識不是由第七識意根所出生，也不是由五色根或六塵所出生，更不是由六根觸六塵來「共生」的，仍是由第八識藉六根及內六塵爲助緣而出生，應成派及自續派所說「根觸塵」而能「共生」六識的主張，早在《中論》被破斥過了。所以能生的就生一切法，被生的都不能出生任何一法。

數論外道說的「大（覺想）」一法，既然是由冥諦、三事（薩埵－貪、刺闍－瞋、答摩－癡）、我知者（能受用一切法的神我）共同出生的，就是因緣所生法；所生法不能出生任何一法，所以「大（覺想）」被他們稱爲「能生萬有的作用」，即是虛妄想的主張。

「大（覺想）」既是如此，排在「大」後面的我執、五唯、五大、五知根、五作業根、心根，當然同樣是所生法，都不可能出生其他的任何諸法。所以他們主張的「二十五諦是萬有的生因」只是虛妄想，不可能成立，也不能從現量上驗證爲眞；他們所說的「**是實非假，現量所得**」只是虛言；玄奘由此責斥說：「**應假非實，如何可說現量得耶？**」

「**又大等法若是實有，應如本事非三合成；**」「**本事**」是指他們主張的三事（薩埵－貪、刺闍－瞋、答摩－癡）能生二十三法故，名爲二十三法的根本；既由如是三事而生二十三法，則三事即是根本，名爲三種「**本事**」。然而，「大（覺想）」既是三個「**本事**」所出生的二十三法之一，與其餘的二十二法同屬「**三本事**」的所生法，則不可能出生任何一法，怎麼能主張「大」具有能生萬法的作用？

依數論外道所說，大（覺想）等二十三法若是眞實有，不是藉薩埵等三事因緣生，就應該猶如本有的薩埵等，全都不是所生法，不在二十三法中。然而這二十三法包含「大」在內，同樣都是藉薩埵、剌闍、答摩等三個「本事」來和合成就，就沒有能生萬法的功能了。這是因爲實相法界中的事實是：能生的眞實我，會出生一切法；凡是被生的法，就不能出生任何一法的緣故。

「**薩埵等三，即大等故；應如大等，亦三合成。**」由於數論外道說的「薩埵」等三法的本質，其實就是「大」等二十三法，同樣都是能生的緣故，就應該「薩埵—貪」等三個根本法等於「大」等二十三法，不該說「大」等二十三法是由「貪」等三個「本事」所出生的。

反過來說，「薩埵—貪」等三法本體，也應該猶如「大」等二十三法一樣，同樣是由「薩埵」等三法所和合成就的，那就成爲自己生自己，違背「諸法不自生」的定理，於是被玄奘破斥之後，成爲進退兩難、莫衷一是。

「**轉變非常，爲例亦爾。**」那麼不論是「薩埵」等三個「本事」，或是被「薩埵」等三法所生的其餘二十三法，只要其中有一法是「三事」和合所成的，不論如何轉變，全都不會外於非常的本質，因爲「薩埵」等三法即是「貪、瞋、癡」，其自性亦是所生法而且非常，所以這三個「本事」都是會轉變的，都不是數論外道所說的常；既然非常，就不可能出生任何一法，何況能出生「大」等二十三法。

而且「大」是被貪等三個「本事」和合所出生的，當然是「轉變非常」；而且這三個「本事」只是煩惱心所，攝屬於七轉識，眾所周知煩惱心所是可以經由修行而斷除的，本就非常而非實法，怎能出生「大」等二十三法。所以「大」等中的一法如此，把其他的二十二法一一取來檢驗時，道理當然是連同「貪、瞋、癡」等三個「本事」法一般，全都一樣是「轉變非常」——都是非常而不是常住不壞之法性，怎能說其中有某一法是眞實我？以下續破數論外道，仍屬因明學中的「喻」：

### 第二目　破斥數論外道的體相是一

**論文：「又三本事各多功能，體亦應多，能體一故。三體既遍，一處變時，餘亦應爾，體無別故。許此三事體相各別，如何和合共成一相？不應合時變爲一相，與未合時體無別故。」**

**語譯：**【此外，數論外道說的薩埵等三種本事，既然各有多種功能，每一本事自體也就應該各有多個，因爲能作與自體同一的緣故。這三個本事的自體既然同樣都遍於五陰所攝的二十三法中，那麼其中一處有所變動時，其餘二個本事也應當如此跟著變動，這是因爲能作的自體與能作的功能沒有別體的緣故。

如果允許薩埵這三個本事的自體與法相各各互相差別，又如何能夠和合而共同成就大等二十三事爲同一個法相的有情？也不應該主張三事和合時可以變生爲同一個法相，因爲它們三事在五陰中各自都有自己的體相，和合以後與尚未和合時的各自體相並沒有別異的緣故。】

**釋義：「又三本事各多功能，體亦應多，能體一故。」**除了上面所說的問題以外，當「薩埵」等三種能變的「本事」自體，既然各有多種功能，這三個「本事」的自體也應該各有多個，否則就會成爲一個自體而有很多個功能集於一身，便與八識心王各自都有自己的功能性不同了。這是因爲數論外道主張「能作與自體同一」，當能作的功能有很多種時，自體應該就會有多個的緣故。

**「三體既遍，一處變時，餘亦應爾，體無別故。」**這三個能變能作的「本事」自體（薩埵、剌闍、答摩，亦即是貪、瞋、癡）等三法，既然同樣都遍在五陰之中的每一處，那麼當這三個「本事」中的一體，變生了「大」等二十三法中的任何一法時，這一法將會同時具有貪、瞋、癡等三法，其餘二十二法也應該同時變生同一類法而沒有前後差別，就會有所變生的三個同類法同時同處存在；意謂「**大**」等二十三法中的任何一法，都同樣會有貪、瞋、癡等三法同時同處，但這說法顯然不通，因爲現量上不可能有這樣的事，能作的自體與所作的諸法是同一體而沒有別體的緣故，所以數論外道這個主張在道理上是說不通的。

「**許此三事體相各別，如何和合共成一相？**」再從比量上來說，他們如果回頭允許「**薩埵**」這三事的自體與法相，全部都互相有所差別，那麼「**薩埵**」這三個「**本事**」又如何能和合起來運作，共同變生出同一套「**大**」等二十三法，而成爲同一個有情的相貌呢？理上應該是三個「**本事**」各自出生一套「**大**」等二十三法，而成爲三個有情；這樣卻違背現前共成一個有情的事實，又如何能宣稱是現量上可以證實自己的主張正確呢？

「**不應合時變爲一相，與未合時體無別故。**」僧佉（數論）外道不應該反過來主張說，當這「**三事**」和合時就改變爲同一個「**本事**」自體與法相，來共同變生同一個「**大**」等二十三法的一個有情，因爲數論外道自己主張說「**這三事和合前與和合後的體與相，並沒有差別不同**」，才能繼續建立在二十五冥諦中而不改變呀！那就應該「**三事**」仍是「**三事**」，不是「**三事**」和合爲一事，所以變生「**大**」等二十三法時，就應該各自變生一套五陰有情，就成爲三個有情了。但事實上卻沒有這樣，所以數論外道的主張不合正理故不能成立。以下續破「體相是一」的主張：

論文：「若謂三事，體異相同，便違己宗體相是一。體應如相，冥然是一；相應如體，顯然有三；故不應言，三合成一。

又三是別，大等是總；總別一故，應非一三。

此三變時，若不和合成一相者，應如未變，如何現見是一色等？若三和合成一相者，應失本別相，體亦應隨失。」

語譯：【他們如果因此而主張說，薩埵等三事各自都是自體有異，而顯現於外的有情「大」等法相則是相同的，便又違背他們自己前面所說「體與相是同一不二」的主張。這貪瞋癡等三事的自體既然應該猶如「大」等外相是一，那麼在暗地裡其實應該同一無二；而所變生法的各自外相也應該猶如自體各自分明顯示出來是三法，那麼這三事顯然就是有三個分明不同——貪瞋癡各自不同；由這樣的緣故，數論外道不應該說，這三事可以和合成為一體。

而且三事既然是不同的，而大等二十三法是合成整體的一個有情；如是，大等總合為一個有情，而三事互相各別卻是合為一個大等二十三法的緣故，應該就不能說是一個有情或者三事互別。

這貪等三事變生大等二十三法時，若不是已經和合成爲一相的話，應該猶如尚未變生時的三事各別的狀態，又如何能在現量上看見被變生出來的有情同屬一個色法心法的身心呢？若反過來主張三事和合成爲一相而後變生出來同一個有情身心時，這三事就應該失去了本來的各別相貌，那麼三事自體也就應該隨即失去而不復存在，或是成爲另一和合的事體而消失了，顯然就不是常住的眞我。】

**釋義：「若謂三事，體異相同，便違已宗體相是一。」**數論外道如果因爲被人析破以後，就改而主張說，薩埵、刺闍、答摩（貪、瞋、癡）等「三事」自體互相有異，而這三個能生的「本事」顯示出來的法相卻是相合而成爲同一個有情的法相，這又違背自己所宗奉的「自體與外相同一不二」的主張；這就顯示數論外道的二種主張之中，必定有一種主張是錯誤的，或是兩種主張全都錯誤。

**「體應如相，冥然是一；相應如體，顯然有三；故不應言，三合成一。」**這貪等「三事」自體所顯示出來的「大」等有情身心法相既然是一，則「三事」自體便應該猶如有情的外相**「冥然是一」**，背地裡便應該只有一個自體，而不是「三事」等三個自體，他們主張爲「三事」各自有體，便不能成立了。

若是再從外相來看，其體本是「三事」而不和合，就應該有三種外相；既然有「薩埵、剌闍、答摩」（貪、瞋、癡）等三個「本事」自體，運行而出生並且顯示於外的有情法相自然也應該成為三種，不該只有一個有情的外相而主張合為一相。

也就是不論在比量上或現量上，應該體與相都是同一無異，若非有三體、三相而生為三個有情，便應該只有一體一相而出生為一個有情；不能是三相而又是一相，也不該是三體而一相，或是三相而一體。因為所變生出來的有情法相，應該猶如自體的法相，才能是他們所說的「體相是一」；那麼這「三事」顯然就是有三個，變生後顯示在外的有情法相也應該是有三個有情，不該本體有三而所變有情是一的互相不同。由這樣的緣故，數論外道不應該說，這「三事」能和合成為一體而成就同一個有情的「大」等二十三法。

「又三是別，大等是總；」「薩埵、剌闍、答摩（貪、瞋、癡）」等「三事」的體既然說是不同的，是差別不同而各自有體，那麼這「三事」所變生而顯示於外的有情法相，也應該是有三個不同的人或不同種類的三個有情，這顯然是各別有三個體與三個相，因為「三事」的體與相別別差異故，猶如一個阿賴耶識變生出一個有情一樣，才能符合法界中的現量。

然而透過這「三事」而出生的「大」等二十三法，卻是「三事」各別而總合為一個有情，來成就最後第二十五諦的我知（神我），這時數論外道想要再說，「薩埵、剌闍、答摩（貪、瞋、癡）」等三事是別或是總，在別總兩方面都是講不通的。

**「總別一故，應非一三。」**「大」等總合爲一個有情，然而「三事」的體與相，由於「體相是一」卻又全部各別不同而成爲三法，如今所變生之法的有情又總合爲一個「大」等二十三法，而不是三套「大」等三個有情時，不論是要主張變生爲一個有情，或者反過來主張變生爲三個有情，全都是講不通的。

**「此三變時，若不和合成一相者，應如未變，如何現見是一色等？」**依據數論外道所說，當「薩埵、剌闍、答摩（貪、瞋、癡）」等「三事」變生大等二十三法時，這「三事」如果不是已經先和合成爲「一相」同體的話，應該猶如尚未變生時的「三事」各自不同的狀態，就不可能在現量上被看見所變生出來的有情「大等二十三法」，同樣都攝屬同一個有情的身心；所以玄奘提出這個質疑，他們是無法回答的。又再提出質疑說：

**「若三和合成一相者，應失本別相，體亦應隨失。」**如果因爲被反駁的緣故，數論外道便反過來主張說，是「三事」先和合成爲同一個，然後再變生同一個有情的「大等二十三法」身心。那麼這「三事」就應該已經和合而失去了本來的各別不同的三種相貌，這時便不應該再主張是「三事」，應該成爲另一個法而有另一個名稱；所以此時這「三事」

的自體也就應該已經失去，變成「三事」和合後的另一個事體了，那麼這「三事」自然也就不是常住法，可以和合而消失故；此時數論外道所堅持的二十五諦，是否就應該再增加三事和合後的另一諦，而減去原有的「三事」。或是要減少「三事」中的二事而成為一事呢？但是因此就會再出生別的問題來，進退兩難。以下繼續廣破數論外道：

### 第三目　破數論外道的總相別相是一或多

論文：「不可說三各有二相：一總、二別。總即別故，總亦應三，如何見一？若謂三體各有三相，和雜難知故見一者；既有三相，寧見為一？復如何知三事有異？若彼一一皆具三相，應一一事能成色等；何所闕少，待三和合？體亦應各三，以體即相故。」

語譯：【數論外道也不可以說「薩埵」等「三事」各有二種相貌：一是總相、二是別相。因為你們主張「體相是一」，總相應該就是別相的緣故；而「三事」的總相也應該有三，又如何能和合而被看見成為一相或一體？若是主張「三事」自體都各有三相，和合夾雜而難以了知的緣故才會看見只有一相或一體的話；既然都已經有三相了，怎麼可能看見「三事」和合成為一相或一體？這樣一來，又如何能知道「三事」是互相有差別的？如果「三事」的每一事都同樣具有三相三體，同理，就應該這「三事」中的每一事都能成就色身與覺知心；那又有什麼闕少或欠缺，而要等待「三事」和合以後才來變生為同一個有情身心的「大等二十三法」？反過來說，「大」等二十三法的體也應該是各自都有三個，便該出生為三套「大」等有情，因為你們主張體就是相的緣故。】

**釋義：「不可說三各有二相：一總、二別。總即別故，總亦應三，如何見一？」**數論外道們也不可以主張「薩埵」等三事各有二種相貌：第一是總相、第二是別相。因為他們主張「體相是一」，所以總相應該就是別相，別相就是總相，就不應該各有總相與別相同時存在了。如是，「薩埵、剌闍、答摩（貪、瞋、癡）」等三事的總相，總共也應該有三個，又如何能夠看見「三事」和合以後變成「一相」的一個有情？

**「若謂三體各有三相，和雜難知故見一者；既有三相，寧見為一？復如何知三事有異？」**數論外道們被破斥了以後，若改口說，「薩埵、剌闍、答摩（貪、瞋、癡）」等「三事」自體都各有三相，但因為「三事」和合夾雜在一起而難以了知，所以才會看見只有和合成為「一相」的一個有情。但這又會有新的問題出現：既然這「三事」本來就是有三相了，怎麼可能再使人看見這「三事」和合為「一相」？和合為「一相」以後，又如何能知道這「三事」是有差別的？

意謂，如果「薩埵」等「三事」各有三相時，則應三體共有九相，所生「大等二十三法」之有情，則應有九人而非有三人，問題更大。更何況現量所見有情皆各有一，而非有三，何況能夠有九？因爲數論外道主張「體相是一」或「體即相」故，應該九相各生一個「大等二十三法」，則所生有情身心應當有九，何能有一？故說數論外道二十五冥諦所說，進退失據。

**「若彼一一皆具三相，應一一事能成色等；何所闕少，待三和合？體亦應各三，以體即相故。」**如果這貪等「三事」的每一事都同樣具有三相，就應該這「三事」中的每一事都能成就「大等二十三法」色身與覺知心；那麼這「三事」應該是本來就具足功德，又會有什麼缺少而必須等待「三事」和合，才能變生有情身心「大等二十三法」？這樣說來，「薩埵、刺闍、答摩（貪、瞋、癡）」等「三事」的體，便應該是各自獨立成爲三個體，因爲他們主張「體相是一」，體就是相呀！因爲相既然有三，體也就是相，體當然也是有三才對，就不該主張「三事」和合爲「一相」了。以下繼續廣破數論外道：

## 第四目　破數論外道大等二十三法皆生滅法

論文：**「又大等法，皆三合成；展轉相望，應無差別；是則因果，唯量諸大、諸根差別，皆不得成。若爾，一根應得一切境；或應一境，一切根所得。世間現見情與非情、**

**淨穢等物、現比量等，皆應無異，便爲大失。」**

**語譯：**【而且大等二十三法，既然全部都是由三事和合所成就；則「三事」與所變生的大等二十三法展轉互相對待時，應該都沒有差別，因爲體即是相，能生與所生則應是三；如果數論外道承認是如此，那麼從能生的「三事」因與所變生的「大」等二十三法的果來看，再從五唯—現量上所看見的五大—來看，或是從十一根的種種差別來看時，全部都不得成立，二十五冥諦便必須廢除。如果依數論外道所主張的道理，那麼十一根中的任何一根都應該可以得知一切境界；或者反過來應該五唯中的任何一種境界，都能被十一根中的每一根所得知，體即是相故。那麼在世間現前可見的有情與無情，清淨與污穢等物，現量與比量上，便都應該是沒有差別的了，這麼一來便成爲很大的過失。】

**釋義：「又大等法，皆三合成；展轉相望，應無差別；是則因果，唯量諸大、諸根差別，皆不得成。」**大等二十三法（大[25]、我慢[26]、五唯、五大、五知根、五作業根、心平等根）既然全都由「薩埵、剌闍、答摩（貪、瞋、癡）」等「三事」和合所成就，那麼從這「三事」與「大」等二十三法展轉互相來看待時，應該互相沒有差別，因爲「體相是

25 大，是指覺想，有增長及能生之義。

26 數論外道說的我慢，指我執，是「大」所生，能生諸法。

一」時，體即是相，相即是體，所以能生與所生便應該是一，自然不必再建立「三事」的差別相或差別體，也不必建立「三事出生大等二十三法」了。

如果數論外道承認是如此的話，而且「體相是一」，那麼從能生的「三事」作為因，以及所成就的「大」等二十三法為果來看待時，他們所建立的五唯（五塵）現量上來看「五大、十一根」的種種差別時，也就不能成立；這時數論外道所建立的「冥性」之中有「三事」，這「三事」能生「大等二十三法」，最後才有我知（神我），這二十五冥諦根本就不能成立，就得全部廢除了。

**「若爾，一根應得一切境；或應一境，一切根所得。」**若依數論外道主張的這些道理，同時又說「體相是一、體即是相」，則二十五冥諦中的「十一根」之中的任何一根，既然體與相都沒有差別，就應該每一根都可以了知其他十根所知的一切境界，自然不必建立「十一根」了；或者反過來說，應該「五唯」等五塵中的任何一種境界，都能被「十一根」中的每一根所了知，體即相、體相是一故，這時數論外道建立二十五冥諦就沒有意義了，因為要從頭一一再作整理而不是二十五諦了。

**「世間現見情與非情、淨穢等物、現比量等，皆應無異，便為大失。」**依數論外道所說的道理，吾人於世間現見的一切有情與無情、清淨與污穢等物品或有情、現量與比量上的差別等，也都應該是沒有差別的，因為「體相是一、體即相」故；但事實上並非如此，這麼一來，數論外道所建立的二十五冥諦，便有著很多的過失，這些過失眞的不少。以下是結論，即是因明學中的最後一法「結」：

**論文：「故彼所執實法不成，但是妄情計度為有。」**

**語譯：**【由以上辨正出來**體相是一**的說法有各種過失的緣故，他們數論外道錯誤認知而執著為眞實的冥諦二十五法就不能成立，全都只是虛妄想像中產生的情解思惟誤計而認知為眞實有。】

**釋義：「故彼所執實法不成，但是妄情計度為有。」**論辯到了這裡，論主玄奘作了一個結論，總破僧佉外道的《金七十論》：數論外道所說的二十五冥諦，只是依據自己的虛妄想像而建立的思想，不是現量，卻誤以為正確；所以建立出來的實我、實法，在世間現象上以及現量來說，全部都不存在故不正確，只是虛妄想像而錯誤認知的認定為實有，所說只是思想而非現量可得。最後，菩薩們應該追問《金七十論》的數論外道們：你們說冥性是現量上的所證，那麼冥性的所在及其作用，應該要有別人如你們所說的一樣可以重複實證，事實上有誰在你們的教導下實證了呢？事實上並沒有，所以他們所說都只是玄想罷了，並不是義學。以上破數論外道，以下破勝論外道：

## 第二節　破勝論外道邪執

### 第一目　破勝論外道的六法實有說

論文：「勝論所執實等句義，多實有性，現量所得。彼執非理。『所以者何？』諸句義中且常住者，若能生果，應是無常；有作用故，如所生果。若不生果，應非離識實有自性，如兔角等。諸無常者，若有質礙便有方分，應可分析，如軍林等，非實有性；若無質礙如心心所，應非離此有實自性。」

語譯：【勝論外道所執著的實德業等六句義理，自稱大多是眞實有的體性，也說是現量所能觀察得到的。但他們的執著是沒有道理的。「爲何如此說呢？」答：他們許多句的義理中而且說是常住的內涵，如果是眞的能出生果德等作用時，應該就是無常的；因爲是有作用的緣故，猶如所出生的果德一樣有作用。如果是不能出生果德的，應該就不是離開八識之後而能眞實有其自性，那樣的自性便猶如兔角、龜毛一般其實不存在。那些無常的生滅法，如果是有質礙的便會有方位與分量，應該都是可以分析的，猶如軍隊或樹林等一樣，並非眞實有的自性；若是沒有質礙猶如心與心所等精神，就應該不是離開

心與心所而有眞實的心的自性。】

**釋義：**破勝論外道之前，首先說明勝論外道所說的法義。《成唯識論述記》卷一：「自下第二破勝論義。成劫之末人壽無量，外道出世名嗢露迦，此云鵂鶹。晝避色聲，匿跡山藪；夜絕視聽，方行乞食；時人謂似鵂鶹，因以名也。……先爲夜遊驚他稚婦，遂收場碾糠粃之中米濟食之，故以名也，時人號曰食米濟仙人。……亦云吠世史迦，此翻爲勝。造六句論，諸論罕匹，故云勝也；或勝人所造，故名勝論。舊云衛世師，或云鞞世師，皆訛略也。

勝論之師造勝論者，名勝論師，多年修道遂獲五通；謂證菩提便欣入滅，但嗟所悟未有傳人，愍世有情癡無惠目，乃觀七德授法令傳：一、生中國，二、父母俱是婆羅門姓，三、有般涅槃性，四、身相具足，五、聰明辨捷，六、性行柔和，七、有大悲心。經無量時，無具七者。後住多劫，婆羅奈斯國有婆羅門，名摩納縛迦，此云儒童；其儒童子名般遮尸棄，此言五頂，頂髮五旋，頭有五角。其人七德雖具，根熟稍遲；既染妻孥卒難化導，經無量歲伺其根熟。後三千歲因入戲園，與其妻室競花相忿，鵂鶹因此乘通化之，五頂不從，仙人且返。又三千歲，化又不得。更三千年，兩競尤甚，相厭既切，仰念空仙；仙人應時神力化引，騰虛迎往所住山中，徐說所悟六句義法：一實，二德，

**三業，四有，五同異，六和合。此依百論及此本破，唯有六句義法。」**

勝論外道所自豪而執著的「實、德、業、有、同異、和合」等六句義理，每一句都各自有含攝的諸法，如是建立自己的理論而認爲殊勝於一切修行人。六句及所攝諸法羅列如下：

一、**實**：謂宇宙萬有之根源，是常住不壞的法性，共有地、水、火、風、空、時、方、我、意等九法。

二、**德**：謂「實」所顯現之功能，共有二十四法：色、味、香、觸、數、量、別性、合、離、彼性、此性、覺、樂、苦、欲、瞋、勤勇、重性、液性、潤、行、法、非法、聲。

三、**業**：能作之用也，總共有五：取、捨、屈、伸、行。

四、**有**：謂「實、德、業」同屬一「有」，此「有」名之爲「實」。異體許有極多，故言「實、德、業三，得果時或共或不共」，說此三有各別性故。相對於「有」而說有五種無：未生無、已滅無、更互無、不會無、畢竟無。

五、**同異**：「實、德、業」之體性「實」，同屬大有之性；以三法同屬「有」，故名「有」，依此建立爲「同」。各種行相依「實」而運轉，顯示諸行相並非「德、業」之心或心所，說此「實」之自性異於「德、業」，是故名「異」。

六、**和合**：此法能令「實」等五法相屬不離，成就各類有情的身心，故說此法名為「和合」。

勝論外道如是主張：「實、德、業」三法，或時共造一果，或時各造自果；此三法超勝一切法，名為「**勝論**」。當時天竺無人能破，一時流行天下。

**「勝論所執實等句義，多實有性，現量所得。」**勝論外道所自豪而執著的「**實、德、業、有、同異、和合**」等六句的義理，自稱除了第六句的「和合」以外，全都是實有的體性，並且宣稱都是在現量上就能觀察出來的，自稱都是眞實不壞法；而「和合」即是有情的身心，由於是「和合」故，當然不是實有法，是生滅法。他們認為自己這樣的法義，可以超勝於一切修行人，無人能出其上，因此而名為「**勝論**」。

**「彼執非理。『所以者何？』諸句義中且常住者，若能生果，應是無常；有作用故，如所生果。」**「**彼執非理**」，這是第一破：「**他們所執著而說的並不是正理。**」是直接提出「宗」旨，說他們的法義不正確，破斥他們所說的常住法而「**能生果**」理論錯誤。

外人則質問說：「**這是什麼道理？**」因為理論上，只有常住法才能出生各類諸法，然而勝論外道提出了常住法時卻被破斥，所以提出質疑。論主便得繼續提出理由來，說明原因，即是因明學「宗、因、喻、結」之中的「因」，所以解釋破斥的原因說：

勝論外道這六句的義理中，宣稱有許多句都是常住的法，例如「實、德、有」都是常住法。然而，在法界中，常住的實相法是絕對待的，所以只會有一法，不可能有多法相對待而且都是常住法可說為三；這是因為實相絕待而沒有第二法，所以不可能像勝論外道說的，有三個實相法並存而且同樣常住。

並且，若是在六塵境界中**有作用**為因，而能出生某種果的，它們應該就是無常的，都是藉緣而有的生滅性，絕非常住的不壞法。猶如樹種依樹而生，藉水土而生樹已，種子即滅失，種子即是生滅性的助緣，非因，不得謂為常住法。而且常住法是不會在六塵境界中生起作用的，因為凡是在六塵境界中能**有作用**的法，一定都是被生、已生之法，是落入所生的六塵境界中產生作用，才能在六塵境界中有作用而有結果出現；這樣的法性就一定是有生，將來必定壞滅而非常住，即是生滅法，不可能是常住的實相，而勝論外道指稱為常住法，乃是虛妄法。現見他們所說的實、德、業都是三界中的**有作用**法，顯然不是常住法。反過來說，若是**無作用**的法，則不是眞實存在的法，只是玄想所得的想像法，於實際上並不存在。

所以說，「因」有作用的緣故，猶如所生的「果」一樣也有作用顯示出來，但這樣的因與果，其中的「因」只是「因緣法」中的「因」，不是出生萬法的根本因，必定都是生滅法，將來必定會壞滅而非常，不是勝論外道所說的常；所以他們所說如是「實」等六法，當然都只是「因緣」中的「因」不是眞正的「實」。既不是眞正的「實」，也就不會有他們所說的「德」——沒有他們所說的任何能生諸法的功能，是故玄奘破他們說「**有作用故，如所生果**」。

「**若不生果，應非離識實有自性，如兎角等。**」此是第二破，破勝論外道主張「離識實有自性」，因爲一切法都依識心而有故，若離八識心王時便無一切法可得。所以反過來破勝論外道說，如果在六塵境界中了別及運作以後，竟然不能產生「實、德、有」等自性作用之後的果報，那就一定是想像而得的法，唯有言說，實際上並不存在；因爲若是離開了意根與六識，而能眞實有其自性，又不是指萬法本源的第八阿賴耶識，竟說能持續在六塵境界中運作，以及出生五陰身心等萬法，這樣的「實、德、業」其實都猶如想像中才有的兎角與龜毛一般，實際上並不存在。

「**諸無常者，若有質礙便有方分，應可分析，如軍林等，非實有性；若無質礙如心心所，應非離此有實自性。**」前面從「常」來加以辨正，此處再從「無常」加以辨正，即是第三破，仍是「宗、因、喻、結」中的「因」。凡是「無常」之法，可再從有質礙及無質礙兩方面來作評破，故說凡是不能常住而歸於「無常」的法性，可以概略分爲二種

「有質礙、無質礙」兩大類，都不可能是「眞我」。

「無常」之法若是「有質礙」的法性，表示它具有物質的體性，一定會有所在的方位，也有成分的質量可以指稱出來，就一定是可以一一細分剖析，並非常住法；猶如軍隊由許多軍人共同組成，也像是樹林由許多相同或不同種類的樹木組成一樣，所以軍隊與樹林並非眞實有常住不壞的自性。如果這「無常」之法例如能分別的功能，反過來是「無質礙」的法性，就好像心與心所法無形無色時，就一定是依於識心與心所法，才會有眞實的自性而產生作用出來，不可能離開了識而有分別的自性。

唯有第八識眞如心非「常」非「無常」，又「無質礙」卻有七種性自性，離於六塵境界而作了別，才能遍於一切法中存在，又能有作用而能生六根、六塵、六識以及器世間等萬法，才能常住而永不壞滅；因爲第八識心體是「常」，而其種子「非常」故「有作用」，都是「無質礙」法，亦有大種性自性等七種性自性，才能與諸法和合似一而不離諸法，是故能夠成辦三界萬法的生住異滅等事，名爲「圓成實性」——圓滿成就一切無漏性及有漏性的諸法。

但勝論外道所說的「實」等六法也說有「圓成實性」，卻說六法中的五法全都是「常」，「常」則不變，則不可能「有作用」；若其主張眞的「有作用」，就一定「非常」，也會「有質礙」，同於生滅法，故其道理不能成立，亦不能於現量上被再三證實爲眞。

但第八識眞如心可以被再三證實，心體常住而其自性不變不異也「無質礙」，沒有方分，才能遍於十二處、十八界等法中運行，也可以在弘法過程中由弟子四眾持續實證而再三驗證爲「實」爲「常」。但勝論外道所說的「實、德、業」等六法中的五法，具有「常」的自性卻「有作用」，即成爲無常之生滅法，不得說之爲「常」；又不能被弟子大眾持續證實其存在，也無法證實眞的有能生萬法的功德，只成爲兔角龜毛等虛妄分別的施設而不存在，或只能被證明爲「非常」之法，是故應該信受「一切法唯識」的正理。

第二目　別破實與德常住說——先破實的常住

論文：「又彼所執地水火風，應非有礙，實句義攝；身根所觸故，如堅濕煖動。即彼所執堅濕煖等，應非無礙，德句義攝；身根所觸故，如地水火風。地水火三，對青色等，俱眼所見，准此應責。故知無實地水火風與堅濕等各別有性，亦非眼見實地水火。」

語譯：【此外，他們勝論外道所執著的第一句「實」所攝的地、水、火、風，應該不是有質礙的法性，因爲他們說是常住的「實」這句義理所含攝；然而勝論外道所說的「實」所攝的常住地水火風，卻是身根所能接觸的緣故，好比堅、濕、煖、動被身根所觸知一樣，成爲「非常」。就依他們所執著爲「實」的地、水、火、風、空、時、方、我、意等九法，其中的地等四法，會有堅、濕、煖、動而被身根所觸知，就應該不是常住而無質礙的「實」，應該歸屬於第二句「德」的義理所含攝才對；因爲是能被身根所觸知而**有作用**的世間法故，猶如地水火風被觸知一樣是有方分、**有質礙**之法，即是「非常」而非「實」。這是因爲地、水、火等三法，相對於青黃赤白等顏色，全部都是眼根所見而應歸於「德」，其餘等法以此爲准而類推之後都有過失，就應該一一加以責難。以此緣故而知道，並沒有「實」句所攝常住不壞的地、水、火、風，能與堅濕煖動等法分開而各自都有不同的法性，也沒有人能親眼看見「實」句所攝的「常」法地、水、火、風、我、意等，因爲這九法都應該列入「德」句之中而**有作用**，也同樣都有生滅性而「非常」。

**釋義：「又彼所執地水火風，應非有礙，實句義攝；身根所觸故，如堅濕煖動。」**今從「實」與「德」破之，「實」與「德」破了之後，「業」的建立即不可能存在，與「實」及「德」一樣成爲生滅法而「非常」，「非常」即不可能是出生萬法的「實」，是故二破之後即等於三破，「實、德、業」即非勝論外道所說的「常」，不可能是出生萬法的「眞我」。

從上面所說六塵境界中「有作用即無常、常即無作用」的道理以外，再說他們所執著的第一句「實」所攝的地水火風，應該不是「有質礙」的，因爲有作用的地、水、火、風，卻是「實」句常住的義理所含攝故；也因爲「**眞我**」一定是外於六塵境界而運行的緣故，但勝論外道所說的「實」卻是在四大與六塵中運行。例如實有九法，即是地、水、火、風、空、時、方、我、意，其中的「我、意」二法全都在六塵境界中運行的法性，或是猶如「時、方」也是在六塵境界中方可觀得，全都屬於三界中的流轉生滅法，不應說爲能生萬法的「實」所攝，或是「有質礙」或是「有作用」故。

凡是常住不變的才能說是「實」，這樣的法性就一定不會在六塵境界中有所了別或運行，並且一定是無方分、「無質礙」的；然而勝論外道說的「實」所含攝的地水火風，卻是身根所能接觸到的，猶如堅、濕、煖、動被身根所觸知一樣，這卻是「有方分」也「有質礙」的；既是「有方分」、「有質礙」的，一定是「有作用」而生滅無常，不該被說是「實」所含攝的常法而被列入「實」等九法之中，反而應該轉列爲「德」等法中，成爲「非常」。由此證明勝論外道所說的「實」不是眞正的「實」，「德」也不是眞正的「德」及「常」，而是虛妄想之所建立，都非能生有情與萬法的「眞我」。

**「即彼所執堅濕煖等，應非無礙，德句義攝；身根所觸故，如地水火風。」**接著再依他們所執著爲「實」的地水火風等九法中的堅濕煖動等法來說，既然歸入「實」中而說爲常住法，本來就不應該是「有方分」、「有質礙」的。然而地水火風等九法卻會產生他們說的「德」等二十四法，但被歸類爲「實」的地水火風四法自體，卻會同時存在「德」所攝的「堅濕煖動」等作用，可以被身根所觸知，顯然就不是無方分、「無質礙」的法性而不屬於常住的「實」，當然應該歸入第二句「德」所攝的「非常」義理之中，因爲「有作用」「有質礙」而可在六塵中被感知的法性都應該屬於「德」。

因爲「實」中的地水火風四法的「堅濕煖動」自性，是普遍被人們的身根所觸而有作用的，也是「有方分」、「有質礙」的，當然只是世間的生滅法；就好像「地水火風」被人們的身根所觸知一樣，即是「有方分」也是「有質礙」的生滅法，而且「非常」，勝論外道怎能說這些法是「實」所攝的常住不變法性？

**「地水火三，對青色等，俱眼所見，准此應責。」**從另一方面來說，由於地、水、火等三法，拿來比擬青黃赤白等顏色，全部都是眼根可以看得見的「有作用」法性，全都應該歸入第二句「有方分、有質礙」的「德」之中，就是「有作用」而有生住異滅等變化的「非常」之法，怎能歸入常住而不變異的「實」之中？地水火如是，九法其餘的「空、時、方、我、意」等五法，以「地水火」等三法建立時的荒謬無稽作爲準繩，當然同樣都應該從「實」與「德」兩方面加以責難，而勝論外道是無法回應的。

如《成唯識論述記》卷一解釋說：「此煖言等，等取動、觸、數、量、別性等十一法。

彼說身根得十一德：一觸、二數、三量、四別性、五合、六離、七彼性、八此性、九液性、十潤、十一勢用，即行作因。其地等四皆身根得，皆有觸故。色德但在地、水、火三，風中無色。彼以假實地等俱名地等，故眼所見。」如是應知。

**「故知無實地水火風與堅濕等各別有性，亦非眼見實地水火。」**「實」等九法並非常住的眞實法的原因辨正完了，到此總結說：經由上面所論辯的緣故就可以知道，三界所有法界中，並沒有可以被「實」句所含攝而說爲常住不壞性的「地水火風」，可以和「堅濕煖動」等法分開而各自有其不同的法性，而且是前後變異而非一類相續，當然不該歸類爲「實」。

換句話說，沒有常住不壞的地大可以離開堅性，而有其常住並且堅硬的作用；沒有常住不壞的水大可以離開濕性，而有其常住並且潮濕的作用；沒有常住不壞的火大可以離開煖性，而有其常住並且能燒的作用；也沒有常住不壞的風大能離動性，而有其常住並且能動的作用。因爲地即是堅性，水即是濕性，火即是熱性，風即是動性，體與性不得相離；由此證明，沒有誰能親眼看見「實」句所攝而且是「常」的「地水火風」眞實存在，如是證明勝論外道所說的「實」等並非能生萬法的「眞我」。以下針對同一題目再作辨正：

**論文：「又彼所執實句義中，有礙常者，皆有礙故如粗地等，應是無常。諸句義中，色根所取無質礙法，應皆有礙；許色根取故，如地水火風。」**

**語譯：**【此外，勝論外道所執著「實」一句內的九法道理之中，**有質礙**而主張是常的諸法，皆是**有質礙**的緣故猶如粗糙的地水火風，應該都是無常。「實」裡的九法之中有許多句的義理，例如被有色根所取而說為**無質礙**的法，也應該全都是**有質礙**的；因為他們允許是被有色根所攝取的緣故，猶如地水火風一樣都是**有質礙**的。】

**釋義：「又彼所執實句義中，有礙常者，皆有礙故如粗地等，應是無常。」**勝論外道所認定為「實」這一句勝論中，總共有九句：地、水、火、風（謂父母給的四大極微）、空、時、方、我、意，主張都歸於「實」所攝。既歸於「實」所攝，便應該是「常」。但其中有許多句很明顯並不是「實」法，例如四大等，皆是「有質礙」；或如意根、意識無質礙而被四大所成的有色根所拘繫，成為生滅性的「非常」。因為是「有質礙」的法性，例如地、水、火、風；既「有質礙」就一定是生滅法，不可能是常住不壞的「實」。

所以「實」句所攝的地、水、火、風等粗色（乃至這四大的極微），以及身根之我，都是「有質礙」的有生法，將來必定是有滅之法。又如其中的心根「意」和能覺知的「意識我」，也是生滅法，不是他們所主張為「實」的常住法，都應該是「無常」而「有質礙」，被他們錯誤的主張爲「常」而「無質礙」。

**「諸句義中，色根所取無質礙法，應皆有礙；許色根取故，如地水火風。」**在「實」所含攝的「地水火風」等九法之中，事實上有許多句所指涉的，都是「有質礙」即是「有方分」的「無常」法，例如被人身色根所取的「地水火風」等，全都「有質礙」故「有方分」，都無常住不壞性。他們雖然主張這些都是「無質礙」的法性，其實應該是全部都「有質礙」，因爲他們允許**地水火風**是可以被人體的有色根所攝取的緣故；既然有色根可以攝取而知道或斷定那是「**地水火風**」，當然連同身根都不能說是「無質礙」的，就不該說是「實」所攝的常住法。

如《成唯識論述記》卷一說：「**述曰**：下破諸句**無質礙法**色根所取者，即德句中色、味、香、觸、聲五，及數等十種。業及大有，俱分三，色等性故，皆色根取。此無礙法，應皆有礙，許色根取故，如地等四。此中許言，明大有等，我宗不許體性是有及色根取。彼論說，根有五：鼻根即地，舌根即水，眼根即火，皮根即風，耳根即空。此於諸句何法攝耶？由此正解，即實句空取聲之時，於身起作用名空，耳根也。且十一德對其自根，一一簡略皆有一量，若二二合、若三三合；乃至總對諸根說量，其義其多（應爲「繁多」），此中文總，『無』簡略故。」此理應知。

## 第三目　別破實與德常住說——次破德的常住

**論文：「又彼所執非實德等，應非離識有別自性，非實攝故，如石女兒。非有實等，應非離識有別自性；非有攝故，如空花等。」**

語譯：【而且他們所執著的「非實」所攝的「德」等五法，應該不是離於六識而另外有自己眞實不壞的體性，因爲不是「實」所含攝的緣故，猶如石女所生的兒子一樣並不存在。**非有**而說爲「實」等，應該不是離於六識而有另外自己的眞實性；因爲**非有**所含攝的緣故，猶如眼花而產生的虛空中的花或金星等一樣是不存在的。】

釋義：**「又彼所執『非實』德等，應非離識有別自性，非實攝故，如石女兒。」**勝論外道所執著的「非實」所攝的「德」等五法「色、味、香、觸、聲」，從現量上觀之，全都不能外於六識而另外有各自的眞實不壞體性，因爲這五塵都不是外五塵，全都是內五塵，都要藉前五根的作用，才能從內識阿賴耶中出生於勝義根之中，而由六識所了別之後才出現於有情覺知心中；所以勝論外道把這五法建立爲「德」，也是不正確的。

從理論上觀之也是如此，因爲勝論外道的「德」等五法是外於「實」而另行建立的，所以放在「德」之中；既然不是「實」所含攝，當然是幻起幻滅的無常法，卻又說是「實有不壞而常住的德」所含攝，成爲自律背反，事實上也是不可能存在的，猶如石女所生的兒子一般並非真實而常住。因爲連「實、德」都已經「非實、非有」了，何況是被生的「德」所生的諸法呢。

綜合言之，若是外於「實」所建立的自性即是「非實」，「非實」則「非有」，不能出生任何一法去歸屬於「德」。「德」既然已經成爲「實」所生的法，即非常住法，因爲已經有生故，有生即必有滅，就不能說「德」是常住法，當然更不能說色等五法也是「常」住法；是故勝論外道所說「德」等諸法「常」，猶如石女所生的兒子一般不可能存在，本質仍是生滅法。

必須是可以重複驗證的「實」，所生的「德」等諸法才是現量上及比量上可以驗證的法，才能說之爲「德」；但這樣的「德」也還不能稱爲「常」住法，所以也仍然是所生法而「非常」。然而必須是這樣的「德」，方可說爲現量之法，而非虛妄想像所得；否則皆是妄想所得而只是思想，絕非眞實存在之法，無法與人互相驗證爲實有法，當然同樣也是「非常、非有」。

佛法所說爲「實」的第八識眞如則非如是，心體無形無色而「無方分、無質礙」，性如金剛常住不壞而離六塵境界中的見聞覺知，並無作用；但心體對六塵外的諸法有作用，而且所執藏的種子非常而有三界萬法中的作用，也能出生七轉識及色等十一法，才能出生五陰等有情身心，所以《成唯識論述記》卷一說：「然佛法**真如即識性故**，亦非離（第八阿賴耶）識，無不定過。虛空、擇滅『等』理，非心外，然假爲喻，就他宗比量。」「擇滅等」的「等」字，謂想受滅無爲、不動無爲、非擇滅無爲、眞如無爲；若究其實，這些無爲法皆是阿賴耶識的識性，故無勝論外道諸過。

**「非有實等，應非離識有別自性；非有攝故，如空花等。」**既不是眞實有的「非有」而說爲「實、德、業、大有、同異、和合」等六個所謂的常住法，一定是六識心的虛妄思惟想像才產生的，必然不能外於六識而可以另有自己眞實不壞的自性常住。這樣依邪思惟所得的理論只是思想而非可以實證之法，當然就猶如空花一樣不是眞實我或眞實法。所以論主玄奘結論說，勝論外道所說的六法既然是這樣的「非實、非有、非德」等，都不是現量上及比量上可以證明眞實存在的常住法，全部都成爲「非有」所含攝的時候，本質就好像人們虛弱眼花之時，所看見空中的花或金星一樣，並非如實法與如實境。

既然勝論外道所說的「實」非實非有，「有方分、有質礙」；他們所說的「德」也非常住而「有方分、有質礙、有作用」，當然都是虛妄法，非實亦非德，所說的常住自性便不能成立，猶如眼冒空花、金星時的所見而說，當然不是能生萬法的「眞我」。此如窺基法師於《成唯識論述記》卷一所說：「述曰：不以非德等爲因，以非有爲因。此中示方隅，令知多法一法不離於（第八阿賴耶）**識**。又**有**等，是**實**等自性，故便舉之也。量云：非有性及覺、樂等外餘**實**等**句**，應非離（第八阿賴耶）**識**有別自性；許**非有**性之所攝故，如空花等。」

「實」與「德」猶如上來論主玄奘所破之後，證明皆非常住而能生萬法者，則「實」與「德」所成就的「業」，當然同樣屬於生滅性而非常住法。如是證明勝論外道所說六法中的三個常住法並非常住而且「非有」，即非眞實能生萬法的主體，則其所說「眞我、眞法」即成戲論。上來「實、德、業」三破已，以下再作三破：「有、同異、和合」。

### 第四目　破勝論外道的有

**論文：「彼所執有，應離實等無別自性，許非無故，如實德等。若離實等，應非有性；許異實等故，如畢竟無等。如有非無，無別有性，如何實等有別有性？若離有法有別有性，應離無法有別無性；彼既不然，此云何爾？故彼有性，唯妄計度。」**

**語譯：【**勝論外道所執著的第四句「有」，應該離於「實、德、業」三法就沒有其他的自體恆存之性可說了，但因爲他們又允許「有」的自性非無的緣故，所以「有」就應該猶如「實、德、業」於實際上存在。如果「有」離開「實、德、業」之時，應該就不是眞實有的體性：由於勝論外道允許這個「有」不同於「實、德、業」的緣故，這個「有」便猶如畢竟無或未生無等法，實際上成爲不存在了。猶如「有」並不是無，沒有別的自有體性時，如何可能「實、德、業」會有另外一個「有」的體性？如果離開「有」這個法而有另外的「有」性，就應該離開「無」這個法也有另外一個「無」的法性；他們對於那個無的說法既然不能成立，那麼這個有的說法又如何可以講得通？以此緣故說他們六句勝論中的那個「有」的法性，純粹只是虛妄誤計的猜測罷了，並非眞正的**實與有。】**

**釋義：「彼所執『有』，應離『實』等無別自性，許非無故，如『實、德』等。」**以下單元有三破，一、破「有」，二、質難「同異」，三、破「和合」。

首先破「有」：勝論外道所執著的第四句「有」，一定是有不同於「實、德、業」的自性而單獨存在，才能說之爲眞實有而另行建立爲一法，說之爲「有」；這是因爲勝論外道說「有」這個法並不是沒有的緣故，當然必須另有外於「實、德、業」的自性確實存在，可以證明「有」確實存在，否則便成爲「實、德、業」所攝，不該稱之爲「有」了。然而「有」其實只是「實、德、業」所顯示出來的法性而方便說之爲「有」，三界中並沒有「有」這個法眞實的存在而可以被接觸及領受。勝論外道所說的「有」，是依「實、德、業」三法而顯示出來的「有」，這就應該離開「實、德、業」時就沒有其他的恆存不壞的

「有」的自體性可說了。但因爲勝論外道又允許第四句的「有」、也有外於「實、德、業」的自性而不是無的緣故，那麼他們所說的「有」，就應該猶如第一到第三句的「實、德、業」等法的實有自性，而另外還有「有」的自性恆存不壞，能被觀行者所接觸與領受，才能有這個「有」與第三句「實、德、業」同時同處而運作不斷。但事實上卻沒有什麼「有」的自性存在，而能與「實、德、業」合作及運作不斷，因此他們所建立的「有」的自性，只是虛妄的建立。

**「若離『實』等，應非『有』性；許異『實』等故，如畢竟無等。」**「有」的自性其實是依「實、德、業」的存在而說之爲「有」，若是離開「實、德、業」三法，「有」就應該不是眞實有的體性；如今勝論外道由於允許這個「有」不同於「實、德、業」，而說眞的有「有」這個法存在的緣故，即是離開所依的「實、德、業」而建立爲「有」，那麼這個「有」也就如同畢竟無、未生無等法一樣，成爲不存在的假施設法了，自然不該說「有」也是眞實有，所以這個「有」就不應該施設成立。

**「如『有』非無，無別有性，如何『實』等有別『有』性？」**依勝論外道所說，猶如世間法中的「有」並不是無，這個「有」一定是有自己眞實存在的定義，不會有別的自性存在，就像世人對於「無」也有決定不變的定義一樣；所以「有」只是顯示「實、德、業」的眞實有，並沒有外於「實、德、業」而能有「有」自己的體性，那麼勝論外道又如何可能外於「實、德、業」而會有另外一個屬於「有」自己的體性？

**「若離有法有別有性，應離無法有別無性；彼既不然，此云何爾？故彼有性，唯妄計度。」**依同樣的邏輯反過來說，如果離開「實、德、業」三法，而有另外的「有」性；就應該離開「實、德、業」三法後的「無」這個法，也有另外一個「無」的法性存在。但事實上不可能有兩個不同的「無」同時存在，如同不會有兩個不同的「有」同時存在一樣。所以勝論外道他們對於兩個「無」同時存在的說法，既然不許成立，那麼他們對於兩個不同的「有」同時存在的說法，又如何可以講得通？由於這樣的緣故，說他們六句勝論中的那個「有」說爲眞實存在的法性，只不過是虛妄臆想而產生的思想，只是將不存在的想像法錯誤認定爲眞的罷了。

### 第五目　破勝論外道的同異

**論文：「又彼所執實德業性，異實德業，理定不然；勿此亦非實德業性，異實等故，如德業等。**

**又應實等非實等攝，異實等性故，如德業實等。地等諸性，對地等體，更相徵詰，**

准此應知。

如實性等，無別實等性，實等亦應無別實性等。若離實等，有實等性；應離非實等，有非實等性。彼既不爾，此云何然？故同異性，唯假施設。

語譯：【此外，勝論外道等人所執著的實、德、業的自性，異於實、德、業自體，這從道理上來看時一定是不正確的；不可能這個同異的自性也不是實、德、業的同異自性，因為勝論外道自己主張同異性異於實、德、業等的緣故，猶如實、德、業等互異一般。

此外依於同一道理，也應該實、德、業等並非實、德、業等所攝，因為勝論外道說的實、德、業已經異於實、德、業等自性的緣故，猶如德、業是實而且也有同異性等。至於實所含攝的地水火風空……等九法的自性，相對於地等九法自體的同與異，依此正理展轉互相徵詰時，其中的道理也都比照這實、德、業與同異性之間的關聯，這是讀者自己應該可以了知的。

猶如實的自性等道理中，並沒有別的實德業的自性，而實、德、業等自體也應該沒有別的實、德、業的自體等。若是離開了實、德、業等，而另有實、德、業等自體與自性；就應該離開非實等，也另有非實等的自體與自性。勝論外道對於那個實與非實的道理既然認定不准如此成立，那麼這個實、德、業自體與實、德、業自性同異的道理，又

如何能夠成立？是故實、德、業的體與自性同異性這個法，純粹只是假名施設的戲論，對於探究眞我或實法而言並無實質。】

**釋義：「又彼所執實德業性，異實德業，理定不然；勿此亦非實德業性，異實等故，如德業等。」**勝論外道依自己所執著的「實、德、業」等三法的自性，另外建立了「同異」性，說「同異」之性是實有的。他們說，「實、德、業」的體性眞實有，這三法之體即是「有」之法性；由於「實」等三法同樣都是「有」，所以名之爲「同」；又說有情各種行相都是依「實」而運轉的，顯然「實」不是「德」與「業」的心或心所法，就說「實」的自性異於「德、業」，因此而說爲「異」。如是建立「實」等三法的「同異」自性，說「同異」的自性是眞實法。

既然如此，勝論外道等人所執著的「實、德、業」的自性，自然不同於「實、德、業」的自體，這個主張在道理上當然一定是錯誤的；因爲這個「同異」的自性，依於同樣的邏輯，「實、德、業」自體當然就不會是「實、德、業」的自性，所以他們主張「同異」中的「同」時，就不可能成立了；這是因爲勝論外道自己主張「同異性」外於「實、德、業」自己眞實存在，不是指「實、德、業」三法間的同異性，如是認爲「實、德、業」的自性不同於「實、德、業」自體的緣故，那麼也會有另一個問題產生：「德」異於

「業」、「業」異於「實」，既然互異，就是不相干的法，不該說是同一有情身中的法，也就不該說是有同或是有異了。

**「又應實等非實等攝，異實等性故，如德業實等。地等諸性，對地等體，更相徵詰，准此應知。」**既然「實、德、業」等互同又互異，這理論本身即是矛盾的；當勝論外道說互異時，就應該「實、德、業」的自性等不能歸於「實、德、業」所攝，便應該屬於別的法體法性了，因爲「實、德、業」自體與「實、德、業」的自性互異的緣故。猶如「德」與「業」的自性都與「實」的自性不一樣，那麼「實」所含攝的地等九法，也不該有「德」有「業」等，因爲自性互異的緣故。以同樣的道理如此展轉「更相徵詰」以後，道理都是一樣而應該瞭解的。瞭解以後便知勝論外道的理論與現量都有問題，他們所建立的六法實有的道理便都不能成立。

**「如實性等，無別實等性，實等亦應無別實性等。若離實等，有實等性；應離非實等，有非實等性。彼既不爾，此云何然？故同異性，唯假施設。」**「實、德、業」的自性本來就是「實、德、業」等三法的自性，不該說「實、德、業」的自性不是「實、德、業」的自性；也不該在「實、德、業」自體之外，還有別的「實、德、業」等自性，否則也不是「實、德、業」的自性了。如果勝論外道繼續堅持「實、德、業」的自性與「實、德、業」體互異，那麼「實、德、業」等自體便應該沒有「實、德、業」的自性了，這時他們還能說什麼「同」與「異」呢！

因此而說，假使離開了「實、德、業」等體，另外還有「實、德、業」的自性，依同樣的理論就應該離開非實之時，也另外還有非實等的自性存在。但實與非實的道理顯然都不能如此成立，所以「實、德、業」自體異於「實、德、業」自性的道理，當然也不能成立；因此勝論外道建立「實、德、業、有」四句之後又建立了「同異」，說是各自獨立的六法之一，這道理是自相矛盾而說不通的。

由這個緣故，證明第五句的「同異」這個法，純粹只是勝論外道依於虛妄想而作的假名施設，本質上只是沒有實質的戲論玄想。

### 第六目　破勝論外道的和合

論文：「又彼所執和合句義，定非實有；非有實等諸法攝故，如畢竟無。彼許實等現量所得，以理推徵尚非實有，況彼自許和合句義非現量得，而可實有？設執和合是現量境，由前理故，亦非實有。」

語譯：【此外，他們所執著的第六句「和合」的義理，決定不是真實有；並非真的有

「實、德、業、有、同異」等諸法可以相攝的緣故，當然就沒「和合」這件事可說，只是猶如畢竟無一般而作的虛無言說。他們勝論外道稱許「實」等六法爲現量觀察的所得，然而以正理推求徵核之時，已被證明尚且並非眞實有，更何況他們自己稱許實有的「和合」一句的義理並非現量上可得，又怎麼能說爲眞實有？設使他們依舊執著「和合」是現量的境界，然而由前面所說正理故，其實「和合」也不是眞實有，當知並非現量。】

**釋義：「又彼所執『和合』句義，定非實有；非有『實』等諸法攝故，如畢竟無。」**勝論外道所執著的勝論六句中的第六句「和合」，所說的義理不論如何推徵或檢核，最後都會發現「和合」這個法決定不是眞實有，因爲「和合」只是緣於他們所主張的「實、德、業、有、同異」等諸法的「和合」而顯示出來的，這是「實」等五法的所顯法而非所生法；若是所生法，還可以證明在現象界中存在而有作用，只是生滅無常罷了；若是所顯法，則事實上並不存在，亦無世間法中的任何作用，因此「和合」這個法並非自己存在，何況能說爲眞實法與常住法。

更何況事實上並非眞的有「實、德、業、有、同異」等五法的存在不滅，因爲這五法也只是八識心王運行時所顯示出來的法性，藉著名言來施設爲有，本質上猶如龜毛兔角，又如何可以相攝如一而顯示出最後第六個「和合」的眞實存在？這其實等於是將畢竟空無當作是眞實有，主張「畢竟無」確實有其眞實法存在一般。這其實只是依於虛妄想而作出了六句言說，主張爲最殊勝而且實有的論議。

**「彼許『實』等現量所得，以理推徵尚非實有，況彼自許『和合』句義非現量得，而可實有？」**他們勝論外道認定及宣稱「實、德、業、有、同異」等諸法，都是在現量中的觀察所得，然而以正理推求及徵核之時，這六法都被菩薩們證明不是眞實存在；既然無法實際上證明其不可壞滅的存在，更無法使學人再三、再四同樣實證而證明其不可壞滅的存在，由此證明前五句只是他們自己的妄想推斷，不能證實其爲不生滅的存在，又如何可以說爲最勝論呢。

「實」等五法既非可以實證而顯示，是故並非眞實有，那麼依「實」等五法而顯示出來的第六個「和合」一法，豈非同屬妄想所得而不可證實。更何況勝論外道自己所稱許爲實有的「和合」這一句的義理，在現量上並不能獨自存在，而且被證明爲無法證實其獨自存在，又怎麼可以說是眞實有及常住不滅法，當然也不是現量所得，怎能宣稱「和合」一法是眞實有。

**「設執和合是現量境，由前理故，亦非實有。」**如果他們依舊執著而咬定說：「『和合』是現量的境界，眞的存在而不是推測或想像所說。」然而由前面所說的正理已經顯示連「實」等五句，都已經不是眞實有的緣故，那麼由「實」等五句所顯示的「和合」一句，尚且不是所生法而只是前四法的所顯法，當然也不可能是不可壞滅的眞實有。由這麼多道理，都可以證明勝論外道所說的六句勝論，其實都是妄想邪論。

### 第七目　結歸於一切法唯識而破和合

**論文：「然彼『實』等，非緣離識實有自體，現量所得許所知故，如龜毛等。又緣『實』智非緣離識，『實』句自體現量智攝；假合生故，如『德』智等。廣說乃至緣『和合』智，非緣離識和合自體，現量智攝；假合生故，如『實』智等。故勝論者『實』等句義，亦是隨情妄所施設。」**

**語譯：**【然而彼等勝論外道說的「實」等六句義理，並非緣於離第八識而實有的自體，若是從現量觀察所得可以證實爲有而成爲實證者的所知的緣故，便應該要允許別人同樣也可以證知，然實不能，故勝論外道說的便猶如龜毛與兔角一樣了。而且，緣於「實」而產生的世間智慧也並非緣於離識實有的法，「實」這一句的自體也是心識認知上的現量智慧所攝；同樣都屬於諸法假合而出生的緣故，猶如「德、業、有、同異」的世間智慧一般。廣說乃至緣於「和合」而有的世間智慧，同樣不是緣於離識而有的「和合」自體，同樣是心識現量上的世間智慧所攝；由於全部都是假藉眾緣和合而出生的緣故，猶如「實、德、業、有、同異」的世間智慧一樣。以此緣故，勝論外道說的「實」等六句的義理，也都只是隨於情識的妄想所施設的言論，並非外於有情的八識而眞實存有。】

**釋義：「然彼『實』等，非緣離識實有自體，現量所得許所知故，如龜毛等。」**「離識實有自體」，是說離開八識心王或意識心等，而有眞實存在並且能被人在現量上觀察出來的法性，才是眞正有自體之法。

但彼等勝論外道說的「實」等六句的義理，全都是依人們的心識思惟後所作的施設建立才能出生的法，並非他們說眞的可以緣於「**離識實有**」的「實」等自體；這是從現量境界上觀察就能證實的，所以稱爲「**現量所得**」。反過來說，他們主張的「**離識實有自體**」的「實」等六法，若是眞實可以證明是不可壞滅的存在，當然可以說是現量上的觀察所得，那就應該可以使別人同樣實證而有所知的緣故，才能說是現量上眞的存有。然而勝論外道所說的六法常住與眞實，畢竟不能於現量上證明爲不可壞滅的存在，即無法使別人同樣也有實證上的所知，故其所說就如同龜毛與兔角一樣的玄想或思想了。

佛法中所說的二乘解脫與大乘不可思議解脫，以及法界實相中道的不可思議法，都是依於第八識眞如心而生而顯的，證明「**一切法唯識**」的道理，這個第八識眞如才是十方三世一切法界中的定量；但勝論外道所說並非第八識的所生所顯，所以菩薩們還可以從事實現量上面，來證明「實」等六法全都是人類心識所知、所施設的緣故，從來都不離於人們識陰六識而有，其實背後仍是依第八識而有，並非「離識實有」的法性；因此勝論外道說的「離識實有」的「實」等六句義，就如同烏龜殼上所長出來的毛，或者如同虛空中無端而生的花，或如兔子頭上長出來的角一般虛妄。

「現量所得」一定是能被有情所緣者，如果不是能被有情的心識所緣者，即非「現量所得」；例如三乘菩提的教、理、行、果全都是「現量所得」，可以由實證者再三教導其他的學人實證，即是由第八識出生諸法而且顯示諸法，否則即非「現量所得」。然勝論外道所說「實」等六法都不是離於意識心想之外眞實存在的法性，雖然不離於六識心想，仍非「現量所得」，因爲都不是萬法的本源，也都不是常住法，不能說爲「現量所得」；猶如《成唯識論述記》卷一所說：「彼亦說爲不離識，**現量得故**。由此應合實等句義總爲二分，謂彼覺等心、心所法，總爲一分；除此以外，法爲一分。其能緣法總爲三分：一、唯緣實等非心心所法，二、唯緣覺等心心所法，三、合二爲境。」

然而依於意識的現量上觀察所得，並無勝論外道所說的常住而且「無質礙」的「實」等六法，可以讓更多的人再三重複檢驗爲眞實不可壞滅的存有；不但現量上如是，從比量上亦無法證明六法爲眞實有，都是妄想所得，猶如龜毛兔角。

**「又緣『實』智非緣離識，『實』句自體現量智攝；假合生故，如『德』智等。」**在因明學中說的「立量」即是建立定律或正義之說，令外道或他人都無法推翻。現在論辯過很多道理了，所以論主玄奘「立量」說：當勝論外道緣於「實」等而產生的知識或世間智慧，其實並非緣於「離識實有」的法，其實仍然不外八識心王而有。

意謂勝論外道所說「實」這個法，其實都是依於人們心識對於諸法的認知才有的法，並不是外於人們的心識而能自己存在的所謂眞實法，因爲「實」這一句所謂的勝義，其自體也是人們的心識在認知上的世間智慧現量所含攝的，並非出世間的「離識實有」的法，只要有世間智慧的人，聽了以後自行思惟也是可以了知，並非不可思議法；這證明「實」同樣也屬於諸法假合而在外道的心識中出生的，以此緣故，「實」猶如「德、業、有、同異」的智慧一樣虛假不實，只是依於他們心識中的認知而建立，不是離於人們的心識之外另有「實」等五法存在，都只是思想而無能使自己與弟子大眾實證，當然就不是萬法本源的「眞我」。

**「廣說乃至緣『和合』智，非緣離識和合自體，現量智攝；假合生故，如『實』智等。」**論主玄奘又「立量」說：乃至緣於「和合」而有的知識或世間智，同樣不是緣於

「離識而有」的「和合」自體，因爲「和合」同樣是屬於外道心識現量上的知識所含攝，並且是由前五法的和合而顯示出來的知識，並無實體性存在；所以第六句「和合」的道理，全部都是假藉眾緣「和合」而出生故，猶如「實、德、業、有、同異」等世間知識一樣是眾緣所成而虛假不實，都是由外道的心識認知之中所產生的世間智，不是外於他們的心識而實有的智慧或「眞我」。

**「故勝論者『實』等句義，亦是隨情妄所施設。」**最後論主對「實」等六句全部加以總破，所以玄奘最後提出結論說：以此緣故，勝論外道說的「實」等六句的義理，也都是隨於人類情識的妄想所施設出來的假名言論，最多只是思想而非現量，更非親證實相法界而生起的般若智慧，因爲「實」等六句的道理，並非外於他們的八識心王、特別是並非外於他們的六識能見能思惟之心而得實有，仍應歸於「一切法唯識」的正理。

以上的論文中所說，是依勝論外道的主張，摧破勝論外道外於八識心王、而說有「離識實有」的「實、德、業、有、同異、和合」等六法自體獨存的說法，將所有諸法全部歸結到「一切法唯識」的宗旨來。

## 第三節　破大自在天等第三類外道

### 第一目　破大自在天為有情的生因

論文：「有執有一大自在天，體實遍常，能生諸法。彼執非理，所以者何？若法能生，必非常故；諸非常者，必不遍故；諸不遍者，非眞實故。體既常遍，具諸功能，應一切處時，頓生一切法。待欲或緣方能生者，違一因論；或欲及緣，亦應頓起，因常有故。」

語譯：【有外道執著說：有一位大自在天，體性眞實又是遍一切處而且常住，他能出生一切諸法。他們的執著不是正理，這是什麼緣故呢？如果有一個法是能出生其他的法，那個法就有作用而必定非常的緣故；一切屬於非常的法，就必定不能遍滿一切有情界的緣故；諸多不遍滿一切有情界的法，都不是眞實常住體的緣故。反過來說，那個能生法的自體既然常恆而遍於一切有情界中，又具備了各種能生的功能，便應該能於一切處、一切時中，頓時出生一切法而不必等待欲心所生起作意或藉因待緣才能出生諸法。若是等待有出生他法之欲心所生起、或必須藉緣方能出生諸法時，便違背他們自己所主張的一切有情全部源於同一因的論議；或者這個大自在天出生諸法之欲心所以及所藉助之外緣，也應該能頓時一起生起，由於這個遍一切處而能生的、一切有情同屬的唯一之因，是一切時都永續存在的緣故。】

釋義：「有執有一大自在天，體實遍常，能生諸法。」有另一種外道執著說，在色界天最高之處，有一位大自在天王，他的體性是眞實而且遍住於一切有情界中，又是常住不壞的永恆之法，他能出生器世間及一切有情等諸法。這類外道同於現代一神教的立論，認爲一切有情全部是從上帝五陰中變化而出生的，只是細節上有些許差異。

這類外道說，有一位大自在天王住在色界之頂，他有三目八臂，騎著一頭白牛，他是三千大千世界主。他們認爲這位大自在天王的體性是眞實、遍一切處、常住不壞，並且能出生一切有情，具足這四種法性。當年天竺有奉侍大自在天的外道謗佛亦謗法故，被 世尊所破，論主玄奘因此特破大自在天外道所立之理。

大自在天王，梵言莫醯伊濕伐羅，是具足五陰的有情。彼等執有大自在天王是遍十方一切處，身如虛空之量；亦是常住，能生萬物及有情。這其實是誤計**不平等因**，那一類外道又說大自在天王之變化身另有住處。這便是一因論，認爲一切有情都來自同一個「大我」主體，而不是每一有情各自都有自己的主體第八識。以上外道所說，除於隨後論文中所破謬理以外，容於增上班中別破之。

已故香港月溪法師亦是此類外道見，才會有《大乘絕對論》中說的：**一切有情的主體是同一個大我，而與有情各別有所聯結；猶如經濟學中說的「托辣斯」控股公司一樣，掌控著許多公司**。其邪見，詳如拙著的結緣書《正法眼藏—護法集》中所破，此處勿作援引，以免唐增篇幅。

**「彼執非理，所以者何？若法能生，必非常故；諸非常者，必不遍故；諸不遍者，非眞實故。」**論主玄奘破斥大自在天王常而能生萬物之理，說他們的執著並不是正理；然而是什麼緣故這樣說呢？這要先從能生則「有作用」來說，如果有某一個法是能出生其他許多法的主體，從世間法的定律來說，這個法就必定非常，因爲「有作用」故；然而他們主張的大自在天王是常，又是「有作用」，不符正理。如果大自在天王眞的是常，常即不變異，那麼大自在天王就不可能有變化的能力，怎麼能出生各個有情？

反過來說，凡屬於非常的一切法，都必定不能遍處於所出生的其他有情等一切法中，所以此類外道主張大梵天王常的說法不能成立。又，凡屬於不能遍處於一切有情界的法，就都不是眞實體的緣故，當然不該說是常而又遍滿一切有情身中，也不該說之爲常而又能生一切有情等諸法。

大自在天外道所說的道理，不同於第八阿賴耶識。阿賴耶識心體是常，永不變異其性，而且常住不滅，卻是每一有情都各自有自己「唯我獨尊」的第八識如來藏；但一切有情自己如來藏心體所含藏的各類種子無量無邊，不斷變異而具足各種三界法的自性故非常，所以能生任何種類的有情及器世間等法，因爲有**大種性自性**等七種性自性故，但在一切六塵境界等萬法之中從來不起作用，離見聞覺知。所以大自在天王既是一切有情共主，必然有五陰；又有欲心所而起意出生一切有情，亦證明有五陰，即不可能遍於一切有情的五陰等處；如是能生一切有情的法性的說法，不同於第八識如來藏生現萬法的法界現量與眞理。

**「體既常遍，具諸功能，應一切處時，頓生一切法。」**再從大自在天王若是常、遍時，應該能同時頓生一切法來破斥，所以反過來說，大自在天王自體五陰既然常恆而且遍處於一切有情界中，成爲一切有情背後的共同大我，又具備了各種能生的功能時，便應該能於一切處、一切時中，都能頓時出生一切有情而不必待因藉緣。然而大自在天王卻不是如此頓時變生一切有情，從現量上看來諸有情仍是待因藉緣而生的，可見一切有情並非同一位大自在天王所出生者，證明這類外道建立的道理不能成立。現在一神教所說上帝出生一切有情的說法，同樣荒謬，准此同破。

此外，一切有情自己的第八阿賴耶識如來藏，都可以和有情隨時隨地互動而有各種六塵外的了別及其他功能，可以被證悟的菩薩們在現量上觀察出來；然而大自在天王是如何與所生的有情互動的，卻不是任何人可以觀察出來的，連大自在天王或一神教上帝自身也無法現觀。所以《阿含經》中記載，有一時，大自在天王下來人間晉見 佛陀請問正理，佛陀藉此因緣質問他：是否眞的由他出生有情及世間。他避而不答，但 佛陀再三質問，他最後只好承認不是由他所生的，但是人們都這麼說，他也不便否認。亦如某一比丘從欲界天往上求問諸天，最後請問大梵天王某一問題時的問答，證明一切有情與器世間都不是大自在天王或大梵天王所變生的，詳如《長阿含經》卷十六所說。

**「待欲或緣方能生者，違一因論；或欲及緣，亦應頓起，因常有故。」**「一因論」是說，一切器世間及一切有情都是由同一能生的因所創造，即是大自在天外道所說，或如今時的一神教所說。若這能生的造物主大自在天或上帝，是等待有出生之欲或有外法的藉緣時，才能出生諸法的話，便違背他們自己所主張的「一因論」，因爲還需要有許多的藉緣才能出生有情故。而這位具有五陰的造物主出生諸法之欲以及藉緣，也是應該頓時生起而在同一時中出生了一切有情，不該有先後及藉緣方能前後出生不同的有情，由於這個遍滿一切有情身中而能生的唯一因——造物主，是常時都存在的緣故。

若必須有欲心所而想要變生各類或一類的有情，則這樣的造物主即是意識的境界，攝屬五陰的範疇，不能自外於五陰中的意識；然而意識自己是因緣相觸所生的生滅法，不是常住之法，又何能創造一切有情的五陰身心？而且必須另有藉緣所依才能存在的意識，自身本是所生法；舉凡所生法，都不會有能生的功能，又何能出生其他的有情？是故大自在天或大梵天王，或是上帝、祖父、造物主等有情的五陰身心，都不可能出生其他的有情與器世間。

### 第二目　再破七種外道所計

**論文：「餘執有一『大梵、時、方、本際、自然、虛空、我』等常住實有，具諸功能，生一切法，皆同此破。」**

**語譯：【其餘各種外道們執著有一個『大梵天王』，或是執著有一個『時間、方位、本際、自然、虛空、大我』等某一法常住，而且是眞實有，又具備種種的功能，可以出生一切法，全部都同此一破。】**

**釋義：**除了以上所說較有名氣的外道以外，也有人執著有個「大梵天王」，說他是常是遍，能出生一切有情與諸法。或者執著有「時間」是常住、是唯一的，能出生一切有情與諸法。或者有外道執著某一個「方位」，是常住而唯一，能出生一切有情與諸法。或是執著於「本際」，主張於過去最初之時名爲「本際」，是常住法，能出生一切有情與諸法。或是執著有一個法名爲「自然」，眞實而常住，能出生一切有情與諸法。也有人執著「虛空」或「大我」等法，宣稱其體性是常住而眞實有，具備各種無邊的功能，能出生一切法。

但這七種外於眞實心如來藏而在心外求法的外道們，所主張的邪見歪理，全部都同樣在上面所說的這些道理中，一起全部加以破盡了。此如色界天中有許多梵天們，都認爲有一大梵天王，是一切眾生之主，能出生一切眾生，是一切有情的眞正父母；而此大梵天王因此便自稱是一切眾生的父母，宣稱一切眾生是他所出生的，如《長阿含經》卷十六所說[27]。但他其實也是這七種外道之一，同一所破。

27《長阿含經》卷十六：【「如是展轉，至兜率天、化自在天、他化自在天，皆言：『我不知四大何由而滅？上更有天，微妙第一，有大智慧，名梵迦夷，彼天能知四大何由永滅。』彼比丘即倏趣梵道，詣梵天上問言：『此身四大，地、水、火、風，何由永滅？』彼梵天報比丘言：『我不知四大何由永滅，今有大梵天王，無能勝者，統千世界，富貴尊豪，最得自在，能造化物，是眾生父母，彼能知四大何由永滅。』長者子！彼比丘尋問：『彼大梵今爲所在？』彼天報言：『不知大梵今爲所在，以我意觀，出現不久。』未久，梵王忽然出現。長者子！彼比丘詣梵王所問言：『此身四大，地、水、火、風，何由永滅？』彼大梵王告比丘言：『我梵天王無能勝者，統千世界，富貴尊豪，最得自在，能造萬物，眾生父母。』時，彼比丘告梵王曰：『我不問此事，自問四大，地、水、火、風，何由永滅？』長者子！彼梵王猶報比丘言：『我是大梵天王，無能勝者，乃至造作萬物，眾生父母。』比丘又復告言：『我不問此，我自問四大何由永滅？』長者子！彼梵天王如是至三，不能報彼比丘四大何由永滅。時，大梵王即執比丘右手，將詣屏處，語言：『比丘！今諸梵王皆謂我爲智慧第一，無不知見，是故我不得報汝言：「不知不見此四大何由永滅。」』又語比丘：『汝爲大愚！乃捨如來，於諸天中推問此事。汝當於世尊所，問如此事；如佛所說，善受持之。』又告比丘：『今佛在舍衛國給孤獨園，汝可往問。』」】

## 第四節　破聲論外道

**論文：「有餘偏執《明論》聲常，能爲定量，表詮諸法。有執一切聲皆是常，待緣顯發方有詮表。彼俱非理，所以者何？且《明論》聲，許能詮故，應非常住，如所餘聲。餘聲亦應非常，聲體如瓶衣等，待衆緣故。」**

**語譯：**【還有其他外道的偏執說：《明論》之聲是常，能作爲一切法的定量，用以表詮諸法，所以《明論》之聲是常。也有執著一切聲全都是常，只是需要等待因緣而顯發出來的時候，才會有所詮表。但他們的主張同樣都不是正理，所以者何？且說《明論》之聲，既然允許爲能詮的緣故，便應該不是常住，猶如所說《明論》以外的種種聲一樣非常。其餘的種種聲也應該屬於非常，因爲一切聲之體猶如水瓶與衣物等，都是要相待衆緣和合才能生起的緣故。】

**釋義：**「有餘偏執《明論》聲常，能爲定量，表詮諸法。」《明論》音譯爲《韋陀論》、《吠陀論》，「吠陀」意思即是「明」。《明論》意謂明白諸眞實事的議論。印度的婆羅門認爲《明論》之聲音，具有令人明解各種法的功能，因此主張「明論之聲常」；因爲他們

若有有情五陰而能出生萬法者，必知四大何由永滅，但大梵天王不能知之，證非出生萬法者。

認爲「明論之聲」可以作爲一切法的定量，用來表詮所有諸法，所以認定是常。

**「有執一切聲皆是常，待緣顯發方有詮表。」**也有人執著說，一切聲音全部都是常，只是需要等待其他的眾緣而顯發出來之時，才會對世間的事相有所詮釋與表白；如果尚未遇緣顯發之時，雖然無聲，但一樣是常住的，只是不發聲而沒有對事相作出詮釋或表白罷了。

**「彼俱非理，所以者何？且《明論》聲，許能詮故，應非常住，如所餘聲。餘聲亦應非常，聲體如瓶衣等，待眾緣故。」**現代印度的聲論外道其實是源於這種外道，來到臺灣弘揚所謂觀音法門的那個女人，自稱青海無上師，實質上即是印度的聲論外道；她所推廣的只是觀聽聲音的法門，不是《楞嚴經》中說的觀音法門（觀世音菩薩的修行法門）。於古印度的婆羅門中有許多人如是信受奉行這種邪見，但他們的主張與其他的外道同樣都不是正理，爲什麼呢？且先說聲的體性：

《明論》所演說出來的音聲，既然被承認爲具有能詮的自性或功能，以此緣故便落入「能詮」與「所詮」的相對法之中；既屬於其中之一，則是相待之法，當然應該不屬於常住法，因爲常住法、眞實法永遠都是**絕對待**故。猶如所說《明論》以外的一切不同音聲一樣，《明論》之聲音也是落在「能詮」與「所詮」之中；而常住法是**絕對待**的，從來不落入能所之中。

至於《明論》以外的種種聲，或是天籟、貓狗、人類等一切聲，乃至《明論》之聲，也應該同樣屬於非常，因爲一切音聲之體並非實有，是依託於五陰、有情作意，或是依託於空氣、物品、山河、四大等法才能生起及存在，而且現見是生住異滅的無常法性。是故聲體猶如水瓶與衣物等，全都是相待於眾緣的和合才能生起的，生起以後也不能常住，隨即消失而告壞滅，然後才又藉緣生起，也是同樣隨即壞滅；以此緣故，《明論》外道主張「聲是常」的說法，全然無稽，屬於妄想，當然不是能出生一切法的「**眞我**」。

雖然聲論外道也有支派，各有所說而分爲各種不同的種類，然而都同樣落入玄奘如是一破之中，不能成立。《瑜伽師地論》卷八十一也說：「**能詮相者，謂即於彼依止名等，爲欲隨說自性差別所有語言，應知此即是遍計所執自性相。**」

由於「能詮」之相是在音聲以及聲音之後演化出來的文字上面所顯示出來的，若離聲音及文字等，即無「能詮」之相，因此並無常住的實體。而且聲音與文字都是依於他法而起的依他起性，實無自己獨立存在的自在性，絕非常住法，也沒有能生的功能，不可能是萬法的根源；而其「能詮」是於這些依他起性的聲音與文字上產生作用，外道執以爲實，就成爲遍計所執性。所以「能詮」以及「能詮」所依的聲音與文字，全都是生滅性、無常性，不可執著爲常，當知絕非有情的本源，絕對不是「眞我」。

至於聲論外道所說「聲遍一切處」的道理，也是同此一破，學人應該如是加以如理作意的思惟，遠離聲論外道的邪見。

## 第五節　破極微外道

### 第一目　色法無常亦不能自行合聚

論文：「有外道執：『地水火風極微實常，能生粗色；所生粗色不越因量，雖是無常，而體實有。』彼亦非理，所以者何？所執極微，若有方分如蟻行等，體應非實；若無方分如心心所，應不共聚生粗果色；既能生果，如彼所生，如何可說極微常住？又所生果，不越因量；應如極微，不名粗色；則此果色，應非眼等色根所取，便違自執。若謂果色，量德合故，非粗似粗，色根所取。所執果色既同因量，應如極微無粗德合；或應極微亦粗德合，如粗果色，處無別故。」

語譯：【有外道執著說：「地水火風四大極微物質是眞實、是常住不壞的，能出生各種粗糙可見的果地色；但極微所出生的粗糙色法不會超越極微因的現量，所生粗色雖然是無常，而體是極微，極微則是實有的。」答：他們的立論也不是正理，爲何如此呢？他們所執著的四大極微，若是物質而有方位與分量，猶如蟲蟻等類的行動一樣可以看見，那麼四大極微的自體就應該不是眞實而且不是常住不壞；如果改說這四大極微等物質沒有方位、分量等，猶如六識心及其心所法一樣沒有色法而無質礙，那就應該不能共同聚合起來出生粗糙的果地色法；如今所見四大極微既然能出生果地的粗糙色法，猶如現見的彼四大極微所生所現的果地色法有生必滅，又如何可以說四大極微是常住不壞？

而且四大極微所出生的果地粗色，既然說是不超越**極微因**的現量；那麼**果地色**就應該猶如四大極微一樣不能眼見，也不能稱爲粗糙的果地色法了；那麼這個果地的粗糙色等，應該不是眼等色根所能攝取，便違背他們自己所執著的說法了。如果極微外道辯解說：「果地粗糙的色質，是由四大極微的分量功用所合成的緣故，不是粗色而看似粗色，就能被眼根身根等所執取。」然而，極微外道所執著的果地粗色既然同於其因四大極微的分量，就應該猶如四大極微一樣不具有粗色的功用，便不該和合成果地的粗色；或者應該四大極微同樣也是粗色的功用和合所成，那麼四大極微就應該猶如粗果色一樣，因爲四大極微就是粗果色而成爲二者處所相同，並無別異的緣故。】

**釋義：「有外道執：『地水火風極微實常，能生粗色；所生粗色不越因量，雖是無常，**

**而體實有。』」**有一種外道名爲極微外道，亦名順世外道，他們執著說：「地水火風四大極微物質，是眞實存在，也是常住不壞的，這四大極微能出生各種粗糙可見的色法，例如瓶、盆及有情的色身；極微所出生的粗糙色法不會超越極微因地的現量，雖然四大極微聚集所成的果地色是無常，而本體是極微，極微則是實有不滅的。」他們認定一切有情的色身與精神都由四大極微所生，死後四大分解又復回歸四大極微，而四大極微在三界中不增不減，永遠不會滅盡。這也是物能生心的大邪見。

**「彼亦非理，所以者何？所執極微，若有方分如蟻行等，體應非實；若無方分如心心所，應不共聚生粗果色；既能生果，如彼所生，如何可說極微常住？」**極微外道們的立論並非正理，爲何這樣說呢？因爲他們所執著的四大極微，如果是物質而有方位與分量，好像蟲蟻等類行動時有方位與分量移動而可以被吾人所看見一樣，那麼這四大極微自體就不可能是眞實常住的，應該是隨時都在變化，不該是常住的不壞法，不可能是有情生命本源的「**眞我**」。並且四大極微是物，即使組成爲有情的色身時也仍然是物，物不能生心，怎能出生五陰中的七轉識等精神。

只有心與心所法才能沒有方分，四大極微則有方分，方能合成粗果色；然而粗果色的合成，卻不是單有四大極微便可以合成；因爲物與物之間，必定要有其他的因緣方能合成，例如有情的色身，並非外於第八識如來藏而可以合成任何一個活體。所以要由有情的第八識入胎而住，攝取受精卵以後住在子宮中，由如來藏從母體血液中攝取四大極微來合成有情的色身，才能成爲一個活體，否則終究只能如同死屍一樣。所以四大極微既有方分，而沒有心與心所來合成時，四大極微就無法合成有情果地的色身；由此證明四大極微必須要有方分，加以心及心所的運作，方能合成果地色的有情色身。

極微外道若是爲了自救而反過來說，四大極微沒有方分。這也有問題等著他們：四大極微等物質若是沒方位與分量等，猶如六識心和相應的心所法等純屬精神，就應該不是物質而不能稱爲色法，當然也不能共同聚合起來出生粗糙的果地色法有情色身，自然也不能稱爲四大極微了。

如今從現量上所見，四大極微既然能出生有情果地的粗糙色法五色根，並且是活體而非屍體，顯示出來是有四大極微所生的果地色法存在，證明四大極微本是微細的物質；然四大極微並非本有，而是共業有情的第八識共同變生出來的物質，物必有壞，例如阿羅漢入無餘涅槃時，屬於他的那一分四大極微即告滅失，又如何可以說四大極微是常住不壞的？

只有依於絕對多數的凡夫世界而言時，才說四大極微常住不壞，如《瑜伽師地論》

中的聖教。所以極微外道說：「四大極微在三界中不增不減，永遠不會滅盡。」此說並不正確，應該說：當十方三界中都沒有佛教正法流傳時，不會有人成功入無餘涅槃的前提下，四大極微才是常住不壞而永遠不增不減，所以有的經中或論中依此前提而說四大極微不可壞，並無矛盾。然而不迴心阿羅漢們入無餘涅槃時，他們相應的宇宙中那一分四大極微，也就跟著消失了，證明四大極微也是可壞的。所以應該說，四大極微非可壞、非不可壞，證明極微外道的說法不正確。此下依四大極微所生果地色，分破及合破四大極微、勝論等外道：

「**又所生果，不越因量；應如極微，不名粗色；則此果色，應非眼等色根所取，便違自執。若謂果色，量德合故，非粗似粗，色根所取。所執果色既同因量，應如極微無粗德合；或應極微亦粗德合，如粗果色，處無別故。**」依極微外道的說法，四大極微所出生的果地粗色，仍然是物質色法的極微四大未和合的狀態而無改變時，當然不可能超越極微這個根本因的現量，才能說是「不越因量」；那麼四大極微聚合而成的果地色法就應該猶如極微位的四大一樣不能眼見，不能超越父母所給與的四大極微的相貌，一定不能成就其色身，當然不能稱爲粗糙的果地色法。那麼這樣處於極微狀態下的果地粗糙色法物質等，便應該不是眼等色根所能看見，也不是手等身根所能把捉的，是不可觸知的物質，這樣便違背極微外道自己所執著的說法了。

這時勝論外道改爲主張說：「量德合故，非粗似粗，色根所取。」他們如是辯解：「果地粗糙的色法物質，是由四大極微的分量功用合成的緣故，不是粗果色而看似粗果色，所以能被眼根所見以及身根等所執受。」然而此辯同樣無理，世人皆知其爲強辭奪理。因爲極微外道所執著的果地粗色，既然同於其能生因四大極微的方分與質量，就應該猶如極微尚未合成有情的粗色根時一樣，不具有粗果色的功用與色相，本來就不可能和合成果地五根的粗色；或者應該說，四大極微同樣是由果地粗色的功用和合所成，那麼四大極微就應該猶如粗果色一樣而不能再稱爲四大極微了。這是因爲依他們所說，四大極微就是粗果色，而成爲因色與果色的處所分量全都相同，並且四大極微的內涵與粗果色沒有什麼不同的緣故。

## 第二目　物質不得單獨成就色身的因果

論文：「若謂果色遍在自因，因非一故可名粗者，則此果色，體應非一；如所在因，處各別故；既爾，此果還不成粗，由此亦非色根所取。若果多分，合故成粗；多因極微，合應非細，足成根境，何用果爲？既多分成，應非實有，則汝所執前後相違。」

語譯：【假使極微外道反過來辯解說：「四大極微和合所成的果地色身是普遍存在自己的本因四大極微之中，但由於極微本因和合起來以後不只是單一的緣故，可以名爲粗果色。」假使他們這麼說的話，那麼這個由極微和合而成的果地色身，其和合所成之體應該不是單單只有一個；因爲果地色法一定猶如它所在的尚未和合時的極微本因一般，處所各各不同而尚未和合的緣故；既然如此，這個果地色身便應該回到本因極微的狀態而不能成就爲粗果色的色身，由於這個緣故也就不是人身的有色根所能攝受或執取的了。極微外道若是又改口說「果地色有很多的四大極微本因，和合起來的緣故而成爲粗果色」；然而既是有很多四大不同的本因極微，和合起來以後顯示出來時就應該不是極微細的四大本因未和合時的狀態，既然四大極微本因自己已經足夠成就人們有色根所執受的境界了，那又何必再和合成爲果地色，這樣建立又是想要幹什麼呢？而且，既然果地色是由很多分的四大極微本因和合所成就而仍然保持未和合時的狀態，那麼果地色身應該就不是眞實有，那麼你們極微外道所執著的說法，也就成爲前後所說互相違背了。】

釋義：「**若謂果色遍在自因，因非一故可名粗者，則此果色，體應非一；如所在因，處各別故；既爾，此果還不成粗，由此亦非色根所取。**」德國人馬克思的無神論、唯物論思想，即是近代的極微外道，同樣落入物能生心的大邪見中；但其思想遠不如古印度極微外道的精細，然而至今依然流傳於中國廣被信受，德國人比中國人聰明，他們是早已把它拋棄了。

極微外道被人質問以後假使反過來說：「四大極微和合所成就的果地色身，是普遍存在自己的本因四大極微之中，但由於四大極微本因和合起來以後並不是單一的緣故，也可以名為粗果色。」如果他們這樣主張的時候，就會有問題產生，因為這個由四大極微和合而成的果地色身物質，它的本因之體應該不是單單只有一個或是一類極微，而是具足四大極微，並且是很多分量的四大極微來和合成的，單有一個極微或單有一類極微，是無法和合成功果地色身的；這是因為果地色身物質一定猶如它所在的四大極微本因一般，組成果地色身的四大極微的所在應該是已經和合轉變而各在不同的處所，沒有單一的極微可以和合為一個果地色身有色根或物品；既然如此，這個果地色法的物質就應該回到本因四大極微的狀態，而不會聚集在一起，便不可能成為粗果色的色身了。由於這個緣故，說果地色身或色法，就不是人身的有色根所能攝受或執取的了；那麼父親就不能抱著剛出生的兒子或女兒，壯年的兒女也不可能抱住年老時的父母親了，又如何能孝順服侍而組成一個家庭。

**「若果多分，合故成粗；多因極微，合應非細，足成根境，何用果為？」**極微外道假使又改口說：「果地色有四種極微本因，是多分和合起來的緣故而成爲粗果色。」然而這樣辯解時也有矛盾產生，和合前既是有很多種的本因極微四大，和合起來時又主張各自都仍然有本因極微的現象普遍存在，事實上卻已經是有很多四大極微和合而成爲果地色，此時本因四大極微的法相就消失了，這時就應該不是極微狀態下的微細本因。反之，既然四大極微本因自己已經足夠成就人們有色根所執受的境界了，那又何必要和合成果地的色身來執受各種境界？那麼極微外道這樣重複而矛盾的建立，又是想要幹什麼呢？

「**既多分成，應非實有，則汝所執前後相違。**」而且，既然果地色身或瓶盆等，都是由多分（四種）的極微本因所成就的，這果地色法便是和合所成的，本質上應該是極微本因會壞滅而不是眞實有，那麼那些極微外道所執著的「**四大極微實有而常住，果地色也如同四大極微實有而且常住**」的說法，也就成爲前後所說互相違背而不可信了。

### 第三目　物不能自己和合成果地色

論文：「又果與因，俱有質礙，應不同處，如二極微。若謂果因體相受入，如沙受水、藥入鎔銅。誰許沙銅體受水藥？或應離變，非一非常。又粗色果，體若是一，得一分時，應得一切；彼此一故，彼應如此。不許、違理，許、便違事；故彼所執，進退不成，但是隨情虛妄計度。」

語譯：【此外，果地色與四大極微本因，同樣都是有方分、有質礙的，應該不能同時同處並存，猶如二個極微不能同在一個空間之中。極微外道若是改口說，果地色法與本因極微色體可以互相容受、互相滲入，猶如細沙容受水分、或如藥物進入鎔銅之中。然而，是誰接受沙子與銅的自體可以容受水分與藥物？或者應該沙水之體分離、黃銅入藥而產生變異，使果地色與四大極微本因應該像這樣非一又非常才對。而且粗糙色法的果地色，它的自體如果是一體的，那麼取得其中的一分時，應該就是取得全部了；因為彼與此是一體的緣故，所以「彼」應該猶如「此」一般無二。如果極微外道不允許這個道理成立，他們就違背自己的正理；如果他們允許這個道理成立，便又違背了事相上的證據；以此緣故，他們所執著的道理，不論往前進或往後退都不能成立，就只是隨著自己的情解妄想的虛妄認知，而作出了猜測罷了。】

釋義：「又果與因，俱有質礙，應不同處，如二極微。」此外，果地色的人身或瓶盆，與四大極微本因，同樣都是有質礙而有方分，會互有排擠，應該不可能存在同一處空間，猶如二個極微不能同在一個空間存在一樣。因為果地色與四大極微本因，一定不會同時同處呈現出來；必然是成為果地色時就失去四大極微本因，若是仍然處在四大極微本因時，就是四大極微還沒有和合，依舊是四大極微各自存在，就沒有和合後的果地色。必須是四大極微已經和合而改變成果地色，而其四大極微之相已經和合而消失了，才能成就果地色法；不可能成就果地色法時而其極微本因的四大依舊分離，維持四大各自分離的本因狀態。

**「若謂果因體相受入，如沙受水、藥入鎔銅。誰許沙銅體受水藥？」**極微外道若是改口說，果地色與本因極微四大色體，可以互相容受、互相滲入，猶如細沙容受水分，或如藥物進入鎔銅之中一樣。

但黃銅與藥物加熱而鎔成液體時，並沒有使藥物融入黃銅極微之中，只是間離在黃銅的四大組成分子的間隙中，冷卻以後的顏色就轉變了，沒有一個有智慧的人接受藥物眞的融入黃銅的四大極微之內。沙中入水的道理也是一樣，水並沒有融入沙子的四大極微之中，水只是存在沙子四大的間隙之中，所以沙子乾燥以後就顯示新融入的水大已經全部離開了。所以就問：又是誰會接受沙子與銅的自體，可以容受水分與藥物？

**「或應離變，非一非常。」**或者在現象上來看時，水滲入一個沙體以後，應該會使一個沙體分離成爲二個沙體，因爲水大介入二個沙體之間了，就應該使一個沙子分離成兩個沙體，就應該「極微因」仍存在而呈現分離狀態，而不是果地色成就時「極微因」

就消失了。或是沙子入水以後，水就永遠存在沙子之中，使沙子永遠都是濕的軟的，然而並非如此。當藥物融入黃銅以後也應該會使黃銅產生變異，但在事實上卻沒有如此，依舊是黃銅的本質，只是因爲藥物間雜於黃銅四大的間隙中，冷卻以來就使黃銅變色了，藥物並沒有融入黃銅的四大極微之中。因此證明，果地色與極微本因，應該像此時的現實狀態所顯示的一樣，是非一而且非常才對。

然而，以許多分量的沙子作比喻時，只是許多沙子互相之間的空隙滲入了水，同時也是每一粒沙子的四大極微空隙中滲入水大，但沙子自體的四大依舊沒有與新滲入的水互相融合，所以水分乾掉以後許多沙子依舊呈現分離而沒有和合的狀態。或說沙堆被水滲濕以後，每一顆沙子依舊是個體而沒有因爲水就全部混合爲一個整體，表示沙體並沒有與水和合，所以不能說果地色與因地四大本因同時存在。

此如《成唯識論述記》卷一所說：「述曰：今破之云，誰許沙、銅體受水、藥。此即不許沙體受水，但入二沙中間空處，不入一沙體之中也（註）。亦應果色入二極微中間空處，不入一極微之體中。謂藥入銅亦復如是，即是造金鍮石是也；謂藥於銅中安，變成金時藥但入銅之空隙處，非入極微之中。是此宗義，此顯不入義。」（註：應改爲「但入一沙四大中間空處，不入一沙體四大之中也」，謂其後已說「亦應果色入二極微中間空處，不入

**一極微之體中**」，此謂沙與銅之個體中都仍有空隙，得使水與藥進入沙與銅的四大個體間隙之中，而非入於沙或銅的四大極微之中。）

「**又粗色果，體若是一，得一分時，應得一切；彼此一故，彼應如此。**」而且粗糙色法的果地色，它的自體如果是一個整體而非聚合許多的四大極微來成就的，那麼當我們取得果地粗色中的一部分時，應該就是取得果地色的全部了；因為粗大的果地色就不該依舊是由許多的極微所聚合成就的了，這是由於極微外道主張四大本因極微即是果地色時，極微因與果地色是彼此一體的緣故，所以彼極微因就應該猶如這個果地色一般。

「**不許、違理，許、便違事；故彼所執，進退不成，但是隨情虛妄計度。**」如果極微外道不允許這個道理成立，他們不免違背自己所主張的道理；如果他們認同而允許這個道理成立，卻又違背了在事相上的現量證據；由於這樣的緣故，他們所執著的道理，不論往前演進或往後退減而作出更多主張時，必然全都不能成立；這已經證明極微外道的各種並同的說法，全都只是隨著自己的虛情妄解而作出了虛妄想的主張，只能說是由於無智而作出來的猜測，所說都只是思想而非實證，絕對不是正理。如是，他們所說四大極微是有情生命的本源或是「**眞我**」，道理當然也不能成立。

## 第六節　綜論諸法無我而歸結四種外道法本質

### 第一目　再破數論外道等

論文：「然諸外道品類雖多，所執有法不過四種：一、執有法與有等性，其體定一，如數論等。彼執非理，所以者何？勿一切法即有性故。皆如有性，體無差別，便違三德我等體異，亦違世間諸法差別。又若色等即色等性，色等應無青黃等異。」

語譯：【然而各種外道的品類雖然很多，他們所執著的所謂實有或實我之法，歸類起來不超過以下四種：第一種：執著「有法」與「『有』法所產生的種種法性」，它們的自體必定是同一個——例如數論外道各部派等人。但他們的執著不是正理，所以者何？不可能「所產生的一切有法」等於「有法自性」的緣故。當他們主張有法所生的一切法皆如同有法的自性，互相之間的法體是同一而沒有差別時，這樣便違背「三德我」等諸我的自體有所差異的主張，同時也違背現見世間諸法互有差別的現量。而且假使色塵即是色塵等法的自性，那麼色塵等法就應該沒有青黃赤白等差異的存在。】

釋義：「然諸外道品類雖多，所執有法不過四種：一、執有法與有等性，其體定一，

**如數論等。彼執非理，所以者何？勿一切法即有性故。皆如有性，體無差別，便違三德我等體異，亦違世間諸法差別。又若色等即色等性，色等應無青黃等異。」**玄奘在世時的當年天竺各種外道的品類很多，全都是從常見與斷見引伸演變出來的，共有六十二種之多，猶如佛世一般；但斷見也是基於常見所演變出來的，是由於智慧不夠而不懂「**假必依實**」的道理，所以落入斷見中；若從本質上追究時，卻仍然是依常見而有，但往往自覺見地非常好，無人能及，所以斷見者的見取見非常強烈。例如中觀應成派即屬於斷見類，所以釋印順一生極力評論諸方，乃至對《阿含經》都作了否定與鬥爭，不承認所有阿含部經典都是佛說，只承認一小部分。若有人評論他的法義時，不論對方的身分夠不夠分量，他也從來都不隱忍而隨即加以回擊，此即是見取見的具體表現。

但末法時代不論是佛門內或佛門外，落入常見與斷見中的各種外道見雖然極多，他們所執著的所謂實有而常住之「**眞我**」，全部集合而歸類起來，不超過四大類：

第一種：認定「**有法**」與「**有法所產生的種種法性**」，說它們的自體必定是同一個而執著不捨；執著這種邪見而不改變的人，就是數論外道中的各部派。數論外道的思想由於不究竟而必須演變，如同聲聞法的部派佛教一樣不究竟而必須持續演變；由有演變而有分裂，導致他們後來分裂到十八個部派之多，猶如佛教中的聲聞部派佛教一般，不同於大乘佛教諸菩薩們前代與後代之間一脈相傳而不能也不曾改變。這些外道不論處於佛門之中或之外，他們的法義大約如上所說，所以玄奘在論文中說「**如數論**『**等**』」。亦如《成唯識論述記》卷一所說：「**述曰：此即僧佉自部之中分爲十八部，故今言『數論等』；或他外道等，非一。**」

但數論外道十八個部派的執著都不是正理，因爲他們所說的基本理論都不外於「**薩埵、刺闍、答摩**（有情—貪、微塵—瞋、闇鈍—癡）」等「**三德我**」，而能生的「**冥性**」和變易的「**三德我**」，乃至「**冥性**」藉由「**三德**」實我來出生的「**大、我慢、五唯、五大、五知根、五作業根、心平等根**」，也全都是被展轉出生的，所以他們說的「**有法與有等性，其體定一**」的道理，一定不能成立。

爲何這麼說呢？這是由於「**所產生的一切法性**」，不可能等於「**能生的有法自體性**」的緣故；例如車子有行駛的自性，但行駛的自性不等於車子。但他們主張被「**有法**」所生的一切法性，全部等於「**有法**」，認爲「**有法**」與「**有法所生的一切法性**」，二者之間的法體是同一而沒有差別的；猶如主張說，車子有行駛的自性，而行駛的自性等於車子；但這樣就違背「**三德我**（有情、微塵、闇鈍）」等我的自體有所差異，也使能生的「**冥性**」與所生的「**三德我**」成爲一體，就不該區分爲二類的「**冥性**」與「**三德我**」，而「**三德我**」

也不該區分爲「薩埵、剌闍、答摩（有情、微塵、闇鈍）」等三法了。

同理，於「三德我」之後才出生的「大、我慢、五唯、五大、五知根、五作業根、心平等根」，乃至最後才出現的第二十五諦「我知（精神我——外道神我）」的建立，也一樣不能成立，這道理是相同的。而且，數論外道這樣的主張，同時也違背了現量中可以證明的事實：有智之人都可以現見世間諸法互有差別而非一體。

此外，假使五大中的五塵，即是五塵等法所顯示的自性，那麼五塵等法就應該都是同樣的一性，色塵中就不該有青黃赤白的明顯差異，也不該有更微細的顏色差異存在；其餘四塵也是如此。由此也可以證明數論外道所說的，「有法」與「有法所生諸法的自性」其體是一的說法，完全無法成立。當玄奘寫好了《成唯識論》，在天竺提出這樣的論證時，十八派的數論外道們都無法置一詞以答。

### 第二目　再破勝論外道等

論文：「二、執有法與有等性，其體定異，如勝論等。彼執非理，所以者何？勿一切法，『非有』性故；如已滅無，體不可得，便違實等自體非無，亦違世間現見有物。又若色等非色等性，應如聲等非眼等境。」

**語譯：**【第二種：執著「有法」與「『有』所出生的種種法性」，認爲二者之間的自體必定互異——例如勝論外道中的各部派等人。但他們的執著並非正理，所以者何？因爲不可能所生的一切法，成爲「非有」之性的緣故；猶如已滅之後的無，自體都不可得，所以勝論外道的主張便違背了「實、德、業」等自體確實存在而非無的現量，同時也違背世間現見的各種存有等物的事實。而且，若依他們所主張而說色等不是色等的自性，就應該猶如聲等五塵不是眼根、眼識乃至身根、身識所觸的境界一樣。】

**釋義：**「**二、執有法與有等性，其體定異，如勝論等。彼執非理，所以者何？勿一切法，『非有』性故；如已滅無，體不可得，便違實等自體非無，亦違世間現見有物。又若色等非色等性，應如聲等非眼等境。**」歸納分析後的第二種外道是勝論外道，他們與數論外道的主張相反，認爲「有法」與「有法所出生的種種法性」，二者之間的自體一定互異而不同，堅執不捨而與別種說法互爭。

勝論外道的主張也有很大的過失，由於不圓滿、非眞實而不得不持續演變，於是後來也同樣演變成十八個部派，因此玄奘大師在論中說「如勝論『等』」；《成唯識論述記》卷一也說：「**述曰：勝論自部，亦有十八，故復言『等』。**」他們十八部派的根本理論相同，只是各部派之間的說法有些演變而有小差異。勝論外道有主要的六句義：實、德、業、有、同異、和合。其中的諸法詳如前面「破勝論外道邪執」中所說，於此不再列舉。

但他們十八部派所共同執著的根本理論並不是正理，這是什麼道理呢？是因爲所生的一切法，例如眞如阿賴耶識所生的五蘊、十二處、十八界等一切世間、出世間、世出世間諸法，都必然與能生的「有法」第八識眞如心互有聯結與互動，也必定附屬於能生的「實有之法」眞如心，而能生與所生在現量上也是同時同處存在著，所以「眞我」如來藏永遠不可能成爲「非有」之性。

若如勝論外道主張的，「實、德、業」等「有法」眞的能出生五蘊等法時，那麼在道理上來說，「實」等「有法」就必然會與所生的五蘊等法有所聯結，因此「實、德、業」必定會與數論外道的所生法「五唯、五大、五知根、五作業根、心根」，或佛法說的十八界有所聯結，雙方之間必然會有很多的互動，不能說是互相無關。既然如此，勝論外道就必須向世人證明「實」等「有法」的眞實存在，並且令其追隨者可以實證而現觀「實、德、業」與「有法」是如何互動的，不該只是提出了思想上的主張而無法證明其能生的功德等事的實有。而且還要在幫助弟子實證之後，再顯示出能生的「實、德、業」與數論外道所生的「五唯、五大……」，或佛法中的「十八界」等諸法之間的聯結與互動，使令諸弟子眾同樣也可以現觀。然而他們都不可能辦到，所以永遠只是思想而非實相，因此而不能獲得解脫與實相智慧。

如果勝論外道因此反過來主張說，「實」等「有法」因為出生了五蘊等法，所以消失而不存在了；那麼就像已滅之後的無，「實」等「有法」的自體根本就是不可得的虛無想像，就不是常住法；既不是常住法就不可能出生諸法，也不能與所生的蘊處界等五陰我有所互動，那麼勝論外道們的主張便違背了「實、德、業」等自體確實存在而非無的道理；所以當他們提出「實、德、業」等法「眞實有」的主張時，應該也是現量可得而且可證，但他們這時卻說為無，可就自語相違了。不但如此，他們同時也違背了世間現見各種存有等物的事實，因此他們不該轉而改口說是無。

而且，假使依他們所主張的「色等不是色等的自性」，也應該好像色聲等五塵不是眼根、眼識乃至身根、身識所觸所知的境界一樣。同理，依如是理，「實、德、業」等「有法」可就與六塵等諸法都不相干了，那麼他們所主張的「實、德、業」等「有法」就與他們現前的五陰都無關聯，自然不是能生他們五陰身心的「有法」，所以他們主張的六法常住不壞，全都只是想像而說的思想建立之虛妄說。

## 第三目　破無慚外道等

論文：「三、執有法與有等性，亦一亦異，如無慚等。彼執非理，所以者何？一異同前一異過故；二相相違，體應別故；一異體同，俱不成故。勿一切法皆同一體，或應一異是假非實；而執爲實，理定不成。」

語譯：【第三種：執著「有法」與『有』所出生的種種法性」，其自體既是同一又互相不同——例如無慚外道等派別。他們的執著當然不是正理，所以者何？「亦一亦異」的主張同於前面所破斥的「一異」的過失一樣的緣故；既然「有法」與「有法所出生的種種法性」等二種法相是互相違背的，它們的自體就應該互相有別的緣故，不該說爲「亦一」；也因爲同時主張二者是一又主張互異時，這二者的自體若想要說是相同時，二者全都不能成立的緣故。不可能一切法全部都同屬一體，或者反過來便應該說一與異的說法都是假說而不是眞實說；然而無慚外道等人竟然執以爲實，這種道理必定不能成立。】

釋義：「三、執有法與有等性，亦一亦異，如無慚等。彼執非理，所以者何？一異同前一異過故；二相相違，體應別故；一異體同，俱不成故。勿一切法皆同一體，或應一異是假非實；而執爲實，理定不成。」第三類外道看見數論與勝論外道所說的法被菩薩破斥了，便提出另一種主張而執著說，「有法」與「有法所出生的種種法性」，他們的自體既是同一而又互相不同——例如無慚外道等派別，主張「有法」與「有法所出生的種種法性亦一亦異」。

這種理論不管是在邏輯上或因明學上來說，都是無法成立的，但他們堅持這種邏輯可以成立，也眞的是無慚。所以論主玄奘說，他們的執著並非正理，爲什麼呢？「亦一亦異」的主張同於前面說過的「一異」的過失是一樣的；既然「有法」與「有法所出生的種種法性」是異，是互相違背的，那他們的自體就應該互相有別，不該同時又是同一個互相繫屬的有情。

也因爲他們主張二者是一，又同時主張二者是異的時候，卻說這二者的「自體相」同時存在而成爲一，就違背其一是能生的體、另一是所生之法的主張，所以無慚外道的說法，兩邊都不能成立。

不可能主張所生的一切法全部都同屬一體時，又主張另一個能生的法與所生的法也同屬一體；因爲能生與所生不可能同屬一體，而是其一攝受另一，能生是主而所生是從才對，所以他們的主張是自相矛盾的緣故。或者無慚外道應該說，他們所提出的「亦一亦異」的說法都只是假說，只是戲論所建立的思想，承認那都不是眞實說。然而無慚外道等人竟然執以爲實，便已證明他們這種道理必定不能成立。

## 第四目　破邪命外道等

論文：「四、執有法與有等性，非一非異，如邪命等。彼執非理，所以者何？非一異執，同異一故。非一異言，爲遮爲表？若唯是表，應不雙非；若但是遮，應無所執。亦遮亦表，應互相違；非表非遮，應成戲論。又非一異，違世共知『有一異物』，亦違自宗色等有法決定實有。是故彼言唯矯避過，諸有智者勿謬許之。」

語譯：【第四種：執有「有」法與「『有』所出生的種種性二者非一非異」，例如邪命外道等派別。他們的執著並不是正理，爲什麼呢？因爲他們對於非一與非異的執著，其過失同於無慚外道亦一亦異之理的緣故。探究他們主張非一非異的言論，只是既遮又遣的說法？或是表顯其道理的說法呢？如果純粹是表顯正理，就應該不許主張雙非；如果只是遮遣兩邊，就應該成爲無所執著而放棄他們的主張。

假使是亦遮遣亦表顯，也應成爲與自己的主張互相違背了；若改口說爲非表顯也非遮遣，那又應該成爲戲論了。而且，當他們主張二者非一非異時，就違背世人所共知世間確實「有一異之物」的存在，同時也違背自己所宗奉「色等有法決定實有」的主張。由於這些緣故，他們的言論只是爲了矯飾所說而規避過失，一切有智慧的人都不應該錯謬而讚許他們。】

**釋義：「四、執有法與有等性，非一非異，如邪命等。彼執非理，所以者何？非一異執，同異一故。非一異言，爲遮爲表？若唯是表，應不雙非；若但是遮，應無所執。」**

第四種外道是執著有一個「**有法**」能出生種種法性，而與「**有法所出生的種種法性**」之間非一非異——這就是邪命外道等派別。邪命外道自稱正命，但其見解都與佛法所說所證的實相相違，而其活命之方法與行爲都屬邪命而活，是故佛法中稱其爲邪命外道。

他們的執著當然也不是正確的道理，爲什麼呢？因爲他們對於非一與非異的執著，其中的過失是和第三種無慚外道主張的亦一亦異的道理相同的緣故，依舊不能免於前面的破斥。當邪命外道提出能生的「**有法**」與「**有法所生的種種法性非一非異**」的言論時，應該探究他們所說的「**非一非異**」只是遮遣的說法呢？或是用來表顯正理的說法呢？這就要從兩方面來探究其虛實了。

如果純粹是表顯正理，就應該不許主張雙非，雙非就是兩邊全部都遮遣而成爲全部都不是，就不是在表顯正理了，也因爲現象界中的諸法都不是能生的「**有**」，他們作了雙遮以後來指涉現象界的某一法時也沒有意義。除了實相界的第八識眞如以外，沒有任何現象界中的諸事或眾法，可以提出其中的某法爲能生的「**有法**」，因爲「**有法**」是必定存在而可驗證的，然後才以現象界中不離兩邊的法來遮遣，才能指涉實相界的某個實有的法，然而邪命外道所說全都不離現象界，那麼他們所說的雙遮雙遣，則屬於想像施設的無法而說之爲有；猶如有人說「石女無兒無子是實有法」一般，所說既然只是思想而實際上是無法，即成戲論。

依如是理，他們所說的「有」其實是無，只存在於想像之中，即不可能有一個眞實有成爲出生五陰等所生法的事實存在。也不該把所謂的「有」所生之法中的任何一法，指定爲與「有」法非一非異，因爲他們所說能生之法的「有」其實並不存在，世間任何一個所生之法，都不能與「無」非一非異故。因此他們若說「非一非異是遮遣的說法」時，其道理也不可能成立。

如果邪命外道改口說：「非一非異的主張，只是遮遣兩邊。」那麼兩邊都已經被他們自己遮遣了，卻沒有表顯出什麼眞實不壞的常住法來，那他們就應該已經無所執著而得解脫，就該無所執著而放棄自己落在兩邊的主張。

「**亦遮亦表，應互相違；非表非遮，應成戲論。**」假使邪命外道又改口說「非一非異是亦遮遣、亦表顯」，那就使自己的主張前後互相違背了；因爲若是遮遣之說，就表示並無能生五蘊等萬法的「有」的實質，那麼他們所說的「有法」顯然只是名言而非現量所證，則他們所要表顯的眞實存在的「有法」，便是想像而非實有。但邪命外道若是因此而又改口說是「**非表顯也非遮遣**」，然而既非表顯實有之法，則他們所說的「**有法**」，與「**有法所生的種種法性**」爲「**非一非異**」的說法，可就應該成爲戲論了。

「**又非一異，違世共知『有一異物』，亦違自宗色等有法決定實有。**」而且，當邪命外道主張二者「**非一非異**」時，一定也違背世人所共知的世間確實「**有一異之物**」，才能使現象界中的五陰世世生滅而不斷絕的道理；也才能形成「有」法與世間萬物是一是異的不同現象，那麼他們就應該指出某個常住不壞的「實我」，才能指稱這個實有的法與所生法的非一與非異。而且他們以想像的「有」法來談所生的諸法與「有」法「**非一非異**」時，也已經違背自己所宗奉「**色等有法決定實有**」的主張，因爲色等諸法，不可能由假名說有的所謂「有」法來出生故。而色等「**生有**」之法決定是生滅性故，前面的宗、因、喻都說過了。接下來就作出結論說：

「**是故彼言唯矯避過，諸有智者勿謬許之。**」由於上來所說這些緣故，邪命外道的言論都只是爲了矯飾自己的主張，想要規避前面三大類外道所犯的過失罷了；凡是有智慧的佛弟子們，都不應該錯誤認知而虛妄地讚許他們。

換句話說，舉凡所主張能生五蘊等萬法的「有」法，若是虛構而非眞正可以證明爲眞的事實——非現量實證的境界，即是外於第八識眞如而指稱爲「有」法時，不論他們對於「有」法與「有法所生的諸法」主張爲一、主張爲異、主張爲亦一亦異、主張爲非一非異，必然都是心外求法的行爲，一定會有各種過失存在。若有一天，當實證萬法本源的菩薩們出世弘法時，他們是一定會被評破而無法回應的。

## 第七節　別破小乘部派佛教僧衆與極微外道

### 第一目　再破部派佛教諸聲聞僧所說的色法實有

論文：「餘乘所執，離識實有色等諸法，如何非有？彼所執色、不相應行及諸無爲，理非有故。

且所執色總有二種：一者有對，極微所成；二者無對，非極微成。

彼有對色定非實有，能成極微，非實有故；謂諸極微若有質礙，應如瓶等是假非實；若無質礙，應如非色，如何可集成瓶衣等？」

語譯：【至於佛教中，除了大乘賢聖以外，其餘部派佛教二乘法中的凡夫論師等人，所執著、所主張的離於八識心王而眞實存有的色蘊，以及不相應行法、無爲法等一切諸法，爲什麼是不存在的？這是因爲他們所執著的色蘊等十一法及不相應行法、以及六種無為法等，全都是離識而有，這在正理上並不存在的緣故。

並且小乘凡夫論師所執著的色法總共有二種：第一種是世人可以面對而證實其存在的，都是由四大極微所聚集而成的有對色；第二種是世人無法面對故不能證實其屬於物質上的存在，屬於法處所攝色，這類色法並非由四大極微聚集所成。

小乘凡夫論師們說的那些有對色決定不是眞實有，因為他們說的能成就有對色的極微，在世人所能感知的現量上並非眞實有的緣故；這是說，四大極微假使是有質礙的，就應該猶如瓶盆衣物都是假有，而不是永遠不壞的眞實物；反過來說，極微若是沒有質礙的話，就應該猶如非色一般，又如何可以聚集而成為瓶盆衣物等？】

**釋義：「餘乘所執，離識實有色等諸法，如何非有？彼所執色、不相應行及諸無為，理非有故。」**辨正過四大類外道們的主張有錯誤以外，在佛教中還有三乘賢聖們在三乘菩提中的不同實證，原則上大約是沒什麼問題的；因為二乘聖者們的修證固然不必實證第八識如來藏，卻也是依八識論正理去滅掉「**七轉識常住**」的邪見，承認無餘涅槃中有「**本際**」、「**實際**」如來藏識常住不壞，在此正見之下才能實證二乘菩提的；這事實明載於阿含部諸經中，今猶可稽[28]。

28詳《阿含正義》七輯中舉述《阿含經》經文的說明。

而菩薩們則是實證第八識眞如而證得大乘菩提，所以兼具三乘菩提的實證，都是實證第八識如來藏妙眞如心的人，已發起實相智慧而能現觀實相法界，也能現觀二乘聖者所觀行的現象法界的緣生緣滅，雙俱人空及法空，卻不會與二乘聖者的所證產生矛盾；所以雙方的說法只會有廣或狹、究竟或不究竟的差別，不會產生牴觸而互相攻訐。也因此故，不迴心的二乘聖者們在實際上，都不會詳細演述實相法界的法義；因爲這不是他們的所證，卻還是承認有第八識妙眞如心實存；因此他們所說的法義，與大乘法中的實證賢聖所說，並無互相矛盾或牴觸之處。

但是在大乘賢聖所說的實相法界等法義以外，其餘部派佛教二乘法中的凡夫論師們，因爲還有慢心所未曾斷除的緣故，也會仿效大乘賢聖而造論以及出來演述所未親證的實相法界的義理；而他們所執著、所主張的能生萬法的道理，竟然是離於八識心王或第八識，而可以有色蘊、不相應行法、無爲法的出生及眞實存在，這正顯示他們所說錯謬而無現量根據，當然也會違背聖教量及正確的比量而成爲謬說，於是嚴重誤導佛弟子眾，所以菩薩當然要加以辨正而扭轉回來。

聲聞僧團本來就只有一個上座部，經過再三分裂以後，總共有十八個部派，其中一個部派，是在首次分裂後被稱爲上座部的原本一派中，才有實證二乘菩提的阿羅漢；其後不斷分裂出去的各部派，都是小乘凡夫僧所組成的僧團，他們並未實證大乘或二乘菩提，所造作的論中提出的主張，其中的道理就必然有許多錯誤。

例如經部師認爲極微有處所與分量，薩婆多部則堅持極微沒有處所與分量，又說和合極微之後才有所成的物質，而和合所成的物質就是極微，如是自相矛盾，與極微外道所說雷同。這二部聲聞僧雙方都不承認色等十一個法都是由第八識所變生出來的，都同樣主張色法離識而有，是自然而有或是根觸塵的共生有，近代或現代的應成派中觀即是此類聲聞論師們的遺緒。部派佛教這類聲聞凡夫僧的說法既有過失，違背了 佛與諸大菩薩所說「**一切法唯識**」的正理，嚴重誤導了佛弟子，玄奘當然要提出來加以辨正，才能成功完成「**成唯識**」的「**論**」議等正理。

首先單就色蘊等十一法來說明，便足以證明部派佛教小乘凡夫論師們所說都是錯誤的。他們所主張的，外於八識心王而眞實存有的色蘊等一切諸法——例如五色根及六塵，實際上爲什麼是不存在的？這是因爲他們所執著的「**色蘊等十一法離識實有**」，這在眞理上是不可能存在的；因爲假必依實，從實證第八識後的現量、比量觀察來看，色蘊等十一法必須依於八識心王才能存在，不能「**離識而有**」；換句話說，色等十一法（五色根及內六塵）不是自然有，是由八識心王和合運行之後所出生的，這意思特別是指五色根及內六塵是由第八識所出生的。

**「且所執色總有二種：一者有對，極微所成；二者無對，非極微成。」**歸納小乘凡夫論師們所執著的色法，總共就只有二種：第一種是世人可以觸摸及面對而證實其存在的有對色，全都是由四大極微所聚集而成的；例如由極微所成的眼根等，或是由眼根、阿賴耶識可以接觸到的外六塵，再轉變爲內六塵等，或是身體可以觸摸、可以把捉的瓶盆衣物等物質。

第二種是世人無法觸摸但可以面對的緣故而稱爲無對法的色，就不能證實那些色法屬於物質上的存在，就屬於法處所攝的色法；這類色法並非由四大極微聚集所成的，例如在顯色上所顯示出來的形色、表色、無表色等，只能由意識經由比量而了知故，從不可觸摸的特性上，名爲無對法。

**「彼有對色定非實有，能成極微，非實有故；謂諸極微若有質礙，應如瓶等是假非實；若無質礙，應如非色，如何可集成瓶衣等？」**小乘凡夫論師們所說的那些有對色，不論是青黃赤白等顯色，或是五色根及瓶盆衣物等物質，決定都是聚合而成的生滅之物，並不是常住不壞的眞實有，因爲都是第八識或八識心王和合運作之下所出生的緣故。至於形色、表色、無表色等，則是依附於顯色而有，唯意識所知，更非實有法。

然而顯色青黃赤白或物質等，是因爲他們所說能成就有對色「離識而有」的四大極微，在世人所感知的現量上並非眞實有的緣故，也不能說爲眞實有，其實也是由八識心王所出生的。也就是說，各種極微假使是有方分、有質礙的，就應該猶如五色根或瓶盆衣物一般是假合而有，當然不是永遠不壞的眞實物，不能如四大極微一樣常住不壞[29]。

反過來說，他們主張可以「離識實有」的四大極微，若是沒有方分、沒有質礙，就應該猶如非色的形色、表色、無表色一般，又如何可以聚集而成爲五色根與瓶盆衣物等？所以極微是依八識心王而出生、而存在的，因爲第八識有大種性自性故，依於八識心王運作時的需要，促使共業有情的阿賴耶識共同變生出四大極微，而四大極微不能外於第八識的自性而存在，因爲是由第八識的**大種性自性**所出生故。如是，由四大極微所聚合而成的五色根及六塵等十一法，當然就是依於八識心王而有的，全都是由第八識所變生出來的，不能說是外於八識心王而自然出生的。

### 第二目　再破極微外道與聲聞諸部凡夫僧

29 對阿羅漢或諸地菩薩而言，四大極微仍屬可壞之法，因爲當他們入無餘涅槃後，原本與他們相應的那一分四大極微便會消失於宇宙中。

論文：「又諸極微若有方分，必可分析，便非實有；若無方分，則如非色，云何和合、承光發影？日輪纔舉，照柱等時，東西兩邊光影各現；承光發影，處既不同，所執極微定有方分。又若見觸壁等物時，唯得此邊，不得彼分；既和合物即諸極微，故此極微必有方分。」

語譯：【此外各種極微若是有方位與分量，就必定可以再作細分、剖析，便是可壞的無常物而非眞實有；反過來說，四大極微若是沒有方位與分量，就猶如非色的形色、表色、無表色一樣，又如何能互相和合起來、以及承受光線發起影子？每當日輪才剛剛生起，照耀到柱子等物時，柱子等物的東西兩邊就會有光明與暗影各別出現；東邊承光而西邊發起暗影，處所既然有所不同卻同樣都是極微，則他們所執著的極微一定是有方位與分量，就不是眞實法。而且，如果所看見的事實是，世人觸摸牆壁一類的物質時，只能觸知所摸到的這一邊，不能摸到牆壁另一面的處所、方分；既然他們說和合所成的五色根與瓶盆衣物即是四大極微，所以他們所說的極微就必然有方位與分量，不是眞實法。】

釋義：「又諸極微若有方分，必可分析，便非實有；若無方分，則如非色，云何和合、承光發影？」說明了事實而提出宗旨及原因以後，首先破斥經部師等凡夫僧的說法，因爲經部師認爲極微不是物質，所以論主玄奘藉事而作譬喻：四大極微如果是有方位、有分量的，必然就會有質礙，一定可以再細分或再剖析成爲更小，這樣便顯示極微是聚合所成的，就是可壞的無常物，便是生滅性而不能說是眞實有。

接著反過來破斥薩婆多部等凡夫僧的說法：四大極微若是沒有方位、沒有分量，所以沒有質礙，就應該好像非色一類的形色、表色、無表色一樣，純屬法處所攝而假名爲色，故名**法處所攝色**，又如何能互相和合起來而「有質礙」，而能承受光線、發起暗影？

**「日輪纔舉，照柱等時，東西兩邊光影各現；承光發影，處既不同，所執極微定有方分。」**接著再以譬喻來破斥勢力最強盛的經部師[30]的主張：例如日輪剛剛生起而照耀到有方位、有質礙的柱子時，柱子本身向東那一面就會有光明出現而顯得很明亮，西面就同時會有陰影出現；此時柱子是東面承受日光而西面出現陰影，當經部師等凡夫僧主張極微沒有方分、沒有質礙，而說極微所成就的種種色法等於四大極微時，他們所執著爲常住不壞的四大極微，卻一定是有方位與分量，就好比柱子一樣可以被細分或剖析爲更小的物質，那樣的極微就不可能是常住不壞的不生不滅法，當然不是眞實法。

**「又若見觸壁等物時，唯得此邊，不得彼分；既和合物即諸極微，故此極微必有方分。」**接著回頭來破薩婆多部：如果在現象界中所看見的事實是，當人們站在屋內而觸

30 因爲他們猶如釋印順一般都舉經文爲證，凡夫不知便信以爲眞，所以在當時勢力強盛。

摸牆壁時，只能觸知所摸到的這一面牆壁，不能同時摸到屋外另一面牆壁的處所與質量，因為牆壁是有質礙的；故主張極微無方分、無質礙，和合後才有質礙。這已證明聚合所成之物不能等於極微，因為極微雖然有方位也有質礙，卻是微細不可眼見也不可觸摸的。

既然薩婆多部那些凡夫僧們主張說，和合所成的五色根與瓶盆衣物即是四大極微，而他們又認為五色根與四大極微沒有處所與質量，那麼他們便不應該能觸摸到極微所成的牆壁等物，是故他們所說的四大極微其實一定有處所與分量，就是可以被細分、剖析的假合物，如是不屬於不生不滅的四大極微就不是真實法；而他們所主張的四大極微沒有方分、四大極微也是和合後的果地色法，自然也不能成立。

### 第三目　極微色法必有方分

論文：「又諸極微，隨所住處，必有上下四方差別，不爾便無共和集義；或相涉入應不成粗，由此極微定有方分。執有對色即諸極微，若無方分，應無障隔；若爾，便非障礙有對。是故汝等所執極微，必有方分；有方分故，便可分析，定非實有。故有對色，實有不成。」

語譯：【而且，不論部派佛教諸聲聞僧所說的四大極微或五大極微，隨著它們所存在的處所，必定會有上下二方與東西南北四方的差別，若不是這樣子，便不可能有極微共同和合聚集來成就五色根與瓶盆衣物等的道理；或者四大極微互相涉入以後也應該不能成就粗果色的五色根與瓶盆衣物等，由於這個道理，小乘凡夫僧們所主張的極微一定是有方位與分量的。假使他們執著說五色根與瓶衣等有對色實際上就是四大極微，但這些有對色若是猶如他們說的極微一樣沒有方位與分量，就應該沒有遮障與阻隔；若是眞的如此，有對色便不可能是有障礙而成爲有對色。由於這個緣故，你們小乘凡夫僧等人所執著、所認知的四大極微，必定是有方位與分量的；既然是有方位與分量的緣故，便是可以再細分與剖析的，就一定是無常而非實有法。由於這樣的緣故，凡是有質礙的有對色，它們的實有性是不能成立的。】

**釋義：「又諸極微，隨所住處，必有上下四方差別，不爾便無共和集義；」**而且，不論經部師說的四大極微或五大極微，既然顯示極微是有方分而有處所與質礙，隨著極微所存在的處所，必定會有上下二方與東西南北四方的差別，豈不是每一個極微都應該面對上下、四方等六面？那一定就是果地色，又如何能稱爲四大極微？若不是這樣子而說爲沒有方位與分量時，便不可能有四大極微共同和合聚集而成就五色根與瓶盆衣物，而可以被人把捉的道理。

**「或相涉入應不成粗，由此極微定有方分。」**或者四大極微和集而互相涉入以後，應該不能成就粗果色的五色根與瓶衣等物，因爲他們反過來說四大極微沒有質礙、沒有方分；由於這個道理，小乘凡夫僧們所主張的常而不壞、能生有情五陰與萬法的極微，一定是有方位與分量的，當然就是生滅法。由此證明他們不懂四大極微及假合而成的色法都是「**依識而有**」，才會純粹從極微本身去探究有情諸法的根源，而主張四大極微是「**離識而有**」，便產生了許多過失。

**「執有對色即諸極微，若無方分，應無障隔；若爾，便非障礙有對。」**假使反過來像薩婆多部一樣執著說：「**五色根與瓶衣等有對色，實際上就是四大極微，而四大極微沒有方分。**」然而這些有對色若是猶如四大極微一樣沒有處所與分量，就應該沒有物質性的遮障與阻隔；若是眞的如此，和合極微所成的粗果色，便不可能是有障礙的有對色，有情即不能看見與面對，也不能互相有所接觸。

因爲薩婆多部的凡夫僧們都主張四大極微無方分，無方分就是無色而非物質，沒有質礙，自然不能聚合成有對而且可見以及可把捉的五色根與瓶衣等色法；那他們現前看見及捉摸或接觸到的各種有對色，說爲外於識心而眞實有的道理，也就不能成立了，所以結論是極微仍是有對色，只是太微細而使身根無法觸及。

**「是故汝等所執極微，必有方分；有方分故，便可分析，定非實有。」**由這些緣故，他們小乘經部諸凡夫僧等人所執著、所認知的四大極微，必定是有處所與分量的；既然是有處所與分量即有質礙，以此緣故便是可以再細分或剖析，就一定是無常而非實有法，所以極微不可能離於阿賴耶識而自然存有，即是阿賴耶識的所生法，極微當然不可能成爲成就有情與萬法的根本法。

**「故有對色，實有不成。」**由於四大極微依有情的阿賴耶識而有，阿賴耶識心體不生滅故，宇宙中的四大極微也就不生滅；至於其他的色法，凡是有質礙、有處所的有對色，不論是五色根及外六塵，或是外於色蘊的山河大地宇宙世間，全都是由四大極微所聚合而成就的；但宇宙中的四大極微卻是共業有情的第八識依**大種性自性**而變生出來，因此部派佛教經部師等凡夫僧們主張，有對色外於如來藏而出生及存在的實有性，全都不能成立。由此反證覺知心所觸知及了別的六塵都是第八識所變生，屬於心法而非色法。

只有在四大極微及有對色都是依八識心王—主要是依阿賴耶識—而出生及存在時，才會是不生不滅的；這是因爲八識心王在人間運作時，需要有極微來聚合而成就種種可接觸的物品時，阿賴耶識就會變現出四大極微，以供聚合成爲有情可以親見或觸摸、把捉之物，這四大極微當然是「**依識而有**」，不外於八識心王。再由這四大極微聚合生成的五色根及外六塵，以及山河大地和欲界天、色界天等器世間，自然也是「**依識而有**」，不是小乘凡夫僧們主張的「**離識而有**」。

這時就說四大極微不是純物質，也不是非物質；這是因爲阿賴耶識眞如心有「**大種性自性**」的緣故，因爲有情的業力而變現出來的四大極微，可以聚合成爲有對色等物質時，就可以說四大極微是有處所、有分量。但是將來因緣結束而使四大分散以後回復爲四大極微時，卻又因爲太微細而不像是有對色的物質，似乎是沒有處所與分量，以致有情無法觸及和領受；但其實四大極微仍然是有方位與質量，才能聚合成爲果地的粗色。

所以說，阿賴耶識妙眞如心所變現出來的四大極微，非有處所與分量，又非無處所與分量；這是因爲宇宙中的四大極微都是「**依識而有**」，由極微聚合而變現出來的五色根及外六塵，同樣也是「**依識而有**」，並不是離識之外而有極微及色蘊等十一種色法。

當不迴心阿羅漢入無餘涅槃時，宇宙中與他們的第八識相應的一分色法四大極微就跟著消失了；但他們各自的第八識相應的極微自性依舊存在，因爲第八識的「**大種性自性**」不生不滅。當他們入無餘涅槃前所曾聽聞的大乘佛法種子，由於自心流注而使菩薩性的種子增長到某個地步了，未來無量劫後意根種子就會從阿賴耶識（異熟識）中流注出來，意根就出現了，因此又會受生於三界中成爲菩薩；此時與他們的第八識眞如心相應的四大極微自性又會開始運作，於是他們重新受生於三界後應該變現出來的四大極微等物質，就會重新再被他們的眞如心變現出來。

然而從一般異生有情持續輪轉生死不絕的現象來看時，四大極微則是不生不滅的；以此緣故，佛與諸多菩薩們都說：極微不生不滅。猶如《瑜伽師地論》卷五十四中，一生補處 彌勒菩薩說：「**分別建立者，謂由分別覺慧分析諸色，至極邊際，建立極微；非由體有，是故極微無生無滅；亦非色聚，集極微成。**」同一卷論中又說，若有人認爲「**極微有生有滅**」，這其實是菩薩應該滅除的「**非理思議**」邪見。這是因爲極微非有方分亦非無方分，本是由阿賴耶識妙眞如心所變現而有的，不是小乘凡夫僧所說的「**離識而有**」。

此第八識無形無色而有「**大種性自性**」，所以祂變生的極微非色非非色，常住不滅，才能聚集四大極微而變現出宇宙中的一切物質，而且不會使宇宙中的物質漸漸消滅，色界、欲界有情才能有器世間使他們輪迴不斷。因此說，小乘部派佛教的凡夫僧，都沒有資格主張不迴心阿羅漢們所不敢談論的，極微或色蘊等諸法的自性是「**離識而有**」或「**依識而有**」；否則不論他們如何主張，都是有過失的；由此可見他們主張色等諸法「**離識而有**」的說法，從來都只是邪見。

第四目　五識所了知的五塵是阿賴耶識所變

論文：「『五識豈無所依緣色？』雖非無色，而是識變；謂識生時，內因緣力變似眼等色等相現，即以此相爲所依緣。然眼等根非現量得，以能發識，比知是有。此但功能，非外所造。外有對色，理既不成，故應但是內識變現，發眼等識、名眼等根，此爲所依生眼等識。此眼等識外所緣緣，理非有故；決定應許自識所變，爲所緣緣。謂能引生、似自識者，汝執彼是此所緣緣；非但能生，勿因緣等，亦名此識所緣緣故。

『眼等五識了色等時，但緣和合，似彼相故。』非和合相異諸極微有實自體，分析彼時，似彼相識，定不生故。彼和合相既非實有，故不可說是五識緣，勿第二月等能生五識故。

『非諸極微共和合位，可與五識各作所緣，此識上無極微相故；非諸極微有和合相，不和合時無此相故。』非和合位與不合時，此諸極微體相有異；故和合位如不合時，色等極微非五識境。」

語譯：【小乘的凡夫論師們質問說：「前五識難道就沒有所依的五根，以及所緣的色等五塵嗎？」論主玄奘答覆說：雖然不是沒有所依的五根與所緣的五塵等色法，然而這五（勝義）根與五塵都是阿賴耶識所變現的；意思是說，當五識出生時，是由內裡的阿賴耶識爲因，以及我執、我所執等藉緣的力量，變生出了似乎眞的有眼等五根與色等五塵的色相出現，眼等五識就以這些色相作爲所依和所緣。然而眼等五（勝義）根並非在現量上可以證明存在，是由於能作爲發起五識的藉緣，而從比量上推知五勝義根是確實存在。這五色根就只是阿賴耶識所變生的功能，並非外法的造物主（勝性、冥性、自然、大自在天）或四大極微所創造的。猶如前面所論述的一樣，在阿賴耶識以外存在的有對色，說是由外法所出生的道理既然是不能成立的；以此緣故應當知道都只是內識阿賴耶之所變現，發起了眼等五識、再回頭把五識相應而作爲所依的五色根，命名爲眼等五根，這道理說的是依於所依的五勝義根爲藉緣來出生眼等五識。

這眼等五識的外所緣緣的五塵被五識所領受，在離開第八識的道理上來說是不存在的緣故；決定應該允許所緣的五塵境界是自己的阿賴耶識所變現出來的，才能成爲眼等五識的所緣緣。這意思是說，能被引生出來，好像是自己五識所攝取的外五塵，你們小乘正量部的凡夫僧執著那五塵境界爲這五識的外所緣緣；然而並非像你們所說那樣只要是能生五識的就可以稱爲所緣緣，難道你們如此主張的理由，是連因緣、等無間緣、增上緣等，也可以一起稱爲這五識所緣緣的緣故嗎？

小乘的經部師則說：「眼等五識了別色等五塵時，就只是緣於四大極微和合的果地色狀態，看來好像是有五塵等境界相的緣故。」答：其實並不是和合了相異的四大極微以後就會有眞實的五塵境界的自體被五識所觸知，當你詳細分析了自己所說的由極微所成就的五塵境界時，類似那五塵境界相的五識，一定不會出生的緣故（因爲五識心不觸四大所成之物）。你們說的那些由四大極微和合所成的外五塵相，既然不是由第八識所變生的內五塵相來被五識了知，於六識覺知心的領受上來說並不是眞實有，因爲心不觸色的緣故，所以不能說是五識心的所緣，因爲不可能第二月等虛妄法能出生五識的緣故。

問：「並不是四大極微共同和合時的五塵境界，可以給五識各自作爲不同的所緣，這五識的自身境界中並沒有極微相的緣故，當然不能觸知極微集合成的外五塵；但也不是四大極微各自能有和合相，因爲四大極微不與其他極微和合時，並沒有這個和合相的緣故。」答：在非和合的境界與不和合的境界時，這四大極微自體的法相互相之間有所不同（同樣都是色法而有不同種類的緣故）；是故四大極微的和合位猶如不和合的時候一樣，都不能與五識相應，所以部派佛教小乘凡夫僧主張的色塵等四大極微所成的外五塵境界，並非五識所緣的境界，證明你們薩婆多部諸師所說是錯誤的。】

釋義：「『五識豈無所依緣色？』雖非無色，而是識變；謂識生時，內因緣力變似眼等色等相現，即以此相爲所依緣。」小乘的部派佛教凡夫僧質問說：「前五識難道就沒有所依的五色根、以及所緣的色等五塵？」因爲玄奘大師從所緣緣、因緣、等無間緣，破斥了小乘論師說的「五識所觸的五塵是離識而有的外五塵」等謬論，所以部派佛教小乘論師爲了反擊而提出這個反問。二○二○年網路上的琅琊閣、張志成等人，同樣提出此一質問，所問同於部派佛教的聲聞僧，因爲他們所崇奉的釋印順思想，正是部派佛教聲聞僧的繼承者。就此問題，論主玄奘答覆說：五識雖然不是沒有所依的五色根與所緣的五塵，然而五識所依的五勝義根與所緣的內五塵，也都是第八阿賴耶識所變現的。

意思是說，當五識出生時，是由內裡的阿賴耶識爲因，以及我執等種子藉緣的力量，變生出了似乎眞的有眼等五勝義根與色等五塵的色等法相出現，眼等五識就以這些內識阿賴耶所變生的勝義根與內五塵等法相，作爲所依和所緣。這是明示說：五識並沒有接觸外境的外五塵，部派佛教聲聞僧說的被五識所觸知的外五塵並不存在，五識所觸知的五塵只是內相分五塵，是由內識阿賴耶識所變現出來的。因此推翻了小乘凡夫僧所主張「被五識所了知的『離識五塵（外五塵）』實有」的謬論，成就「一切法唯識」的正理。

**「然眼等根非現量得，以能發識，比知是有。此但功能，非外所造。外有對色，理既不成，故應但是內識變現，發眼等識、名眼等根，此爲所依生眼等識。」**爲了讓小乘凡夫僧們懂得這個道理，就得進一步再加以解釋，所以論主玄奘菩薩接著說明：然而眼等五勝義根並不是在眼見身觸等現量上可以證明存在的，是由於這五勝義根能作爲發起五識的藉緣，而從五識在五勝義根中現起各別不同的功用，在比量上推知不同功能的五勝義根是確實存在的，由這五勝義根作爲五識的所依根。

人類身上的五色根非常明顯，所有人都可以一一指出來，爲何玄奘竟說「**然眼等根非現量得**」？因爲這五根是指「**不可見、有對**」的五勝義根，不是指「**可見、有對**」的五扶塵根，五扶塵根不能作爲五識的所依來生起五識，從來沒有看見誰的五識生起於五扶塵根之中的緣故。眼等五種勝義根都聚集在頭腦中，古時又沒有解剖頭腦的醫術，無法在現量上證實爲有，故說「**非現量得**」。若如今時醫學發達，有開腦的醫術，從腦的不同部位而作的各種實驗中，即可證實五勝義根而成爲「**現量可得**」。

五識是從內識所收藏的五識種子中，藉意根、意識之因緣而流注於五勝義根中，接觸到內五塵時而出生的，這道理是絕對正確的，所以古時〈唯識二十論〉就曾說過六識心的自性：「**識從自種生，似境相而轉。**」然而也不是只要有五勝義根與內五塵相觸即能出生五識，因爲五勝義根與內五塵只是藉緣，能生五識的「因」仍是第八識心。如是以第八識爲因，以五勝義根及內五塵（十八界中的五塵）爲藉緣，因緣和合方能出生五識；這道理在四大部阿含諸經中，世尊也曾說得很分明。

但這五勝義根就只是各自擁有互相不同的接觸色聲等五塵的功能，是五識的所依根，並非五識的主體；五勝義根或五扶塵根，也都不是由有情之外的造物主（例如勝性、冥性、自然、大自在天、大梵天王、上帝）或四大極微所創造的，而是由有情各自的阿賴耶識住於母胎中，吸取母體的四大極微所變生的。

猶如前面所論述的道理一般，有情所覺知的五塵是被內識阿賴耶識所變生出來的，並不是外五塵，所以「**在阿賴耶識以外存在的、能被五識所了別的有對色等五塵，是由外法出生的外五塵**」的道理，當然是不能成立的；因爲外五塵是色法，而五識是心，心是精神體，所以不能接觸了知外色法五塵；以此緣故應當知道五勝義根與有情所觸知的五塵，全部都只是內識阿賴耶所變現出來的；所以當阿賴耶識發起了眼等五識時，就回頭再把與五識各別相應的五種勝義根命名爲眼等五根。這些道理所說明的是：依於五識所依的五勝義根爲藉緣，並藉第八識所生的內五塵作爲藉緣，由第八識來出生眼等五識。

外道及聲聞部派佛教諸派所說五根、五塵與五識之理，眾說紛紜，莫衷一是，如《成唯識論述記》卷二說：「大眾部等說，五種色根肉團爲體，眼不見色，乃至身不覺觸。以經說言，根謂四大種所造各別堅性等，故是肉團。肉團不淨故不見色，稍勝餘色故名清淨。　薩婆多師別有四大生等五因，爲其因緣造根、塵等；大唯身觸，根雖積集，離心之法仍實有體。　成實論師名師子胄，本於數論法中出家，因立彼義云：由色、香、味、觸四塵以造四大，是無常法；此中四大總得成根，爲五根體。　經部五色根、境，雖體並假，實極微成。　說假部，通假實，蘊、處門中攝各別故。　一說部說，唯有其名都無體性。　順世外道計即四大。　吠世史迦，四大俱是**實句**所攝，堅、濕、煖、動**德句**所攝，眼唯得三，但除風大；身根得四，亦得堅等。然彼宗說，眼根即火，耳根即空，鼻根即地，味根即水，皮根即風。　數論師自性生大，大生我執，我執生五唯，即色、聲、香、味、觸。此五是我所受用物，受用物時必有用。根謂十一根，不能自起，必待五大；待五大故從五唯復生五大，五大生已方成十一根，是能受用具故。　有說色造火、火成眼；聲造空、空成耳，耳無礙、聲亦無礙；香造地、地成鼻，味造水、水成舌，觸造風、風成皮。　心根有二說，一說是肉團，一說非色；非色者不說造，是色者說造。或說唯地造，或說五大皆能造餘根。亦有說五大通能造之。　然今大乘一解，內自種子爲其因緣，心內所變現行相分，四大爲增上緣，造根、境、色，故此論說：非是心外實大所造。」如是眾說紛紜，大多錯謬；證知部派佛教是聲聞法，亦是六識論諸凡夫僧所住持之表相佛法，連相似像法都不是，故其所說皆不可信，學人或已悟菩薩修學唯識增上慧學時，當以正理爲歸，則知應當遠離猶如釋印順等人或一分日本所謂的佛學學術界的謬論了，因爲他們都只是聲聞部派佛教凡夫僧的遺緒罷了。

**「此眼等識外所緣緣，理非有故；決定應許自識所變，爲所緣緣。」**這眼等五識的外所緣緣，在道理上是不存在的緣故。這是說五識的外所緣緣的外五塵，在法界中其實是不存在的，因爲五識從來沒有接觸到外五塵。玄奘的意思是說，五識所緣而了知的外五塵，在事實上是不存在的，因爲五識是心，只能了知第八識所變現的內相分五塵；而內相分的五塵，是第八識藉五扶塵根攝取外五塵後，再依外相分五塵爲根據而變生出來的心法，所以五識的外所緣緣五塵「**離識非有**」，說爲「**理非有故**」。

以上是總非部派佛教的十八個部派邪說，因爲他們都認爲五識所緣緣的五塵爲外五塵，不相信有阿賴耶識所變生的內五塵；今時的琅琊閣、張志成等人踵隨釋印順的腳步，成爲部派佛教這些邪說的信徒。但五識爲何不能了知外相分的五塵呢？因爲外五塵是色法，五識純屬精神而非物質，精神類的五識是心非色，故不能觸及外五塵色法，當然不能分別外五塵；因此五識所觸知的外五塵，在正理上及現量上都是不能存在的。由於這樣的正理，決定應該允許五識所緣的五塵境界，是自己的第八阿賴耶識所變現出來的內相分五塵，才能成爲精神本質的眼等五識的所緣緣。五識攝屬第八識自心，內五塵也攝屬第八識自心，內五塵與五識皆是自心如來藏所變生故，唯有自心能觸自心故。

**「謂能引生、似自識者，汝執彼是此所緣緣；」**這意思是說，能夠被引生出來，好像是自己五識所攝取的外五塵等色相，其實都是內相分的五塵，而這五塵就好像是自己的第八識一樣是心；而你們小乘正量部的凡夫僧，卻由於無知而執著那外五塵境界是這五識的外所緣緣，其實五識所緣緣從來都是內五塵。

**「非但能生，勿因緣等，亦名此識所緣緣故。」**五識所緣的內五塵是能生的第八識所生，然而並非像你們那樣只要是能生的就可以稱爲所緣緣，難道你們如此主張的理由，是連因緣、等無間緣、增上緣等，也可以稱爲這五識的所緣緣的緣故嗎？

意思是說，想要主張某一個現象即是事實時，一定要有理由可以在現量上證明爲眞實，也可以被別人同樣在現量上證明爲事實，不能想到什麼就提出來向所有人主張自己的所說爲眞實無謬。如果沒有正理就主張說：「**外五塵是能被五識所領納及分別的，沒有內五塵存在；你們菩薩所說就成爲能生的就會成爲五識的所緣緣了。**」菩薩答覆說：那麼阿賴耶識所有的因緣、等無間緣、增上緣等，是否也可以主張說是五識的所緣緣？顯然是不可能的，這三緣的道理只能成爲意識學法證法之後的所緣緣，而非五識之所能緣，這是現量上的事實。玄奘以此理由反過來質問聲聞部派佛教的小乘論師們，令他們知道自己的錯謬。

《成唯識論述記》卷二說：「下正破執，於中有四：一破正量，二破經部，三破古薩婆多，四破新薩婆多。此中唯破正量部，正量部識不立似相，直取前境即名爲緣。吠世史迦，眼舒光至境緣，餘塵至根方緣。下既別破薩婆多故，此初破正量部也。正量不許『具二義名緣，但能生識，即是所緣，何假似自』者，今難之云：『以能生識故是所緣緣者，其因緣等應是所緣緣。』等者等取等無間、增上緣等。對立量云：『且汝眼識現緣色時，眼識所有因緣等，應是眼識所緣緣』，宗也。『但能生眼識故』，因也。『如現色等』，喻也。　或翻遮色等非所緣緣，如眼根等但能發生，無似相故。經部師等『因緣等者』，種子等也。薩婆多等『因緣等者』，同類因等也。彼並非眼識所緣緣，故今非他。又與能生識是所緣緣，爲不定過；且望一色處作法，汝此色處爲如聲等能生五識故，是五識中隨一所緣緣攝；爲如眼等增上緣同類因等，能生五識故非是所緣緣。因緣等法既非所緣緣，心外色等應知亦爾，此破親所緣緣。然小乘等共計，他心等法爲自識親所緣緣，即是心外取法，故今破也。」如是之理，容於增上班中說之，以免大增篇幅。

**「『眼等五識了色等時，但緣和合，似彼相故。』非和合相異諸極微有實自體，分析彼時，似彼相識，定不生故。彼和合相既非實有，故不可說是五識緣，勿第二月等能生五識故。」**小乘的經部師辯解說：「眼等五識了別色等五塵時，就只是緣於四大極微的和合所成，看來好像是有五塵等境界相的緣故。」他們認爲外五塵才是五識所觸知的，但五識觸知的五塵是身外的四大極微和合所成的，沒有菩薩們所謂的第八識所變生的內五塵被五識所觸知，因此作了這樣的論辯。

但是如來所說的十八界，是各人都有、都具足的十八界，不是指外法有十八界，也不是將外法攝入有情的十八界中；所以每個有情所觸知的五塵也都是各自的五塵，而不是外法的五塵。既然聖教如是，表明各個有情都有自己的十八界，意謂有情五識所觸知的五塵，不與他人相共，當然是由各個有情自己的第八識所變生的內相分，才能由第八識所變生的五識見分來領受及分別；因爲相分五塵及見分七識心，都是同一個第八識心所變生故，同樣都屬於心所攝故，如是內相分五塵「**似心相故**」，方能成爲五識心的所緣。若是外五塵，純屬色法，不能令五識心所觸知，心不觸物故，何能了知。

論主玄奘因此辨正說，其實並不是和合了各自相異的四大極微以後，就會有眞實的五塵境界被五識所接觸、所了知；詳細分析了極微所成就的外五塵境界時，那好像與外五塵境界相應的五識，一定不會出生的緣故；因爲五識是心，外五塵是色法，心與色不能相觸亦不相應；而且外五塵是五扶塵根之所觸，五勝義根是在頭腦之中而不觸外五塵；同理，五識也不能出現在五扶塵根中，外五塵又怎能使五識出生及了別呢？

四大極微的自性是各自不同的，所以分成堅濕煖動四種自性；地大的自性不會與水大的自性和合，因爲都是極微的圓相故；四大既然都是極微，就不可能自動和合爲一。乃至火大的自性不會與風大、地大、水大等自性和合，要有第八識心方能使之和合，否則有情即不會有五色根及骨骼、血液、體液、溫暖的生起與存在。

縱使離第八識的外法四大而能和合，也是由共業眾生的第八識共同運作所成就的，仍不能外於識而和合、而存在；衣服瓶盆等也是要由有情工作才能和合而成就，也是不離第八識的因緣。但這些四大極微和合以後還是不會有十八界所攝的內五塵影像出現，因爲外五塵不等於四大極微和合所成之物，而是藉四大極微和合所成的物品來顯現外五塵，所以外五塵的自性與四大極微的自性不同；這也證明四大極微和合以後不會出現內五塵，那麼外五塵又如何能被精神性的五識所觸知及分別？縱使四大和合以後能夠出現外五塵，然而外五塵是色法，五識是心法，心不觸色法物質，又如何能相觸而了知，怎能有外五塵被五識所觸知？由此當知五識所觸知的五塵，都是內識阿賴耶之所變生的似有色法的內五塵。唯有第八識所變生的內五塵「**似心相故**」，五識方能觸知及了別。

玄奘又論證說：那些所謂由四大極微和合所成的外五塵的法相，從五識心來說並不是眞實有，因爲五識不能也不曾觸知外五塵色法，所以對五識而言，那外五塵是不存在的。因此，五識所觸知及了別的五塵，都是由內識阿賴耶識所變生的內五塵相分，如是內五塵類似於自心如來藏的法相故，而五識也是自心阿賴耶所變現故，兩者方能相觸而作了別；所以不能說外五塵是五識的所緣緣，因爲不可能揑目所現的第二月等虛妄法，能出生五識心的緣故，第二月不曾實際存在故，所生法也不能再出生任何一法故。

意思是，五識是心，不是色，不能觸外五塵等色法。只有外法實色方能接觸及領受有色的外法五塵，例如五扶塵根，而不是內法五勝義根；然而五識是心，不是外法，當然不能觸外五塵色法；所以對五識來說，並沒有外五塵的「離識存在」。

這也同時破斥部派佛教所說「**只要有五根觸外五塵就能出生五識**」的主張，釋印順亦在此同一所破，因爲釋印順主張只要有五色根及腦神經（印順說腦神經就是意根），六根觸六塵便能出生六識，落在《中論》所破的「共生」邪見之中，而釋印順及琅琊閣、張志成等人都是聲聞部派佛教凡夫僧之遺緒故。因爲五識是心，不是色法，一定要由根本識如來藏來出生五識見分，也要由如來藏依據外五塵來變生內相分五塵，如是內五塵是如來藏心所變而非外物故，五識心方能觸知這內五塵以及分別；由於物不能生五識心故，五識心不能觸外五塵色法故，而五扶塵根與外五塵都是色法故。由此證明經量部諸師所說被五識所分別的外五塵，其實不是水中的影月而等於第二月，實際上並不存在。

**「『非諸極微共和合位，可與五識各作所緣，此識上無極微相故；非諸極微有和合相，不和合時無此相故。』非和合位與不合時，此諸極微體相有異；故和合位如不合時，色等極微非五識境。」**由於薩婆多部諸師，以及毗婆沙部諸師又主張說：「經部師所說由四大極微和合所成的外五塵能被五識所觸知，那是假說而非眞實，不能作爲藉緣來發生前五識；但四大極微和合成爲外五塵等各種粗相時，每一個極微各自都具有眞實可見的和合後的粗相，各自都可以成爲五識的外所緣緣，能發起五識，因爲好似有實體而能成爲五識的所緣緣故；若是四大極微仍處於極微分位中時，就不能被五識所觸知，因爲沒有和合後的粗相故。因此五識所觸知的五塵仍然是外五塵。」

現代釋印順、琅琊閣、張志成等人都繼承此說，用以破斥 佛所說的正法。薩婆多及毗婆沙二部認爲，並不是四大極微共同和合時的外五塵境界，都可以給五識各自作爲不同的所緣，因爲這五識是心，五識的自身境界中並沒有四大極微的色法性質，與物質性的四大極微所成的五塵不相應的緣故，自然不能觸知外五塵等色法。

玄奘菩薩論證說，不是四大極微各自能有和合相，因爲要有第八識才能使四大極微產生和合相；而且極微不與其他極微和合時，並沒有這個和合後的粗相的緣故。在極微尚非和合的境界時，以及極微不合集的境界時，這四大極微自體的法相互有不同；是故和合位猶如不合集時，不可能自己和合成外五塵，因此小乘凡夫僧主張的極微所成的外五塵境界就不能成立，就不可能和合而成爲五識所緣的境界，證明你們經部師與薩婆多部諸師所說都是錯誤的。換句話說，極微的因地色與果地色都只是色法而非心法，都只能作爲第八識的所緣，七轉識都無大種性自性故，不能緣於極微與外五塵；而四大極微也不許作爲能緣，是色法而非心故。

反過來說，五識見分若想要看見極微時，必須自身也有大種性自性才能帶有極微相，質類相同時才能相觸而緣於極微；但五識心所緣之五塵，只是極微和合後由第八識所轉變出生的內五塵法相；而且外五塵也是外所緣緣，只能由第八識所緣，不是內所緣緣而無法被內法五識所緣；並且外五塵也不帶極微相，五識心自然無法緣於極微所顯示出來的外五塵樣貌。這已經證明五識所觸知的五塵，不是由四大極微所和合成就的外五塵，而是由第八識如來藏依據外五塵所變生的內五塵，屬於各個有情自己的十八界所攝，同屬一心第八識時才能成爲五識心的內所緣緣，由此證明薩婆多部的說法是錯誤的。

由這個內所緣緣的內相分五塵境界，經由第八識及五扶塵根來聯結四大極微顯示的外相分五塵境界，方能成就有情於三界中的一切行。然而有情被無明所遮，不能知此，誤以爲自己的五識一直都是緣於外五塵的境界，被外法所遮而難破無明，遂導致貪著外五塵境界而流轉生死無窮無盡。始從天竺部派佛教聲聞僧，到今時的釋印順、張志成、琅琊閣等人莫非如是。

第五目　再破新薩婆多部外五塵實有的邪見

論文：「有執『色等一一極微，不和集時非五識境；共和集位，展轉相資有粗相生，為此識境；彼相實有，為此所緣。』彼執不然！共和集位與未集時，體相一故；瓶甌等物，極微等者，緣彼相識，應無別故；共和集位一一極微，各各應捨微圓相故。非粗相識緣細相境，勿餘境識緣餘境故，一識應緣一切境故。許有極微，尚致此失，況無識外眞實極微！由此定知，自識所變似色等相為所緣緣；見託彼生，帶彼相故。」

語譯：【有的部派（指新薩婆多部）執著說：「色等五塵中的一粒又一粒極微，還沒有和合聚集起來時並不是五識所緣的境界；共同和合聚集的時候，展轉互相資助以後才會有粗相生起，作為這五識的所緣境界；那個和集後的五塵粗相是眞實有，作為這五識的所緣境界。」他們的執著是不正確的！因為四大極微共同和合聚集時，與尚未和合聚集之時，自體與相狀是前後一樣同屬物質色法的緣故。此外，四大聚集而成的水瓶盆盂杯碗等果地色，與四大極微因地色的體與相若是前後等同的話，緣於瓶盆等果地色法相、與緣於四大極微因地色等法相的識，就應該沒有差別的緣故；共相和合聚集時的一粒又一粒四大極微，也各自都應該捨棄極微圓相的緣故。並非能緣於五塵粗相的五識可以緣於極微細相的極微境界，不可能緣於其餘各別境界的識都能再緣於其他別別境界的緣故，否則五識中的一一識就應該都能緣於五塵的每一塵境界的緣故。

你們允許有眞實的外法極微可被五識所緣，尚且會導致這樣的過失，何況並沒有內識阿賴耶所變生以外的眞實存在的四大極微！由此道理確定可知，自己的本識如來藏所變生的相似色等五塵之相，才可以作爲五識的所緣緣；因爲內見分五識必須依託於彼內相分五塵而生起，也因爲見分有顯境名言，能挾帶內五塵等相分而顯示在覺知心中的緣故。】

**釋義：「有執『色等一一極微，不和集時非五識境；共和集位，展轉相資有粗相生，爲此識境；彼相實有，爲此所緣。』」**聲聞部派佛教中的新薩婆多部很執著自己的想法，他們主張：「色聲香味觸等五塵中的一粒又一粒極微，還沒有和合聚集起來時仍然是極微，尚未形成五塵，而極微並不是五識所緣的境界；要等四大極微共同和合聚集起來了，展轉互相資助以後成爲瓶盆杯盤時才有粗相生起，才能有五塵而成爲五識的所緣境界；

那和集後的瓶盆杯盤等粗相則是眞實有，可以作爲前五識的所緣境界。」

**「彼執不然！共和集位與未集時，體相一故；」**論主玄奘破斥之，說：「彼執不然！」針對他們的主張共有五個問題而提出五難：一、二位無差難，二、量等相齊難，三、微相失本難，四、識之行相互通難，五、一心緣遍難。此爲第一難：

**一、二位無差難**。新薩婆多部執著謬見而說出來的道理是不正確的！因爲依新薩婆多部自己的說法，四大極微共同和合聚集的時候，與尚未和合聚集之時的四大自體與相狀，前後並沒有改變而始終一樣。既然四大極微在和合聚集的前後體相是一，同是因地色及物質性，聚合的前後並沒有不同，就應該聚集之後仍然是四大極微，不是瓶盆等粗物，也不會有五色根的存在，便不可能與五色根互相資益而變生五識，四大極微即不可能成爲五識的所緣緣，這便是「二位無差難」。

**「瓶甌等物，極微等者，緣彼相識，應無別故；」二、量等相齊難**：由地水火風四大聚集而成的水瓶盆盂杯碗等物，若是與四大極微合集前的自相等同而無差別，則能緣於瓶盆等五塵粗相的五識，和緣於四大極微等細相的五識，就應該沒有差別，當然四大極微也應該可以同是五識之所能緣，那麼五識現前時就應該也能緣於四大極微才是。但現量上顯然不是如此，所以新薩婆多部等聲聞僧的說法錯誤，這就是「量等相齊難」。

**「共和集位一一極微，各各應捨微圓相故。」三、微相失本難**：並且，依新薩婆多部的主張，既然因地色與果地色相同不變，則共相和合聚集以後的一粒又一粒四大極微，也應該各自都已捨棄極微圓相，才能和合聚成瓶盆杯碗等物而由前五識所見；若是依新薩婆多部的說法，四大極微和合所成的瓶盆杯碗等物都未捨棄四大極微的自相，那麼人們就不該看見或觸摸到瓶盆杯碗等物，這也證明新薩婆多部等聲聞僧的說法錯謬，這就是「微相失本難」。

**「非粗相識緣細相境，勿餘境識緣餘境故，」四、識之行相互通難**：並非能緣於瓶盆杯碗等粗相的五識，也可以緣於極微細相的四大極微境界，因爲五識的行相有其固定不變的侷限故，否則五識也應該還會產生別的作用，都能緣於其他的四塵及法塵，就不該再定名或區分爲眼等五識了，這就是「識之行相互通難」。

**「一識應緣一切境故。」五、一心緣遍難**：因爲五識若能緣於四大極微時，就應該能緣於四大極微所成就的其餘四塵。但不可能緣於色塵等五塵境界的粗相識，例如五識之一的眼識，都能再緣其餘聲香味觸等境界，否則前五識中的一一識就應該都能緣於五塵一切境界，又何必再分爲五個識。由此緣故證明新薩婆多部等聲聞僧的說法錯謬，這就是「一心緣遍難」。

**「許有極微，尚致此失，況無識外眞實極微！」**舉出五種理由辨正之後，論主玄奘菩薩作了這樣的結論：他們新薩婆多部的聲聞僧，允許有眞實可以觸知因地色的四大極微被前五識所緣，而不是單單緣於和合後的果地色瓶盆杯碗等粗相物，這樣的主張尚且會導致這麼多的過失，更何況並沒有阿賴耶識眞實心所變現的四大極微以外，而能有眞實存在的四大極微。

**「由此定知，自識所變似色等相爲所緣緣；」**由以上這些道理，確實決定而可以很清楚知道，自己的本識如來藏所變生相似外境的內色等五塵諸法相，才能作爲五識的「所緣緣」。換言之，若非自心內識如來藏所變生的內五塵，即屬於色法或色法的細相，都不可能被五識所觸知及分別；正因爲外五塵是物質性的色法，而五識是心，心不觸物故。

《成唯識論述記》卷二說得好：「**自下第三結歸正義，於中有三：一顯識變所緣緣義，二顯頓變非積小義，三顯極微非有實義。此顯識變也，以自內識所變之色爲所緣緣，是依他性有體法故，不緣心外所執無法。〈所緣頌〉云：內色如外現，爲識所緣緣；許彼相在識，及能生識故。**」

**「見託彼生，帶彼相故。」**外六塵相分是外法也是色法，是具有大種性自性的物質識的阿賴耶識所緣；前七識見分是內法而非外法，這七識見分是心，依託於那內識如來藏所變生的內五塵，以及內五塵上所顯現的法塵而生起、而運行，不能觸及外六塵相分等色法；也因爲前七識等見分是夾帶阿賴耶識所變現的內六塵等相分，才能生起的緣故。而瓶盆等物是阿賴耶識的外所緣緣，對七轉識而言時連「疏所緣緣」都不是，因爲五識只緣於瓶盆等物上的五塵相，不緣瓶盆等物自身，而且是緣於內識依瓶盆等物所變生的內五塵相，不緣於外五塵，更不緣於瓶盆等物自身。瓶盆等物的法相也是由五塵上的法塵所顯示出來的，是由意識所緣而非五識。所以說見分七識是託於自心藏識所變生的、好似外六塵色法的內六塵相作爲所緣緣，才能從內心藏識中引生出來的。

關於「帶彼相故」，《成唯識論述記》卷二說得好：「述曰：顯具所緣緣義，若緣本質有法無法，心內影像定必須有。此既有體，見託彼生，即是緣義。然心起時帶彼相起，名爲所緣；帶是挾帶、逼附之義。由具二義與小乘別，雖無分別緣眞如時無有似境相，而亦挾帶眞如體起，名所緣緣；如自證分，至下第七自當體解。相者是何？所謂體相。眞如無遍計所執相名無相，仍有體相，故經言『一切諸相共同一相，所謂無相。』」

由此證明，前五識所緣的五塵等相分，並非外所緣緣的外五塵，而是有情自己的本識阿賴耶識所變現的，是相似於外相分五塵的內相分五塵，屬於內所緣緣；如是藉內相分的五塵相來聯結外相分的五塵相，而與外在環境聯結才能生活於人間。然而內五塵相生起時，其實是因五識及意識心的運行，方能挾帶而起，以六識都有顯境名言故；若無五識現起時，即不得有五塵相顯現於覺知心中，故說挾帶五塵相而生起，名爲「**帶彼相起**」。既然此顯五塵爲內識如來藏所變生，五識所觸知者即是此內五塵相的心法，並非外五塵相的色法。

部派佛教時期聲聞乘的各部派，除了最早期的上座部阿羅漢等人，都是六識論者，都不承認本識如來藏的存在，因此而主張前五識可以觸知外相分五塵及瓶盆等物，認定前五識皆以外五塵作爲外所緣緣的說法，故有許多過失，都是錯誤的見解。

以上註釋的內容即是說明法界中的實相，正覺同修會中的增上班同修們，在禪三明心後必須要有這樣的現觀，方能通過考驗。若無如是現觀，皆屬解悟或無智慧現觀而未能轉依成功的人，即非證悟者，即是在善知識爲其引導時懂得這道理，但卻是強行記憶而非勝解者；縱使通過考驗而獲得印證，後時由於並非勝解的緣故就不會有念心所，善知識所作的指導內容，他們就會全部忘失，成爲退轉者而又回墮部派佛教聲聞僧的邪知邪見中。若有人如同張志成一樣否定說：「**般若正觀現前並非證悟第八識。**」即表示其人未能作如是實相現量的現觀，絕非證眞如者，更非悟者，仍屬凡夫或外道，所說的眞如都屬心外求法。現代釋印順、琅琊閣、張志成等皆此類人，同屬聲聞部派佛教的遺緒。

### 第六目　極微是識所變假說爲有

論文：「然識變時，隨量大小頓現一相，非別變作衆多極微，合成一物。爲執粗色有實體者，佛說極微令其除析，非謂諸色實有極微。諸瑜伽師以假想慧，於粗色相漸次除析，至不可析假說極微。雖此極微猶有方分，而不可析；若更析之，便似空現，不名爲色，故說極微是色邊際。由此應知：諸有對色皆識變現，非極微成。餘無對色，是此類故，亦非實有；或無對故，如心心所，定非實色。諸有對色，現有色相，以理推究，離識尚無；況無對色，現無色相，而可說爲眞實色法？」

語譯：【然而本識阿賴耶變現五塵時，是隨著外五塵現量上的大小而頓時變現出同一種內五塵的法相，並非另外變作衆多的四大極微，然後再和合聚成一個色法一般的五塵。爲了那些執著粗色五塵眞有實體的愚癡人，佛陀演說四大極微的道理而促令他們加以分析滅除邪見，而不是說諸多粗色中確實仍有四大極微。諸多與實相相應的瑜伽師們，是以假想的觀察智慧，對粗色諸相漸次滅除及分析，到了最後不可再剖析時便假說爲極微。雖然這個極微仍然有方分，而不可以再剖析下去；若是繼續再剖析下去，便成爲類似虛空一般的顯現，就不能名之爲色法了，以此緣故而說四大極微是色法物質的邊際。由此正理應該知道：諸多能被有情面對而了別的色等五塵，全都是本識阿賴耶所變現出來的，所以十八界中的五塵並非由四大極微所成就的。

其餘的無對色，因爲都是這一類的識所變法故，也並不是眞實有；或者因爲是無可現量面對的色法故，猶如七識心與心所法一樣，決定不是眞實存在的物質色法。種種能被有情面對的色塵等法，顯現出來時是有色的法相，但是以正理推究之後，證明離開本識如來藏時尚且不曾存在過；何況是無對色，現前便已經沒有色相了，而竟然可以說爲眞實存在的色法呢？】

**釋義：「然識變時，隨量大小頓現一相，非別變作衆多極微，合成一物。」**論主玄奘接著立量：然而根本識阿賴耶變現出五塵之時，是隨著外五塵色法的現量大小與顏色……等，頓時變現出完全相同的好似色法的內五塵相，那個內五塵法相其實是心法而非色法。並非第八識有另外變作衆多的四大極微，然後再和合聚成一個物品色法、或和合成其他的聲香味觸等色法的四塵；或是於八識之外自然而有四大極微，能自動合成外五塵給五識所觸知及了別。

這四句論文是顯示十八界中的五塵等似色法，全都是內識如來藏依據外五塵所頓時變生的，絕對不是由外在的四大極微積少成多而出生的外五塵。吾人試思，每晨初醒來時五塵的全部或是其中一塵，是每一塵都同時頓生、或是四大漸漸聚集然後才出生的？

如是可知五塵皆是內識所變生故，證明五識心所觸知的五塵並非四大極微積少成多而有。

換言之，五識所接觸到的五塵都是內相分似色法，五識並沒有實質接觸到瓶盆等物及外色塵乃至外觸塵；身外的瓶盆等物所顯示的外五塵相，都是由色身等五扶塵根所接觸到，實質上是由第八識如來藏所接觸到，因爲五扶塵根是色而非是心故。勝義根及五識心並未接觸到外五塵，因爲七轉識都是心而非色識，心不觸物故；五勝義根則處於頭腦內部，亦不能接觸外五塵故。由此證明五識所接觸到而加以分別的五塵，都是由內識如來藏依據五扶塵根所接觸到的外相分五塵色法，另行變生出來的內相分五塵似色法，名爲帶質境的第八識心法。這當然是因爲外五塵是色法，而五識是心，心不能觸及色法物質，則不能了知外五塵；是故五識只能接觸及分別色識如來藏所變生的內相分五塵，因爲見分五識與所了別的內相分五塵境界，同屬自心如來藏心所變生故，同屬心故方能接觸及了別。

《成唯識論述記》卷二云：【此中意說順世、衛世「極微本是常法，所生子微，與因量等，仍名爲粗，是無常法。子微聚集，與量德合，方成大量。」薩婆多「微隨何色者，即彼處攝。七極微成微，乃至展轉積小成大，皆是實有。」經部「極微體是實有，積成大物，大物是假。實隨於假，十處所攝。」大乘「極微法處所攝，然是假法。其色處等形量大者，體是實有，析大成小、極微故假。由此識變，但隨形量若大若小，不從於小以成大也。所言一相是假一相，形假似一，實非是一，不同衛世。」

問：「如色等法形表等假，五識緣時爲緣假實？若緣長等，即同經部，應無緣義；若不緣者，如何此中言隨大小？又如何說長等假色，色處所收？」答：由此義故，西方二釋：一云，五唯緣實，五識唯現量，明了緣自相故。如色處中唯青等，實眼識緣之；五識同時意識，明了取得長短等故；長等假色，色處所攝。若以別根、境相對，長等法處收，唯意緣故。此中所言隨大小者，隨其顯色大小頓變，眼識緣之無大小解；今談之爲大小等也，意識緣之作大小相，非五識能緣作大小解，即是假形。色處既爾，乃至觸處亦不緣假，唯緣本實四大爲境，不同經部。 第二師云，五亦緣假，以能明了照其自相。是處自相，非事自相，亦非自相自相。處者十二處，事者謂青黃等各各別事。自相自相者，於一青中復有多微一一各別，或多分段各各有別，由如是理故名現量，非言現量皆是實法。無漏亦緣諸假法故，然假有二：一無體假，二相待假。前如忿等，後如悔等，以癡相說。長等但是相待假收，非如青等相待仍實，名之爲假，體是有法，無如經部緣假之失。長等有體，依他法故；長等但是青等分位，其實五識得多青等名緣長等，無別緣也，唯意得之。名緣假者，五識亦緣青分位故，故《瑜伽論》第三卷說，識變色時隨

小大中。由此長等，本識亦變，此甚難解，前解為勝。】

「**為執粗色有實體者，佛說極微令其除析，非謂諸色實有極微。**」這時聲聞部派佛教就反問說：「既然你們修證《瑜伽論》的大乘諸師認為沒有極微，為何如來卻說有極微呢？」但菩薩說的沒有極微，其實是說沒有極微所成的五塵被五識所觸知，不是說五陰之外沒有四大極微。

論主玄奘辨正說，這是為了那些執著粗色眞有實體的愚人，佛陀演說四大極微的道理，促令他們滅除物質實有的邪見而對物質加以分析，令他們知道七轉識所觸知的一切物與六塵都是第八識所變生，沒有第八識外的五塵與物質被五識所觸知，主旨並不是說種種粗色物質之中仍然存有四大極微。

如《瑜伽師地論》卷五十四說：【問：「諸極微色由幾種相建立應知？」答：略說由五種相，若廣建立，如本地分。何等為五？一、由分別故，二、由差別故，三、由獨立故，四、由助伴故，五、由無分故。分別建立者，謂由分別覺慧分析諸色，至極邊際建立極微，非由體有；是故極微無生無滅，亦非色聚集極微成。差別建立者，略說極微有十五種，謂眼等根有五極微，色等境界亦五極微，地等極微復有四種，法處所攝實物有色極微有一。獨立建立者，謂事極微，建立自相故。助伴建立者，謂聚極微，所以者何？

於一地等極微處，所有餘極微同聚一處不相捨離，是故依此立聚極微。……無分建立極微者，謂非彼極微更有餘分，非聚性故；諸聚極微可有細分，若極微處即唯此處，更無細分可以分析。」

**「諸瑜伽師以假想慧，於粗色相漸次除析，至不可析假說極微。」**諸多親證而與實相相應的瑜伽師們，是以假想而正確的觀察結果來生起智慧，對粗色的種種相以智慧漸次滅除及分析，到了最後不可再剖析時才會假說為極微。

《成唯識論述記》卷二：「述曰：言瑜伽者名為相應。此有五義，故不別翻：一、與境相應，不違一切法自性故；二、與行相應，謂定慧等行相應也；三、與理相應，安、非安立二諦理也；四、與果相應，能得無上菩提果也；五、得果既圓利生救物，赴機感藥病相應。此言瑜伽，法相應稱，取與理相應；多說唯以禪、定為相應。瑜伽之師，即依士釋；師有瑜伽，名瑜伽師，即有財釋。若言瑜祇即觀行者，是師之稱；以假想慧，非謂實以刀等析之。於粗色相，即是所析之色相也；半半破之，漸次而析，除粗至細，至不可析，假說極微，不同小乘體無方分而不可析。」

**「雖此極微猶有方分，而不可析；若更析之，便似空現，不名為色，故說極微是色邊際。」**這時的四大極微仍然有最微細的質礙與方分而不可能再剖析了，若是繼續再剖析下去時，便將類似虛空一般顯現，就不能再說是色法物質的四大極微了，正是由於這樣的緣故而說四大極微是色法物質的邊際。四大極微都是鄰虛塵，若把極微再分析下去就是虛空了，依舊不是七轉識等覺知心所能接觸。

「**由此應知：諸有對色皆識變現，非極微成。**」由這個眞正的道理，有智慧的人都應該知道，諸多能被有情的五識或覺知心六識所面對的色等五塵，以及五塵上所顯示出來的法塵，全都是本識阿賴耶所變現出來的，並非如同聲聞法中的各部派所說「**五塵由四大極微所聚合成就的**」。

「**餘無對色，是此類故，亦非實有；或無對故，如心心所，定非實色。**」至於在五塵中所顯現出來的其餘「**無對色**」，例如色法中的法處所攝色——色塵中的形色、表色、無表色，聲塵中的表意、語意、文雅粗魯，香塵中的香、臭、雅、俗，味塵、觸塵中的各種微細塵相，因爲同樣是這一類「**無對色**」的緣故，也都不是眞實有，都歸屬七識心所挾帶的法塵相而歸於「**法處所攝色**」乃至「**法處所攝觸**」，全部都屬於法塵，當然不是眞實有的色法。

或者因爲這些「**無對色**」，是無法於物質現量境界中面對的緣故，猶如七識心與心所法一樣，也能證明五塵中顯現出來的各種「**無對色**」，決定不是眞實存在的物質。

「諸有對色，現有色相，以理推究，離識尚無；況無對色，現無色相，而可說爲眞實色法？」種種能被有情七識覺知心面對的色塵等五塵諸法，顯現出來時都是似有色相的法，這樣似有色的帶質境界的法相若以正理推徵探究之後，都已經證明：離開本識如來藏時尚且不曾存在或不能存在；更何況是五塵中顯現出來的各種「無對色」法塵，覺知心現前領受時便已經沒有色相了，那聲聞部派佛教各派凡夫僧，怎麼可以說爲眞實存在的色法？後面的卷三及卷八就此還有別破，此勿先述。

第七目　法處所攝色更非實有

論文：「『表無表色，豈非實有？』此非實有，所以者何？且身表色若是實有，以何爲性？若言是形，便非實有，可分析故，長等極微不可得故。若言是動，亦非實有，纔生即滅，無動義故。有爲法滅，不待因故；滅若待因，應非滅故。

若言有色，非顯非形，心所引生，能動手等名身表業，理亦不然；此若是動，義如前破；若是動因，應即風界；風無表示，不應名表。

又觸不應通善惡性，非顯香味，類觸應知；故身表業，定非實有。然心爲因，令識所變手等色相，生滅相續轉趣餘方，似有動作，表示心故，假名身表。

語表亦非實有聲性，一剎那聲無詮表故，多念相續便非實故；外有對色，前已破故。然因心故，識變似聲；生滅相續，似有表示，假名語表，於理無違。」

語譯：【問：「有對色與無對色既然都說爲無，但表色與無表色，難道不是眞實有嗎？世尊也說有業及戒的緣故。」答：這些並非眞實有。原因是什麼呢？且說色身所顯示出來的行來去止等表色若是眞實有，是以什麼作爲自性？如果說身表色與無表色的自性是形色，便不是眞實有而能被分析的緣故，長短方圓遠近高低等形色中，想要尋求四大極微等物性時也都不可得的緣故。如果說身表色等的自性是動轉等，這也不是眞實有，因爲動轉等法才剛生起隨即滅失，就沒有動轉永遠常住的眞實義故。這是由於動轉等有爲法的滅壞，不必等待他法爲因，自己便會滅失的緣故；動轉的滅壞若是必須等待他法爲因，那麼動轉這個表色就應該不能自行滅壞的緣故。

如果主張另外有一種色法，既不是青黃赤白等顯色，也不是長短方圓遠近高低等形色，而是由自心所引生的色法，能夠動轉手腳等等而名之爲身表業，這道理也是不正確的；這樣的色法若眞的是動轉，道理就如同前面所破一樣而成爲生滅法；但這色法若說是動轉的因，這因就應該是風大的作用；然而風大從來都沒有表示，不應該把風大命名爲身表色。

而且風大動轉時不離觸心所，但觸心所不應該通善性、惡性，也不能顯示聲、香、味等色法中的顯色，今以風大來比類觸心所時便應該了知這些道理；所以說身表業的動作等，決定不是眞實有。然而身表業是以心爲因，使令阿賴耶識所變生的手腳等等色相，在身表業生滅相續的過程中，不斷轉變而使色身趣向其餘諸多方所，表面上看來似乎有所動作，就從這些動作上表示了有情八識心行的緣故，而假名施設爲身表業。

語表業也不是眞實有聲的自性，因爲一剎那聲無法詮表意思的緣故，是要前後多念相續才能詮表，以此可知語表業便不是眞實常住法的緣故；語表業還必須依附外法的有對色，但所依的外法有對色虛妄，在前面已經破斥了的緣故。然而都是因於八識心王的緣故，阿賴耶識變現出來似有外聲；在似有的外聲生滅相續的過程中，看起來似乎有了意思表示，因此假名爲語表業，我說的這些正理在道理上面並沒有違背。

**釋義：「『表無表色，豈非實有？』」**古來即有外人研究佛法而向菩薩提出質問：「有對色與無對色既然都被您說爲非眞實有，然而表色與無表色，難道不是眞實有嗎？世尊都已經說過有業及戒的緣故，當然就實有表色與無表色了。」他們是反問說：「你們瑜伽行派的實證菩薩們，說『有對色』與『無對色』都不是眞實有，難道表色與無表色也不是眞實有嗎？」而且他們還舉出 世尊所說，眞的有業種、業果以及戒表色作爲證明。因爲業果實現時也是在行來去止等表色上顯現，而戒表色也是在行來去止等表色上顯現出來；那麼表色與無表色的道理其實是一樣的，其中之一若有時，其二當然也是同有。這是外道們提出的看法。

**「此非實有，所以者何？且身表色若是實有，以何爲性？」**論主玄奘回答說，這些表色與無表色一樣不是眞實有，原因是什麼呢？且先來探究一下，色身所顯示出來的表色、無表色若是眞實有，是以什麼作爲行來去止等表色、以及神韻氣質等無表色的自性呢？若作爲能生因的自性是有生的法性，所生的表色與無表色當然也同樣是有生滅，即非眞實有。

**「若言是形，便非實有，可分析故，長等極微不可得故。」**此破聲聞薩婆多部。如果說表色與無表色的自性就是形色所攝的遠近高低長短方圓，則表色、無表色便都不是眞實有，因爲這兩種色的自性是蘊含於形色遠近高低長短方圓之中，而形色都沒有實質可以被分析的緣故。而且形色長短方圓遠近高低等色相，都同樣只是依四大極微的顯色而顯示出來的。既然形色本身已經沒有四大極微可供分析，當然形色就不是表色與無表色的自性了，所以表色與無表色都無實際不壞的自性。意謂身表色、語表色、顯色、形色、表色、無表色，全都是內識如來藏所變生的，不能「離識而有」。

**「若言是動，亦非實有，纔生即滅，無動義故。有爲法滅，不待因故；滅若待因，應非滅故。」**此乃破聲聞正量部。如果說表色、無表色的自性是動作等，那麼表色的行來去止屈伸俯仰，以及表色中顯示出來的無表色神韻氣質等，當然也都不是眞實有；因爲所依的動作等法才剛生起隨即滅失，也就沒有**動作自性眞實**的道理可說了，怎能說動作就是表色、無表色的自性？

《成唯識論述記》卷二云：「**彼復救言：『如薩婆多法，滅待滅相，不待外緣。我部色等滅，待外緣及內相因，故不可以不待因爲證，有隨一故。』**」這是窺基法師轉述薩婆多部論師的說法。由於他們如是辯解，所以論主玄奘破斥曰：這是由於動作等有爲法的滅壞是自性壞——動作本身自始至終都是剎那剎那持續壞滅中，不必等待他法作爲壞滅之因，所以不待滅相現前便已處於自滅之過程中；如此一來，以動轉作爲表色、無表色的自性時，表色、無表色自然也是生滅法而不是眞實有。

意謂動作若是必須等待他法爲因才會滅壞，則動作引生的表色、無表色也應該不能滅壞，同屬相待於他法爲因而滅故，便該有行來去止屈伸俯仰及神韻氣質永遠存在而不滅；但現量上不是如此、也不可能如此，以此緣故證明薩婆多等部，不該託言表色、無表色以動作爲自性，而說動作是眞實有、不生滅，就主張表色與無表色亦不生滅。

假使薩婆多部反過來說：「動作的消滅是待因而滅。」那麼他們所執著的待因而滅，就應該不是眞的滅，因爲是待因成熟才能滅的「滅」故，便如生、住、異等同樣是要待因而生、而住、而異的緣故。然而這也間接證明表色與無表色都不是以動作爲自性，與他們自己的主張有矛盾；「滅」既然是待因方能滅，那麼生、住、異等三法，同樣也是要待因方能生、住、異，顯然動作在生、住、異、滅的過程中，已經顯示並不是表色及無表色眞正的因；而動作本身也不是常住法，所以依動作而有的表色、無表色都同樣不是常住法。

**「若言有色，非顯非形，心所引生，能動手等名身表業，理亦不然；此若是動，義如前破；」**如果經部師繼續主張說：「另外有一種色法，既不是青黃赤白等顯色，也不是長短方圓高低遠近等形色，而是由自己覺知心所引生的色法，能夠動轉手腳等，這就是身表業。」這道理也是講不通的，因爲這個色法假使就是動轉，能動身手等，其過失就如同前面所破正量部所說的過失一般無二；因爲色非心故，無心時即無作用故，生滅性故。覺知心也不能引生色法五色根，七轉識等心並非色識故，當然也不能引生身行。

這同時也是破斥經部師的前身「日出論者」，《成唯識論述記》卷二說：「此破日出論者，即經部本師。佛去世後一百年中，北天竺怛叉翅羅國有鳩摩邏多，此言童首，造九百論。時五天竺有五大論師，喻如日出、明導世間，名日出者，以似於日。亦名譬喻師，或爲此師造《喻鬘論》集諸奇事，名譬喻師，經部之種族，經部以此所說爲宗。當時猶未有經部，經部四百年中方出世故。」

此外，能動身手等，若眞的是色法，不論爲地大、水大、火大或風大，如是色法在身中來來去去以動身手時，如是色法豈非有質礙之法？有質礙之法如何能於色身中快速來去而令身手有所動作？是故經部師等人所說由覺知心引生的色法，能在身中快速來去而動身手等，所言不實，成虛妄想。其所言同於前來所破之聲聞正量師，如是而言「身表業」常住或風大常住，理亦不然，智者應知。

**「若是動因，應即風界；風無表示，不應名表。」**這個能引生身手動作的色法，假使眞是身手動轉的本因，它就應該只是風大的作用；然而風大並無心所，也從來不曾有過意思表示，所以無法與五陰尤其是其中的色陰互動；而身表色、語表色及這二者顯示出來的無表色，都是具有意思表示的，但風大卻是從來都不曾有過意思表示，顯然風大與二種表色之間互不相應，所以不應該把風大動作命名爲表色、無表色，也不該把風大當作表色、無表色的自性，因爲風大猶如水大、火大、地大一般永遠不會有意思表示。

**「又觸不應通善惡性，非顯香味，類觸應知；故身表業，定非實有。」**而且風大的運作過程中都不離第八識的觸心所，但五遍行中的觸心所，一者不應該通善性、惡性，因爲觸心所始終都是無記性；二者觸心所也不能顯示聲、香、味等色法中的顯色；當他們改以風大動作來與觸心所相比類、相聯結時，便應該了知觸心所不通善惡性的道理，又怎麼能使觸心所產生具有善惡性的「**身表業**」或「**語表**」業。所以論主玄奘菩薩結論說：「**身表業**」不論是從哪一個心所產生的，決定不是眞實有。

**「然心爲因，令識所變手等色相，生滅相續轉趣餘方，似有動作，表示心故，假名身表。」**然而「**身表業**」是以八識心王爲因，促使阿賴耶識所變生的手腳……等色相，在**身表業**生住異滅相續的過程中，不斷轉變而使色身趣向諸多不同的方所，表面上看來似乎有所動作，卻只是在這些動作上表示出有情八識心王的行爲，以此緣故而假名施設爲「**身表業**」；由此證明「**身表業**」顯示出來的表色、無表色，都非眞實法，唯有阿賴耶識心才是眞實法、常住法。

部派佛教的二乘法中說色與聲都通善性惡性，大乘法中不作此說，因爲色與聲等二塵如同其餘三塵一樣都是無記性，都不是心故不會有善惡性，只有七轉識才會有善惡等有記性；因爲七轉識會依五塵的順心境或違心境而生起心行，由五別境心所產生取捨之後起而造作業行，如是隨順或抗逆之，方能成爲善惡性，因此說名身表色或語表色。意思是說，由七轉識加行之心行作為等起因，便能顯示隨著七識心的善惡性，來簡別五塵為順心或違心之境，使內識阿賴耶所變生的念念生滅之色身，轉趣各個想要去的地方，或是作出各種動作；由於如是過程能表顯八識心行的緣故，給予假名為**身表業**，故知**身表業**並非常住法。

此段論文中說到「**識所變手等色相**」，是簡別薩婆多部否定第八識的說法。其中說到色身的「**生滅相續轉趣餘方**」，則是簡別正量部師認定六識心眞實不滅。至於論中說到色身「**似有動作**」，是簡別譬喻師所說的「**動作是常住法**」。最後說到「**身表業**」「**表示心故**」，是顯示「**身表業**」的出處是心，而非動作風大，動作風大是心之所造果；所以因八識心王而有的動作，假名「**身表業**」，是故「**身表業**」非實，唯有內識阿賴耶識才是眞實法。

「**語表亦非實有聲性，一剎那聲無詮表故，多念相續便非實故；外有對色，前已破故**。」「**身表業**」破已，次破「**語表**」業。「**語表**」業也不是眞實具有聲的自性，因為一剎那聲無法詮表的緣故，證明「**語表**」業顯示出來的表色、無表色都非眞實。「**語表**」業是要多念相續才能詮表，也是前後剎那生滅不斷方能有所詮表，因此「**語表**」業便不是眞實的緣故，也證明「**語表**」業顯示出來的「**表色、無表色**」不是眞實法。而且「**語表**」業必須依附外法「**有對色**」才能生起，所依的外法「**有對色**」虛妄，在前面已經破斥過了，以此緣故證明「語表」業顯示出來的「表色、無表色」也是虛妄的。

關於「一剎那聲無詮表故」，《成唯識論述記》卷二解釋說：「述曰：此破一切有部，就彼宗『除佛，餘一剎那聲不能詮故』。又以理徵：『設汝說佛一剎那聲亦不能實詮，如汝說極微大。於大乘者以粗心故緣之不著，如我極細一剎那聲，汝宗不能有所詮表，故今總非。』設就量云：語中，汝除佛一剎那聲，應許有實表業，以是有情語聲攝故，如佛一念語。今既說除佛，一切聲一念無表，明非實表，一念實聲不能詮故。又佛一念聲言，實能詮表；但汝自言『餘人不了，故不能詮』，此違自義。大乘之中豈不許佛一念能詮？今諍是假；故宗法言有實表業，以簡過失，乃不違宗，若說假時我亦許故。又言：汝佛一剎那聲無實詮表，許聲性故，如所餘聲；此遮實詮，無違宗失。」斯理應知。

誠如論言「多念相續便非實故」，於多念相續出以言說時雖能詮表，然而多念相續時亦顯示如是「語表色」是多念相續所成，即非實法、即非常住。因此即立量云：多念所生語聲，亦應不能詮表，是多念相續所成語聲故，猶如風鈴之聲持續不斷亦不能詮表。之所以能詮表者，由有心故，將語聲依義前後排列而聲於語言，方能詮表；由此證明唯心方能詮表，語聲不能詮表。然而說一切有部「除佛」之說則屬正說，以諸佛皆能一念即令菩薩或信仰三寶者知，隨即採取作爲而滅惡修善，證明其說無誤。

「然因心故，識變似聲；生滅相續，似有表示，假名語表，於理無違。」論主玄奘辨正過了，在此對「語表」業引生的「表色、無表色」作出結論說：事實上都是因爲七轉識等心生起作意的緣故，八識心王動轉了「有對色」而變現出來似有外聲；不斷生滅似有非眞的外聲，在生滅相續的過程中看起來似乎有了意思表示，因此假名爲「語表業」，由「語表」業顯示出來的「表色、無表色」當然也就虛妄了；而我說的這些正理，在道理上面並沒有違背。由如是等理，證明一切法都唯有識，即是第八識阿賴耶。

### 第八目　從表色無表色與思心所的關聯證明一切法唯識

論文：「表既實無，無表寧實？然依思願善惡分限，假立無表，理亦無違。謂此或依發勝身語善惡思種增長位立，或依定中止身語惡現行思立，故是假有。

『世尊經中說有三業，撥身語業，豈不違經？』不撥爲無，但言非色。

能動身思，說名身業；能發語思，說名語業。審決二思，意相應故；作動意故，說名意業。

起身語思，有所造作，說名爲業；是審決思所遊履故，通生苦樂異熟果故，亦名爲道。故前七業道，亦思爲自性。

或身語表，由思發故，假說爲業；思所履故，說名業道。由此應知：實無外色，唯有內識，變似色生。」

語譯：【表色既然實際上不存在，無表色又怎麼可能是實際上存在的？然而依於思心所的意願而建立的善性惡性的分限，來假立無表色，在道理上也並沒有違背。意思是說，無表色或是依所發殊勝身業語業上的善性惡性的思心所意願的功能差別而在增長位建立，或是依定中止息身語惡業現行的思心所而建立，所以無表色是假名而有。

外人引經而問：「世尊在經中曾說衆生有身業、語業、意業等三業，如今你們瑜伽行派等菩薩撥無身業和語業，豈不是違背經中的聖教？」答：這不是排撥聖教中說的三業爲不存在，只是說明這身語意三業並不是色法。

能動轉色身的思心所，說這就是身業；能發出語業的思心所，就說這是語業。審慮思與決定思，只與意識、意根相應而不是與身、口相應的緣故；由於意識與意根生起作動之意的緣故，說這樣就是意業。

生起了身業思和語業思之後，導致身與口有所造作，便說這樣就是業；而這兩個業是由審慮思與決定思所遊行履踐的緣故，能通未來世將會出生的苦樂異熟果的緣故，也就同時名之爲道。所以身三口四等前七種業道，也都是以思心所作爲自性。

**或如聖教中說，身與語造作出來的表色，都是由思心所發起的緣故，便假說身、語的表色為業，並非指稱這些表色是實有法；也因為是思心所之所履踐的緣故，必有來世的異熟果，所以完成了業行時就說這個名為業道。由此應知：實質上有情所見的五塵並無外色，只有內識阿賴耶如來藏依外塵而變現出來的，從表相上看來似乎是有外五塵等色法出生。】**

**釋義：「表既實無，無表寧實？」**「表色」既然不是真實有，只是依於「顯色、形色」而建立起來的，那麼依「表色」而建立的「無表色」，例如氣質神韻或善惡性等，當然也不是真實有；是故論主玄奘作出這個反問式的結論，來反問聲聞部派佛教諸師。這是說，你們部派佛教諸師所說的「表色」既然都已經不真實了，那麼依於「表色」而存在的「無表色」，又怎麼可能是真實法？因為全都是有生的色法所攝的緣故，所以這些「無對色」便猶如「有對色」一般生滅而不真實。

**「然依思願善惡分限，假立無表，理亦無違。」**然而這或許會使眾人產生疑惑的是，既然「表色」虛妄而非實有，「無表色」當然也非實有，那麼經論中又何需建立「無表色」而加以演述呢？因此還得加以解釋說，依於有情五遍行心所法中之思心所的意願，來建立善性、惡性的分際與範圍，由此而假立「無表色」，所以這在道理上其實都沒有互相違背之處。

這是說，依於思心所而造作的身、語表業，顯示出來有道共戒或定共戒，來產生善心性的分際；也是依於思心所而造作的身、語表業，來顯示異生凡夫有情的貪瞋癡，產生異生們不同於聖者的惡心所分際；由此來假立凡聖等一切有情的「無表色」，令人知有善惡性等，這在道理上是絕對不會有違背的。然而不能因此就說「表色」或「無表色」是眞實法，因爲是由心而生的假法之故，演述之目的只在於顯示身、語表業的善惡心所要由身、語表業來現行，不是在說身、語表業等「表色、無表色」是眞實法。

**「謂此或依發勝身語善惡思種增長位立，或依定中止身語惡現行思立，故是假有。」**意思就是說，「無表色」有時是依有情所發起的殊勝身業語業，了別爲善性或惡性而有思心所來決定意向，再由這個意向所願的功能差別，在這些殊勝的身語業增長位（過程）中加以建立，說爲善或惡的「無表色」；或者依定中止息了各種身語惡業現行的思心所，而建立爲定共色的「無表色」，所以不論是善性或惡性的「無表色」，也都是假名而有，不是眞實法，要依他法方能顯示其「無表色」故。

「增長位」是說始從發願乃至完成的中間過程，譬如受戒者由先發願受戒，然後定下期限從菩薩僧乞求受戒，乃至入於戒場正受菩薩戒完成，得受菩薩戒衣而證明已經得戒，皆名爲「**增長位**」。受戒之善行初時要有思心所，再由發願爲先，然後有「**增長位**」的過程完成受戒，戒體方得建立；如是自始至終都由思心所來持續建立及完成，如是過程即是「**思種**」的「**增長位**」。

受戒如是，得定共戒或道共戒者亦復如是，都必須先有發願之思心所，然後依其所發之願而依善知識教，如法受學或修習禪定，直到最後得證眞如而轉依成功、進入見道位中，或是最後發起初禪得入清淨位中，到達「**正性離生**」的初地境界，如是而分得或具足得道共戒或定共戒，成就善法的「**無表色**」，自始至終都不離思心所。乃至造惡業者亦復如是，悉皆不離思心所的種子運作過程，是故名爲「**依發勝身語善惡思種增長位立**」。

或如凡夫異生依止禪定境界而改變心性，遠離各類身語惡業的現行，這是「**依定中止身語惡現行思立**」，亦是由思心所的持續完成而得建立，也都必須有其過程方能達成，是故說爲「**增長位**」。世間法亦復如是，都由「**增長位**」故有最後種種善惡性的「**身表業**」或「**語表**」業現行，然後顯示其「**無表色**」，顯明其爲聖人或凡夫，或者明其爲善人或惡人；如是「**無表色**」所顯示的善性或惡性，也都是由善思或惡思等心所爲因，方能顯示出來的「**無表色**」，當然更不能說之爲常住法或眞實法。

**「『世尊經中說有三業，撥身語業，豈不違經？』不撥爲無，但言非色。」**部派佛教的聲聞凡夫僧聽了上面的辨正之後又提出了質疑說：「世尊在經中曾說眾生有身業、語業、意業等三業，如今你們瑜伽行派的菩薩們竟然撥無身業和語業，豈不是違背經中的聖教？」然而由於實證眞如而與實相相應的菩薩們，並沒有「撥無身業語業」，而是說明有情覺知心所領受的五塵並非外五塵色法，也不是聲聞凡夫僧們所說的「五塵是由四大極微成就而被覺知心所領受」的色法；事實上四大極微縱使能成就五塵，亦不能被覺知心所觸知，因爲四大極微及五塵都是色法，覺知心是精神，精神不能接觸故不能了知色法。所以是由眾生各自的如來藏阿賴耶識，依外五塵而變現出來給眾生見聞覺知的內五塵，故說「身表業」及「語表」業並非實有，因爲不是眞實存在的色法，並未排撥身業語業爲無，聲聞僧如是質疑居心不善。

乃至於身口意等三業表顯出來的「形色、表色、無表色」也不是色法，全都歸屬於法塵，名爲法處所攝色，歸法處所攝。因此論主玄奘總答說：這不是排撥聖教中所說的身業與語業，不是否定這二業的存在，純粹是說明這二業並不是色法，不是常住的「實法」，所說與如來說的三業之存在與否都不相干。

**「能動身思，說名身業；能發語思，說名語業。審決二思，意相應故；作動意故，說名意業。」**由意所發動，故名意業；此處所說意者函蓋意根與意識，當然也函蓋二識的思心所。身業跟語業都是由意在背後發動，其實仍屬意業；但為了區別，所以才說能動轉色身的思心所，而說意的思就是身業；然而能發出語言成就業行的思心所，則屬於語業。不論身業或語業的進行與完成，背後都是意根與意識的思心所在決定，但因為思心所決定要執行的業有身業或語業的不同，就區分為「動身思」與「發語思」。在成就身業、語業之前的審慮思與決定思，只會與意業相應故，不直接跟語業、身業相應；由於意根、意識有這兩個思心所，是決定要作出動作的意志故，說這樣叫作意業。

《瑜伽師地論》卷五十三云：「若有不欲表示於他，唯自起心內意思擇，不說語言，但發善、染污、無記法，現行意表業，名意表業。此中唯有身餘處滅，於餘處生，或即此處唯變異生，名身表業；唯有語意，名語表業；唯有發起心造作思，名意表業。何以故？由一切行皆剎那故，從其餘方徙至餘方不應道理。又離『唯諸行生』，餘實作用由眼耳意皆不可得，是故當知一切表業皆是假有。」

謂一切行都是以意的思心所為主，由意根與意識所發起，是故三業其實也都是意業；在沒有發起身行與語行時，則是單有意業而無身業及語業，即不得成就業道。「表色」及「無表色」也是依意而發起，然後有行的過程完成其業。意既虛假，其業亦是虛假；故說意虛假故，由意而生的一切「表業」及所顯示的「無表業」，皆非實有，不應以「表業」

所攝的動作當作實有法，動作只是「身表業」及「語表」業罷了。所以者何？謂動作是由意及身行、口行來完成故，虛假生滅而非眞實法。

問：「何故名爲業？何故名爲道？」答：

**「起身語思，有所造作，說名爲業；是審決思所遊履故，通生苦樂異熟果故，亦名爲道。故前七業道，亦思爲自性。」**由此緣故，所以說其後才出現的動身思，屬於意所發起的緣故而說是意行；也因爲首先生起身行動作和語行動作的思心所，然後有了「身表業」與「語表」業的造作；當這些造作的「行」完成了，就說這樣的結果即是「業」。因爲這是「審慮思」與「決定思」所遊行履踐而完成了「行」的緣故，所以通於「業」；「業」的完成也是通於未來世將會出生的苦樂異熟果的緣故，通於五趣六道，就同時名之爲「道」。由「業」與「道」和合故，名爲「業道」。

換言之，若意識生起身語思，然意根的身語思尚未作下決定實行時，表示意根仍無「決定思」，就不會動身發語而沒有「業」；「業」沒有進行，只是意識的身思或語思時，這個「業」便不成就；要由意根作下決定之後，身根與口起了動作而有「行」完成某項有記性的結果，方才成就其「業」。而這身業跟語業成就之後，就是審決思已經「遊履」其境了，以此緣故便會依其善業或惡業而通未來世再出生爲苦或樂的異熟果報，通於來世的五趣六道，因此也名之爲「道」，合稱「業道」。例如八識心王和合運作而造「業」時，是由誰往生去後世受「業」？這要取決於由誰生起最後確定要造業的思心所，而這個思心所是確定要去執行造業的能「行」的心，死後就由這個心去領受未來世的異熟果，即是第七識意根。

例如八識心王共同造惡時，意識認爲不應該造作此項惡行，但意根由於串習的緣故，不接受意識的理智決定，違背意識的思心所，仍然決定而去造作了那一項惡行；惡行造了以後成爲業種，保存於第八識心中，即是「業」；死後三惡道的中陰身現起，不得不去惡道中受生後，前世意識永滅，意根就處於重新受生的色身中；來世全新的意識生起以後可以領受五塵時，意根便陪同意識繼續領受其苦果，即是「道」。如是合稱「業道」。

所以意識的理智產生的思心所，若沒能影響到串習惡法的意根時，由意根的思心所最後決定造下業行，而且「身表業」和「語表」業已經造作完成了，來世仍然要由意根領受其苦異熟果，非由此世意識領受，因爲此世意識不是最後的決定者，造惡時是由能通三世的意根及其思心所作了要造惡的決定故。

最後結論說：所以色身的殺、盜、淫等三業，口四的妄語、綺語、惡口、兩舌等四業，意識與意根的貪、瞋、癡三業，如是總共十種業中的前七種「業」的造作，以及所成就來世受生的六「道」，也都是以意識和意根的思心所作爲自性，同屬和合所成或單由意根所成，不能說「身表業」、「語表」業是眞實法。

**「或身語表，由思發故，假說爲業；思所履故，說名業道。」**或如「身表色」與「語表色」，都是由意的思心所發起的緣故，便假說身、語的表色爲「業」；也因爲是意根的思心所之所履踐，完成了來世必將受生的異熟果而有六道種子故，就說這個名爲「業道」。換句話說，由意根與意識的思心所作下決定，或是由意根最後作下與意識的思心所相違的決定，然後付之於「身表業」或「語表」業而成就了業行，這個業行完成後就會有來世的五趣六道受生而得異熟果，來世受生於六道中；所以由思心所決定造下這些會導致來世六道異熟果的業以後，這個業行就稱爲「業道」。

若所造業不會導致所受生的來世異熟果有所變異的，那一項業行就不會被稱爲「業道」，因爲只有意的「業」而無行故即無來世往生之「道」的緣故，這只是意業而不影響異熟果的緣故，所以「業道」一定是有記性而非無記性，並且也要有身業或語業的完成。

**「由此應知：實無外色，唯有內識，變似色生。」**最後作了結論說，由以上所說諸色法所含攝的顯色、形色、表色、無表色的實質，應當了知實質上有情覺知心所見聞觸知的五塵，確實不是外色的五塵，只有內識阿賴耶如來藏，依扶塵根攝入的外五塵色法而變現出的內五塵心法，才能被五識心所接觸而了知，從表相上看來似乎是有外五塵等色法出生。

# 第三章　論不相應行法及無爲法非實有

## 第一節　不相應行法非實有

### 第一目　得非實有

論文：「不相應行，亦非實有。『所以者何？』得非得等，非如色心及諸心所體相可得，非異色心及諸心所作用可得；由此故知定非實有，但依色等分位假立。此定非異色心心所，有實體用如色心等許蘊攝故；或心、心所及色、無爲所不攝故，如畢竟無，定非實有。或餘實法所不攝故，如餘假法，非實有體。」

語譯：【心不相應行等法，也不是眞實有。問：「這原因又是如何呢？」答：例如得、非得等二十四個心不相應行法，並非猶如色陰十一法、心王八法及五十一個心所法的體位行相可以現前證明其眞實存在，心不相應行法也不是異於色法、心法及諸心所法之外有明確的作用可以現前證明存在不滅；由此緣故可知諸不相應行法決定並非眞實有，只是依色法、心法、心所法等運行的前後分位而假名建立。

這心不相應行法，決定不能異於色法、心法、心所法的和合，而有眞實自體作用猶如色陰、覺知心、心所法等有實體上的作用，因為色蘊與心等法已被認定是五蘊所攝而有作用的緣故；或者說心不相應行等法，是「心法、心所法、色法、無為法」所不含攝的緣故，猶如畢竟空無一般，決定不是眞實有而只是暫時假有。或者說不相應行法是其餘諸眞實存在的諸法所不含攝的緣故，猶如其餘的假施設法，並非眞實有其體性。】

**釋義：「不相應行，亦非實有。」**「不相應行」是指與八識心不相應的「行」所顯示出來的諸法，總共有二十四法；此諸法等都不是眞實存有，只屬於前後分位上有所差異而作的假名施設。此句總破當代諸多邪師的主張，不論是外道或部派佛教諸聲聞論師。

**「『所以者何？』得非得等，非如色心及諸心所體相可得，非異色心及諸心所作用可得；由此故知定非實有，但依色等分位假立。」**外道及諸邪師隨即提出質問：「為何如此說呢？」論主玄奘答覆說：例如得、非得等，類推有二十四個心不相應行法，這二十四法並非猶如色陰十一法、心王八法及五十一個心所法都有其體性與行相，可以現前證明其作用的存在。

這是先從「不相應行」諸法有無功能或作用而破斥之，證明這些與八識心「不相應行」的法實際上並不存在。但為何要說為「不相應行」？是因為這些現象前後差異的顯示，一定要藉著種種身口意行過程的前後差別，才能顯示出來；若沒有三行，必定無法顯示出前後分立的差別，故非真實的常住法。但此二十四種不相應行，由於與八識心王不相應，不能由八識心王取來產生任何的作用，所以說爲「不相應『行』」。

又說，**心不相應行法**並不是外於色法、心法及諸心所法，而有自己的明確功能與作用可以現前證明眞的存在。這是再從「**不相應行**」的所依上面來破，說這二十四個「**不相應行**」法的存在，要有色等十一法以及八識心與諸心所作爲所依，於運行的過程完成而出現了前後的差別，以如是事實顯示「**不相應行**」等法並無實體，而且也是如前所說沒有功能、沒有作用，證明「**不相應行法**」確實不是眞實不壞的存在，只是人們溝通上的假名施設，藉以表顯當時所顯示的狀況。

然後結論說，由於這樣的緣故，可以知道二十四個**心不相應行法**，決定並非眞實有，只是依於五陰中的十一個色法及如來藏所得的外色，加上八識心王、五十一個心所法等運行之後的前後分位而假名建立的。

其中的「**得**」或「**不得**」，都只是所顯法而無作用，例如得到一碗飯，是因爲某人有五陰身心而且得到了一碗飯；那一碗飯是「**所得**」的色法，加上能得的五陰身心，以及所攝受的五塵，共有十一個色法。而「**能得**」那一碗飯的主體是五陰，再加上有心及心所等，才能了知已經「**得到**」那一碗飯；這就表顯出來，「**得**」是顯示人與飯之間的關係，

「得」本身並無功能或作用，不能拿「得」來作什麼或產生功用。而且只是顯示色與心「得到」那一碗飯時的主從狀態，這個狀態產生之前與產生之後的分位，有明確的差異顯示出來，表顯此前的「不得」與現在的「得」，所以「得」是因緣所生法，並無眞實不壞的自性。

然而某人得到那一碗飯時並沒有「得」這個法的實體存在，「得」只是用來表顯某人有得到那一碗飯罷了，並沒有受用到「得」之物品或功能。所以「得」只是所顯法而非所生法，不能有作用，與八識心王的功用也不相應，所以不能拿「得」來作什麼。只是有人藉著言語來表顯某人有得到某物的現象，顯示某人在此之前的「非得」罷了，並非實際上眞的有「得」這個法存在。

所以，這證明「得」只是依於某人取得那一碗飯的前位「非得」，而與後位「已得」顯然有大差異而作的假立，說他後時「得到了」一碗飯。「得」如是，其餘的二十三個心不相應行法亦復如是，都只是表顯前後分位有所差異而作的意思表示，所以施設名言加以說明。因此說「得」這個名相沒有功用，藉由色、心、心所諸法和合的行而顯示出來，與八識心的功能並不相應，所以也有人名之爲「心不相應行法」。

**「此定非異色心心所，有實體用如色心等許蘊攝故；」**聲聞部派佛教的六識論凡夫僧們，主張「**不相應行法也是五陰所攝**」。然而這二十四個不相應行法，決定不能外於色法、心法、心所法，而有眞實存在的自己的體性與作用，當然不能好像色法、心法、心所法等被現前驗證爲眞實存在，所以不列入五陰之中。

這是因爲色法、心法、心所法等，已被認定是五陰所含攝的緣故，而且有功能而使有情可以成爲有情等；然而「**不相應行法**」卻不能被含攝在五陰中，證明不是在現象界中具體存在的功能或作用，只是被有智之人依於前後不同狀態而作分立，才假名施設出來顯示某一種事物於之前之後不同的狀態，而施設言語或文字來表示其差別。

**「或『心、心所及色、無爲』所不攝故，如畢竟無，定非實有。」**或者說，「**不相應行**」等二十四法，都是「**心法、心所法、色法、無爲法**」所不含攝的緣故，只是假名施設，猶如畢竟空無一般，決定不是眞實有。爲何連無爲法都不能含攝這二十四個「**不相應行**」法呢？因爲它們與無爲法無關，都不能顯示賢聖有情所住的無爲解脫與聖智的境界狀態，只能別立「**不相應行**」等法。

例如「**命根**」，不是心、不是心所，也不是色法及無爲法，「**命根**」不能含攝在這些法中，所以「**命根**」一法只是用來顯示有情仍有命在，是依於「**色法、心法、心所法**」等作用可以繼續存在而顯示出來的；「**命根**」並無自體性，亦無作用存在，有情不能拿「**命**

根」來作什麼，其餘二十三法亦復如是，故說「命根」等二十四個「不相應行」法猶如畢竟無，決定不是眞實有，不能指稱爲能生有情身心的常住法、實有法。

**「或餘實法所不攝故，如餘假法，非實有體。」**或者說，「不相應行法」是其餘現象界中各種眞實存在的法所不含攝的緣故，猶如其餘的假施設法，故說沒有眞實存在的自體性。例如「眾同分」，不能攝入色法、心法、心所法之中，也不是無爲法；在各類現象界中眞實存在而有作用的諸法分類之中，都無一類可以含攝「眾同分」，連無爲法都不含攝它；因爲「眾同分」只是假施設法，用來顯示某一些有情的色、心、心所的作用都同樣屬於人，或同樣都屬於天、畜生等一類，所以「眾同分」其實並無實法存在。

然而顯示「眾同分」的色、心、心所等，都是由內識阿賴耶之所變生，所以色、心、心所和合顯示出來的二十四個「不相應行法」，都應該連同色、心、心所一併歸入「內識」所含攝之中，成爲「一切法唯識」的所生所顯，而非建立「不相應行法」爲實有法，更不能指稱「眾同分」是常住法而說爲一切有情之根源。

以下別破「得」之實有，兼破部派佛教所主張的十四個「不相應行」實有及能生有情的五陰身心：

論文：「且彼如何知得非得，異色心等有實體用？『契經說故，如說如是補特伽羅成就善惡，聖者成就十無學法。又說異生不成就聖法，諸阿羅漢不成就煩惱。成不成言，顯得非得。』經不說此異色心等有實體用，爲證不成。」

語譯：【論主玄奘反問聲聞僧等：而且他們如何能知「得」與「非得」，異於色法、心法、心所法等而有眞實存在的體性與作用？聲聞僧答說：「這是因爲相契應的諸經中曾經說過的緣故，比如經中有說像這樣的有情成就善法、惡法，證果的聖者成就了十種無學之法。經中又說，尚未斷除異生性的凡夫們不能成就聖人之法，諸阿羅漢們不會成就三界煩惱。在成就與不成就的聖教言說中，已經顯示『得』與『非得』眞實有了。」玄奘答覆說，經中的聖教不曾說過這個「得」與「非得」是異於色陰、八識心王、心所等法，而有自己確實存在的體性與作用，因此你們二乘凡夫僧舉此經中所說來爲自己證明，這個道理不能成立。】

釋義：「且彼如何知得非得，異色心等有實體用？」這是論主玄奘菩薩對部派佛教那些六識論的聲聞凡夫論師們提出間接的反問：而且他們那些人如何能確實了知「得」與「不得」兩個「不相應行」法，是外於色法、心法、心所法，而有眞實存在的自己的體、性、相、用？《成唯識論述記》卷二：「述曰：下別破異計。於中有三：初破本薩婆多等說十四不相應者，第二破大眾部、一說部、說出世部、雞胤部、化地部計，第三例破成實論師無表戒等、正量部等所說不失增長、正理論師所立和合性等。」

這一段論文是初破薩婆多部所說「十四個不相應行法眞實有，是常住法」，其後有六段文字，依序是：一、破「得、非得」實有，二、破「眾同分」實有，三、破「命根」實有，四、破「二無心定」及「無想定」與「異熟」實有，五、破「四相」實有，六、破「名句文身」實有。破每一種時都提出四句，一爲舉證聲聞僧所說，二爲聲聞僧所引的教理不符，三爲論主以正理及聖教反難之，四爲申辨正義，成立正論。

**「『契經說故，如說如是補特伽羅成就善惡，聖者成就十無學法』。」**「得」等諸不相應行法爲何實有呢？聲聞凡夫論師舉證辯論說：「這是由於相契應的諸經中所說的緣故，例如經中有說這樣的有情成就善法、惡法，聖者則是成就十種無學之法。」聲聞僧以此經教證明是確實有「得」與「非得」等法眞實存在、常住不壞。（註：十種無學法爲正見、正思惟，正語、正業、正命，正精進、正念、正定，正解脫、正智。）「契經說故」是聲聞僧所主張的理由，第二、三句文字是他們舉出的聖教。

**「『又說異生不成就聖法，諸阿羅漢不成就煩惱』。」**聲聞凡夫僧等繼續說明：「又如經中說還沒有修除異生性的凡夫有情不成就聖人之法，諸阿羅漢們也不會成就三界煩惱。」這樣來證明確實有「得」與「非得」眞實有。這一段是部派佛教聲聞僧舉出聖教中所說的道理來作譬喻。

**「『成不成言，顯得非得。』」**舉出「得」實有的宗旨，又提出聖教作爲依據了，然後薩婆多部作了結論說：由這些經教都能顯示確實有「得」與「非得」，可以證明「得」與「非得」眞實存在，有其體用。所以最後這二句是聲聞僧的結論。論主玄奘辨正說：

**「經不說此異色心等有實體用，爲證不成。」**論主玄奘直接討論他們所引的經教有無道理，這是先從根本上破除他們的引證，所以辨正說：你們所援引的諸多經教中，都不曾說過「得」與「非得」可以外於色法、心法、心所法，而在現象界中存有眞實可以被驗證的自身的體與用，所以仍然是依他起性的不實法。

意謂經中雖然有說聖人成就聖法，所以成就十種無學法，而異生凡夫成就善惡等法，所以成就異生性；然而經中不曾說過「得」等不相應行法，是外於色法、心法、心所法而有，也不曾說過「得」等法有常住的自體性及功用。所以部派佛教中的聲聞凡夫僧，他們援引經中所說凡夫與聖人的表色、無表色等聖教，想要證明「**心不相應行法**」不是五陰所攝，確實是實有法、常住法，但一樣也是不能成立的。

**論文：「亦說輪王成就七寶，豈即成就他身非情？若謂於寶有自在力，假說成就，於善惡法何不許然，而執實得？若謂七寶在現在故，可假說成，寧知所成善惡等法，離現在有？離現實法，理非有故，現在必有善種等故。」**

**語譯：【**經中也說轉輪聖王成就七寶，難道是說轉輪聖王自己變生了玉女寶、典兵臣寶等他身有情，以及變生輪寶、珠寶等等非情？如果是說轉輪聖王對於七寶有自在力，假名說爲成就七寶而「得」七寶，那麼對於善惡法的成就爲何就不許同樣如此假名爲「得」，而執著眞實有「得」這個法？如果說七寶於現在存有的緣故，可以假說爲七寶成就而有「得」，又如何可以證知所成就的善惡等法，是離現前的存在而實有？離開現前存在的實有法，在道理上不是眞實有的緣故，現在必定有善種、惡種現行才能說有「得」這個善惡法的緣故。**】**

**釋義：「亦說輪王成就七寶，豈即成就他身非情？」**論主玄奘提出質難：有許多經典中都說轉輪聖王成就七寶，難道同時也是說，由轉輪聖王自己變生了玉女寶、主藏臣寶、主兵臣寶、象寶、馬寶等他身有情，也變生了輪寶、珠寶等非情？輪王七寶之中，除了輪寶與珠寶以外，全都是有情而非無情，是感應轉輪聖王實現福德的因緣而前來的，他們並不是轉輪聖王自己變生出來的有情。所以說，轉輪聖王成就七寶時，是依轉輪聖王的「色、心、心所」三法而說有「得」，「所得」七寶中的五種有情也是依「色、心、心所」法而說被轉輪聖王所「得」，但這些有情並非轉輪聖王所變生的，所以部派佛教的聲聞僧們，不能把經文這樣隨意擴張解釋。

**「若謂於寶有自在力，假說成就，於善惡法何不許然，而執實得？」**玄奘話鋒一轉再度提出第二個質難：如果有人說轉輪聖王對於七寶有自在力，可以假名說他已成就七寶而說他已「得」，不說是他所變生的；那麼對於善惡法的成就——「得」，道理應該也一樣，都是依色陰、八識心王、心所法等而假說為「得」，當然不是眞的另外有一個「得」存在，那你們聲聞僧怎能執著另有一個眞實存在常住不滅的「得」？

**「若謂七寶在現在故，可假說成，寧知所成善惡等法，離現在有？離現實法，理非有故，現在必有善種等故。」**接著依部派佛教聲聞僧所說再作第三個較量：如果說七寶於現前存在的緣故，可以假說為七寶成就而說為「得」；又如何可以證知所成就的善惡等法，是離於現在而眞實有？意思是說，得到善法、惡法時，同樣也是於現前存在的運行過程而「得」的，不許離開現在的運行過程而存在，都不離於「行」；因為離開現前確實存在的法，來說善法或惡法有「得」之時，在道理上就不是眞實有的緣故。

善惡法現行的現在必定是有善種、惡種流注現行的緣故，才說現在「得」或「不得」

善業、惡業；也是依於色陰十一法、八識心王、諸心所法等「行」而方便說「得」，所以不能離**色**、**心**、**心所**而單獨說善法、惡法的「得」或「不得」。

佛法的內容都是現實可證的，若離現前的親證而宣說的諸法，即成爲**思想**而非實證，必成非量。例如部派佛教諸聲聞凡夫論師或外道所說，皆屬非量，純憑意識的虛妄思惟所得而提出主張，並非法界中的事實，本質只是非量的**思想**而非實證。

然而佛法中說常住的第八識眞如是現前之法，不是思惟想像而不可證實之法；至於「得」等二十四個「**不相應行**」等法，則是依於色陰、八識心王、心所法而有，又只是顯示某一種現象的前後變異而方便施設加以說明，並非眞實有一個「得」的法可以有功能而被受用；所以「得」等二十四法都是所顯法而非所生法，同樣都無功能或作用，亦非常住不壞的眞實有，絕對不可說爲有情出生的根源。

### 第二目　由得虛妄破異生性實有

**論文：「又『得』於法，有何勝用？若言能起，應起無爲；一切非情，應永不起；未得已失，應永不生。若俱生得爲因起者，所執二生便爲無用。又具善惡無記得者，善惡無記應頓現前；若待餘因，得便無用。**

若得於法是不失因，有情由此成就彼故；諸可成法不離有情，若離有情實不可得；故得於法，俱爲無用。得實無故，非得亦無。

然依有情可成諸法，分位假立三種成就：一、種子成就，二、自在成就，三、現行成就。翻此假立不成就名，此類雖多，而於三界見所斷種未永害位，假立非得，名異生性；於諸聖法，未成就故。

語譯：【而且「得」在諸法之中，究竟有些什麼殊勝的作用？如果說「得」能夠現起諸法，那麼「得」應該也能現起無爲；無爲現起以後，一切有情與非情等物，便應該永遠不會出生與現起；反過來說，未得或者已失，這二法也應該永遠不會出生。如果是以俱生得作爲因由而生起的說法，你們二乘凡夫僧所執著的俱生得與隨生得，就應該沒有作用了。而且，同時具有善性、惡性、無記性的「得」，便應該隨著這個「得」而使善性、惡性、無記性頓時全部現前；如果辯解說，這三性的現前需要等待其餘的因由才會分別現前，那麼你們聲聞僧所說的「得」便是沒有作用的施設名言。

如果「得」是一切法不會散失之因，有情是由這個「得」而成就他們身心的緣故；然而各類可以成就的有情諸法全都不離色陰、八識心王、心所法，若是離開了有情的身心，其實都不可得；所以說「得」在一切法中，全部都是沒有作用的。「得」確實不存在的緣故，「非得」當然也就同樣不是眞實存在的法。

然而依於有情色陰、八識心王、心所法可以成就種種法，便可以依前後分位來假立這三種成就：一、種子成就，二、自在成就，三、現行成就。由這三種成就的「得」翻轉過來說時，便由這個「得」來假立不成就的「非得」之名；與「非得」同一類的名目雖然很多，對於三界見道所斷種子尚未永害的階位，假名建立他們的見道爲「非得」，也假名建立爲「異生性」；是因爲這些凡夫有情於各種解脱及實相般若等聖法，都尚未成就的緣故。】

**釋義：「又『得』於法，有何勝用？若言能起，應起無爲；一切非情，應永不起；未得已失，應永不生。」**論主玄奘又反過來質疑部派佛教聲聞論師說：「『得』在各種法中，究竟能有什麼殊勝的作用？若沒有作用，你們聲聞僧便不該把『得』建立爲實有法。」

如果二乘凡夫論師們主張說「得」能有現起諸法的作用，那麼「得」就應該也能同時現起無爲法——「無得」；若是眞的如此，無爲性的「無得」現起以後，一切無情等物，便應該永遠都不會出生及現起了。然而現象界卻是始終都有一切有情與無情存在，證明「得」或「無得」都只是假名施設，用來顯示有情於某些世間或出世間法上的「得」與「無得」。反過來說，「得」若是眞實有而常住不壞，「未得」或者「已失」這二法也應該永遠都不會出現，現實中也就不該有人「未得」，也不該有人得而復失。

**「若『俱生得』為因起者，所執二生便為無用。」**「俱生得」是在此時以前的「得」，與諸法俱生故；「隨生得」是諸法出生以後的「得」，隨於諸法出生之後一段時間再出生故。如果部派佛教聲聞論師們的主張，是以「俱生得」或「隨生得」作為因由而使諸法生起成為「得」，則你們二乘凡夫僧所執著的「俱生得」與「隨生得」，就應該沒有實質上的作用，不該主張為眞實法。

**「又具善惡無記得者，善惡無記應頓現前；若待餘因，得便無用。」**而且，依你們二乘僧所說「隨生得」的道理，同時具有善性、惡性、無記性的「得」，便應該隨著這個「得」發生時，使善、惡、無記等三性頓時全部現前，應該在任何一法之中同時具有善、惡、無記等三性，然而現量上又不可能。

如果聲聞論師們辯解說，這三性的現前需要等待其餘的因由，才會前後各自現前，不會是三性在同一時間一起現前。那麼你們聲聞僧主張的「俱生得」或「隨生得」，便是沒有作用的名言施設，並無實義。因為你們的主張是一定會由其餘的生因來出生諸法，就不可能由「得」或「非得」來出生，證明這二法並非實有法。這也是因為法界的定律是「能生的心就能出生一切法」的緣故，當然不可能由依於「色、心、心所」而現前的

「得」與「非得」，來出生任何一法，由此證明「得」與「非得」不是實有法。

**「若『得』於法是不失因，有情由此成就彼故；」**如果部派佛教聲聞論師們因此改稱，「得」是一切法不會散失之根本因。這就表示他們認爲一切有情都是由「得」來成就他們的身心，才能說「得」是眞實有。但是依此說法，各類有情便應該不必依於「**色、心、心所**」法而成就，應該是依於「得」便可以自行成就了。然而這個說法也不能成立，因爲各種可以成就的有情諸法全都不離色陰、八識心王、心所法；如果離開了有情的身心等法，其實諸法都不可得，何況是「得」這個法；所以說「得」在一切法中，全都沒有作用，當然不是眞實法。

意思是說，一切法，例如色法物質，以及精神類的八識心王、心所法等，這些法之所以能聚集而成爲一個有情，都是由於有內識阿賴耶，才能聚集色陰十一法、七識心、心所等法，和合成爲一個有情；若無此內識阿賴耶，則一切法都不能聚集成爲一個有情。這也證明聲聞僧所說「**『得』眞實存在而能生諸法**」，其道理是不能成立的。

然後論主玄奘對部派佛教聲聞論師們的主張提出兩破：一、由於「得」確實不存在，二、所以相對於「得」而建立的「非得」，當然也同樣不是眞實存在的法。意謂「得」與「**非得**」都只是所顯法，沒有實質的作用，聲聞凡夫僧的主張便已破盡。

**「諸可成法不離有情，若離有情實不可得；」**「離」字喻諸法與有情的五陰身心不得相離。諸法有二：一、內有情數法，二、外無情數法。如是諸法皆不得「離」有情而有，人間有情之內涵謂色陰十一法、第八識眞如心及七轉識，以及全部心所法，再由第八識出生身心以外的其餘諸法。由有第八識眞如心故，能生有情世世都有的如是五陰身心及器世間故，因此論主玄奘暫先結曰：

**「故得於法，俱爲無用。得實無故，非得亦無。」**各類可以成就的諸法都不離有情五陰身心，若是離開了有情的五陰身心及所依的阿賴耶識，諸法全都不可得故，因爲諸法皆非五陰所生故，何況還能有出生諸法的「得」。由此顯示，有情是主，是能得；所得是從，是被得；如是**依主釋**，說因主而得到所得，顯然「得」只是在顯示能得者與所得者之間的主從關係，是能得者於前位未有所得之物，現在後位改變此前的狀態而得到所得之物，故說爲「得」。

由此顯示「得」是前後分位差別所顯示的法性，是人爲施設；但因爲「得」並非無爲法，與解脫及實相皆不相應，所以歸入這二十四個「不相應行法」之中。如果「得」無作用，依「得」而建立的「非得」自然也無所作用，由此明確證明「得」非實有；「得」既如是，「非得」當然也如是非有，不得主張爲萬物萬法的根本因。宗、因、喻都說過了，以下是同一聚法的結論：

**「然依有情可成諸法，分位假立三種成就：一、種子成就，二、自在成就，三、現行成就。」**論主於此作下結論，證明「得」與「非得」皆非實有，只是一種現象而無功用；所以說，然而依於有情的色陰、八識心王、心所法可以成就種種法，所以似乎有「得」與「非得」來看，便可以從前後分位來假立有三種法的成就：一、種子成就，二、自在成就，三、現行成就。

關於種子成就、自在成就、現行成就等三種「得」，《瑜伽師地論》卷五十二這麼說：「若於引發緣中勢力自在假立為『得』，以此自在為依止故，所有士夫補特伽羅雖彼彼法已起已滅，若欲希彼復現在前，便能速疾引發諸緣令得生起，是故亦說此名為『得』。當知此『得』略有三種：一、種子成就，二、自在成就，三、現行成就。若所有染污法、諸無記法、生得善法，不由功用而現行者，彼諸種子若未為奢摩他之所損伏，若未為聖道之所永害，若不為邪見損伏諸善如斷善根者，如是名為種子成就。所以者何？乃至此種子未被損伏、未被永害，爾時彼染污等法若現行、若不現行，皆說名成就故（得）。若加行所生善法，及一分無記法、生緣所攝受增盛因種子，名自在成就（得）。若現在諸法自相現前轉，名現行成就（得）。」

由此證明「得」與「非得」都是假名，表顯現象界中的有情有所得與有所不得的現象，所以「**不相應行法**」中的「得」，並無能生能滅的作用。若欲以「得」來說明種子、自在、現行等三種成就的「得」，始從因地資糧位之「得」，說到眞見道位、相見道位、通達位、修習位、究竟位，其中便有極多的「得」可說，猶如《述記》中解釋此句論文時的長篇大論一般。

然而正法中所說的「得」，只是在說明菩薩之所證，是敘述現象而非有作用的「**色**、**心**、**心所**」等法，亦非無爲法的解脫或實相的現象而非無爲法，所以沒有任何作用或功能，故說「得」只是假名法，不是實有法。「得」既是假名法，反過來因「得」而說的「**非得**」，當然亦是假名之施設法，都非實有法，以此緣故，玄奘如是說：

**「翻此假立不成就名，此類雖多，而於三界見所斷種未永害位，假立非得，名異生性；於諸聖法，未成就故。」**由以上所說這三種「成就」而建立的「得」翻轉過來時，就由「得」而假立「不成就」的「非得」之名；猶如佛菩提道中對上位菩薩而言證量時，下位菩薩即說爲「非得」，上位菩薩即說爲「得」；如是「得」與「非得」之前後分位極多，歷經五十二階位都有。

以此緣故說言，「非得」一類的名目雖然也有很多，然而對於三**界見道**所斷種子尚未永害的凡夫位，假名建立爲對二乘見道「非得」，再由假名建立的「非得」來假立這些凡夫爲「**異生性**」；是因爲這些凡夫有情於各種解脫等聖法，都尙未成就的緣故，這也顯示「**異生性**」屬於「**心不相應行法**」，一樣不是眞實有。

同理，二乘聖人對於佛菩提道的實證，也是依於菩薩的實證而名爲「得」，來建立二乘聖人對佛菩提道的實證仍屬「**非得**」。於佛菩提道中的菩薩們亦復如是，每一階位中都有上位與下位相對之間的「**得**」與「**非得**」前後差別。但是不論如何，「**得**」與「**非得**」都無作用，只能用來顯示修證上的有無，實質上仍然要依色陰、八識心王、心所法，而說其五蘊於佛菩提道有「**得**」或「**非得**」，所以「**得**」與「**非得**」全都是假名，並非實法。

以下破「**衆同分**」實有：

## 第三目　衆同分非實有

論文：「**復如何知，異色心等有實同分？『契經說故，如契經說：此天同分，此人同分。乃至廣說。』此經不說異色心等有實同分，爲證不成。**

**若同智言，因斯起故知實有者，則草木等應有同分。又於同分起同智言，同分復應有別同分。彼既不爾，此云何然？**

若謂爲因，起同事欲，知實有者，理亦不然；宿習爲因，起同事欲，何要別執有實同分？然依有情身心相似分位差別，假立同分。」

語譯：【論主問：你們聲聞僧又如何知道，異於色陰、八識心王、心所法而有眞實存在的衆同分？聲聞僧答曰：「這是相契應的經中所說的緣故，例如契經中有說：這是天同分，這是人同分。乃至廣說各類有情的衆同分。」論主玄奘反駁說，你們說的這一類經中都不曾說過異於色陰、八識心王、心所法等，能有眞實自己存在的衆同分，你們二乘凡夫僧以此作爲證明就不能成立。

若是依於與你們相同的智慧層次來說，只因爲經中有這樣說到衆同分的緣故，就可以生起這種衆同分實有的認知，那麼草木石頭杯碗盤盆等物也應該和你們一樣有衆同分。進一步說，在你們所認知的衆同分上所生起的同一道理的智慧上來說，一切衆同分還應該再有各別的衆同分。那個道理既然不能成立，你們這個道理又如何可以認同？

若是主張說以衆同分作爲緣起因，由此而生起同事之欲而由衆同分出生同類有情，因此可知衆同分實有的話，這道理也講不通；因爲衆生其實是往世有同一類熏習作爲緣起因，依此便能生起同事之欲，何必要另外執著有個眞實的衆同分來生起同類有情呢？然而五位百法中依於有情身心的相似與分位的差別，無妨假名建立爲衆同分。】

**釋義：**已論證完「得」與「非得」並非實有，接著再論證「不相應行法」中的「眾同分」是否眞實有。所謂「眾同分」者，例如人類同樣是身體直立行走移動，同樣是圓形的頭、五官同在臉部一面而非頭的兩側、身高大約不超過二百公分，五勝義根及喉部的構造使人都能言語溝通等，因此而有人類共同的言語、思惟、行爲、理則，就說這樣的有情都是人類，所以依人類的大致形狀與心行就說是「人同分」。人類如是，旁生、餓鬼、地獄、欲界天人、色界天人、無色界有情等，也都同樣各有類似的身形與想法及習性等，就說是旁生同分，乃至「天同分」。

**「復如何知，異色心等有實同分？」**部派佛教聲聞僧主張「眾同分」實有，能生諸有情，不信「眾同分」都是第八識展轉所生所現，因此論主玄奘大師反問說：「你們又如何得知，外於色陰、八識心王、心所法等，而能有眞實存在的眾同分？」這是因爲「眾同分」是依色陰、八識心王、心所法的和合與行爲而施設的，不能外於這三法而別有「眾同分」的緣故。玄奘反問這話的目的，是要顯示「眾同分」並非實有法，只是依第八識展轉所生的「色、心、心所」諸法的不同組合而假名言說。

**「『契經說故，如契經說：此天同分，此人同分。乃至廣說。』」**從部派佛教傳承下來的聲聞凡夫僧們回辯說：「**在與眞正的道理互相契應的某些經典中已經明白的解說過**

了，我們就是以這樣的緣故而主張眞的有『眾同分』，例如某些契經中就有這麼說：『這是天同分，這是人同分。』乃至於諸經中還廣說各類有情都有他們各自的『眾同分』。」

**「此經不說異色心等有實同分，爲證不成。」**但論主玄奘隨即破斥說：在這些經典中雖然講過有「人同分、天同分」等，但沒有說過在色陰、八識心王、心所法之外，還能有眞實而獨自存在的「眾同分」，所以你們二乘凡夫僧舉出經中這些聖教作爲證明時，自然也不能成立。以下是玄奘所提出的第一難，內外相同難：

**「若同智言，因斯起故知實有者，則草木等應有同分。」**若是依於聲聞部派佛教這些凡夫僧一樣的相同智慧來說，他們只是因爲經中有「眾同分」的說法，就產生了這種對「眾同分」實有而能生有情身心的認知；說他們都同樣有這樣錯認的邪慧，由於同緣而有同智的緣故，確認「眾同分」是眞實有，不是依有情的色陰、八識心王、心所法而有。果眞如此，那麼草木石頭杯碗盤盆等物品，都在他們心中被認知爲各種同類而有「眾同分」了，那麼杯碗等物就應該同樣也都各有自己的「眾同分」；等於是說一切無情之物當然應該也有「眾同分」，它們便應該也能自行出生杯碗盤盆等物品了。因爲那些聲聞僧援引經中所說的邏輯，就等於同緣草木杯盤等物都有「眾同分」而有同智同言故；然而經中並沒有說離開色陰、八識心王、諸心所法之後，還能有「眾同分」。

所以 如來在經中終究不說各類無情也有「眾同分」，而你們聲聞僧也不許無情有「眾同分」，所以「眾同分」一定要依色陰、八識心王、心所法和合運行時，才能顯示出同智同言而建立為人、天、地獄等「眾同分」。若是外於「色、心、心所」法，即無同智同言的「眾同分」可言，所以「眾同分」並無出生有情與諸法的功能，是依他起性故。

由如是正理，可以證明「眾同分」並非實有法，只是顯示同一種類的有情擁有同類的色法與心法、心所法，所以「眾同分」也是依有情的色等諸法而有；證明「眾同分」並無作用，仍屬假名法。以下論主玄奘再提出第二難，能所無差難：

**「又於同分起同智言，同分復應有別同分。彼既不爾，此云何然？」**再進一步來說，部派佛教諸多僧人所認知的「眾同分」，依他們的認知所生起的同一類道理的了別慧及言說時，不但應該主張有一切有情的「眾同分」，還應該再主張各種無情各自也有互不相同的「眾同分」，例如所有的樹應該有「眾同分」，而樹的各種不同品類之中也應該各有自己的「眾同分」。樹是如此，草類等無情生也是如此應有「眾同分」；或是無情而非生命的杯子、盤子……等一切器物，也應該都是如此，都各有自己的「眾同分」。而且這個「眾同分」的自身，也應該要有自己各別的「眾同分」，因為在「眾同分」上的見解相同時，所說的言語與智慧也相同，當然應該也有自己與別人不同的「眾同分」，成為「眾同分」

中還有「**眾同分**」，但現象界中的現量並非如此。

這是從能了別、能語言的心，以及從所了別、所言說的物與心等來作質難，能所都無差別的建立「**眾同分**」。既然聲聞僧認為「**同智同言**」即是「**眾同分**」，所以能了別的智慧與所說的言語都相同時，就認為是「**眾同分**」，這時便不必理會能與所的差別相，可以一體認為都有「**眾同分**」，不必再理會是否為有情或無情，於是紕漏便出現了。

言歸正傳，上來所說的那些道理，既然你們聲聞僧認為不可能成立，那麼你們現在說的實有而且有作用的「**眾同分**」等道理，又如何可以講得通？因為邏輯是一樣的緣故。如果不許這個邏輯成立，那你們聲聞僧的邏輯也不應該成立。

以上是破薩婆多部的論師，以下提出第三難，宿因非假難，破聲聞部派佛教的正理部論師：

**「若謂為因，起同事欲，知實有者，理亦不然；宿習為因，起同事欲，何要別執有實同分？」** 如果部派佛教的凡夫僧主張說，以「**眾同分**」作為緣起因，是由「**眾同分**」來生起共同行事的欲心所，才會有人類互相之間以及他類有情互相之間一起造作同樣的事情，因此而說「**由此可知『眾同分』真實有**」，這道理其實也是講不通的；因為眾生是由於往昔多世以來的同一類熏習作為緣起因，受生出生之後依於同類的熏習才能生起一起造作同類事情的欲心所，顯然「眾同分」並非「同事欲」的緣起因，並非是前世捨壽之時已有，而是受生及出生以後的此世才有；並且只是在顯示某些有情由於色陰、八識心王、心所等屬於同類，所以依其表相而施設建立的；既然如此，又何必要在色陰、八識心王、心所法之外，繼續執著有個眞實存在的「眾同分」而妄說爲有情的生因？

**「然依有情身心相似分位差別，假立同分。」**若推究「眾同分」之所由來，皆因往昔多劫之熏習所成就，依於前位往昔的熏習，與此世後位的改變，或維持前世後世同類的五陰身心，方有此世之「眾同分」。若因往昔多劫之熏習而受生於今世，方有今世之「眾同分」，則必須有能熏及所熏的兩類心，方能生起能熏及所熏之法，然後受熏而成就所熏的種子，世世受生不斷現行又受熏習，如是串習而成就此世之「眾同分」，依如是現見而說時，仍應以八識心王爲主，而說「眾同分」爲從，證明「眾同分」並非常住的實有法。

由此緣故說，三界中各類「眾同分」之成就，並非一世所得，而是前後多劫熏習有所改變而有此世的所得；亦必須世世都有能熏的七轉識及所熏之第八識心，方得成就此世的「眾同分」，顯然是眾緣和合所成的生滅法，並非實有的常住法。然而在五位百法中，爲了增長佛弟子的佛菩提智，依於各類有情身心等法的相似性，以及前後分位上的差別，也無妨假名施設而建立「眾同分」，說這是「人同分」、這是「天同分」，猶如經中所說。

例如這一類有情在這一世落入旁生同分中成爲狗時，就與其他的狗類有情具有互相類似的身心等法，無妨進而假名爲狗同分，亦名「眾同分」。如是，人類具有「人同分」，天人具有「天同分」，也是依前世後世的五陰身心分位差別，所產生的各類異熟果而建立其「眾同分」，並不是一切有情永遠都屬於同一種「眾同分」，所以「眾同分」不是實有法，而是依有情的色陰十一法、八識心王、心所法等的分類，各別建立其「眾同分」，顯然「眾同分」不能「離識而有」，這道理都是一樣的，當然「眾同分」就不可能是出生有情五陰的常住法。以下破部派佛教的命根實有說：

## 第四目　破命根實有

**論文：「復如何知，異色心等有實命根？『契經說故，如契經說壽、煖、識三，應知命根，說名爲壽。』此經不說異色心等有實壽體，爲證不成。又先已成色不離識，應此離識無別命根。又若命根異識實有，應如受等，非實命根。」**

語譯：【你們聲聞僧又如何知道，異於色陰、八識心王、心所法等，而能有眞實存在的命根？聲聞僧答：「契經裡面曾經說過的緣故，例如契經中有說到壽、溫煖、識三個法同在一起，有情才能生存著，由此應當知道有情所擁有的命根，就說名爲壽。」但這些經典中不曾說過，異於色陰、八識心王、心所等法以外，還能有眞實存在的壽的體性，因此你們部派佛教引用這些經中的聖教來證明命根實有，也是不能成立的。

而且，前面已經先論證而成立一個眞實理了：色陰不可能離開阿賴耶識而有，所以應該這壽若是離開阿賴耶識，就沒有別的命根可說了。此外，如果命根是異於阿賴耶識而眞實有，便應該猶如受、想、行等一樣，都不是眞實存有，就不是眞實有的命根。】

**釋義：「復如何知，異色心等有實命根？」**論主玄奘菩薩反問說：「你們傳承自部派佛教的六識論聲聞僧，又如何知道外於色陰、八識心王、心所法以後，還能有眞實存在而獨立的『命根』呢？」這是由於他們不想承認眞有第八阿賴耶識，而他們不能證得，所以主張：命根實有，有情的本源就是命根，依於命根而受生、存在及造業。

「**『契經說故，如契經說壽、煖、識三，應知命根，說名爲壽。』**」部派佛教傳承的六識論聲聞僧辯解說：「在相契應的經典中曾經說過命根的緣故，例如契經中曾經說過『壽、煖、識』三個法就是命根，顯示這三法是同在一起才能使有情生存，以此緣故，應該知道有情眾生的『命根』，就說名爲壽，如是即可證明『命根』眞實有。」

「**此經不說異色心等有實壽體，爲證不成。**」但玄奘隨即破斥說：六識論的部派佛教僧人所舉出來的這些經典中，所說都是正確的，但是這些經典中從來不曾說過，外於色陰、八識心王和心所法的和合運作以外，還能有眞實存在而有作用的「壽」的自體性——「命根」的存在，因此六識論的聲聞僧援引了經中的聖教來作證明，主張「壽」或「命根」眞實有，即是有情生命的根本，不是第八阿賴耶識；這道理其實不能成立。這是第一難，無聖教難；再提第二難，離識無命根難：

**「又先已成色不離識，應此離識無別命根。」**而且，先前已經論證而成立一個眞實理了：色陰不可能離開阿賴耶識而存在。所以「壽、煖、識」中所說的「識」不是聲聞僧所說的六識，而是第八阿賴耶識，因爲六識是生滅法，五位斷滅而不得常住，結論就是「**這個命根若離開阿賴耶識，就沒有其他的命根了**」。此外，「煖」不能離開色身而有，至於「壽」或「命根」的存在，也是要依人們的色身而施設建立，當色身毀壞或「煖」失去之時就說「命根」已盡；所以應該知道「命根」不是常住法，只是施設法，依於「壽、煖」與第八識的存在而說「命根」存在；當「阿賴耶識」離去而「壽、煖」消失了，就沒有別的「命根」可說了。

「命根」不得離於阿賴耶識而能存在，因爲「命根」是「壽、煖、阿賴耶識」等三法和合而有故，顯然這「命根」是依阿賴耶識而有；經中也沒有說，離開阿賴耶識以後還可以有「壽、煖」或「命根」的緣故。「壽」是壽算，「煖」是色法，「識」是阿賴耶識，離此三法即無「命根」，而此三法都依阿賴耶識及色陰十一法而有，是故「命根」並非實有。再提第三難，命根如壽難：

**「又若命根異識實有，應如受等，非實命根。」**此外，如果「命根」是異於阿賴耶識等心及色陰而眞實有，便應該猶如所說受、想、行等一樣可以「離識而有」，然而「命根」與受想行一樣都不能「離識而有」，所說即不能建立，也同樣都是所顯法而無有作用，只是假名。

既然受、想、行等法都不能離開八識心王而獨自存在，由此便可以證明：離第八識而有的「命根」，並不是眞實存在的「命根」。因爲「壽」是依阿賴耶識中收藏的壽命種子來建立，所以「壽、煖」或「命根」都依第八識而存在，不能「離識而有」。依此道理而立量說：「你們部派佛教聲聞僧所說實有的命根常住，並不是眞正的命根，因爲你們允許外於阿賴耶識而有命根的緣故，猶如受、想、行可以離於阿賴耶識而有一樣，全都只是想像法而非實有法。」

《成唯識論述記》卷二有云：「薩婆多師以命能持身，唯業能持命，如經部等無命根者，不然，即入無心定，無物持身；及無色界生，起不同分心、無漏心等，便非彼趣，無假命根所依等故。薩婆多以『命能持故，即無前過』者，今立量云：又汝命根不能持身，以非心故，如色。以衆同分前已破故，無不定過。又不爾者，并取同分及命根皆不能持，和合名宗。又入無心定時，既令無心，如何有命？量云：汝入無心定等時，應無實命根。此中『等』言，等取無想異熟。」如是亦皆證明「命根」非實有法，只是假名。

論文：「『若爾，如何經說三法？』義別說三，如四正斷。『住無心位，壽煖應無。』豈不經說，識不離身？『既爾，如何名無心位？』彼滅轉識，非阿賴耶。有此識因，後當廣說。

此識足爲界趣生體，是遍、恒、續，異熟果故，無勞別執有實命根。然依親生此識種子，由業所引功能差別，住時決定，假立命根。」

語譯：【聲聞僧又問：「若是眞的如此，如何經中要說壽、煖、識等三法爲命根？」答：這是依於同一義理而分別說有壽等三法，猶如說有四正斷是一樣的道理，不是說命根眞實有。問：「那麼住於無心位時，壽與煖便應該不存在。」豈不聞經中有說無心定中，阿賴耶識不離色身？問：「既然如此，又如何名爲無心位？」答：那無心位所說的心，只是滅除了識陰等六個運轉的識，並非滅除阿賴耶識心。眞實有這個阿賴耶識存在的原因，到了後面我自然會廣作說明，勿勞先問。

這個阿賴耶識便足以成爲有情在三界中趣生的主體，祂是遍於一切法，而且是永恆、相續不斷，是有情三世異熟果主體的緣故，不需要像你們聲聞僧那樣辛勞地另外執著有一個眞實存在的命根、作爲有情生命的主體。然而有情卻是依自己的第八識親自出生的阿賴耶識自身種子，由祂執持業種所引生的功能差別——種子，當五陰出生而住於三界六道中的時節已經決定其壽命而不改變了，就假立爲命根。】

**釋義：「『若爾，如何經說三法？』義別說三，如四正斷。」**三法是指「壽、煖、識」，當這三法同時存在時就說人類的「命根」是存在的。只要阿賴耶識沒有離開色陰，身上的「煖」就會同時存在，使身體不會變成冷的屍體，自然就有壽命；所以有情究竟還有沒有「命根」存在，就依「壽、煖、識」三個法是否存在而說。

然而不知不證第八識的部派佛教等聲聞凡夫論師，例如安惠、清辨、佛護……等人，全都主張佛法是六識論，不信有第七識意根，更不信有第八識阿賴耶存在，所以都不懂這個正理，因此向菩薩提出質問：「若爾，如何經說三法？」面對部派佛教這些聲聞凡夫僧們的無理質問，玄奘答覆說：「義別說三，如四正斷。」玄奘回答說，是由於想要爲眾生分別「命根」的本質，而從道理上區分爲「壽、煖、識」等三法來講；猶如精進就只是一個殷勤努力的道理，但爲了幫助鈍根人努力修行，就得分爲四正斷來說明。四正斷又名四正勤、四意端，就是未生善，當令生起；已生善，當令增廣；未生惡，當止不生；已生惡，當速滅除。如來開示了這四法，其實是依精進一法的道理，區分爲四個法來說明，令鈍根人知所進道而不懈怠；但這只是方便施設的對治法，不可因此就說「**四正斷**」是眞實法。

同理，所謂「**壽、煖、識**」三法，其實都是依阿賴耶識一法來分別說三，並不是說這三法眞實有；所以從阿賴耶識所生相分色陰的身根所得的火大說之爲「**煖**」，從阿賴耶識所含藏的異熟種子得以繼續住世說名爲「**壽**」，再以種子能促使阿賴耶識出生七轉識故，合阿賴耶識共成三法，說爲「**命根**」，不能因此就說「**壽、煖、識**」三法全都是眞實法，也不能因此就說「**命根**」是眞實法而出生了有情身心。

「**『住無心位，壽煖應無。』豈不經說，識不離身？**」那些六識論的聲聞凡夫僧不懂人人都有八識心王的道理，誤以爲人們只有六個識，又不相信菩薩所說眞的有第七及第八識，於是聽不懂論主玄奘的開示，反而質問說：「**那麼修行人住於無心位時，壽與煖就應該消失了，因爲沒有六識了。**」這是反問說，當修行人住在眠熟、悶絕、正死、無想定、滅盡定等五個無心位時，「**壽**」與「**煖**」就應該不存在而死亡了，因爲六識全都斷滅了。他們不懂聖教中及玄奘所說「**壽煖識**」中的「**識**」是指第八識，而不是指六識心，於是論主玄奘以問代答：「你們難道沒有讀過經中所說，在五種無心位中，阿賴耶識都不離開色身的聖教？所以住在無心位中的時候，色身不會壞掉。」

**「『既爾，如何名無心位？』彼滅轉識，非阿賴耶。」**然而那些六識論的聲聞僧依舊聽不懂，也是由於不信有第八識的緣故，繼續質疑說：「既然如此，無心位中就是還有識存在，又如何可以把這五個時段命名爲無心位？」這眞是雞同鴨講，全無交集，如同現代六識論的部派佛教僧眾的遺緒釋印順、張志成一般，玄奘只好如此答覆：「那五個無心位中只是滅除了識陰等六個轉識，依於世間人所能知道的心來說是無心位，但並非猶如你們所知的斷滅空的無心位，而是仍有第八阿賴耶識如來藏存在，並未離去或滅除，所以壽與煖所顯示的命根當然會繼續存在。」

空腹自高的聲聞僧因此當然會再質疑：「那您如何知道在這五個無心位中，仍然還有第八識存在不滅？」玄奘答：

**「有此識因，後當廣說。」**玄奘又作了另一簡單的答覆，以免他們繼續生疑，所以就答：「至於確實有這第八識的因由，隨後的論文之中，我自然會廣作舉證及詳加說明，你們聲聞僧現在不必多問。」因爲他們會繼續不斷提出質疑，永遠沒完沒了，如同現在的張志成一樣；不如另闢專論來詳細說明，以杜其疑，現在就暫時不作說明。

猶如《成唯識論述記》卷二所說：「正理師云：『若無命根，誰爲界、趣、生之體？於無色界起不同分心及無漏心，於下二界入無心定，誰能持身？識、煖不恒故。』入無心位，壽、煖有，三是一體，亦有識；入無色位，色皆無。三體既一，應有煖；無色厭煖色，有識即無煖。無心不厭於細心，所以亦有識，其義應思。」然後玄奘作出結論：**「此識足爲界趣生體，是遍、恒、續，異熟果故，無勞別執有實命根。」**凡是在三界六道中趣生時，都會有苦樂受及捨受等五受之報，名爲「異熟果」；但「異熟」本身則是永遠純一捨受，並無有苦樂報等異熟果。

這阿賴耶識具足含藏一切功能差別——種子，因此具有四種遍：遍一切地、遍一切界、遍一切時、遍一切識。是說祂可以遍於三界九地中存在，故名遍一切地；也能遍於有情的十八界中存在，故名遍一切界；亦能遍於一切時中存在而不中斷，故名遍一切時；更能遍於七轉識而同時存在，故名遍一切識；阿賴耶識有了這四種的遍一切，自然可以成爲一切有情存在於五趣六道時的主體，也能成爲有情死後趣生後世受報的主體。

阿賴耶識既然具有如此的「異熟」特性而不受苦樂果報，就依此識尚未離身之時說有「命根」，所以「命根」是依此第八識執持五陰的功能期間而施設的，不得外於此第八識所執持的生命期限的種子，而另外施設「命根」眞實有。

所以這個「命根」的存在，其實是由第八識駐於色身之中而有煖觸不離色身；此識離身時「壽、煖」即告消失，因此而說阿賴耶識駐身時有壽命；然後把「壽、煖、第八識」等三法的和合，建立爲「命根」；其實「命根」的本質就是此阿賴耶識與「異熟果」種子，因爲「壽」與「煖」也都是依第八識而有。此第八識若捨身而去時，壽即告消失，色身即開始變冷，漸漸冷觸遍身之時第八識離去，就說爲死盡。

因此這個阿賴耶識一法就已足夠作爲有情生存時所依的主體，也能成爲有情死後趣生於三界六道中的主體；恆是因爲祂具有四種一切遍，故能執持業種、色法種子、七識心種子、持身、持命根與各類所熏的新熏種子。又此心體永恆而相續不斷，並且具有能支援五陰身心的各種功能差別，能成就有情世世「異熟果」的緣故；因此就不需要另外建立一個「命根」作爲實有法，來作爲有情生命的主體。這也是顯示，一切修行之人若不信、不知、不證第八阿賴耶識，而又想要證得生命的主體而了知實相法界時，就會產生虛妄想而亂抓子虛烏有的想像法作爲生命的主體，於是產生各種不同的邪說思想而流行於人間；當這種思想廣傳之後，基於實證般若的極度困難，於是產生了邪說遠遠壓過正法的現象，正法於是便漸漸衰微了。

言歸正傳，至此，外人又問：「前來既然說第八識的種子即是命根，那麼是什麼道理把這些種子說名爲根？」答：

**「然依親生此識種子，由業所引功能差別，住時決定，假立命根。」**「親生」，意指確實存在著「阿賴耶識自己親能出生一切法」的道理，也說是由有情各自的第八識如來藏所生的種子，而非其他有情—例如上帝或自然—所生的種子，故名「親生」。

阿賴耶識親自出生了有情的五陰或四陰（例如無色界天），以及各種心所法，故名「親生」。阿賴耶識心體擁有許多種子，種子又名功能差別，故又名爲「界」。色陰的種子、七轉識的種子、第八識自己的種子、八識心王的心所法種子、業與行的種子等，都同樣名爲種子，全都由阿賴耶識所執持及出生，不由別人的阿賴耶識所出生，亦不由其他有情例如上帝、大梵天王的五陰所出生，是故名爲「親生」。

這些種子各有不同的作用，也就是各有不同的功能差別；但阿賴耶識還有自己的種子時時流注出來運作不斷，這些種子之中有自行運作者，也有與所生的五陰身心配合而互動者；這是一切眞悟的菩薩們所能現觀者，是故這些菩薩們都能證明阿賴耶識「親生」一切種子。若不能如是現觀，都是未悟或錯悟之人，對他人宣稱證悟之時即成爲大妄語人，都應該公開懺悔滅罪，以免來世下墮；以此緣故，平實認同琅琊閣、張志成等人在網路上公開懺悔以前未悟言悟的行爲，因爲他們後時都對阿賴耶識懷疑，無法轉依眞如成功，分屬未悟之人，懺悔當然是其所宜。

因此，阿賴耶識住持五陰身心時，也有自身的種子流注不斷，部分能配合五陰身心而運行，於是證明祂能出生有情世世不同的三界六道五陰身心；若五陰存在之時沒有阿賴耶識自己的種子流注出來配合，五陰也無所能爲，便同死人，這也是一切眞悟者所能現觀的「**自心現量**」。但阿賴耶識所出生的世世五陰身心，卻是要依阿賴耶識所執持的業種，來決定死亡以後應該出生五趣六道中的哪一種中陰身，再依此中陰身而去受生，這就是業種所引生的「**異熟果**」上的功能差別，而業種也是由阿賴耶識所執持的。

所謂「**自心現量**」，猶如《大方廣佛華嚴經》卷六〈入不思議解脫境界普賢行願品〉所說：「**善男子！一切凡愚迷佛方便，執有三乘，不了三界由心所起，不知三世一切佛法自心現量，見外五塵執爲實有，猶如牛羊不能覺知，生死輪中無由出離。**」此謂一切世間法與三乘佛法，包括有爲法無爲法與有漏法無漏法，全都是自心阿賴耶識所生所現的事實，名爲「**自心現量**」。「**量**」謂事實。愚人迷於阿賴耶識所變生的內五塵，認作實有外五塵被覺知心的自己所領納——誤認覺知心見分所領納的五塵就是外五塵，不相信自己覺知心所領納的，全都是如來藏依外色法五塵而變生的內心法五塵；於是依於外境而運轉，對外境生起貪著，流轉生死不能斷絕。

亦如《楞伽阿跋多羅寶經》卷三〈一切佛語心品〉：【佛告大慧：「世間言論，種種句味，因緣譬喻，採集莊嚴，誘引誑惑愚癡凡夫；不入眞實自通，不覺一切法，妄想顚倒，墮於二邊。凡愚癡惑而自破壞，諸趣相續不得解脫，不能覺知**自心現量**，不離外性自性，妄想計著。是故世間言論種種辯說，不脫生老病死憂悲苦惱，誑惑迷亂。」】亦如《楞伽阿跋多羅寶經》卷三〈一切佛語心品〉：「大慧！如我所說涅槃者，謂善覺知**自心現量**，不著外性，離於四句，見如實處，不隨自心現妄想二邊，攝所攝不可得。」

若能現觀覺知心所領納的所有五塵境界，全都是自心內識阿賴耶識、依於外色法五塵所變生的內心法五塵，而見分七轉識自己也是第八識如來藏所變生的，雙觀第八阿賴耶識變生見分與相分並含攝之；如是轉依第八識眞如之後便能現觀「**自心現量**」，不再迷於外相分的五塵及法塵諸境界有被自己所觸知，也不再認定見分七識自己眞實不滅，確認一切都是自心取自心，便生起見地上的解脫智慧，意識心虛妄分別所生的我見，以及意識相應的分別我執、法執全部斷除，是名親證「**自心現量**」，成爲實證人我空及法我空的「**證眞如**」者。

《成唯識論述記》卷二云：「（然依親生此識種子而）言『**此**』者，**簡親生餘識種子**。言**識者，簡相應法種，唯取識種故。言種者，簡現行，不取第八現行爲命根故。彼所簡者，**

皆非命根；今取親生之名言種上，由先世業所引持身之差別功能，令色心等住時決定，依此功能說名命根。」

《成唯識論述記》卷二又云：「先業所引種上別功能為命根故，是此中意。然顯揚第一等，言六處住時決定假立命者，即第六意處是，此本識種子故；如『無始法爾六處相續』言，唯取第六處。又是現行，識所持故，從所持說能持種業名命根。命根所持，體非命根，令六處住時決定故，故種為命根。餘現行色心等非命根，不恒續故，非業所引故；然業正牽時，唯牽此種子，種子方能生現行，非謂現行名命根，故唯種是根。又解云：此識種子者，謂五根是本識之相分，相分不離識故，總名此識種子；然功能雖是一體，是色及心差別故，唯言此識。此中見、相種子同體之義，取六處種子皆命根體。」

是故，每當下一世的中陰身五陰生起而去受生，受生之後具足圓滿五陰而出生了，阿賴耶識決定安住於那一世的五趣六道的五陰之中而不會再改變時，就依那一世五陰存在而未死亡的時段，說這就是他的「命根」，這「命根」指的正是阿賴耶識心體所含藏的持身受報久暫期間的種子；所以「命根」只是依於第八識所持「異熟果」的種子而作的假立，不是眞實有，當然不可能由「命根」來出生有情的五陰身心，部派佛教諸聲聞凡夫僧的主張全都屬於嚴重錯謬。而且阿賴耶識的存在及「自心現量」的現觀，也足夠證明蘊處界入等有情身心全都是由阿賴耶識所生所現，那又何必另立「命根」來出生或住持有情的五陰身心？只要求證第八識的所在而生起現觀也就行了。以下破二無心定及無想定果實有：

### 第五目　二無心定及無想異熟皆非實有

**論文：「復如何知二無心定、無想異熟，異色心等有實自性？『若無實性，應不能遮心、心所法令不現起。』若無心位有別實法異色心等，能遮於心名無心定；應無色時有別實法異色心等，能礙於色，名無色定。彼既不爾，此云何然？又遮礙心，何須實法？如堤塘等，假亦能遮。」**

語譯：【論主玄奘繼續質問說：你們聲聞僧又如何知道二無心定、和無想天的異熟果，是異於色陰、八識心王、心所等法，而有眞實存在的自體性？聲聞僧答曰：「如果無心定等三法都沒有眞實存在的自體性，便應該不能遮止心王、心所法，使得心與心所法都不會現起。」論主玄奘反駁說：如果在這三個無心位中，確實有別的眞實法異於色陰與心、心所等，能遮止心、心所法的現起而名爲無心定；同理就應該生在無色界時，也有別的眞實法異於色陰、心王、心所法等，能阻礙於色陰，可以名之爲無色定。那個道理既然不被你們所同意，你們所說的這個道理又如何可以成立？而且，想要遮礙心與心所的現行與運作，何必一定要有個眞實法來遮止才行？例如河堤與水塘等道理一樣，雖然是假法亦能遮止色法。】

**釋義：「復如何知二無心定、無想異熟，異色心等有實自性？」**「二無心定」是指第四禪後的無想定，以及斷除我見後又具足四禪四空定時所證的滅盡定，又名滅受想定。至於「無想異熟」，是證得無想定的人死後往生到四禪天中的無想天的異熟果報境界。

論主玄奘質問部派佛教的聲聞凡夫僧說：「**你們是如何知道二種無心定、以及無想天中的異熟果境界，是異於色陰、八識心王、心所法而有眞實存在的自體性？**」聲聞凡夫僧不懂解脫道的法義，更不懂佛法的眞實義，卻又喜歡向大眾廣論大乘佛法，還會批評菩薩所說的大乘法義講錯了，如同現在的釋印順與張志成一樣。而他們以爲二種無心定另有體性，也誤以爲無想天中不超過五百劫、對六塵無有了知的異熟果報另有自體性；他們誤認爲這三種境界都另有功能，可以在無想定或是生在無想天中之時，使得六識心不會現起；或者誤認爲滅盡定有一種功能，可以在滅盡定中使六識心滅除，並將第七識意根滅除受、想二個心所，認爲這三種境界都有如是功能，所以眞實有。因此玄奘大師作出這個反問。那些六識論的聲聞凡夫僧就回辯說：

「『若無實性，應不能遮心、心所法令不現起。』」這是聲聞僧的回辯說：「若是二種無心定與無想天的異熟果，沒有眞實存在的自體性，無想定、無想天中就應該不能遮止六識心與心所的現起，滅盡定中也不能進而遮止意根的受、想兩個心所法，使得有情在無想定與無想天中六識心都不會現起；也不能使俱解脫的聖眾在滅盡定的狀態中，令意根的受、想等二個心所法不會現起，而六識心及其心所也同樣不會現起。」

但「無心定」中並不是完全無心，只是沒有世人所知的識陰等六識心，依世人的所知方便說爲「無心定」；猶如二禪等至位的「無覺無觀三昧」，是因爲沒有世人所知的五塵中的覺觀，隨順於世人的所知而方便說爲「無覺無觀」，並非沒有法塵上的覺觀，其方便說之道理相同。

於眠熟、悶絕、正死等三位以外，第一個無心的狀態是無想定，或是死後往生無想天中，六識心全都不存在了，名爲無心。第二個無心狀態是聖者住在滅盡定中，不但已經沒有識陰等六識，而且還把第七識意根的五遍行心所法中，又滅掉了受、想二法，當然也是「無心定」。

部派佛教聲聞僧等六識論者，既否定了第七識、第八識心的存在，認定人們只有六個識存在，和古時應成派中觀的佛護論師及宗喀巴、現代的釋印順及其信徒一樣，於是就有「二個無心位中究竟是另有什麼法存在，而使定中的有情息脈俱斷以後不會死亡身壞」的問題發生。此時他們不得不主張二個「無心定」及無想天中，各都另有這二定的眞實體性存在，可以使有情不致於在無心的狀態下死亡。他們不願承認確實有第七識意根與第八識如來藏的存在，可以維持「無心定」或無想天狀態中的有情五陰身心不會壞死，認爲「二無心定」有眞實的作用可以使色陰不壞，便作如是回辯：「**若無實性，應不能遮心、心所法令不現起。**」

**「若無心位有別實法異色心等，能遮於心名無心定；應無色時有別實法異色心等，能礙於色，名無色定。」**玄奘隨即就其所說提出二難，第一難爲**厭色齊心難**，於是論辯說：如果在無想定、無想天中，確實另有一個眞實法是不同於色陰、心、心所法而存在，而它能遮止六識心與心所法在色陰中現起，把這樣的境界命名爲無想定、無想天；也能進而把意根的受、想二個心所法中斷不起，也使六識都不現起，因此命名爲滅盡定，說爲無心的境界；那麼同樣的道理，就應該有情受生在無色界時，也一定有別的眞實法，是不同於色陰、心王、心所法而實際存在，所以能阻礙色陰在無色界中生起，因此才可以命名爲「無色定」。

**「彼既不爾，此云何然？」**然而那個道理既然不被你們聲聞凡夫僧所接受，那麼你們所說的「二無心定」中另有眞實法在運作，或是主張滅盡定中有眞實法在運作而不是阿賴耶識，能使得六識心都不現起的道理，又如何可以成立？因爲邏輯都是一樣的。

猶如《成唯識論述記》卷二說：「厭心之時，有別非色非心來礙心；厭色之位，亦應有別非心非色來礙色。厭色之位入無色，無別非色非心來礙色；厭心之時入無心，寧別非色非心來礙心？無色既唯有心，無心應唯有色。」如是應知。

窺基法師於《成唯識論述記》卷二又舉云：「四、外曰：『我亦應然，心法通能厭，別有非色非心來礙心；色法唯所厭，無別非心非色來礙色。』五、論主云：『心法亦能厭，別有非色非心來礙心；色法唯所厭，唯應有色來礙色。色法非能厭，不許非色非心來礙色；心法即能厭，唯應心種來礙心。我義心法通能厭，即說心法名無色；色法唯所厭，故說心種名無心，即是心法通能厭，唯有心種名無心；色法唯所厭，唯有心法名無色。』」

**「又遮礙心，何須實法？如堤塘等，假亦能遮。」**玄奘又提出這個第二難，**假遮非實難**：而且，想要遮止或阻礙六識心王與其心所法的運作，不必一定要有眞實不壞法才行，假法也行。例如生滅性的堤岸與水塘同是假法，然而一是能圍，一是所圍；堤岸能圍住塘水不漏，即是假法遮止假法不漏。所以假法也能令色陰不致壞死而遮止六識心與其心所法的生起，因此說假法的六識同樣也能遮止六識心的生起，不必是二個無心定中另有什麼眞實不壞的功能來遮止六識心的生起。「二無心定」中六識心消滅時，當知另有別的眞實法實存，而令色陰不壞，即是第八識阿賴耶識與第七識意根恆住色陰之中。以下則說出大乘義，先解「二無心定」，後解「滅盡定」：

**論文：「謂修定時於定加行，厭患粗動心心所故，發勝期願遮心心所，令心心所漸細漸微；微微心時熏異熟識，成極增上厭心等種；由此損伏心等種故，粗動心等暫不現行。依此分位，假立二定。此種善故，定亦名善。**

**無想定前求無想果，故所熏成種，招彼異熟識；依之粗動想等不行，於此分位假立無想。依異熟立，得異熟名，故此三法亦非實有。」**

**語譯：**【這是說，修定者於定法中多作加行時，由於厭患粗動的六識心與心所之故，發起勝妙的期願而開始遮止六識心與心所自己，使得六識心與心所漸漸轉細、功能也漸次微少；到了微微心的時候回熏第八異熟識，成就極增上的厭惡心與心所存在的種子；由這樣的加行成功而損減以及降伏六識心與心所等種子現行的緣故，最後使粗糙而動轉的六識心與心所暫時不現行了。就依這樣修定的先後分位，假名建立二個無心定。這樣的種子屬於善法的緣故，這二種無心定也就名之爲善定。

修定的人是在無想定發起之前追求無想的果報，所以他修定所熏習成就的種子，就會招得那個異熟境界的阿賴耶識果報；依這個無想定使得粗動的六識心與能了知的心所都不會現行，便依於這個無有了知的分位中來假立『無想報』的名稱。這是依於變異成熟的道理與事實來假立的，就得到異熟報的名稱，所以說，無想定、滅盡定、無想報這三法，也不是眞實有。】

**釋義：「謂修定時於定加行，厭患粗動心心所故，發勝期願遮心心所，令心心所漸細漸微；」**否定了六識論的聲聞僧邪說以後，也得提出自己的見地來，不能像六識論的應成派中觀師只是否定別人，卻提不出自己所證的常住不壞法，來證明自己已經親證萬法起源的生命實相。於是玄奘就說：想要遮止六識心及其心所法的現行時，不必一定要藉另一個眞實法的運作來達成，以虛假暫有的法也一樣能遮止六識心與心所的存在。

這意思是說，修定的人在禪定法門中廣作加行時，若能依正確的知見與法門持續不斷修習，當他心中越來越討厭、也越覺得六識與心所運行的粗動狀態是自己的災患，以此緣故發起住在極寂靜定境中的勝妙期願，希望漸漸可以停止六識與心所繼續存在與運行，便藉著修證禪定的法門開始遮止六識自己與心所的運行，使六識與心所自我的運行狀態越來越微細；於是串習之後便能使六識與心所持續不斷的轉爲更微細，粗動狀態也

「微微心時熏異熟識，成極增上厭心等種；由此損伏心等種故，粗動心等暫不現行。」當修定者的六識心漸漸轉細，心所也漸漸減少活動時，妄念也就漸漸減少而不想了知六塵；如是持續不斷修到了微微心的時節，這種修定所得的定境就會回熏第八異熟識中的意根種子，使意根成就了對六識心與心所非常增上的厭惡功能；由於這樣持續不斷的加行而漸次成功時，定法的成就能使意根損減及降伏六識與心所等功能，最後便能使粗糙而動轉的六識自己及其心所，全都暫時不現行了；於是在六識心都不存在時，也沒有六識心相應的心所現行了，便成為無心位的無想定或滅盡定。

「依此分位，假立二定。此種善故，定亦名善。」由這樣的事實顯示出來，是依生滅虛假的六識及其心所的存在與消失的前後分位，假藉名詞來建立這二個無心定，說為無想定、滅盡定。這已經足夠證明這二個無心定是假名而有，同樣是依色陰十一法、八識心王、心所等法的或多或少而各別立名，並不是眞實法。由於這兩個「無心定」的種子（功能差別），與解脫有關聯、有幫助，也同樣都屬於善法的緣故，所以這二種無心定也就被稱為善法所攝的定。

「無想定前求無想果，故所熏成種，招彼異熟識；」至於第三種往生於無想天的異熟果，究竟實有或實無，也得再闡釋一下。「無想定」的境界，在末法時代有許多大師誤會得很嚴重，認爲「無想」的「想」是指覺知心中的語言妄想雜念；便將覺知心修行成爲沒有語文思惟時的粗淺定境，當作是無想定的證得，其實只是初禪前的未到地定罷了，例如南懷瑾於書中的第三頁就說：靜坐到覺知心離於妄想雜念時，就是證得無想定。

但「無想定」這個「想」，不是指妄想雜念，而是指六識心的見聞覺知，即是想陰，猶如《阿含經》中所說「想亦是知」的聖教。所以「無想定」的境界中是滅盡識陰六識心，使六識心全部中斷而不運行其心所法，正是住於無覺無知的深定之中；然而不同於眠熟，是第四禪息脈俱斷後所證的定境。眠熟也是六識心中斷而無覺無知，然而無想定中第七識意根不與定相應；「滅盡定」也是六識心中斷而無覺無知，意根卻是與定相應而滅除了五遍行心中的受與想，產生了極寂靜的期願，願一定時間內六識心及其覺知都不現前，所以無想定滅除六識與睡眠的滅除六識不同。

修證禪定的人都是在證得「無想定」之前，要先證得第四禪等至，然後處在第四禪息脈俱斷的離念境界時，覺得六識心的存在與運行都不離六塵境界，違背「涅槃寂靜」的境界，所以想要滅除對於六塵的全部覺知；但由於缺乏正見，猶如末法時代的大法師們，都誤會離念靈知的識陰六識無語言妄想狀態爲眞如或涅槃一般。由於他們誤認無語言思想的狀態即是涅槃，便落入未到地定的離念靈知境界中，而自以爲證得無想定又自以爲證得阿羅漢果。

也有人對禪定比較有瞭解，知道「無想定」是第四禪中的四種境界之一，但因誤認「無想定」境界即是無餘涅槃，於是畢生追求「無想定」的果報，想要在死後滅除識陰六識的境界而取無餘涅槃；所以他們努力修定所熏習成就的「無想定」功能，生前招得「無想定」的境界，因此獲得無想異熟境界的阿賴耶識將會出生無想異熟的果報，死後就會招得第四禪「無想天」中的異熟果報。但往生第四禪天中的「無想天」的果報並不是涅槃，而只是一種「異熟果」，因爲是變異而熟：變異成熟、異時成熟、異地成熟，所以仍不離生死，但在五百劫中有個色界天身住於第四禪的無想天中而沒有六識現行，出定後又會再度輪迴，但他們確實已經證得「無想定」了，與一般誤會「無想定」的無知人士不同。

**「依之粗動想等不行，於此分位假立無想。依異熟立，得異熟名，故此三法亦非實有。」**修得「無想定」的凡夫是如此道理，修得「滅盡定」的解脫聲聞與菩薩也是如此，同樣都要滅除識陰六識的現行與心所的運作，差別只是「滅盡定」的實證者是先滅除我見以後，於滅盡六識時也滅除意根末那識相應的五遍行心所中的受、想二法，這是俱解脫的境界，不是凡夫異生的「無想定」境界。

但「滅盡定」的實修，卻是斷我見以後，先修證四禪與四空定都完成了，然後再求證「滅盡定」；而這個「滅盡定」是要以斷我見作基礎，才有可能依四禪四空定的具足而證得「滅盡定」；未眞斷盡我見的人，即使具足四禪四空定了也無可能證得「滅盡定」。

所以「無想定」的實證者，都是依於取證涅槃的作意，但是作了「無想定」的修證而使粗動的六識與了知等功能都不現行，是在「無想」的階段來假立死後「無想報」的名稱，或是依死後往生「無想天」的異熟果而假立「無想報」的名稱；這是依於變異而熟的道理與事實來假立「無想定」，死後自然會往生到「無想天」去，得到無想異熟果的名稱。因此就說「無想定」以及死後往生色界「無想天」中的果報，也是依往生前在人間的色身、八識心王與心所的修行結果而施設的，並非外於這三法而有「無想定」自己實有的自性存在。

「滅盡定」則是依聖者的解脫智慧，依於安住在寂靜境界的作意而非涅槃想來修的，所以滅盡識蘊六識同時也滅除意根相應的受、想二個心所，將來捨壽時可以滅盡意根，入無餘涅槃。這與「無想定」實證者是依涅槃想而修，也無法滅除意根的受與想心所，必須繼續領受三界生死不同；但同樣是依人身及八識心王的修行成果—暫時滅除六識心與心所—來施設滅盡定這個名詞而作定義的。

由此證明「無想定、滅盡定、無想報異熟」等三法，也不是眞實有，仍是依於「色陰、八識心王、諸心所」的或多或少，來施設這三個「不相應行法」的名稱，當然不該主張這二種無心定與無想報的「心不相應行」的境界，是眞實法或眞實我。

以下卷二開始，是繼續卷一第三章第一節，破斥「不相應行法」中，第八至第十四之有爲相等，首破薩婆多部所說有爲四相：

〔《成唯識論》卷二〕：

第六目　名身乃至無常等七法皆非實有性

論文：「復如何知諸有爲相，異色心等有實自性？『契經說故。如契經說：有三有爲之有爲相，乃至廣說。』此經不說異色心等有實自性，爲證不成。非第六聲便表異體，色心之體即色心故。非能相體定異所相，勿堅相等異地等故；若有爲相，異所相體；無爲相體，應異所相。」

語譯：【論主玄奘質問部派佛教聲聞僧曰：你們又如何知道各種有爲法的行相，異於色陰、心王、心所法而有眞實存在的自性？聲聞僧答：「契經中有這樣說的緣故。例如契經中說過：有三種有爲法的有爲行相，乃至於加以廣說。」答：在這些經典中都不曾說過異於色陰、心王、心所法之外，能有任何有爲法具有眞實不壞的自性，你們聲聞僧以這些經中的聖教作爲證據是不能成立的。並非有第六聲在現象界中存在，便可以表示第六聲之外有另一個不壞的自體眞的存在，因爲色陰與心王之體正是色陰與心王自己的緣故。並非能造作行相的主體一定異於所造作出來的行相，也不可能堅硬的法相、濕冷的法相……等，異於地大、水大……等的緣故；如果有爲法的行相，不同於所造作出來行相背後的自體；那麼無爲法行相之體，也應該不同於無爲法背後所顯示出來的法相自體。】

**釋義：「復如何知諸有爲相，異色心等有實自性？」**有爲法之行相名爲「有爲相」，是指生、住、異（老）、滅（無常）等四相。那些部派佛教六識論的聲聞凡夫僧不懂唯識學，都沒有實相般若的實證，更沒有「唯識性、唯識相」等增上慧的實證，偏又愛出鋒頭跟實證菩薩們抬槓，特別是薩婆多等部的凡夫僧，盡說些似是而非的相似法，還以爲自己更勝於實證的菩薩們，與末法時代的釋印順、張志成一類人相同，所以論主玄奘反問他們：「你們又如何知道各種有爲法的行相，異於色陰、心王、心所法而有眞實存在的無漏有爲法自性？」

**「『契經說故。如契經說：有三有爲之有爲相，乃至廣說。』」**這樣一來，聲聞僧不得不講出自己主張的理由來，於是他們回覆說：「『契經說故。例如契經有說：有三種有爲法的有爲行相，乃至廣說。』」這是辯解說：「契經裡面已經有這樣說明的緣故，例如契經中有說過：有三種有爲法，就是**生**、**住異**、**滅**等三法，在運行過程中顯示出來的無漏有爲法相；乃至於更多的經典中，也對無漏有爲法運行的法相具有眞實不壞自性的事情加以廣說。」

今先舉《成唯識論述記》卷二所說：【問：「既有四相，何故此經但說三種？」俱舍二說，初云除「住」。若法令行，三世遷流，經說爲相；「生」遷未來法，令流入現在；「異、滅」遷現法，令流入過去，令其衰異及壞滅故。如三怨敵，見怨處林，牽出、衰力，損壞其命。住於彼法，攝受、安立，樂不相離，不說相中。又無爲法有自相住，「住」相濫彼，故經不說。然經說「住、異」，是此「異」別名；如生名起，滅名爲盡。】

此是說明「生、住異、滅」等三有爲相之由來，這三相一部分是**有漏**有爲法，一部分是**無漏**有爲法。換言之，三種有爲即是「生、住異、滅」，或說爲「生、住、異滅」。部派佛教中，薩婆多等部的聲聞僧認爲，經中既然有說「生、住異、滅」等三種有爲法，應該便是實有法，不該認定爲虛假施設之法。

但佛法中有時會將「生、住異、滅」等三個有爲法合爲二法，例如《成唯識論述記》

卷二說：「何故生、滅等合名無常？以有非恒有，無非恒無故。無非恒無，所以言生；有非恒有，所以言滅。無爲有而恒有，無法無而恒無，以二常相。今此有爲，有不恒有，不同無爲；無不恒無，不同兔角，故合名無常，無彼『有、無』之常相故。此非即是四中滅相，亦兼生故。　住、異與生，同一世有故合說。　說二相者，《瑜伽論》說，生及住異，俱生所顯，故住異二合爲一分，建立生品；於第二分，建立滅品。此法有時，名爲生品；若後無常，名爲滅品，令諸弟子應隨觀住。」由如是正理，證明二有爲或三有爲等法，皆不是常住不滅法，當知「生、住異、滅」等三法應非實有，是故玄奘就提出正理來說：

「**此經不說異色心等有實自性，爲證不成。**」事實上，他們聲聞僧所宣稱的這些經典中，從來不曾說過那生住異滅等有爲法的運行法相，是異於「色陰、心王、心所」之外而有眞實不壞的自性，所以他們以這些經中的聖教，作爲「有爲相異於色心等，有眞實不壞的有爲自性」的證據，是不能成立的。

玄奘隨即提出第一難「六轉無差難」：因爲經中所說有那三種有爲法的行相，只是在說明「生、住異、滅」等三種有爲法的生滅及變異境界，並沒有說那三種有爲法具有眞實不壞而能自己存在的自性。這是因爲那三種有爲法運行時所顯示出來的過程與行相，全都是依「色蘊、心王、心所」和合運作的過程中才能顯示出來的，歸結起來仍不能「離識而有」，亦即是不能離開第八識或八識心王而有「生、住異、滅」等三法。玄奘隨即以譬喻說明：

**「非第六聲便表異體，色心之體即色心故。」**意謂並非有第六聲存在時，便可以表示第六聲還有異於聲的另外自體存在而不壞，因爲第六聲只是依於聲音而表顯聲音所詮的意義，並無存在另外一個聲音的自體。玄奘並且舉出理由說，因爲就像色陰與心王之體，正是色陰與心王自己的緣故，沒有異體同時存在。

猶如人們言語時會有主格聲、受格聲、動詞聲、形容聲、名詞聲等五種聲音所屬的歸類，梵語則歸類爲八種：體聲、業聲、具聲、所爲聲、所從聲、所屬聲、所依聲、呼聲。第六聲是所屬聲，是表明某一法歸屬於另一個他法的語詞。當這第六語聲被人說出來時，並非顯示這第六聲別有實存的自體性可以有作用，而是同樣依於被定義之另一個語詞所攝，而說出這第六聲；所以第六聲仍然是依於被定義之言語而有，並非自己另有第六聲的自體性。

同理，色陰十一法及六識等「色」與「心」，並無另一獨存之自體可以被建立，而是依於第八識如來藏及意根才能出生、存在、建立的，出生即是生，存在之時即是住異，或名爲老，消失時即是滅；生起之後不斷變異而歸於滅，即是「無常」。

然而「生、住、老、無常」等「不相應行法」之名，則是依色與心的生起、存在及後時滅失的不同分位來建立的，是無常法；所以不能主張「生、住、老、無常」等形容詞眞實有自體性，因爲這些「第六聲」是歸屬於前五聲所攝。因此，六識論的聲聞凡夫僧主張「生、住、老、無常」等「不相應行法」實有自體性，而可以常住不壞；或者主張「生、住、老、無常」等之名相法有自體性，可以致使有情的「色、心」等法流轉乃至壞失，其實都只是虛妄想，不知應該反過來說：「生、住、老、無常等四法，都是依色與心的行相前後分位而假名施設的，並無實體及作用。」這已證明薩婆多部等六識論凡夫僧引經爲證，依然不能成立。

然而薩婆多部等聲聞僧又自救說：「能造作有爲相之自體，並非即是所造作的有爲相；猶如有煙時即已表顯有火，隔牆見角時即已表顯有牛；諸大士等顯示其大士相等，也是同樣的道理。這就是說能相與所相決定互有不同，由此就可知道生等三種有爲相，與所生法決定不同，所以應當實有。」他們對於世間有爲法的背後必有能作者，這個認知是正確的，但是卻因不承認有第七、八識，所以導致對能作者及所作事的認知，產生了偏差，因此所提出的理論便全面失準了，才會經由想像與思惟而提出這種思想層面的道理來。於是玄奘答覆說：

**「非能相體定異所相，勿堅相等異地等故；」**這是論主玄奘對薩婆多部等六識論的凡夫僧所作的辯解，提出第二個「能所不異難」的質難，顯示能作與所作不該是相異的兩種個體，因爲所作一定附屬於能作而不相離；所以說，不是能造作行相的主體一定異於所造作出來的行相，因爲在實相法界中的事實，就是能造與所造非一亦非異。

所以舉例說，不可能堅硬的法相異於地大，濕冷的法相異於水大，煖熱的法相異於火大，動轉的法相異於風大的緣故，因爲同樣也是非一亦非異，不能說之爲異。意謂不可以將能作與所作或能示與所示加以割離，能與所兩者永遠都是非一亦非異；所以有爲相與有爲法，當然同樣都是能所不異之中又有其異才對，不該切割成各有主體性。所以事實上，有爲法等體及行相都不能認作眞實有，連同「**生、住、老、無常**」等「**不相應行法**」，全都是依色陰與八識心王及其心所而有，並非實有法。

薩婆多部等僧人則反質曰：「**如果能相與所相之體是同一個，爲什麼經中要說有爲法之行相等？**」論主玄奘接著又提出第三個「二相應齊難」：

**「若有爲相，異所相體；無爲相體，應異所相。」**論主玄奘答覆說，如果有爲法的行相，不同於所造作出來的行相背後的自體，那麼同理，無爲法行相之體，也應該不同於無爲法所顯示出來的無爲法的行相。無爲法行相繫屬般若密意，不宜公開宣示，容於增上班課程中說之，此處容略而省篇幅。

但事實上，無爲法與無爲法的行相（無漏有爲法），應當是同一無二的，不該無爲法與無爲法的行相（無漏有爲法）是兩個不同之體，因爲非一亦非異。所以有爲法的行相，也應該同於有爲法自體，不該各有自體；無爲法的行相必是無漏有爲法，以無爲法不可能有「生、住、異、滅」的現象故。

換句話說，有爲法的「生、住、異、滅」或者「生、住、老、無常」，都沒有自體或作用存在，而是由「色、心、心所」等三法的造作，由於其中有無漏有爲法的運作，所以產生了「生、住、老、無常」或「生、住、異、滅」等有爲的行相。猶如大士相，若離大士五蘊之行相時亦無自體，或離大士的第八識無漏有爲法的行相時亦無自體，故說二者同樣都是依於大士的「色陰、八識心王、心所」等有爲法及無漏有爲法而顯示出來的，所以名之爲菩薩大士；因此「生、住、異、滅」或「生、住、老、無常」等四法，仍應以八識心王等法爲體。

《成唯識論述記》卷二說：【外人復云：「無爲不墮世，不與能相合；有爲既墮世，故與能相合。」此亦不然，有爲墮世，墮世相合；無爲非世，非世相合，大乘應爾。「無爲非世，非世無假相。有爲墮世，墮世無假相。」此難不然，爲顯差別，墮世立相；無爲自法無差別，何得立假相？】以是緣故，玄奘重新再質難聲聞僧，提出了第四難：

### 第七目　聲聞僧的四相齊興難

論文：「又生等相，若體俱有，應一切時，齊興作用。若相違故，用不頓興；體亦相違，如何俱有？又住、異、滅，用不應俱。

能相所相，體俱本有，用亦應然，無別性故。若謂彼用更待因緣，所待因緣應非本有；又執生等，便爲無用。『所相恒有，而生等合』，應無爲法亦有生等；彼此異因，不可得故。」

語譯：【而且同屬「心不相應行法」的生、住、老、無常等四法的行相，若是其體同時存有，便應該在一切時中，這四法都同時興起各自能生的作用。若是主張這四法的行相互相違背的緣故，以致這四法的能生作用不能同時全部興起；那麼這四法的自體也正是互相違背，又如何可能同時相俱而同時存有？而且住、異、滅這三法，作用也是不應該同時存在。

此外，能產生作用法相的生、住、老、無常，與被顯示有生、住、老、無常的色心等法的法相，既然它們的自體全部都同時存在而且是本有的，那麼它們體與相的兩個作用也應該是同樣的道理而同時存在及同時作用，因爲體與用的自性並沒有兩樣的緣故。如果主張說，它們的作用還要再等待其他的因緣才能生起，那麼它們所相待的因緣也應該不是本來就有，他們的主張才能成立；而且執著生、住、老、無常都各有自體，這樣的主張便沒有用處了。若是主張說「色與心等法所顯示出來的法相是恆、是常的存有，而與生、住、老、無常等法和合在一起」，依同樣的道理，就應該無爲法也會有生、住、異、滅等；這是由於體與相二法互相之間的異因，本來就不可能存在的緣故。】

**釋義：「又生等相，若體俱有，應一切時，齊興作用。」**薩婆多部的六識論聲聞凡夫僧主張「能相與所相，其體是一」，玄奘提出了上面的辨正以外，又依色與心的「生」等四相的自體來說，提出了第四個質難：「四相齊興難」。這四相齊興難，又分爲三難：例體應俱難、例用相違難、新宗背古難。「四相齊興難」是說，「生、住、老、無常」等四相不可以同時興起，因爲這四法的自性不同而互有扞格，不能相容的緣故。他們聲聞僧主張四個不相應行法可以同時生起、同時存在，而又都是常住法，能作爲有情生命的本源，但都不知自己的過失，所以玄奘提出質難，藉以提醒。

如《成唯識論述記》卷二提出「四相齊興難」中的第一難時說：【第一，例體應俱難。

量云：汝「生」用時，「住」等三用亦應即起，體現有故，猶如生相。「住」等三法若起用時，「生」用應起，以現有體故，如「住」等三用。「住」等三用，比量亦然。彼宗計爲前後起故。】意謂：同屬「心不相應行法」的「生、住、異（老）、滅（無常）」等四法的行相，是互相違背的，不可能同時生起及存在；若說「生」等四個自性、或是歸納爲三個自性時，這四個、三個互相違背的自體可以同時存在，而且又都是常住不滅法，那麼人們便應該看見這四法或三法各自的作用、在一切時中永遠都會同時興起，必然成爲生時也有滅、滅時也有生、住異之時也有生與滅，可就天下大亂了。

然而這四法或三法如果都是常住法而成爲有情生命的本源時，正當「生」時不該有「住異」與「滅」的存在，正當「住異」時也不該有「生、滅」的存在；也就是拿這個「生」爲例來比照「老」時，不可能「生」與「老」同時存在；「老」與「無常」，或是「無常」與「生」亦復如是不能同時存在，因爲無常只是顯示「生、住、異、滅」的現象，並非「生」等的本身。或如說爲四法時，正當「老」時不該有「生、住、無常」的存在，「無常」時不該有「生、住、老」的存在……等，這已證明「生」等三法或四法的體與相，不論是以哪一法來比對另一法或另三法作爲例子來討論時，都不可能同時同處存在，這便是第一難「例體應俱難」。

「若『相違故，用不頓興』；體亦相違，如何俱有？又住、異、滅，用不應俱。」爲防薩婆多部回救說：「這四法的行相互相違背的緣故，以致其中某些法的作用不能同時全部興起，但四法之體則是同時存在的。」論主玄奘就此提出第二難「例用相違難」，於是辨正說，假使眞的如此，那麼這四法的自體也應該是互相違背的，又如何可能同時有四法的體與相同俱而又同時存有？

而且「住、異、滅」這三法，作用本就不應該同時存在，行相就不應該同時現起。意謂，本無今有說爲「生」，暫時存在說爲「住」，變異腐朽說爲「老」或「異」，毀壞滅失說爲「無常」或「滅」；這四法本來就是依於色陰與覺知心六識的不同時節、以及前後念念變化而建立的，然而五陰的背後也必須有無漏有爲性的第八識現行及流注各類種子，才能有這四法的現前及變異而滅，並不是這四個法體的本身可以同時存在的，當然這四法的作用與行相也都不應該是同時存在。作用與行相如是，體亦如是，都不能同時存在；更何況這四法無體，是以「色、心王、心所」等爲體。

正理論師爲救此失，辯云：「生等三相之用是同時同處的，然而所對待之法則有不同的緣故，所以『住』可以引生等流果，『異』可以衰微該法的勢力，使該法漸漸演變而使勢力不能如前；若是『滅』，道理可知。」是故玄奘提出了第三難「新宗背古難」，此難復有三難：一、如體本有難，二、因非本有難，三、生等無能難。以下是第一難「如體本有難」：

**「能相所相，體俱本有，用亦應然，無別性故。」**論主玄奘再從行相上提出「能所相同難」，即是「如體本有難」。依薩婆多部等聲聞僧的主張，能產生作用法相的「生、住、異、滅」，與被顯示有「生、住、異、滅」的「色、心王、心所」等法的法相，既然它們自體的能相與所相等行相，全都同時存在而且都是本有的，才能說爲有體；那麼它們的作用與行相也應該是同樣的道理，必定有能相與所相同時現前，因爲體與用的自性並沒有兩樣的緣故。

然而從「生、住、異、滅」作用的行相上來看，顯然「色、心王、心所」顯示出來的「生、住、異、滅」等四法，它們的能相及所相，都不可能四法同時存在。比如「生」的體與「住」的體，或如「生」的體與「住」的相；如是類推共十六種行相，可知都不可能四相同時存在，也不可能行相與體本有，證明全都是依於「色、心王、心所」等法施設其四相作用與主體。這是論主對薩婆多部凡夫僧們提出的「如體本有難」，令他們無法回辯。

**「若謂彼用更待因緣，所待因緣應非本有；」**聲聞正理論師等凡夫僧的主張同於薩婆多部凡夫僧，但他們這時想到自救的理論，便主張說：「這生等四法的作用還要再等待其他的因緣才能全部一時生起。」想要維護自己的邪見。論主玄奘就以「因非本有難」而論破之：那麼他們「生」等四法所相待的因緣也應該不是本來就有，這個主張才能成立，這已經顯示「生」等四法都不是常住法。既然「生」等四法的作用還要等待別的因緣才能現行，就表示這四法即使有作用，也不是各有自體，都要依於他法而起，更何況沒有實質作用，是被用來顯示「色、心王、心所」等法作用的行相罷了；而且他們自說這四法所相待的因緣也是本無今有，一樣不是有自體相，只是名言施設法，當然不是常住法，怎能成為有情生命的本源。

唯有本來就有自體的法才能出生別的法，既然「生」等四法都要等待其他的因緣具足才能生起，便是無自體，決定不是常住法，依舊不能成立他們的主張，應該回歸無自體性的見解，歸之於「色陰、心王、心所法」的和合所顯，才能有「生」等四法前後現行才對，當然就不能主張「生」等四法可以成為有情生命的本源。

聲聞部派佛教的正理論師又提出挽救的說法：「法待因、緣，故不頓起；因有親疏，緣法亦爾。親因雖有，無疏緣用，亦不得生。如雖有種，水不合時，芽不生故。」他們說的「頓起」即是「生」。於是論主玄奘提出「生等無能難」質問之：

**「又執生等，便為無用。」**說他們聲聞僧在前面所執著的是「生、住、異、滅都各有自體，可以同時現起」，這樣的主張便沒有用處了。意謂，既然他們主張「生」等四個法都是有為法所以有作用時，便都各有親因緣體，應該面對其餘的眾緣時也可以相合而有「生、住、異、滅」四法同時現前；但他們聲聞僧執著「生」等四有為法各有自體，應該是不必待緣即能生起的，結果卻是一樣要待緣才能生起，那麼他們執著「生」等四法各有眞實自體常住，便是沒有功能、沒有作用的虛妄執著了，當然不是常住法。

**「『所相恒有，而生等合』，應無為法亦有生等；」**這是玄奘提出的「體等相同難」：若「生」等四法是有作用而屬於有為法，當這四個有為法的自體若是平等同時有之，而非前後變異交替，那麼「生」等四法所顯示出來的行相便應該全部相同，當然就不必區分為「生、住、異、滅」等四種法了；依於同樣的道理，無為法也應該可以同時有「生、住、異、滅」等四個有為的行相現前，變成有為法了。然而無為法終究不可能會有這四個有為法的行相，更何況是同時現行。

薩婆多師或正理論師如果回頭主張說：「三世之法所顯示出來的法相都是有為的緣故，便能與生、住、異、滅等法和合在一起。然而無為法之體常住，怎麼可能會有生等四法？」玄奘隨即破斥說：

**「彼此異因，不可得故。」**依你們所說同樣的道理，三世輪轉之法的自體既然是有爲，就會有有爲的行相與之相合；那麼無爲法之體常住，也應該會有無爲的行相來相合。然而六無爲等無爲法不會另外有無爲的行相來相合，因爲是「色、心王、心所」等法所顯示出來的無爲行相故。

於是薩婆多等師又自救說：「有爲是有法生起，可以等待時節互相和合；無爲則是無生，不須另有無爲來相合。」論主即可質難說：無爲法等六法都是「色、心王、心所」的所顯法，都是無作用法，所以並沒有現起的事，不需要與他法互相和合；但「生、住、異、滅」等有爲法既然如你們所說的體實常住，又何需待緣再來相合？如是正理，可以徵難無窮，所以結難云：「彼此異因，不可得故。」

所以有爲性的「生、住、異、滅」等四法都無實體，也不該說是有爲性，因爲沒有作用，所以不該由其所依主體的行相來建立爲有體之法，既非有體之法則不可能成爲有情生命的根源，因爲是「色、心王、心所」之所顯法故，沒有能生的功能；而無爲法是本身即屬無爲，是所顯法，也不需要另一個無爲之行相來相合；這是由於有爲性的「生」等四法，以及無爲法的體與相二法之間不同因，本來就不可能同時存在的緣故。

（未完，詳續第二輯演示。）

# 佛菩提二主要道次第概要表——二道並修，以外無別佛法

## 佛菩提道——大菩提道

十信位修集信心——一劫乃至一萬劫

遠波羅蜜多

資糧位

外門廣修六度萬行

初住位修集布施功德（以財施爲主）。

二住位修集持戒功德。

三住位修集忍辱功德。

四住位修集精進功德。

五住位修集禪定功德。

六住位修集般若功德（熏習般若中觀及斷我見，加行位也）。

見道位

七住位明心般若正觀現前，親證本來自性清淨涅槃。

八住位起於一切法現觀般若中道。漸除性障。

十住位眼見佛性，世界如幻觀成就。

內門廣修六度萬行

一至十行位，於廣行六度萬行中，依般若中道慧，現觀陰處界猶如陽焰，至第十行滿心位，陽焰觀成就。

一至十迴向位熏習一切種智；修除性障，唯留最後一分思惑不斷。第十迴向滿心位成就菩薩道如夢觀。

初地：第十迴向位滿心時，成就道種智一分（八識心王一一親證後，領受五法、三自性、七種第一義、七種性自性、二種無我法）復由勇發十無盡願，成通達位菩薩。復又永伏性障而不具斷，能證慧解脫而不取證，由大願故留惑潤生。此地主修法施波羅蜜多及百法明門。證「猶如鏡像」現觀，故滿初地心。

二地：初地功德滿足以後，再成就道種智一分而入二地；主修戒波羅蜜多及一切種智。滿心位成就「猶如光影」現觀，戒行自然清淨。

## 解脫道：二乘菩提

→ 斷三縛結，成初果解脫

→ 薄貪瞋癡，成二果解脫

→ 斷五下分結，成三果解脫

入地前的四加行令煩惱障現行悉斷，成四果解脫，留惑潤生。分段生死已斷，煩惱障習氣種子開始斷除，兼斷無始無明上煩惱。

近波羅蜜多

修道位

三地：二地滿心再證道種智一分，故入三地。此地主修忍波羅蜜多及四禪八定、四無量心、五神通。能成就俱解脫果而不取證，留惑潤生。滿心位成就「猶如谷響」現觀及無漏妙定意生身。

四地：由三地再證道種智一分故入四地。主修精進波羅蜜多，於此土及他方世界廣度有緣，無有疲倦。進修一切種智，滿心位成就「如水中月」現觀。

五地：由四地再證道種智一分故入五地。主修禪定波羅蜜多及一切種智，斷除下乘涅槃貪。滿心位成就「變化所成」現觀。

六地：由五地再證道種智一分故入六地。此地主修般若波羅蜜多——依道種智現觀十二因緣一一有支及意生身化身，皆自心眞如變化所現，「非有似有」，成就細相觀，不由加行而自然證得滅盡定，成俱解脫大乘無學。

七地：由六地「非有似有」現觀，再證道種智一分故入七地。此地主修一切種智及方便波羅蜜多，由重觀十二有支一一支中之流轉門及還滅門一切細相，成就方便善巧，念念隨入滅盡定。滿心位證得「如犍闥婆城」現觀。

七地滿心斷除故意保留之最後一分思惑時，煩惱障所攝色、受、想三陰有漏習氣種子全部斷盡。

大波羅蜜多

八地：由七地極細相觀成就故再證道種智一分而入八地。此地主修一切種智及願波羅蜜多。至滿心位純無相觀任運恆起，故於相土自在，滿心位復證「如實覺知諸法相意生身」故。

九地：由八地再證道種智一分故入九地。主修力波羅蜜多及一切種智，成就四無礙，滿心位證得「種類俱生無行作意生身」。

十地：由九地再證道種智一分故入此地。此地主修一切種智——智波羅蜜多。滿心位起大法智雲，及現起大法智雲所含藏種種功德，成受職菩薩。

煩惱障所攝行、識二陰無漏習氣種子任運漸斷，所知障所攝上煩惱任運漸斷。

圓滿波羅蜜多

究竟位

等覺：由十地道種智成就故入此地。此地應修一切種智，圓滿等覺地無生法忍；於百劫中修集極廣大福德，以之圓滿三十二大人相及無量隨形好。

妙覺：示現受生人間已斷盡煩惱障一切習氣種子，並斷盡所知障一切隨眠，永斷變易生死無明，成就大般涅槃，四智圓明。人間捨壽後，報身常住色究竟天利樂十方地上菩薩；以諸化身利樂有情，永無盡期，成就究竟佛道。

斷盡變易生死
成就大般涅槃

# 圓滿成就究竟佛果

佛子蕭平實　謹製

（二〇〇九、〇二　修訂）

（二〇一二、〇二　增補）

# 佛教正覺同修會〈修學佛道次第表〉

## 第一階段

* 以憶佛及拜佛方式修習動中定力。
* 學第一義佛法及禪法知見。
* 無相拜佛功夫成就。
* 具備一念相續功夫—動靜中皆能看話頭。
* 努力培植福德資糧，勤修三福淨業。

## 第二階段

* 參話頭，參公案。
* 開悟明心，一片悟境。
* 鍛鍊功夫求見佛性。
* 眼見佛性〈餘五根亦如是〉親見世界如幻，成就如幻觀。
* 學習禪門差別智。
* 深入第一義經典。
* 修除性障及隨分修學禪定。
* 修證十行位陽焰觀。

## 第三階段

* 學一切種智眞實正理—楞伽經、解深密經、成唯識論…。
* 參究末後句。
* 解悟末後句。
* 透牢關—親自體驗所悟末後句境界，親見實相，無得無失。
* 救護一切衆生迴向正道。護持了義正法，修證十迴向位如夢觀。
* 發十無盡願，修習百法明門，親證猶如鏡像現觀。
* 修除五蓋，發起禪定。持一切善法戒。親證猶如光影現觀。
* 進修四禪八定、四無量心、五神通。進修大乘種智，求證猶如谷響現觀。

## 佛教正覺同修會 共修現況 及 招生公告 2024/8/13

**一、共修現況：**（請在共修時間來電，以免無人接聽。）

**台北正覺講堂** 103 台北市承德路三段 277 號九樓 捷運淡水線圓山站旁
Tel..**總機** 02-25957295（晚上）（**分機：九樓**辦公室 10、11；知客櫃檯 12、13。 **十樓**知客櫃檯 15、16；書局櫃檯 14。 **五樓**辦公室 18；知客櫃檯 19。**二樓**辦公室 20；知客櫃檯 21。）
Fax..25954493

**第一講堂** 台北市承德路三段 277 號九樓

**禪淨班：**週一晚班、週三晚班、週四晚班、週五晚班、週六下午班（共修期間二年半，全程免費。皆須報名建立學籍後始可參加共修，欲報名者詳見本公告末頁。）

**進階班：**週六早班。

**增上班：成唯識論釋：**單週六晚班。雙週六晚班（重播班）。17.50～20.50。平實導師講解，2022 年 2 月末開講，預定六年內講完，僅限已明心之會員參加。

**禪門差別智：**每月第一週日全天 平實導師主講（事冗暫停）。

**菩薩瓔珞本業經** 本經說明菩薩道六度、十度波羅蜜多之修行，要先修十信位，於因位中熏習百法明門，再轉入初住位起修六種瓔珞，總共四十二位，即是十住位、十行位、十迴向位、十地位、等覺位、妙覺位，方得成就六種瓔珞成爲一生補處，然後成就佛道，名爲習種性、性種性、道種性、聖種性、等覺性、妙覺性；連同習種性前的十信位，共爲五十二階位實修完畢，方得成佛。於本經中亦說明大乘初見道的證眞如、發起般若現觀時，若有佛菩薩護持故，即得進第七住位常住不退，然後向上進發，速修佛菩提道。如是實修佛菩提道方是義學，而非學術界所說的相似佛法等玄學，皆是可修可證之法，全都屬於現法樂證樂住並且是現觀的佛法，顯示佛法眞是義學而非玄談或思想。本經已於 2024 年一月上旬起開講，由平實導師詳解。每逢週二晚上開講，第一至第七講堂都可同時聽聞，歡迎菩薩種性學人，攜眷共同參與此殊勝法會現場聞法，不限制聽講資格。本會學員憑上課證進入第一至第四、第七講堂聽講，會外學人請以身分證件換證進入聽講（此爲大樓管理處安全管理規定之要求，敬請諒解）；第五及第六講堂（B1、B2）對外開放，不需出示任何證件，請由大樓側門直接進入。

**第二講堂** 台北市承德路三段 267 號十樓。

**禪淨班：**週一晚班。

**進階班：**週三晚班、週四晚班、週五晚班、週六下午班。禪淨班結業後轉入共修。

**增上班：成唯識論釋：**單週六晚班，影音同步傳播。雙週六晚班（重播班）

**菩薩瓔珞本業經：**平實導師講解。每週二 18.50~20.50 影像音聲即時傳輸。

**第三講堂**　台北市承德路三段 277 號五樓。

**增上班：成唯識論釋**：單週六晚班，影音同步傳播。雙週六晚班（重播班）

**進階班**：週一晚班、週三晚班、週四晚班、週五晚班、週六下午班。

**菩薩瓔珞本業經**：平實導師講解。每週二 18.50~20.50 影像音聲即時傳輸。

**第四講堂**　台北市承德路三段 267 號二樓。

**進階班**：週一晚班、週三晚班、週四晚班（禪淨班結業後轉入共修）。

**菩薩瓔珞本業經**：平實導師講解。每週二 18.50~20.50 影像音聲即時傳輸。

**第五、第六講堂**　台北市承德路三段 267 號地下一樓、地下二樓

**進階班**：週一晚班、週三晚班、週四晚班。

**菩薩瓔珞本業經**：平實導師講解。每週二 18.50~20.50 影像音聲即時傳輸。第五、第六講堂爲**開放式講堂**，不需以身分證件換證即可進入聽講，台北市承德路三段 267 號地下一樓、地下二樓。每逢週二晚上講經時段開放給會外人士自由聽經，請由大樓側面梯階逕行進入聽講。**聽講者請尊重講者的着作權及肖像權，請勿錄音錄影，以免違法；若有錄音錄影被查獲者，將依法處理**。

**第七講堂**　台北市承德路三段 267 號六樓。

**菩薩瓔珞本業經**：平實導師講解。每週二 18.50~20.50 影像音聲即時傳輸。

**正覺祖師堂**　大溪區美華里信義路 650 巷坑底 5 之 6 號（台 3 號省道 34 公里處　妙法寺對面斜坡道進入）電話 03-3886110　　傳眞 03-3881692　本堂供奉　克勤圓悟大師，專供會員每年四月、十月各兩次精進禪三共修，兼作本會出家菩薩掛單常住之用。開放參訪日期請參見本會公告。教內共修團體或道場，得另申請其餘時間作團體參訪，務請事先與常住確定日期，以便安排常住菩薩接引導覽，亦免妨礙常住菩薩之日常作息及修行。

**桃園正覺講堂（第一、第二講堂）**：桃園市介壽路 286、288 號 10 樓（陽明運動公園對面）電話：03-3749363(請於共修時聯繫，或與台北聯繫)

**禪淨班**：週一晚班（1）、週一晚班（2）、週三晚班、週四晚班、週五晚班。

**進階班**：週三晚班、週四晚班、週五晚班、週六上午班。

**增上班：成唯識論釋**。雙週六晚班（增上重播班）。

**菩薩瓔珞本業經**：平實導師講解。每週二晚上，以台北正覺講堂所錄 DVD 放映；歡迎會外學人共同聽講，不需出示身分證件。

**新竹正覺講堂**　新竹市東光路 55 號二樓之一　電話 03-5724297（晚上）

**第一講堂**：

**禪淨班**：週五晚班。

**進階班**：週三晚班、週四晚班、週六上午班。由禪淨班結業後轉入共修

**增上班：成唯識論釋**。單週六晚班。雙週六晚班（重播班）。

**菩薩瓔珞本業經**：平實導師講解。每週二晚上，以台北正覺講堂所錄 DVD 放映。歡迎會外學人共同聽講，不需出示身分證件。

**第二講堂：**

**禪淨班：**週一晚班、週三晚班、週四晚班、週六上午班。

**菩薩瓔珞本業經：**每週二晚上與第一講堂同步播放講經 DVD。

**第三、第四講堂：**裝修完畢，已經啓用。

## 台中正覺講堂　04-23816090（晚上）

**第一講堂**　台中市南屯區五權西路二段 666 號 13 樓之四（國泰世華銀行樓上。鄰近縣市經第一高速公路前來者，由五權西路交流道可以快速到達，大樓旁有停車場，對面有素食館）。

**禪淨班：**週四晚班、週五晚班。

**進階班：**週一晚班、週三晚班、週六上午班（由禪淨班結業後轉入共修）。

**增上班：成唯識論釋**。單週六晚班。雙週六晚班（重播班）。

**菩薩瓔珞本業經：**平實導師講解。每週二晚上，以台北正覺講堂所錄 DVD 放映。歡迎會外學人共同聽講，不需出示身分證件。

**第二講堂**　台中市南屯區五權西路二段 666 號 4 樓

**禪淨班：**週一晚班、週三晚班。

**第三講堂**台中市南屯區五權西路二段 666 號 4 樓

**禪淨班：**週一晚班。

**第四講堂**台中市南屯區五權西路二段 666 號 4 樓。

**進階班：**週三晚班、週四晚班、週五晚班、週六上午班，由禪淨班結業後轉入共修

**菩薩瓔珞本業經：**每週二晚上與第一講堂同步播放講經 DVD。

## 嘉義正覺講堂　嘉義市友愛路 288 號八樓之一　電話：05-2318228

**第一講堂：**

**禪淨班：**週四晚班、週五晚班、週六上午班。

**進階班：**週一晚班、週三晚班（由禪淨班結業後轉入共修）。

**增上班：成唯識論釋**。單週六晚班。雙週六晚班（重播班）。

**菩薩瓔珞本業經：**平實導師講解。每週二晚上，以台北正覺講堂所錄 DVD 放映。歡迎會外學人共同聽講，不需出示身分證件。

**第二講堂**　嘉義市友愛路 288 號八樓之二。

**第三講堂**　嘉義市友愛路 288 號四樓之七。

**禪淨班：**週一晚班、週三晚班。

## 台南正覺講堂

**第一講堂**　台南市西門路四段 15 號 4 樓。06-2820541（晚上）

**禪淨班：**週一晚班、週四晚班、週五晚班、週六下午班。

**增上班：成唯識論釋**。單週六晚班。雙週六晚班（重播班）。

**菩薩瓔珞本業經：**平實導師講解。每週二晚上，以台北正覺講堂所錄 DVD 放映。歡迎會外學人共同聽講，不需出示身分證件。

**第二講堂** 台南市西門路四段 15 號 3 樓。

**菩薩瓔珞本業經**：每週二晚上與第一講堂同步播放講經 DVD。

**第三講堂** 台南市西門路四段 15 號 3 樓。

**進階班**：週一晚班、週三晚班、週四晚班、週五晚班（由禪淨班結業後轉入共修）。

**菩薩瓔珞本業經**：每週二晚上與第一講堂同步播放講經 DVD。

**高雄正覺講堂** 高雄市新興區中正三路 45 號五樓 07-2234248（晚上）

**第一講堂**（五樓）：

**禪淨班**：週一晚班、週三晚班、週四晚班、週五晚班、週六上午班。

**進階班**：週六下午班（由禪淨班結業後轉入共修）。

**增上班**：**成唯識論釋**。單週六晚班。雙週六晚班（重播班）。

**菩薩瓔珞本業經**：平實導師講解。每週二晚上，以台北正覺講堂所錄 DVD 放映。歡迎會外學人共同聽講，不需出示身分證件。

**第二講堂**（四樓）：

**進階班**：週三晚班、週四晚班（由禪淨班結業後轉入共修）。

**菩薩瓔珞本業經**：每週二晚上與第一講堂同步播放講經 DVD。

**第三講堂**（三樓）：

**進階班**：週四晚班（由禪淨班結業後轉入共修）。

**二、招生公告** **本會台北講堂及全省各講堂，每逢四月、十月下旬開新班，每週共修一次**（每次二小時。開課日起三個月內仍可插班）；**各班共修期間皆為二年半，全程免費，欲參加者請向本會函索報名表**（各共修處皆於共修時間方有人執事，非共修時間請勿電詢或前來洽詢、請書），**或直接從本會官方網站**(http://www.enlighten.org.tw/newsflash/class)**或成佛之道網站下載報名表**。共修期滿時，若經報名禪三審核通過者，可參加四天三夜之禪三精進共修，有機會明心、取證如來藏，發起般若實相智慧，成為實義菩薩，脫離凡夫菩薩位。

**三、新春禮佛祈福** **農曆年假**期間停止共修：自農曆新年前七天起停止共修與弘法，正月 8 日起回復共修、弘法事務。新春期間正月初一～初七 9.00～17.00 開放台北講堂、正月初一~初三開放新竹、台中、嘉義、台南、高雄講堂，以及大溪禪三道場（正覺祖師堂），方便會員供佛、祈福及會外人士請書。

密宗四大派修雙身法，是外道性力派的邪法；又以生滅的識陰作為常住法，是常見外道，是假的藏傳佛教。

西藏覺囊巴以他空見弘揚第八識如來藏勝法，才是真藏傳佛教

# 佛教正覺同修會　弘法行事表　2024/1/02

1、**禪淨班**　以無相念佛及拜佛方式修習動中定力，實證一心不亂功夫。傳授解脫道正理及第一義諦佛法，以及參禪知見。共修期間：二年六個月。每逢四月、十月開新班，詳見招生公告表。

2、**進階班**　禪淨班畢業後得轉入此班，進修更深入的佛法，期能證悟明心。各地講堂各有多班，繼續深入佛法、增長定力，悟後得轉入增上班修學道種智，期能證得無生法忍。

3、**增上班 成唯識論釋**　詳解八識心王的唯識性、唯識相、唯識位，分說八識心王及其心所各別的自性、所依、所緣、相應心所、行相、功用等，並闡述緣生諸法的四緣：因緣、等無間緣、所緣緣、增上緣等四緣，並論及十因五果等。論中闡釋**佛法實證及成就的根本法即是第八識，由第八識成就三界世間及出世間的一切染淨諸法，方有成佛之道可修、可證、可成就，名爲圓成實性**。然後詳解末法時代學人極易混淆的見道位所函蓋的眞見道、相見道、通達位等內容，指正末法時代高慢心一類學人，於見道位前後不斷所墮的同一邪謬處。末後開示修道位的十地之中，各地所應斷的二愚及所應證的一智，乃至佛位的四智圓明及具足四種涅槃等一切種智之眞實正理。由平實導師講述，每逢一、三、五週之週末晚上開示，每逢二、四週之週末爲重播班，供作後悟之菩薩補聞所未聽聞之法。增上班課程僅限已明心之會員參加。未來每逢講完十分之一內容時，便予出書流通；總共十輯，敬請期待。（註：《瑜伽師地論》從 2003 年二月開講，至 2022 年 2 月 19 日已經圓滿，爲期 18 年整。）

4、**菩薩瓔珞本業經**　本經說明菩薩道六度、十度波羅蜜多之修行，要先修十信位，於因位中熏習百法明門，再轉入初住位起修六種瓔珞，總共四十二位，即是十住位、十行位、十迴向位、十地位、等覺位、妙覺位，方得成就六種瓔珞成爲一生補處，然後成就佛道，名爲習種性、性種性、道種性、聖種性、等覺性、妙覺性；連同習種性前的十信位，共爲五十二階位實修完畢，方得成佛。於本經中亦說明大乘初見道的證眞如、發起般若現觀時，若有佛菩薩護持故，即得進第七住位常住不退，然後向上進發，速修佛菩提道。如是實修佛菩提道方是義學，而非學術界所說的相似佛法等玄學，皆是可修可證之法，全都屬於現法樂證樂住並且是現觀的佛法，顯示佛法眞是義學而非玄談或思想。本經已於 2024 年一月上旬起開講，由平實導師詳解。不限制聽講資格。

5、**精進禪三**　主三和尚：平實導師。於四天三夜中，以克勤圓悟大師及大慧宗杲之禪風，施設機鋒與小參、公案密意之開示，幫助會員剋期取證，親證不生不滅之眞實心——人人本有之如來藏。每年四月、十月各舉辦三個梯次；平實導師主持。僅限本會會員參加禪淨班共修期滿，報名審核通過者，方可參加。並選擇會中定力、慧力、福德三條件皆已具足之已明心會員，給以指引，令得眼見自己無形無相之佛性遍佈山河大地，眞實而無障礙，得以肉眼現觀世界身心悉皆如幻，具足成就如幻觀，圓滿十住菩薩之證境。

6、**阿含經**詳解　選擇重要之阿含部經典，依無餘涅槃之實際而加以詳解，令大眾得以現觀諸法緣起性空，亦復不墮斷滅見中，顯示經中所隱說之涅槃實際—如來藏—確實已於四阿含中隱說；令大眾得以聞後觀行，確實斷除我見乃至我執，證得**見到**眞現觀，乃至**身證**……等眞現觀；已得大乘或二乘見道者，亦可由此聞熏及聞後之觀行，除斷我所之貪著，成就慧解脫果。由平實導師詳解。不限制聽講資格。

7、**精選如來藏系經典**詳解　精選如來藏系經典一部，詳細解說，以此完全印證會員所悟如來藏之眞實，得入不退轉住。另行擇期詳細解說之，由平實導師講解。僅限已明心之會員參加。

8、**禪門差別智**　藉禪宗公案之微細淆訛難知難解之處，加以宣說及剖析，以增進明心、見性之功德，啓發差別智，建立擇法眼。每月第一週日全天，由平實導師開示，僅限破參明心後，復又眼見佛性者參加(事冗暫停)。

9、**枯木禪**　先講智者大師的《小止觀》，後說《釋禪波羅蜜》，詳解四禪八定之修證理論與實修方法，細述一般學人修定之邪見與岔路，及對禪定證境之誤會，消除枉用功夫、浪費生命之現象。已悟般若者，可以藉此而實修初禪，進入大乘通教及聲聞教的三果心解脫境界，配合應有的大福德及後得無分別智、十無盡願，即可進入初地心中。親教師：平實導師。未來緣熟時將於正覺寺開講。不限制聽講資格。

**註：**本會例行年假，自 2004 年起，改爲每年農曆新年前七天開始停息弘法事務及共修課程，農曆正月 8 日回復所有共修及弘法事務。新春期間（每日 9.00~17.00）開放台北講堂，方便會員禮佛祈福及會外人士請書。大溪區的正覺祖師堂，開放參訪時間，詳見〈正覺電子報〉或成佛之道網站。本表得因時節因緣需要而隨時修改之，不另作通知。

# 佛教正覺同修會　贈閱書籍 目錄　2024/8/20

1.**無相念佛**　平實導師著　回郵 36 元
2.**念佛三昧修學次第**　平實導師述著　回郵 52 元
3.**正法眼藏—護法集**　平實導師述著　回郵 76 元
4.**真假開悟簡易辨正法&佛子之省思**　平實導師著　回郵 26 元
5.**生命實相之辨正**　平實導師著　回郵 31 元
6.**如何契入念佛法門**（附：印順法師否定極樂世界）平實導師著　回郵 26 元
7.**平實書箋**—答元覽居士書　平實導師著　回郵 52 元
8.**三乘唯識**—如來藏系經律彙編　平實導師編　回郵 80 元
（精裝本　長 27 cm　寬 21 cm　高 7.5 cm　重 2.8 公斤）
9.**三時繫念全集**—修正本　回郵掛號 52 元（長 26.5 cm×寬 19 cm）
10.**明心與初地**　平實導師述　回郵 31 元
11.**邪見與佛法**　平實導師述著　回郵 36 元
12.**甘露法雨**　平實導師述　回郵 36 元
13.**我與無我**　平實導師述　回郵 36 元
14.**學佛之心態**—修正錯誤之學佛心態始能與正法相應　孫正德老師著　回郵52元
附錄：平實導師著**《略說八、九識並存…等之過失》**
15.**大乘無我觀**—《悟前與悟後》別說　平實導師述著　回郵 36 元
16.**佛教之危機**—中國台灣地區現代佛教之真相（附錄：公案拈提六則）
平實導師著　回郵 52 元
17.**燈　影**—燈下黑（覆「求教後學」來函等）　平實導師著　回郵 76 元
18.**護法與毀法**—覆上平居士與徐恒志居士網站毀法二文
張正圜老師著　回郵 76 元
19.**淨土聖道**—兼評**選擇本願念佛**　正德老師著　**由正覺同修會購贈**　回郵 52 元
20.**辨唯識性相**—對「紫蓮心海《辯唯識性相》書中否定阿賴耶識」之回應
正覺同修會 台南共修處法義組 著　回郵 52 元
21.**假如來藏**—對法蓮法師《如來藏與阿賴耶識》書中否定阿賴耶識之回應
正覺同修會 台南共修處法義組 著　回郵 76 元
22.**入不二門**—公案拈提集錦 第一輯（於平實導師公案拈提諸書中選錄約二十則，
合輯為一冊流通之）平實導師著　回郵 52 元
23.**真假邪說**—西藏密宗索達吉喇嘛《破除邪說論》真是邪說
釋正安法師著　上、下冊回郵各 52 元
24.**真假開悟**—真如、如來藏、阿賴耶識間之關係　平實導師述著　回郵 76 元
25.**真假禪和**—辨正釋傳聖之謗法謬說　孫正德老師著　回郵 76 元
26.**眼見佛性**—駁慧廣法師**眼見佛性的含義**文中謬說　游正光老師著　回郵 52 元

27.**普門自在**—公案拈提集錦 第二輯（於平實導師公案拈提諸書中選錄約二十則，合輯爲一冊流通之）平實導師著 回郵 52 元

28.**印順法師的悲哀**—以現代禪的質疑為線索 恒毓博士著 回郵 52 元

29.**識蘊真義**—現觀識蘊內涵、取證初果、親斷三縛結之具體行門。
—依《成唯識論》及《惟識述記》正義，略顯安慧《大乘廣五蘊論》之邪謬
平實導師著 回郵 76 元

30.**正覺電子報** 各期紙版本 免附回郵 每次最多函索三期或三本。
（已無存書之較早各期，不另增印贈閱）

31.**現代人應有的宗教觀** 蔡正禮老師 著 回郵 31 元

32.**遠惑趣道**—正覺電子報般若信箱問答錄 第一輯 回郵 52 元

33.**遠惑趣道**—正覺電子報般若信箱問答錄 第二輯 回郵 52 元

34.**正覺教團電視弘法三乘菩提 DVD 光碟（一）**
由正覺教團多位親教師共同講述錄製 DVD 8 片，MP3 一片，共 9 片。有二大講題：一爲「三乘菩提之意涵」，二爲「學佛的正知見」。內容精闢，深入淺出，精彩絕倫，幫助大眾快速建立三乘法道的正知見，免被外道邪見所誤導。有志修學三乘佛法之學人不可不看。（製作工本費 100 元，回郵 52 元）

35.**正覺教團電視弘法 DVD 專輯（二）**
總有二大講題：一爲「三乘菩提之念佛法門」，一爲「學佛正知見（第二篇）」，由正覺教團多位親教師輪番講述，內容詳細闡述如何修學念佛法門、實證念佛三昧，以及學佛應具有的正確知見，可以幫助發願往生西方極樂淨土之學人，得以把握往生，更可令學人快速建立三乘法道的正知見，免於被外道邪見所誤導。有志修學三乘佛法之學人不可不看。（一套 17 片，工本費 160 元。回郵 76 元）

36.**喇嘛性世界**—揭開假藏傳佛教譚崔瑜伽的面紗 張善思 等人合著
由正覺同修會購贈 回郵 52 元

37.**假藏傳佛教的神話**—性、謊言、喇嘛教 張正玄教授編著
由正覺同修會購贈 回郵 52 元

38.**隨 緣**—理隨緣與事隨緣 平實導師述 回郵 52 元。

39.**學佛的覺醒** 正枝居士 著 回郵 52 元

40.**意識虛妄經教彙編**—實證解脫道的關鍵經文 正覺同修會編印 回郵 36 元

41.**邪箭囈語**—破斥藏密外道多識仁波切《破魔金剛箭雨論》之邪說
陸正元老師著 上、下冊回郵各 52 元

42.**真假沙門**—依 佛聖教闡釋佛教僧寶之定義
蔡正禮老師著 俟正覺電子報連載後結集出版

43.**真假禪宗**—藉評論釋性廣《印順導師對變質禪法之批判及對禪宗之肯定》以顯示真假禪宗
附論一：凡夫知見 無助於佛法之信解行證
附論二：世間與出世間一切法皆從如來藏實際而生而顯
余正偉老師著 俟正覺電子報連載後結集出版 回郵未定

★ 上列贈書之郵資，係台灣本島地區郵資，大陸、港、澳地區及外國地區，請另計酌增（大陸、港、澳、國外地區之郵票不許通用）。尚未出版之書，請勿先寄來郵資，以免增加作業煩擾。

★ 本目錄若有變動，唯於後印之書籍及「成佛之道」網站上修正公佈之，不另行個別通知。

**函索書籍**請寄：佛教正覺同修會　103 台北市承德路 3 段 277 號 9 樓
台灣地區函索書籍者請附寄郵票，無時間購買郵票者可以等值現金抵用，但不接受郵政劃撥、支票、匯票。大陸地區得以人民幣計算，國外地區請以美元計算（請勿寄來當地郵票，在台灣地區不能使用）。欲以掛號寄遞者，請另附掛號郵資。

**親自索閱**：正覺同修會各共修處。　★請於共修時間前往取書，餘時無人在道場，請勿前往索取；共修時間與地點，詳見書末正覺同修會共修現況表（以近期之共修現況表為準）。

**註**：正智出版社發售之局版書，請向各大書局購閱。若書局之書架上已經售出而無陳列者，請向書局櫃台指定洽購；若書局不便代購者，請於正覺同修會共修時間前往各共修處請購，正智出版社已派人於共修時間送書前往各共修處流通。 郵政劃撥購書及 大陸地區 購書，請詳別頁正智出版社發售書籍目錄最後頁之說明。

**成佛之道 網站**：http://www.a202.idv.tw　正覺同修會已出版之結緣書籍，多已登載於 成佛之道 網站，若住外國、或住處遙遠，不便取得正覺同修會贈閱書籍者，可以從本網站閱讀及下載。

**＊＊ 假藏傳佛教修雙身法，非佛教 ＊＊**

# 正覺口袋書 目錄

2024/6/15

1.**如何契入念佛法門**　平實導師著　回郵 26 元
2.**明心與初地**　平實導師述著　回郵 31 元
3.**生命實相之辨正**　平實導師述著　回郵 31 元
4.**真假開悟簡易辨正法&佛子之省思**　平實導師著　回郵 26 元
5.**現代人應有的宗教觀**　蔡正禮老師著　回郵31 元
6.**確保您的權益**—器官捐贈應注意自我保護　游正光老師 著　回郵31 元
7.**甘露法門—解脫道與佛菩提道**　佛教正覺同修會著　回郵 31 元
8.**概說密宗(一)**—認清西藏密宗(喇嘛教)的底細
正覺教育基金會著　回郵 36 元
9.**概說密宗(二)**—藏密觀想、明點、甘露、持明的真相
正覺教育基金會著　回郵 36 元
10.**概說密宗(三)**—密教誇大不實之神通證量
正覺教育基金會著　回郵 36 元
11.**概說密宗(四)**—密宗諸餘邪見(恣意解釋佛法修證上之名相)之一
正覺教育基金會著　回郵 36 元
12.**概說密宗(五)**—密宗之如來藏見及般若中觀
正覺教育基金會著　回郵 36 元
13.**概說密宗(六)**—無上瑜伽之雙身修法　正覺教育基金會著　回郵 36 元
14.**成佛之道**　正覺教育基金會著　回郵 36 元
15.**淨土奇特行門**—禪淨法門之速行道與緩行道
正覺教育基金會著　回郵 36 元
16.**如何修證解脫道**　正覺教育基金會著　回郵 36 元
17.**淺談達賴喇嘛之雙身法**—兼論解讀「密續」之達文西密碼
正覺教育基金會著　回郵 36 元
18.**密宗真相**—來自西藏高原的狂密　正覺教育基金會著　回郵 36 元
19.**導師之真實義**　正禮老師著　回郵 36 元
20.**如來藏中藏如來**　正覺教育基金會著　回郵 36 元
21.**觀行斷三縛結**—實證初果　正覺教育基金會著　回郵 36 元
22.**破羯磨僧真義**　佛教正覺同修會著　回郵 36 元
23.**一貫道與開悟**　正覺教育基金會著　回郵 36 元
24.**出家菩薩首重**—虛心求教 勤求證悟　正覺教育基金會著　回郵 36 元
25.**博愛 —愛盡天下女人**　正覺教育基金會著　回郵 36 元
26.**邁向正覺(一)**　作者趙玲子等合著　回郵 36 元
27.**邁向正覺(二)**　作者張善思等合著　回郵 36 元

28.**邁向正覺(三)**　作者許坤田等合著　回郵 36 元
29.**邁向正覺(四)**　作者劉俊廷等合著　回郵 36 元
30.**邁向正覺(五)**　作者林洋毅等合著　回郵 36 元
31.**繫念思惟念佛法門**　正覺教育基金會著　回郵 36 元
32.**邁向正覺(六)**　作者倪式谷等合著　回郵 36 元
33.**廣論之平議(一)~(七)**—宗喀巴《菩提道次第廣論》之平議
作者正雄居士　每冊回郵 36 元
34.**俺曚你把你哄**—六字大明咒揭密　作者正玄教授　回郵 36 元
35.**如何契入念佛法門(中英日文版)**　平實導師著　回郵 36 元
36.**明心與初地(中英文版)**　平實導師述著　回郵 36 元
37.**您不可不知的事實**—揭開藏傳佛教真實面之報導(一)
正覺教育基金會著　回郵 36 元
38.**外道羅丹的悲哀(一)~(三)**—略評外道羅丹等編《佛法與非佛法判別》之邪見 正覺教育基金會著　每冊回郵 36 元
39.**與《廣論》研討班學員談心**　正覺教育基金會著　回郵 36 元
40.**證道歌略釋**　平實導師著　回郵 36 元
41.**甘願做菩薩**　郭正益老師　回郵 36 元
42.**恭祝達賴喇嘛八十大壽**—做賊心虛喊抓賊~喇嘛不是佛教徒
張正玄教授著　回郵 36 元
43.**從一佛所在世界談宇宙大覺者**　高正齡老師著　回郵 36 元
44.**老去人間萬事休，應須洗心從佛祖**—達賴權謀，可以休矣
正覺教育基金會編印　回郵 36 元
45.**表相歸依與實義歸依**—真如為究竟歸依處
正覺同修會編印　回郵 36 元
46.**我為何離開廣論？**　正覺同修會編印　回郵 36 元
47.**三乘菩提之佛典故事(一)**　葉正緯老師講述　回郵 36 元
48.**佛教與成佛—總說**　師子苑居士著　回郵 36 元
49.**三乘菩提概說(一)**　余正文老師講述　回郵 36 元
50.**一位哲學博士的懺悔**　泰洛著　回郵 36 元
51.**三乘菩提概說（二）**　余正文老師講述　回郵 36 元
52.**三乘菩提之佛典故事(二)**　郭正益老師講述　回郵 36 元
53.**尊師重道**　沐中原著　回郵 50 元
54.**心經在說什麼？**　平實導師講述　回郵 36 元

# **正智出版社** 籌募弘法基金發售書籍目錄　2024/04/10

1.**宗門正眼**—公案拈提 第一輯 重拈　平實導師著　500 元
因重寫內容大幅度增加故，字體必須改小，並增爲 576 頁 主文 546 頁。比初版更精彩、更有內容。初版《禪門摩尼寶聚》之讀者，可寄回本公司免費調換新版書。免附回郵，亦無截止期限。（2007 年起，每冊附贈本公司精製公案拈提〈超意境〉CD 一片。市售價格 280 元，多購多贈。）

2.**禪淨圓融**　平實導師著　200 元（第一版舊書可換新版書。）

3.**真實如來藏**　平實導師著　400 元

4.**禪—悟前與悟後**　平實導師著　上、下冊，每冊 250 元

5.**宗門法眼**—公案拈提 第二輯　平實導師著　500 元
（2007 年起，每冊附贈本公司精製公案拈提〈超意境〉CD 一片）

6.**楞伽經詳解**　平實導師著　全套共 10 輯　每輯 250 元

7.**宗門道眼**—公案拈提 第三輯　平實導師著　500 元
（2007 年起，每冊附贈本公司精製公案拈提〈超意境〉CD 一片）

8.**宗門血脈**—公案拈提 第四輯　平實導師著　500 元
（2007 年起，每冊附贈本公司精製公案拈提〈超意境〉CD 一片）

9.**宗通與說通**—成佛之道 平實導師著 主文 381 頁 全書 400 頁售價 300 元

10.**宗門正道**—公案拈提 第五輯　平實導師著　500 元
（2007 年起，每冊附贈本公司精製公案拈提〈超意境〉CD 一片）

11.**狂密與真密 一～四輯**　平實導師著　西藏密宗是人間最邪淫的宗教，本質不是佛教，只是披著佛教外衣的印度教性力派流毒的喇嘛教。此書中將西藏密宗密傳之男女雙身合修樂空雙運所有祕密與修法，毫無保留完全公開，並將全部喇嘛們所不知道的部分也一併公開。內容比大辣出版社喧騰一時的《西藏慾經》更詳細。並且函蓋藏密的所有祕密及其錯誤的中觀見、如來藏見……等，藏密的所有法義都在書中詳述、分析、辨正。每輯主文三百餘頁　每輯全書約 400 頁　售價每輯 300 元

12.**宗門正義**—公案拈提 第六輯　平實導師著　500 元
（2007 年起，每冊附贈本公司精製公案拈提〈超意境〉CD 一片）

13.**心經密意**—心經與解脱道、佛菩提道、祖師公案之關係與密意　平實導師述　300 元

14.**宗門密意**—公案拈提 第七輯　平實導師著　500 元
（2007 年起，每冊附贈本公司精製公案拈提〈超意境〉CD 一片）

15.**淨土聖道**—兼評「選擇本願念佛」　正德老師著　200 元

16.**起信論講記**　平實導師述著　共六輯　每輯三百餘頁　售價各 250 元

17.**優婆塞戒經講記**　平實導師述著 共八輯 每輯三百餘頁 售價各 250 元

18.**真假活佛**—略論附佛外道盧勝彥之邪說（對前岳靈犀網站主張「盧勝彥是證悟者」之修正）　正犀居士（岳靈犀）著　流通價 140 元

19.**阿含正義**—唯識學探源　平實導師著　共七輯　每輯 300 元

20.**超意境 CD** 以平實導師公案拈提書中超越意境之頌詞，加上曲風優美

的旋律，錄成令人嚮往的超意境歌曲，其中包括正覺發願文及平實導師親自譜成的黃梅調歌曲一首。詞曲雋永，殊堪翫味，可供學禪者吟詠，有助於見道。內附設計精美的彩色小冊，解說每一首詞的背景本事。每片 280 元。【每購買公案拈提書籍一冊，即贈送一片。】

21.**菩薩底憂鬱** CD 將菩薩情懷及禪宗公案寫成新詞，並製作成超越意境的優美歌曲。 1.主題曲〈菩薩底憂鬱〉，描述地後菩薩能離三界生死而迴向繼續生在人間，但因尚未斷盡習氣種子而有極深沈之憂鬱，非三賢位菩薩及二乘聖者所知，此憂鬱在七地滿心位方才斷盡；本曲之詞中所說義理極深，昔來所未曾見；此曲係以優美的情歌風格寫詞及作曲，聞者得以激發嚮往諸地菩薩境界之大心，詞、曲都非常優美，難得一見；其中勝妙義理之解說，已印在附贈之彩色小冊中。 2.以各輯公案拈提中直示禪門入處之頌文，作成各種不同曲風之超意境歌曲，值得玩味、參究；聆聽公案拈提之優美歌曲時，請同時閱讀內附之印刷精美說明小冊，可以領會超越三界的證悟境界；未悟者可以因此引發求悟之意向及疑情，眞發菩提心而邁向求悟之途，乃至因此眞實悟入般若，成眞菩薩。 3.正覺總持咒新曲，總持佛法大意；總持咒之義理，已加以解說並印在隨附之小冊中。本 CD 共有十首歌曲，長達 63 分鐘。每盒各附贈二張購書優惠券。每片 320 元。

22.**禪意無限** CD 平實導師以公案拈提書中偈頌寫成不同風格曲子，與他人所寫不同風格曲子共同錄製出版，幫助參禪人進入禪門超越意識之境界。盒中附贈彩色印製的精美解說小冊，以供聆聽時閱讀，令參禪人得以發起參禪之疑情，即有機會證悟本來面目而發起實相智慧，實證大乘菩提般若，能如實證知般若經中的眞實意。本 CD 共有十首歌曲，長達 69 分鐘，每盒各附贈二張購書優惠券。每片 320 元。

23.**我的菩提路**第一輯　釋悟圓、釋善藏等人合著　售價 300 元

24.**我的菩提路**第二輯　郭正益等人合著　售價 300 元

（初版首刷至第四刷，都可以寄來免費更換爲第二版，免附郵費）

25.**我的菩提路**第三輯　王美伶等人合著　售價 300 元

26.**我的菩提路**第四輯　陳晏平等人合著　售價 300 元

27.**我的菩提路**第五輯　林慈慧等人合著　售價 300 元

28.**我的菩提路**第六輯　劉惠莉等人合著　售價 300 元

29.**我的菩提路**第七輯　余正偉等人合著　售價 300 元

30.**鈍鳥與靈龜**—考證後代凡夫對大慧宗杲禪師的無根誹謗。

平實導師著 共 458 頁 售價 350 元

31.**維摩詰經講記** 平實導師述 共六輯 每輯三百餘頁 售價各 250 元

32.**真假外道**—破劉東亮、杜大威、釋證嚴常見外道見　正光老師著　200 元

33.**勝鬘經講記**—兼論印順《勝鬘經講記》對於《勝鬘經》之誤解。

平實導師述　共六輯　每輯三百餘頁　售價 250 元

34.**楞嚴經講記**—平實導師述 共 **15** 輯，每輯三百餘頁 售價 300 元
35.**明心與眼見佛性**—駁慧廣〈蕭氏「眼見佛性」與「明心」之非〉文中謬說
正光老師著 共 448 頁 售價 300 元
36.**見性與看話頭** 黃正倖老師 著，本書是禪宗參禪的方法論。
內文 375 頁，全書 416 頁，售價 300 元。
37.**達賴真面目**—玩盡天下女人 白正偉老師 等著 中英對照彩色精裝大本 800 元
38.**喇嘛性世界**—揭開假藏傳佛教譚崔瑜伽的面紗 張善思 等人著 200 元
39.**假藏傳佛教的神話**—性、謊言、喇嘛教 正玄教授編著 200 元
40.**金剛經宗通** 平實導師述 共九輯 每輯售價 250 元。
41.**末代達賴**—性交教主的悲歌 張善思、呂艾倫、辛燕編著 售價 250 元
42.**霧峰無霧**—給哥哥的信 辨正釋印順對佛法的無量誤解
游宗明 老師著 售價 250 元
43.**霧峰無霧**—第二輯—救護佛子向正道 細說釋印順對佛法的各類誤解
游宗明 老師著 售價 250 元
44.**第七意識與第八意識？**—穿越時空「超意識」
平實導師述 每冊 300 元
45.**黯淡的達賴**—失去光彩的諾貝爾和平獎
正覺教育基金會編著 每冊 250 元
46.**童女迦葉考**—論呂凱文〈佛教輪迴思想的論述分析〉之謬。
平實導師 著 定價 180 元
47.**人間佛教**—實證者必定不悖三乘菩提
平實導師 述，定價 400 元
48.**實相經宗通** 平實導師述 共八輯 每輯 250 元
49.**真心告訴您(一)**—達賴喇嘛在幹什麼？
正覺教育基金會編著 售價 250 元
50.**中觀金鑑**—詳述應成派中觀的起源與其破法本質
孫正德老師著 分爲上、中、下三冊，每冊 250 元
51.**藏傳佛教要義**—《狂密與真密》之簡體字版 平實導師 著 上、下冊
僅在大陸流通 每冊 300 元
52.**法華經講義**—平實導師述 共二十五輯 每輯三百餘頁 售價 300 元
53.**西藏「活佛轉世」制度**—附佛、造神、世俗法
許正豐、張正玄老師合著 定價 150 元
54.**廣論三部曲**—郭正益老師著 定價 150 元
55.**真心告訴您(二)**—達賴喇嘛是佛教僧侶嗎？
—補祝達賴喇嘛八十大壽
正覺教育基金會編著 售價 300 元
56.**次法**—實證佛法前應有的條件
張善思居士著 分爲上、下二冊，每冊 250 元
57.**涅槃**—解說四種涅槃之實證及內涵 平實導師著 上、下冊 各 350 元

58.**佛藏經講義**—平實導師述　共二十一輯 每輯三百餘頁 售價 300 元。
59.**成唯識論**—大唐 玄奘菩薩所著鉅論。重新正確斷句，並以不同字體及標點符號顯示質疑文，令得易讀。全書 288 頁，精裝大本 400 元。
60.**大法鼓經講義**—平實導師述　共六輯 每輯三百餘頁 售價 300 元
61.**成唯識論釋**—詳解大唐玄奘菩薩所著《成唯識論》，平實導師著述。共十輯，每輯內文四百餘頁，12 級字編排，於每講完一輯的分量以後即予出版，2023 年五月底出版第一輯，以後每七到十個月出版一輯，每輯 400 元。
62.**不退轉法輪經講義**—平實導師述 2024年1月30日開始出版　共十輯 每二個月出版一輯，每輯 300 元
63.**中論正義**—釋龍樹菩薩《中論》頌正理。孫正德老師著　共上下二冊 下冊定於 2024/6/30 出版 每冊 300 元
64.**誰是 師子身中蟲**—平實導師述著　2024 年 5 月 30 出版，每冊 110 元。
65.**解深密經講義**—平實導師述 輯數未定　將於《不退轉法輪經講義》出版後整理出版。
66.**菩薩瓔珞本業經講義**—平實導師述 約〇輯　將於《解深密經講義》出版後整理出版。
67.**假鋒虛焰金剛乘**—揭示顯密正理，兼破索達吉師徒《般若鋒兮金剛焰》釋正安法師著 簡體字版 即將出版 售價未定
68.**廣論之平議**—宗喀巴《菩提道次第廣論》之平議　正雄居士著 約二或三輯　俟正覺電子報連載後結集出版　書價未定
69 **八識規矩頌**詳解　〇〇居士 註解　出版日期另訂　書價未定。
70.**中觀正義**—註解平實導師《中論正義頌》。
〇〇法師（居士）著　出版日期未定　書價未定
71.**中國佛教史**—依中國佛教正法史實而論。 〇〇老師 著　書價未定。
72.**印度佛教史**—法義與考證。依法義史實評論印順《印度佛教思想史、佛教史地考論》之謬說　正偉老師著　出版日期未定　書價未定
73.**阿含經講記**—將選錄四阿含中數部重要經典全經講解之，講後整理出版。
平實導師述　約二輯　每輯 300 元　出版日期未定
74.**寶積經講記** 平實導師述　每輯三百餘頁 優惠價 300 元 出版日期未定
75.**修習止觀坐禪法要講記**　平實導師述　每輯三百餘頁
將於正覺寺建成後重講、以講記逐輯出版　出版日期未定
76.**無門關**—《無門關》公案拈提　平實導師著　出版日期未定
77.**中觀再論**—兼述印順《中觀今論》謬誤之平議。 正光老師著 出版日期未定
78.**輪迴與超度**—佛教超度法會之真義。
〇〇法師（居士）著　出版日期未定　書價未定
79.**《釋摩訶衍論》平議**—對偽稱龍樹所造《釋摩訶衍論》之平議
〇〇法師（居士）著　出版日期未定　書價未定
80.**正覺發願文**註解—以真實大願為因 得證菩提
正德老師著　出版日期未定　書價未定

81.**正覺總持咒**—佛法之總持　正圜老師著　出版日期未定　書價未定
82.**三自性**—依四食、五蘊、十二因緣、十八界法，說三性三無性。
作者未定　出版日期未定
83.**道品**—從三自性說大小乘三十七道品　作者未定　出版日期未定
84.**大乘緣起觀**—依四聖諦七真如現觀十二緣起　作者未定　出版日期未定
85.**三德**—論解脫德、法身德、般若德。　作者未定　出版日期未定
86.**真假如來藏**—對印順《如來藏之研究》謬說之平議　作者未定　出版日期未定
87.**大乘道次第**　作者未定　出版日期未定　書價未定
88.**四緣**—依如來藏故有四緣。　作者未定　出版日期未定
89.**空之探究**—印順《空之探究》謬誤之平議　作者未定　出版日期未定
90.**十法義**—論阿含經中十法之正義　作者未定　出版日期未定
91.**外道見**—論述外道六十二見　作者未定　出版日期未定

# 正智出版社有限公司 書籍介紹

**禪淨圓融：**言淨土諸祖所未曾言，示諸宗祖師所未曾示；禪淨圓融，另闢成佛捷徑，兼顧自力他力，闡釋淨土門之速行易行道，亦同時揭櫫聖教門之速行易行道；令廣大淨土行者得免緩行難證之苦，亦令聖道門行者得以藉著淨土速行道而加快成佛之時劫。乃前無古人之超勝見地，非一般弘揚禪淨法門典籍也，先讀爲快。平實導師著 200元。

**宗門正眼—公案拈提第一輯：**繼承克勤圜悟大師碧巖錄宗旨之禪門鉅作。先則舉示當代大法師之邪說，消弭當代禪門大師鄉愿之心態，摧破當今禪門「世俗禪」之妄談；次則旁通教法，表顯宗門正理；繼以道之次第，消弭古今狂禪；後藉言語及文字機鋒，直示宗門入處。悲智雙運，禪味十足，數百年來難得一睹之禪門鉅著也。平實導師著 500元（原初版書《禪門摩尼寶聚》，改版後補充爲五百餘頁新書，總計多達二十四萬字，內容更精彩，並改名爲《宗門正眼》，讀者原購初版《禪門摩尼寶聚》皆可寄回本公司免費換新，免附回郵，亦無截止期限）（2007年起，凡購買公案拈提第一輯至第七輯，每購一輯皆贈送本公司精製公案拈提〈超意境〉CD一片，市售價格280元，多購多贈）。

**禪—悟前與悟後：**本書能建立學人悟道之信心與正確知見，圓滿具足而有次第地詳述禪悟之功夫與禪悟之內容，指陳參禪中細微淆訛之處，能使學人明自眞心、見自本性。若未能悟入，亦能以正確知見辨別古今中外一切大師究係眞悟？或屬錯悟？便有能力揀擇，捨名師而選明師，後時必有悟道之緣。一旦悟道，遲者七次人天往返，便出三界，速者一生取辦。學人欲求開悟者，不可不讀。 平實導師著。上、下冊共500元，單冊250元。

**真實如來藏**：如來藏真實存在，乃宇宙萬有之本體，並非印順法師、達賴喇嘛等人所說之「唯有名相、無此心體」。如來藏是涅槃之本際，是一切有智之人竭盡心智、不斷探索而不能得之生命實相；是古今中外許多大師自以為悟而當面錯過之生命實相。如來藏即是阿賴耶識，乃是一切有情本自具足、不生不滅之真實心。當代中外大師於此書出版之前所未能言者，作者於本書中盡情流露、詳細闡釋。真悟者讀之，必能增益悟境、智慧增上；錯悟者讀之，必能檢討自己之錯誤，免犯大妄語業；未悟者讀之，能知參禪之理路，亦能以之檢查一切名師是否真悟。此書是一切哲學家、宗教家、學佛者及欲昇華心智之人必讀之鉅著。　平實導師著　售價400元。

**宗門法眼—公案拈提第二輯**：列舉實例，闡釋土城廣欽老和尚之悟處；並直示這位不識字的老和尚妙智橫生之根由，繼而剖析禪宗歷代大德之開悟公案，解析當代密宗高僧卡盧仁波切之錯悟證據，並例舉當代顯宗高僧、大居士之錯悟證據（凡健在者，為免影響其名聞利養，皆隱其名）。藉辨正當代名師之邪見，向廣大佛子指陳禪悟之正道，彰顯宗門法眼。悲勇兼出，強捋虎鬚；慈智雙運，巧探驪龍；摩尼寶珠在手，直示宗門入處，禪味十足；若非大悟徹底，不能為之。禪門精奇人物，允宜人手一冊，供作參究及悟後印證之圭臬。本書於2008年4月改版，增寫為大約500頁篇幅，以利學人研讀參究時更易悟入宗門正法，以前所購初版首刷及初版二刷舊書，皆可免費換取新書。平實導師著　500元（2007年起，凡購買公案拈提第一輯至第七輯，每購一輯皆贈送本公司精製公案拈提〈超意境〉CD一片，市售價格280元，多購多贈）。

**宗門道眼—公案拈提第三輯**：繼宗門法眼之後，再以金剛之作略、慈悲之胸懷、犀利之筆觸，舉示寒山、拾得、布袋三大士之悟處，消弭當代錯悟者對於寒山大士……等之誤會及誹謗。　亦舉出民初以來與虛雲和尚齊名之蜀郡鹽亭袁煥仙夫子——南懷瑾老師之師，其「悟處」何在？並蒐羅許多真悟祖師之證悟公案，顯示禪宗歷代祖師之睿智，指陳部分祖師、奧修及當代顯密大師之謬悟，作為殷鑑，幫助禪子建立及修正參禪之方向及知見。假使讀者閱此書已，一時尚未能悟，亦可一面加功用行，一面以此宗門道眼辨別真假善知識，避開錯誤之印證及歧路，可免大妄語業之長劫慘痛果報。欲修禪宗之禪者，務請細讀。平實導師著　售價500元（2007年起，凡購買公案拈提第一輯至第七輯，每購一輯皆贈送本公司精製公案拈提〈超意境〉CD一片，市售價格280元，多購多贈）。

**楞伽經詳解**：本經是禪宗見道者印證所悟眞僞之根本經典，亦是禪宗見道者悟後起修之依據經典；故達摩祖師於印證二祖慧可大師之後，將此經典連同佛缽祖衣一併交付二祖，令其依此經典佛示金言、進入修道位，修學一切種智。由此可知此經對於眞悟之人修學佛道，是非常重要之一部經典。此經能破外道邪說，亦破佛門中錯悟名師之謬說，亦破禪宗部分祖師之狂禪：不讀經典、一向主張「一悟即成究竟佛」之謬執。並開示愚夫所行禪、觀察義禪、攀緣如禪、如來禪等差別，令行者對於三乘禪法差異有所分辨；亦糾正禪宗祖師古來對於如來禪之誤解，嗣後可免以訛傳訛之弊。此經亦是法相唯識宗之根本經典，禪者悟後欲修一切種智而入初地者，必須詳讀。平實導師著，全套共十輯，已全部出版完畢，每輯主文約320頁，每冊約352頁，定價250元。

**宗門血脈—公案拈提第四輯**：末法怪象—許多修行人自以爲悟，每將無念靈知認作眞實；崇尚二乘法諸師及其徒眾，則將外於如來藏之緣起性空—無因論之無常空、斷滅空、一切法空—錯認爲 佛所說之般若空性。這兩種現象已於當今海峽兩岸及美加地區顯密大師之中普遍存在；人人自以爲悟，心高氣壯，便敢寫書解釋祖師證悟之公案，大多出於意識思惟所得，言不及義，錯誤百出，因此誤導廣大佛子同陷大妄語之地獄業中而不能自知。彼等書中所說之悟處，其實處處違背第一義經典之聖言量。彼等諸人不論是否身披袈裟，都非佛法宗門血脈，或雖有禪宗法脈之傳承，亦只徒具形式；猶如螟蛉，非眞血脈，未悟得根本眞實故。禪子欲知 佛、祖之眞血脈者，請讀此書，便知分曉。平實導師著，主文452頁，全書464頁，定價500元（2007年起，凡購買公案拈提第一輯至第七輯，每購一輯皆贈送本公司精製公案拈提〈超意境〉CD一片，市售價格280元，多購多贈）。

**宗通與說通**：古今中外，錯誤之人如麻似粟，每以常見外道所說之靈知心，認作眞心；或妄想虛空之勝性能量爲眞如，或錯認物質四大元素藉冥性（靈知心本體）能成就吾人色身及知覺，或認初禪至四禪中之了知心爲不生不滅之涅槃心。此等皆非通宗者之見地。復有錯悟之人一向主張「宗門與教門不相干」，此即尚未通達宗門之人也。其實宗門與教門互通不二，宗門所證者乃是眞如與佛性，教門所說者乃說宗門證悟之眞如佛性，故教門與宗門不二。本書作者以宗教二門互通之見地，細說「宗通與說通」，從初見道至悟後起修之道、細說分明；並將諸宗諸派在整體佛教中之地位與次第，加以明確之教判，學人讀之即可了知佛法之梗概也。欲擇明師學法之前，允宜先讀。平實導師著，主文共381頁，全書392頁，只售成本價300元。

**宗門正道—公案拈提第五輯**：修學大乘佛法有二果須證—解脫果及大菩提果。二乘人不證大菩提果，唯證解脫果；此果之智慧，名為聲聞菩提、緣覺菩提。大乘佛子所證二果之菩提果為佛菩提，故名大菩提果，其慧名為一切種智—函蓋二乘解脫果。然此大乘二果修證，須經由禪宗之宗門證悟方能相應。而宗門證悟極難，自古已然；其所以難者，咎在古今佛教界普遍存在三種邪見：1.以修定認作佛法， 2.以無因論之緣起性空—否定涅槃本際如來藏以後之一切法空作為佛法，3.以常見外道邪見（離語言妄念之靈知性）作為佛法。 如是邪見，或因自身正見未立所致，或因邪師之邪教導所致，或因無始劫來虛妄熏習所致。若不破除此三種邪見，永劫不悟宗門真義、不入大乘正道，唯能外門廣修菩薩行。 平實導師於此書中，有極為詳細之說明，有志佛子欲摧邪見、入於內門修菩薩行者，當閱此書。主文共496頁，全書512頁。售價500元（2007年起，凡購買公案拈提第一輯至第七輯，每購一輯皆贈送本公司精製公案拈提〈超意境〉CD一片，市售價格280元，多購多贈）。

**狂密與真密**：密教之修學，皆由有相之觀行法門而入，其最終目標仍不離顯教經典所說第一義諦之修證；若離顯教第一義經典、或違背顯教第一義經典，即非佛教。西藏密教之觀行法，如灌頂、觀想、遷識法、寶瓶氣、大聖歡喜雙身修法、喜金剛、無上瑜伽、大樂光明、樂空雙運等，皆是印度教兩性生生不息思想之轉化，自始至終皆以如何能運用交合淫樂之法達到全身受樂為其中心思想，純屬欲界五欲的貪愛，不能令人超出欲界輪迴，更不能令人斷除我見；何況大乘之明心與見性，更無論矣！故密宗之法絕非佛法也。而其明光大手印、大圓滿法教，又皆同以常見外道所說離語言妄念之無念靈知心錯認為佛地之真如，不能直指不生不滅之真如。西藏密宗所有法王與徒眾，都尚未開頂門眼，不能辨別真偽，以依人不依法、依密續不依經典故，不肯將其上師喇嘛所說對照第一義經典，純依密續之藏密祖師所說為準，因此而誇大其證德與證量，動輒謂彼祖師上師為究竟佛、為地上菩薩；如今台海兩岸亦有自謂其師證量高於 釋迦文佛者，然觀其師所述，猶未見道，仍在觀行即佛階段，尚未到禪宗相似即佛、分證即佛階位，竟敢標榜為究竟佛及地上法王，誑惑初機學人。凡此怪象皆是狂密，不同於真密之修行者。近年狂密盛行，密宗行者被誤導者極眾，動輒自謂已證佛地真如，自視為究竟佛，陷於大妄語業中而不知自省，反謗顯宗真修實證者之證量粗淺；或如義雲高與釋性圓…等人，於報紙上公然誹謗真實證道者為「騙子、無道人、人妖、癩蛤蟆…」等，造下誹謗大乘勝義僧之大惡業；或以外道法中有為有作之甘露、魔術……等法，誑騙初機學人，狂言彼外道法為真佛法。如是怪象，在西藏密宗及附藏密之外道中，不一而足，舉之不盡，學人宜應慎思明辨，以免上當後又犯毀破菩薩戒之重罪。密宗學人若欲遠離邪知邪見者，請閱此書，即能了知密宗之邪謬，從此遠離邪見與邪修，轉入真正之佛道。 平實導師著 共四輯 每輯約400頁（主文約340頁）每輯售價300元。

**宗門正義—公案拈提第六輯：**佛教有六大危機，乃是藏密化、世俗化、膚淺化、學術化、宗門密意失傳、悟後進修諸地之次第混淆；其中尤以宗門密意之失傳，爲當代佛教最大之危機。由宗門密意失傳故，易令 世尊本懷普被錯解，易令 世尊正法被轉易爲外道法，以及加以淺化、世俗化，是故宗門密意之廣泛弘傳與具緣佛弟子，極爲重要。然而欲令宗門密意之廣泛弘傳予具緣之佛弟子者，必須同時配合錯誤知見之解析、普令佛弟子知之，然後輔以公案解析之直示入處，方能令具緣之佛弟子悟入。而此二者，皆須以公案拈提之方式爲之，方易成其功、竟其業，是故平實導師續作宗門正義一書，以利學人。 全書500餘頁，售價500元（2007年起，凡購買公案拈提第一輯至第七輯，每購一輯皆贈送本公司精製公案拈提〈超意境〉CD一片，市售價格280元，多購多贈）。

**心經密意—**心經與解脫道、佛菩提道、祖師公案之關係與密意。 二乘菩提所證之解脫道，實依第八識心之斷除煩惱障現行而立解脫之名；大乘菩提所證之佛菩提道，實依親證第八識如來藏之涅槃性、清淨自性、及其中道性而立般若之名；禪宗祖師公案所證之眞心，即是此第八識如來藏；是故三乘佛法所修所證之三乘菩提，皆依此如來藏心而立名也。此第八識心，即是《心經》所說之心也。證得此如來藏已，即能漸入大乘佛菩提道，亦可因證知此心而了知二乘無學所不能知之無餘涅槃本際，是故《心經》之密意，與三乘佛菩提之關係極爲密切、不可分割，三乘佛法皆依此心而立名故。今者平實導師以其所證解脫道之無生智及佛菩提之般若種智，將《心經》與解脫道、佛菩提道、祖師公案之關係與密意，以演講之方式，用淺顯之語句和盤托出，發前人所未言，呈三乘菩提之眞義，令人藉此《心經密意》一舉而窺三乘菩提之堂奧，迴異諸方言不及義之說；欲求眞實佛智者、不可不讀！ 主文317頁，連同跋文及序文…等共384頁，售價300元。

**宗門密意—公案拈提第七輯：**佛教之世俗化，將導致學人以信仰作爲學佛，則將以感應及世間法之庇祐，作爲學佛之主要目標，不能了知學佛之主要目標爲親證三乘菩提。大乘菩提則以般若實相智慧爲主要修習目標，以二乘菩提解脫道爲附帶修習之標的；是故學習大乘法者，應以禪宗之證悟爲要務，能親入大乘菩提之實相般若智慧中故，般若實相智慧非二乘聖人所能知故。此書則以台灣世俗化佛教之三大法師，說法似是而非之實例，配合眞悟祖師之公案解析，提示證悟般若之關節，令學人易得悟入。平實導師著，全書五百餘頁，售價500元（2007年起，凡購買公案拈提第一輯至第七輯，每購一輯皆贈送本公司精製公案拈提〈超意境〉CD一片，市售價格280元，多購多贈）。

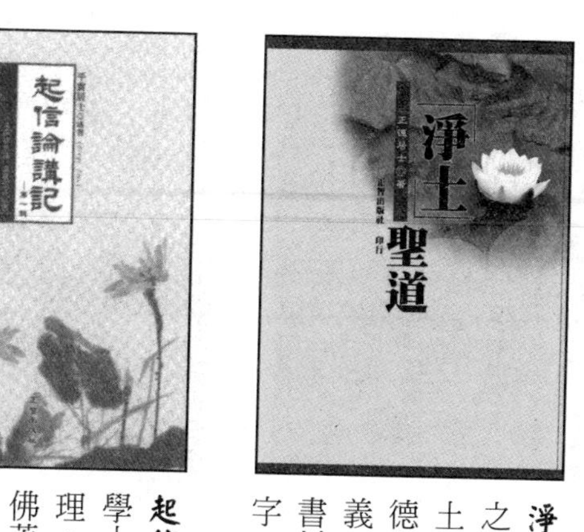


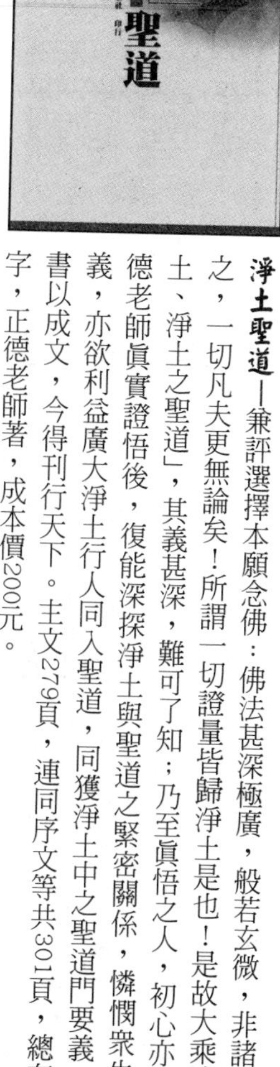

**淨土聖道**—兼評選擇本願念佛：佛法甚深極廣，般若玄微，非諸二乘聖僧所能知之，一切凡夫更無論矣！所謂一切證量皆歸淨土是也！是故大乘法中「聖道之淨土、淨土之聖道」，其義甚深，難可了知；乃至眞悟之人，初心亦難知也。今有正德老師眞實證悟後，復能深探淨土與聖道之緊密關係，憐憫眾生之誤會淨土實義，亦欲利益廣大淨土行人同入聖道，同獲淨土中之聖道門要義，乃振奮心神、書以成文，今得刊行天下。主文279頁，連同序文等共301頁，總有十一萬六千餘字，正德老師著，成本價200元。



**起信論講記**：詳解大乘起信論心生滅門與心眞如門之眞實意旨，消除以往大師與學人對起信論所說心生滅門之誤解，由是而得了知眞心如來藏之非常非斷中道正理；亦因此一講解，令此論以往隱晦而被誤解之眞實義，得以如實顯示，令大乘佛菩提道之正理得以顯揚光大；初機學者亦可藉此正論所顯示之法義，對大乘法理生起正信，從此得以眞發菩提心，眞入大乘法中修學，世世常修菩薩正行。平實導師演述，共六輯，都已出版，每輯三百餘頁，售價各250元。

**優婆塞戒經講記**：本經詳述在家菩薩修學大乘佛法，應如何受持菩薩戒？對人間善行應如何看待？對三寶應如何護持？應如何正確地修集此世後世證法之福德？應如何修集後世「行菩薩道之資糧」？並詳述第一義諦之正義：五蘊非我非異我、自作自受、異作異受、不作不受……等深妙法義，乃是修學大乘佛法、行菩薩行之在家菩薩所應當了知者。出家菩薩今世或未來世登地已，捨報之後多數將如華嚴經中諸大菩薩，以在家菩薩身而修行菩薩行，故亦應以此經所述正理而修之，配合《楞伽經、解深密經、楞嚴經、華嚴經》等道次第正理，方得漸次成就佛道；故此經是一切大乘行者皆應證知之正法。平實導師講述，每輯三百餘頁，售價各250元；共八輯，已全部出版。

**真假活佛**—略論附佛外道盧勝彥之邪說：人人身中都有眞活佛，永生不滅而有大神用，但眾生都不了知，所以常被身外的西藏密宗假活佛籠罩欺瞞。本來就眞實存在的眞活佛，才是眞正的密宗無上密！諾那活佛因此而說禪宗是大密宗，但藏密的所有活佛都不知道、也不曾實證自身中的眞活佛。本書詳實宣示眞活佛的道理，舉證盧勝彥的「佛法」不是眞佛法，也顯示盧勝彥是假活佛，直接的闡釋第一義佛法見道的眞實正理。眞佛宗的所有上師與學人們，都應該詳細閱讀，包括盧勝彥個人在內。正犀居士著，優惠價140元。

**阿含正義**—唯識學探源：廣說四大部《阿含經》諸經中隱說之眞正義理，一一舉示佛陀本懷，令阿含時期初轉法輪根本經典之眞義，如實顯現於佛子眼前。並提示末法大師對於阿含眞義誤解之實例，一一比對之，證實唯識增上慧學確於原始佛法之阿含諸經中已隱覆密意而略說之，證實 世尊確於原始佛法中已曾密意而說第八識如來藏之總相；亦證實 世尊在四阿含中已說此藏識是名色十八界之因、之本—證明如來藏是能生萬法之根本心。佛子可據此修正以往受諸大師（譬如西藏密宗應成派中觀師：印順、昭慧、性廣、大願、達賴、宗喀巴、寂天、月稱、……等人）誤導之邪見，建立正見，轉入正道乃至親證初果而無困難；書中並詳說三果所證的心解脫，以及四果慧解脫的親證，都是如實可行的具體知見與行門。全書共七輯，已出版完畢。平實導師著，每輯三百餘頁，售價300元。

**超意境CD**：以平實導師公案拈提書中超越意境之頌詞，加上曲風優美的旋律，錄成令人嚮往的超意境歌曲，其中包括正覺發願文及平實導師親自譜成的黃梅調歌曲一首。詞曲雋永，殊堪翫味，可供學禪者吟詠，有助於見道。內附設計精美的彩色小冊，解說每一首詞的背景本事。每片280元。【每購買公案拈提書籍一冊，即贈送一片。】

**我的菩提路第一輯**：凡夫及二乘聖人不能實證的佛菩提證悟，末法時代的今天仍然有人能得實證，由正覺同修會釋悟圓、釋善藏法師等二十餘位實證如來藏者所寫的見道報告，已爲當代學人見證宗門正法之絲縷不絕，證明大乘義學的法脈仍然存在，爲末法時代求悟般若之學人照耀出光明的坦途。由二十餘位大乘見道者所繕，敘述各種不同的學法、見道因緣與過程，參禪求悟者必讀。全書三百餘頁，售價300元。

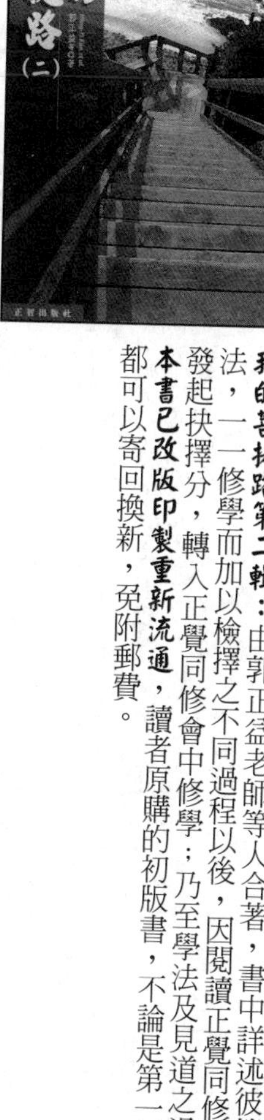


**我的菩提路第二輯**：由郭正益老師等人合著，書中詳述彼等諸人歷經各處道場學法，一一修學而加以檢擇之不同過程以後，因閱讀正覺同修會、正智出版社書籍而發起抉擇分，轉入正覺同修會中修學；乃至學法及見道之過程，都一一詳述之。**本書已改版印製重新流通**，讀者原購的初版書，不論是第一刷或第二、三、四刷，都可以寄回換新，免附郵費。

**我的菩提路第三輯**：由王美伶老師等人合著。自從正覺同修會成立以來，每年夏初、冬初都舉辦精進禪三共修，藉以助益會中同修們得以證悟明心發起般若實相智慧；凡已實證而被平實導師印證者，皆書具見道報告用以證明佛法之眞實可證而非玄學，證明佛法並非純屬思想、理論而無實質，是故每年都能有人證明正覺同修會的「實證佛教」主張並非虛語。特別是眼見佛性一法，自古以來中國禪宗祖師實證者極寡，較之明心開悟的證境更難令人信受；至2017年初，正覺同修會中的證悟明心者已近五百人，然而其中眼見佛性者至今唯十餘人爾，可謂難能可貴，是故明心後欲冀眼見佛性者實屬不易。黃正倖老師是懸絕七年無人見性後的第一人，她於2009年的見性報告刊於本書的第二輯中，爲大衆證明佛性確實可以眼見；其後七年之中求見性者都屬解悟佛性而無人眼見，幸而又經七年後的2016冬初，以及2017夏初的禪三，復有三人眼見佛性，希冀鼓舞四衆佛子求見佛性之大心，今則具載一則於書末，顯示求見佛性之事實經歷，供養現代佛教界欲得見性之四衆弟子。全書四百頁，售價300元，已於2017年6月30日發行。

**我的菩提路第四輯**：由陳晏平等人著。中國禪宗祖師往往有所謂「見性」之言，所言多屬看見如來藏具有能令人發起成佛之自性，並非《大般涅槃經》中 如來所說之眼見佛性。眼見佛性者，於親見佛性之時，即能於山河大地眼見自己佛性，亦能於他人身上眼見自己佛性及對方之佛性，如是境界無法為尚未實證者解釋；勉強說之，縱使眞實明心證悟之人聞之，亦只能以自身明心之境界想像之，但不論如何想像多屬非量，能有正確之比量者亦是稀有，故說眼見佛性極為困難。眼見佛性之人若所見極分明時，在所見佛性之境界下所眼見之山河大地、自己五蘊身心皆是虛幻，自有異於明心者之解脫功德受用，此後永不思證二乘涅槃，必定邁向成佛之道而進入第十住位中，已超第一阿僧祇劫三分有一，可謂之為超劫精進也。今又有明心之後眼見佛性之人出於人間，將其明心及後來見性之報告，連同其餘證悟明心者之精彩報告一同收錄於此書中，供養眞求佛法實證之四衆佛子。全書380頁，售價300元，已於2018年6月30日發行。

**我的菩提路第五輯**：林慈慧老師等人著，本輯中所舉學人從相似正法中來到正覺同修會的過程，各人都有不同，發生的因緣亦是各有差別，然而都會指向同一個目標——證實生命實相的源底，確證自己生從何來、死往何去的事實，所以最後都證明佛法眞實而可親證，絕非玄學；本書將彼等諸人的始修及末後證悟之實例，羅列出來以供學人參考。本期亦有一位會裡的老師，是從1995年即開始追隨 平實導師修學，1997年明心後持續進修不斷，直到2017年眼見佛性之實例，足可證明《大般涅槃經》中世尊開示眼見佛性之法正眞無訛，第十住位的實證在末法時代的今天仍有可能，如今一併具載於書中以供學人參考，並供養現代佛教界欲得見性之四衆弟子。全書四百頁，售價300元，已於2019年12月31日發行。

**我的菩提路第六輯**：劉惠莉老師等人著，本輯中舉示劉老師明心多年以後的眼見佛性實錄，供末法時代學人了知明心之異於見性本質，足可證明《大般涅槃經》中世尊開示眼見佛性之法正眞無訛。亦列舉多篇學人從各道場來到正覺學法之不同過程，以及如何發覺邪見之異於正法的所在，最後終能在正覺禪三中悟入的實況，以證明佛教正法仍在末法時代的人間繼續弘揚的事實，鼓舞一切眞實學法的菩薩大衆思之：我等諸人亦可有因緣證悟，絕非空想白思。約四百頁，售價300元，已於2020年6月30日發行。

**我的菩提路第七輯**：余正偉老師等人著，本輯中舉示余老師明心二十餘年以後的眼見佛性實錄，供末法時代學人了知明心異於見性之本質，並且舉示其見性後與平實導師互相討論眼見佛性之諸多疑訛處；除了證明《大般涅槃經》中世尊開示眼見佛性之法正眞無訛以外，亦得一解明心後尚未見性者之所未知處，甚爲精彩。此外亦列舉多篇學人從各不同宗教進入正覺學法之不同過程，以及發覺諸方道場邪見之內容與過程，最終得於正覺精進禪三中悟入的實況，足供末法精進學人借鑑，以彼鑑己而生信心，得以投入了義正法中修學及實證。凡此，皆足以證明不唯明心所證之第七住位般若智慧及解脫功德仍可實證，乃至第十住位的實證與當場發起如幻觀之實證，於末法時代的今天皆仍有可能。本書約四百頁，售價300元。

**鈍鳥與靈龜**：鈍鳥及靈龜二物，被宗門證悟者說爲二種人：前者是精修禪定而無智慧者，也是以定爲禪的愚癡禪人；後者是或有禪定、或無禪定的宗門證悟者，凡已證悟者皆是靈龜。但後者被人虛造事實，用以嘲笑大慧宗杲禪師，說他雖是靈龜，卻不免被天童禪師預記「患背」痛苦而亡：「鈍鳥離巢易，靈龜脫殼難。」藉以貶低大慧宗杲的證量。同時將天童禪師實證如來藏的證量，曲解爲意識境界的離念靈知。自從大慧禪師入滅以後，錯悟凡夫對他的不實毀謗就一直存在著，不曾止息，並且捏造的假事實也隨著年月的增加而越來越多，終至編成「鈍鳥與靈龜」的假公案、假故事。本書是考證大慧與天童之間的不朽情誼，顯現這件假公案的虛妄不實；更見大慧宗杲面對惡勢力時的正直不阿，亦顯示大慧對天童禪師的至情深義，將使後人對大慧宗杲的誣謗至此而止，不再有人誤犯毀謗賢聖的惡業。書中亦舉證宗門的所悟確以第八識如來藏爲標的，詳讀之後必可改正以前被錯悟大師誤導的參禪知見，日後必定有助於實證禪宗的開悟境界，得階大乘眞見道位中，即是實證般若之賢聖。全書459頁，售價350元。

**維摩詰經講記**：本經係　世尊在世時，由等覺菩薩維摩詰居士藉疾病而演說之大乘菩提無上妙義，所說函蓋甚廣，然極簡略，是故今時諸方大師與學人讀之悉皆錯解，何況能知其中隱含之深妙正義，是故普遍無法爲人解說；若強爲人說，則成依文解義而有諸多過失。今由平實導師公開宣講之後，詳實解釋其中密意，令維摩詰菩薩所說大乘不可思議解脫之深妙正法得以正確宣流於人間，利益當代學人及與諸方大師。書中詳實演述大乘佛法深妙不共二乘之智慧境界，顯示諸法之中絕待之實相境界，建立大乘菩薩妙道於永遠不敗不壞之地，以此成就護法偉功，欲冀永利娑婆人天。已經宣講圓滿整理成書流通，以利諸方大師及諸學人。全書共六輯，每輯三百餘頁，售價各250元。

**真假外道**：本書具體舉證佛門中的常見外道知見實例，並加以教證及理證上的辨正，幫助讀者輕鬆而快速的了知常見外道的錯誤知見，進而遠離佛門內外的常見外道知見，因此即能改正修學方向而快速實證佛法。游正光老師著 。成本價200元。

**勝鬘經講記**：如來藏爲三乘菩提之所依，若離如來藏心體及其含藏之一切種子，即無三界有情及一切世間法，亦無二乘菩提緣起性空之出世間法；本經詳說無始無明、一念無明皆依如來藏而有之正理，藉著詳解煩惱障與所知障間之關係，令學人深入了知二乘菩提與佛菩提相異之妙理；聞後即可了知佛菩提之特勝處及三乘修道之方向與原理，邁向攝受正法而速成佛道的境界中。平實導師講述，共六輯，每輯三百餘頁，售價各250元。

**楞嚴經講記**：楞嚴經係大乘祕密教之重要經典，亦是佛教中普受重視之經典；經中宣說明心與見性之內涵極爲詳細，將一切法都會歸如來藏及佛性—妙眞如性；亦闡釋五陰區宇及五陰盡的境界，作諸地菩薩自我檢驗證量之依據，旁及佛菩提道修學過程中之種種魔境，以及外道誤會涅槃之狀況，亦兼述明三界世間之起源，具足宣示大乘菩提之奧祕。然因言句深澀難解，法義亦復深妙寬廣，學人讀之普難通達，是故讀者大多誤會，不能如實理解佛所說之明心與見性內涵，亦因是故多有悟錯之人引爲開悟之證言，成就大妄語罪。今由平實導師詳細講解之後，整理成文，以易讀易懂之語體文刊行天下，以利學人。全書十五輯，全部出版完畢。每輯三百餘頁，售價每輯300元。

**明心與眼見佛性**：本書細述明心與眼見佛性之異同，同時顯示了中國禪宗破初參明心與重關眼見佛性二關之間的關聯；書中又藉法義辨正而旁述其他許多勝妙法義，讀後必能遠離佛門長久以來積非成是的錯誤知見，令讀者在佛法的實證上有極大助益。也藉慧廣法師的謬論來教導佛門學人回歸正知正見，遠離古今禪門錯悟者所墮的意識境界，非唯有助於斷我見，也對未來的開悟明心實證第八識如來藏有所助益，是故學禪者都應細讀之。　游正光老師著　　共448頁　售價300元。

**菩薩底憂鬱CD**：將菩薩情懷及禪宗公案寫成新詞，並製作成超越意境的優美歌曲。　1.主題曲〈菩薩底憂鬱〉，描述地後菩薩能離三界生死而迴向繼續生在人間，但因尚未斷盡習氣種子而有極深沈之憂鬱，非三賢位菩薩及二乘聖者所知，此憂鬱在七地滿心位方才斷盡；本曲之詞中所說義理極深，昔來所未曾見；此曲係以優美的情歌風格寫詞及作曲，聞者得以激發嚮往諸地菩薩境界之大心，詞、曲都非常優美，難得一見；其中勝妙義理之解說，已印在附贈之彩色小冊中。2.以各輯公案拈提中直示禪門入處之頌文，作成各種不同曲風之超意境歌曲，值得玩味、參究；聆聽公案拈提之優美歌曲時，請同時閱讀內附之印刷精美說明小冊，可以領會超越三界的證悟境界；未悟者可以因此引發求悟之意向及疑情，眞發菩提心而邁向求悟之途，乃至因此眞實悟入般若，成眞菩薩。3.正覺總持咒新曲，總持佛法大意；總持咒之義理，已加以解說並印在隨附之小冊中。本CD共有十首歌曲，長達63分鐘，附贈二張購書優惠券。每片320元。

**金剛經宗通：**三界唯心，萬法唯識，是成佛之修證內容，是諸地菩薩之所修；般若則是成佛之道（實證三界唯心、萬法唯識）的入門，若未證悟實相般若，即無成佛之可能，必將永在外門廣行菩薩六度，永在凡夫位中。然而實相般若的發起，全賴實證萬法的實相；若欲證知萬法的眞相，則必須探究萬法之所從來，則須實證自心如來—金剛心如來藏，然後現觀這個金剛心的金剛性、眞實性、如如性、清淨性、涅槃性、能生萬法的自性性、本住性，名爲證眞如；進而現觀三界六道唯是此金剛心所成，人間萬法須藉八識心王和合運作方能現起。如是實證《華嚴經》的「三界唯心、萬法唯識」以後，由此等現觀而發起實相般若智慧，繼續進修第十住位的如幻觀、第十行位的陽焰觀、第十迴向位的如夢觀，再生起增上意樂而勇發十無盡願，方能滿足三賢位的實證，轉入初地；自知成佛之道而無偏倚，從此按部就班、次第進修乃至成佛。第八識自心如來是般若智慧之所依，般若智慧的修證則要從實證金剛心自心如來開始；《金剛經》則是解說自心如來之經典，是一切三賢位菩薩所應進修之實相般若經典。這一套書，是將平實導師宣講的《金剛經宗通》內容，整理成文字而流通之；書中所說義理，迥異古今諸家依文解義之說，指出大乘見道方向與理路，有益於禪宗學人求開悟見道，及轉入內門廣修六度萬行。已於2013年9月出版完畢，總共9輯，每輯約三百餘頁，售價各250元。

**禪意無限CD：**平實導師以公案拈提書中偈頌寫成不同風格曲子，與他人所寫不同風格曲子共同錄製出版，幫助參禪人進入禪門超越意識之境界。盒中附贈彩色印製的精美解說小冊，以供聆聽時閱讀，令參禪人得以發起參禪之疑情，即有機會證悟本來面目，實證大乘菩提般若。本CD共有十首歌曲，長達69分鐘，每盒各附贈二張購書優惠券。每片320元。

**霧峰無霧—給哥哥的信**　本書作者藉兄弟之間信件往來論義，略述佛法大義；並以多篇短文辨義，舉出釋印順對佛法的無量誤解證據，並一一給予簡單而清晰的辨正，令人一讀即知。久讀、多讀之後即能認清楚釋印順的六識論見解，與眞實佛法之牴觸是多麼嚴重；於是在久讀、多讀之後，於不知不覺之間提升了對佛法的極深入理解，正知正見就在不知不覺間建立起來了。當三乘佛法的正知見建立起來之後，對於三乘菩提的見道條件便將隨之具足，於是聲聞解脫道的見道也就水到渠成；接著大乘見道的因緣也將次第成熟，未來自然也會有親見大乘菩提之道的因緣，悟入大乘實相般若也將自然成功，自能通達般若系列諸經而成實義菩薩。作者居住於南投縣霧峰鄉，自喻見道之後不復再見霧峰之霧，故鄉原野美景一一明見，於是立此書名爲《霧峰無霧》；讀者若欲撥霧見月，可以此書爲緣。游宗明　老師著　已於2015年出版　售價250元。

**霧峰無霧—第二輯—救護佛子向正道**　本書作者藉釋印順著作中之各種錯謬法義提出辨正，以詳實的文義一一提出理論上及實證上之解析，列舉釋印順對佛法的無量誤解證據，藉此教導佛門大師與學人釐清佛法義理，遠離岐途轉入正道，然後知所進修，久之便能見道明心而入大乘勝義僧數。被釋印順誤導的大師與學人極多，很難救轉，是故作者大發悲心深入解說其錯謬之所在，佐以各種義理辨正而令讀者在不知不覺之間轉歸正道。如是久讀之後欲得斷身見、證初果，即不爲難事；乃至久之亦得大乘見道而得證眞如，脫離空有二邊而住中道，實相般若智慧生起，於佛法不再茫然，漸漸亦知悟後進修之道。屆此之時，對於大乘般若等深妙法之迷雲暗霧亦將一掃而空，生命及宇宙萬物之故鄉原野美景一一明見，是故本書仍名《霧峰無霧》，爲第二輯；讀者若欲撥雲見日、離霧見月，可以此書爲緣。游宗明　老師著　已於2019年出版　售價250元。

**假藏傳佛教的神話—性、謊言、喇嘛教**：本書編著者是由一首名爲「阿姊鼓」的歌曲爲緣起，展開了序幕，揭開假藏傳佛教—喇嘛教—的神秘面紗。其重點是蒐集、摘錄網路上質疑「喇嘛教」的帖子，以揭穿「假藏傳佛教的神話」爲主題，串聯成書，並附加彩色插圖以及說明，讓讀者們瞭解西藏密宗及相關人事如何被操作爲「神話」的過程，以及神話背後的眞相。作者：張正玄教授。售價200元。

**達賴真面目—玩盡天下女人**：假使您不想戴綠帽子，請記得詳細閱讀此書；假使您不想讓好朋友戴綠帽子，請您將此書介紹給您的好朋友。假使您想保護家中的女性，也想要保護好朋友的女眷，請記得將此書送給家中的女性和好友的女眷都來閱讀。本書爲印刷精美的大本彩色中英對照精裝本，爲您揭開達賴喇嘛的眞面目，內容精彩不容錯過，爲利益社會大衆，特別以優惠價格嘉惠所有讀者。編著者：白志偉等。大開版雪銅紙彩色精裝本。售價800元。

**童女迦葉考—論呂凱文〈佛教輪迴思想的論述分析〉之謬**：童女迦葉是佛世率領五百大比丘遊行於人間的歷史事實，是以童貞行而依止菩薩戒弘化於人間的大菩薩，不依別解脫戒（聲聞戒）來弘化於人間。這是大乘佛教與聲聞佛教同時存在於佛世的歷史明證，證明大乘佛教不是從聲聞法中分裂出來的部派佛教的產物，卻是聲聞佛教分裂出來的部派佛教聲聞凡夫僧所不樂見的史實；於是古今聲聞法中的凡夫都欲加以扭曲而作詭說，更是末法時代高聲大呼「大乘非佛說」的六識論聲聞凡夫極力想要扭曲的佛教史實之一，於是想方設法扭曲迦葉菩薩爲聲聞僧，以及扭曲迦葉童女爲比丘僧等荒謬不實之論著便陸續出現，古時聲聞僧寫作的《分別功德論》是最具體之事例，現代之代表作則是呂凱文先生的〈佛教輪迴思想的論述分析〉論文。鑑於如是假藉學術考證以籠罩大衆之不實謬論，未來仍將繼續造作及流竄於佛教界，繼續扼殺大乘佛教學人法身慧命，必須舉證辨正之，遂成此書。平實導師 著，每冊180元。

**末代達賴—性交教主的悲歌**：簡介從藏傳僞佛教（喇嘛教）的修行核心—性力派男女雙修，探討達賴喇嘛及藏傳僞佛教的修行內涵。書中引用外國知名學者著作、世界各地新聞報導，包含：歷代達賴喇嘛的祕史、達賴六世修雙身法的事蹟，以及《時輪續》中的性交灌頂儀式……等；達賴喇嘛書中開示的雙修法、達賴喇嘛的黑暗政治手段；達賴喇嘛所領導的寺院爆發喇嘛性侵兒童；新聞報導《西藏生死書》作者索甲仁波切性侵女信徒、澳洲喇嘛秋達公開道歉、美國最大假藏傳佛教組織領導人邱陽創巴仁波切的性氾濫，等等事件背後眞相的揭露。作者：張善思、呂艾倫、辛燕。售價250元。

**黯淡的達賴—失去光彩的諾貝爾和平獎**：本書舉出很多證據與論述，詳述達賴喇嘛不為世人所知的一面，顯示達賴喇嘛並不是眞正的和平使者，而是假借諾貝爾和平獎的光環來欺騙世人；透過本書的說明與舉證，讀者可以更清楚的瞭解，達賴喇嘛是結合暴力、黑暗、淫欲於喇嘛教裡的集團首領，其政治行為與宗教主張，早已讓諾貝爾和平獎的光環染污了。　本書由財團法人正覺教育基金會寫作、編輯，由正覺出版社印行，每冊250元。

**第七意識與第八意識？—穿越時空「超意識」**：「三界唯心，萬法唯識」是佛教中應該實證的聖教，也是《華嚴經》中明載而可以實證的法界實相。唯心者，三界一切境界、一切諸法唯是一心所成就，即是每一個有情的第八識如來藏，不是意識心。唯識者，即是人類各各都具足的八識心王——眼識、耳鼻舌身意識、意根、阿賴耶識，第八阿賴耶識又名如來藏，人類五陰相應的萬法，莫不由八識心王共同運作而成就，故說萬法唯識。依聖教量及現量、比量，都可以證明意識是二法因緣生，是由第八識藉意根與法塵二法為因緣而出生，又是夜夜斷滅不存之生滅心，即無可能反過來出生第七識意根、第八識如來藏，當知不可能從生滅性的意識心中，細分出恆審思量的第七識意根，更無可能細分出恆而不審的第八識如來藏。本書是將演講內容整理成文字，細說如是內容，並已在〈正覺電子報〉連載完畢，今彙集成書以廣流通，欲幫助佛門有緣人斷除意識我見，跳脫於識陰之外而取證聲聞初果；嗣後修學禪宗時即得不墮外道神我之中，得以求證第八識金剛心而發起般若實智。平實導師 述，每冊300元。

**中觀金鑑——詳述應成派中觀的起源與其破法本質：**學佛人往往迷於中觀學派之不同學說，被應成派與自續派所迷惑；修學般若中觀二十年後自以爲實證般若中觀了，卻仍不曾入門，甫聞實證般若中觀者之所說，則茫無所知，迷惑不解；隨後信心盡失，不知如何實證佛法；凡此，皆因惑於這二派中觀學說所致。自續派中觀所說同於常見，以意識境界立爲第八識如來藏之境界，應成派所說則同於斷見，但又同立意識爲常住法，故亦具足斷常二見。今者孫正德老師有鑑於此，乃將起源於密宗的應成派中觀學說，追本溯源，詳考其來源之外，亦一一舉證其立論內容，詳加辨正，令密宗雙身法祖師以識陰境界而造之應成派中觀學說本質，詳細呈現於學人眼前，令其維護雙身法之目的無所遁形。若欲遠離密宗此二大派中觀謬說，欲於三乘菩提有所進道者，允宜具足閱讀並細加思惟，反覆讀之以後將可捨棄邪道返歸正道，則於般若之實證即有可能，證後自能現觀如來藏之中道境界而成就中觀。本書分上、中、下三冊，每冊250元，全部出版完畢。

**人間佛教——實證者必定不悖三乘菩提：**「大乘非佛說」的講法似乎流傳已久，卻只是日本人企圖擺脫中國正統佛教的影響，而在明治維新時期才開始提出來的說法；台灣佛教、大陸佛教的淺學無智之人，由於未曾實證佛法而迷信日本人錯誤的學術考證，錯認爲這些別有用心的日本佛學考證的講法爲天竺佛教的眞實歷史；甚至還有更激進的反對佛教者提出「釋迦牟尼佛並非眞實存在，只是後人捏造的假歷史人物」，竟然也有少數佛教徒願意跟著「學術」的假光環而信受不疑，亦導致部分台灣佛教界人士，造作了反對中國大乘佛教而推崇南洋小乘佛教的行爲，使台灣佛教的信仰者難以檢擇，亦導致一般大陸人士開始轉入基督教的盲目迷信中。在這些佛教及外教人士之中，也就有一分人根據此邪說而大聲主張「大乘非佛說」的謬論，這些人以「人間佛教」的名義來抵制中國正統佛教，公然宣稱中國的大乘佛教是由聲聞部派佛教的凡夫僧所創造出來的。這樣的說法流傳於台灣及大陸佛教界凡夫僧之中已久，卻非眞正的佛教歷史中曾經發生過的事，只是繼承六識論的聲聞法中凡夫僧，以及別有居心的日本佛教界，依自己的意識境界立場，純憑臆想而編造出來的妄想說法，卻已經影響許多無智之凡夫僧俗信受不移。本書則是從佛教的經藏法義實質及實證的現量內涵本質立論，證明大乘佛法本是佛說，是從《阿含正義》尚未說過的不同面向來討論「人間佛教」的議題，證明「大乘眞佛說」。閱讀本書可以斷除六識論邪見，迴入三乘菩提正道發起實證的因緣；也能斷除禪宗學人學禪時普遍存在之錯誤知見，對於建立參禪時的正知見有很深的著墨。平實導師 述，內文488頁，全書528頁，定價400元。

**喇嘛性世界—揭開假藏傳佛教譚崔瑜伽的面紗**：這個世界中的喇嘛，號稱來自世外桃源的香格里拉，穿著或紅或黃的喇嘛長袍，散布於我們的身邊傳教灌頂，吸引了無數的人嚮往學習；這些喇嘛虔誠地爲大衆祈福，手中拿著寶杵（金剛）與寶鈴（蓮花），口中唸著咒語：「唵．嘛呢．叭咪．吽……」，咒語的意思是說：「我至誠歸命金剛杵上的寶珠伸向蓮花寶穴之中」！「喇嘛性世界」是什麼樣的「世界」呢？本書將爲您呈現喇嘛世界的面貌。當您發現眞相以後，您將會唸：「噢！喇嘛．性．世界，譚崔性交嘛！」作者：張善思、呂艾倫。售價200元。

**見性與看話頭**：黃正倖老師的《見性與看話頭》於《正覺電子報》連載完畢，今結集出版。書中詳說禪宗看話頭的詳細方法，並細說看話頭與眼見佛性的關係，以及眼見佛性者求見佛性前必須具備的條件。本書是禪宗實修者追求明心開悟時參禪的方法書，也是求見佛性者作功夫時必讀的方法書，內容兼顧眼見佛性的理論與實修之方法，是依實修之體驗配合理論而詳述，條理分明而且極爲詳實、周全、深入。本書內文375頁，全書416頁，售價300元。

**實相經宗通**：學佛之目的在於實證一切法界背後之實相，禪宗稱之爲本來面目或本地風光，佛菩提道中稱之爲實相法界；此實相法界即是金剛藏，又名佛法之祕密藏，即是能生有情五陰、十八界及宇宙萬有（山河大地、諸天、三惡道世間）的第八識如來藏，又名阿賴耶識心，即是禪宗祖師所說的眞如心，此心即是三界萬有背後的實相。證得此第八識心時，自能瞭解般若諸經中隱說的種種密意，即得發起實相般若——實相智慧。每見學佛人修學佛法二十年後仍對實相般若茫然無知，亦不知如何入門，茫無所趣；更因不知三乘菩提的互異互同，是故越是久學者對佛法越覺茫然，都肇因於尚未瞭解佛法的全貌，亦未瞭解佛法的修證內容即是第八識心所致。本書對於修學佛法者所應實證的實相境界提出明確解析，並提示趣入佛菩提道的入手處，有心親證實相般若的佛法實修者，宜詳讀之，於佛菩提道之實證即有下手處。平實導師述著，共八輯，已於2016年出版完畢，每輯成本價250元。

**真心告訴您(一)——達賴喇嘛在幹什麼？**這是一本報導篇章的選集，更是「破邪顯正」的暮鼓晨鐘。「破邪」是戳破假象，說明達賴喇嘛及其所率領的密宗四大派法王、喇嘛們，弘傳的佛法是仿冒的佛法；他們是假藏傳佛教，是坦特羅(譚崔性交)外道法和藏地崇奉鬼神的苯教混合成的「喇嘛教」，推廣的是以所謂「無上瑜伽」的男女雙身法冒充佛法的假佛教，詐財騙色誤導眾生，常常造成信徒家庭破碎、家中兒少失怙的嚴重後果。「顯正」是揭櫫眞相，指出眞正的藏傳佛教只有一個，就是覺囊巴，傳的是 釋迦牟尼佛演繹的第八識如來藏妙法，稱爲他空見大中觀。正覺教育基金會即以此古今輝映的如來藏正法正知見，在眞心新聞網中逐次報導出來，將箇中原委「眞心告訴您」，如今結集成書，與想要知道密宗眞相的您分享。售價250元。

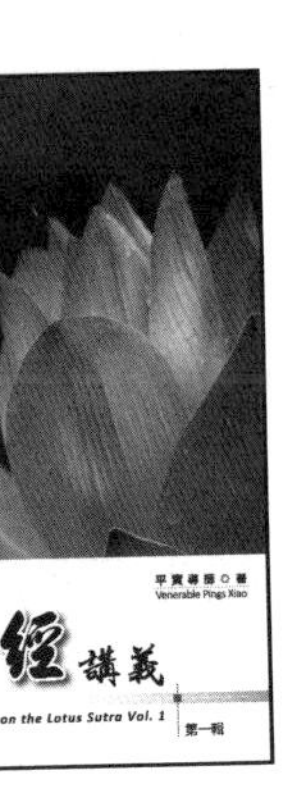


**法華經講義：**此書爲平實導師始從2009/7/21演述至2014/1/14之講經錄音整理所成。世尊一代時教，總分五時三教，即是華嚴時、聲聞緣覺教、般若教、種智唯識教、法華時；依此五時三教區分爲藏、通、別、圓四教。本經是最後一時的圓教經典，圓滿收攝一切法教於本經中，是故最後的圓教聖訓中，特地指出無有三乘菩提，其實唯有一佛乘；皆因眾生愚迷故，方便區分爲三乘菩提以助眾生證道。世尊於此經中特地說明如來示現於人間的唯一大事因緣，便是爲有緣眾生「開、示、悟、入」諸佛的所知所見——第八識如來藏妙眞如心，並於諸品中隱說「妙法蓮花」如來藏心的密意。然因此經所說甚深難解，眞義隱晦，古來難得有人能窺堂奧；平實導師以知如是密意故，特爲末法佛門四眾演述《妙法蓮華經》中各品蘊含之密意，使古來未曾被古德註解出來的「此經」密意，如實顯示於當代學人眼前。乃至〈藥王菩薩本事品〉、〈妙音菩薩品〉、〈觀世音菩薩普門品〉、〈普賢菩薩勸發品〉中的微細密意，亦皆一併詳述之，可謂開前人所未曾言之密意，示前人所未見之妙法。最後乃至以〈法華大義〉而總其成，全經妙旨貫通始終，而依佛旨圓攝於一心如來藏妙心，厥爲曠古未有之大說也。平實導師述，共有25輯，已於2019/05/31出版完畢。每輯300元。

**西藏「活佛轉世」制度—附佛、造神、世俗法：**歷來關於喇嘛教活佛轉世的研究，多針對歷史及文化兩部分，於其所以成立的理論基礎，較少系統化的探討。尤其是此制度是否依據「佛法」而施設？是否合乎佛法眞實義？現有的文獻大多含糊其詞，或人云亦云，不曾有明確的闡釋與如實的見解。因此本文先從活佛轉世的由來，探索此制度的起源、背景與功能，並進而從活佛的尋訪與認證之過程，發掘活佛轉世的特徵，以確認「活佛轉世」在佛法中應具足何種果德。定價150元。

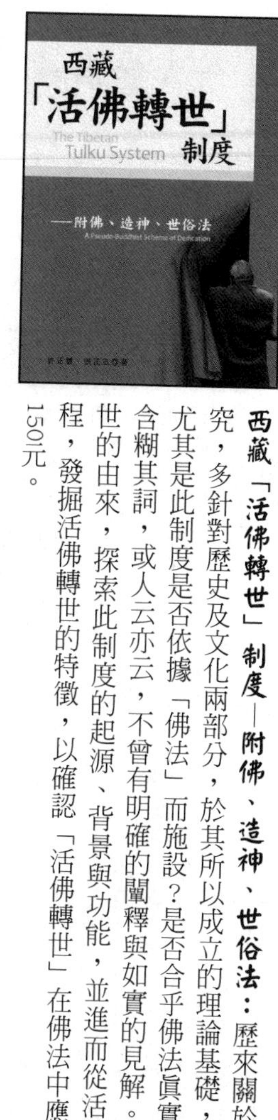


**真心告訴您(二)—達賴喇嘛是佛教僧侶嗎？補祝達賴喇嘛八十大壽：**這是一本針對當今達賴喇嘛所領導的喇嘛教，冒用佛教名相、於師徒間或師兄姊間，實修男女邪淫，而從佛法三乘菩提的現量與聖教量，揭發其謊言與邪術，證明達賴及其喇嘛教是仿冒佛教的外道，是「假藏傳佛教」。藏密四大派教義雖有「八識論」與「六識論」的表面差異，然其實修之內容，皆共許「無上瑜伽」四部灌頂爲究竟「成佛」之法門，也就是共以男女雙修之邪淫法爲「即身成佛」之密要，雖美其名曰「欲貪爲道」之「金剛乘」，並誇稱其成就超越於（應身佛）釋迦牟尼佛所傳之顯教般若乘之上；然詳考其理論，則或以意識離念時之粗細心爲第八識如來藏，或以中脈裡的明點爲第八識如來藏，或如宗喀巴與達賴堅決主張第六意識爲常恆不變之眞心者，分別墮於外道之常見與斷見中；全然違背 佛說能生五蘊之如來藏的實質。售價300元。

**涅槃——解說四種涅槃之實證及內涵**：眞正學佛之人，首要即是見道，由見道故方有涅槃之實證，證涅槃者方能出生死，但涅槃有四種：二乘聖者的有餘涅槃、無餘涅槃，以及大乘聖者的本來自性清淨涅槃、佛地的無住處涅槃。大乘聖者實證本來自性清淨涅槃，入地前再取證二乘涅槃，然後起惑潤生捨離二乘涅槃，繼續進修而在七地心前斷盡三界愛之習氣種子，依七地無生法忍之具足而證得念念入滅盡定；八地後進斷異熟生死，直至妙覺地下生人間成佛，具足四種涅槃，方是眞正成佛。此理古來少人言，以致誤會涅槃正理者比比皆是，今於此書中廣說四種涅槃、如何實證之理、實證前應有之條件，實屬本世紀佛教界極重要之著作，令人對涅槃有正確無訛之認識，然後可以依之實行而得實證。本書共有上下二冊，每冊各四百餘頁，對涅槃詳加解說，每冊各350元。

**佛藏經講義**：本經說明爲何佛菩提難以實證之原因，都因往昔無數阿僧祇劫前的邪見，引生此世求證時之業障而難以實證。即以諸法實相詳細解說，繼之以念佛品、念法品、念僧品，說明諸佛與法之實質；然後以淨戒品之說明，期待佛弟子四眾堅持清淨戒而轉化心性，並以往古品的實例說明歷代學佛人在實證上的業障由來，教導四眾務必滅除邪見轉入正見中，不再造作謗法及謗賢聖之大惡業，以免未來世尋求實證之時被業障所障；然後以了戒品的說明和囑累品的付囑，期望末法時代的佛門四眾弟子皆能清淨知見而得以實證。平實導師於此經中有極深入的解說，總共21輯，已於2022/11/30出版完畢，每輯三百餘頁，售價300元。

**大法鼓經講義**：本經解說佛法的總成：法、非法。由開解法、非法二義，說明了義佛法與世間戲論法的差異，指出佛法實證之標的即是法——第八識如來藏；並顯示實證後的智慧，如實擊大法鼓、演深妙法，演說如來祕密教法，非二乘定性及諸凡夫所能得聞，唯有具足菩薩性者方能得聞。正聞之後即得依於 世尊大願而拔除邪見，入於正法而得實證；深解不了義經之方便說，亦能實解了義經所說之眞實義，得以證法——如來藏，而得發起根本無分別智，乃至進修而發起後得無分別智；並堅持布施及受持清淨戒而轉化心性，得以現觀眞我眞法如來藏之各種層面。此爲第一義諦聖教，並授記末法最後餘八十年時，一切世間樂見離車童子以七地證量而示現爲凡夫身，將繼續護持此經所說正法。平實導師於此經中有極深入的解說，總共六輯，已於2023/11/30出版完畢，每輯三百餘頁，售價每輯300元。

**成唯識論釋**：本論係大唐玄奘菩薩揉合當時天竺十大論師的說法加以辨正而著成，攝盡佛門證悟菩薩及部派佛教聲聞凡夫論師對佛法的論述，並函蓋當時天竺諸大外道對生命實相的錯誤論述加以辨正，是由玄奘大師依據無生法忍證量加以評論確定而成為此論。平實導師弘法初期即已依於證量略講過一次，歷時大約四年，當時正覺同修會規模尚小，聞法成員亦多尚未證悟，是故並未整理成書；如今正覺同修會中的證悟同修已超過六百人，鑑於此論在護持正法、實證佛法及悟後進修上的重要性，已於2022年初重講，並已經預先註釋完畢編輯成書，名為《成唯識論釋》，總共十輯，每輯目次41頁、序文7頁、每輯內文多達四百餘頁，並將原本13級字縮小為12級字編排，以增加其內容；於增上班宣講時的內容將會更詳細於書中所說，涉及佛法密意的詳細內容只於增上班中宣講，於書中皆依佛誡隱覆密意而說，然已足夠所有學人藉此一窺佛法堂奧而進入正道、免入岐途。重新判教後編成的〈目次〉已經詳盡判定論中諸段句義，用供學人參考；是故讀者閱完此論之釋，即可深解成佛之道的正確內涵。本書總共十輯，預定每一輯內容講述完畢時即予出版，第一輯於2023年五月底出版，然後每七至十個月出版下一輯，每輯定價400元。

**不退轉法輪經講義**：世尊弘法有五時三教之別，分為藏、通、別、圓四教之理，本經是大乘般若期前的通教經典，所說之大乘般若正理與所證解脫果，通於二乘解脫道，佛法智慧則通大乘般若，皆屬大乘般若與解脫甚深之理，故其所證解脫果位通於二乘法教；而其中所說第八識無分別法之正理，即是世尊降生人間的唯一大事因緣。如是第八識能仁而且寂靜，恆順眾生於生死之中從無乖違，識體中所藏之本來無漏性的有為法以及真如涅槃境界，皆能助益學人最後成就佛道；此謂釋迦意為能仁，牟尼意為寂靜，此第八識即名釋迦牟尼，釋迦牟尼即是能仁寂靜的第八識真如；若有人聽聞如是第八識常住、如來不滅之正理，信受奉行之人皆有大乘實證之因緣，永得不退於成佛之道，是故聽聞釋迦牟尼名號而解其義者，皆得不退轉於無上正等正覺，未來世中必有實證之因緣。如是深妙經典，已由平實導師詳述圓滿並整理成書，於2024/01/30開始，每二個月發行一輯，總共十輯，每輯300元。

**中論正義**：本書是依龍樹菩薩之《中論》詳解而成，《中論》是依第八識眞如心常處中道的自性而作論議，亦是依此眞如心與所生諸法之間的非一非異、非俱非不俱等中道自性而作論議；然而自從 佛入滅後四百餘年的部派佛教開始廣弘之時起，本論已被部派佛教諸聲聞凡夫僧以意識的臆想思惟而作思想層面之解釋，此後的中論宗都以如是錯誤的解釋廣傳天下，**積非成是**以後便成爲現在佛教界的應成派中觀與自續派中觀的六識論思想，成爲邪見而荼毒廣大學人，幾至全面荼毒之局面。今作者孫正德老師以其所證第八識眞如的中道性現觀，欲救末法大師與學人所墮之意識境界中道邪觀，造作此部《中論正義》，詳解《中論》之正理，欲令廣大學人皆得轉入正見中修學，而後可有實證之機緣成爲實義菩薩，眞可謂悲心深重也。本書分爲上下兩冊，下冊將於上冊出版後兩個月再行出版，每冊售價300元。

**誰是師子身中蟲**：本書是平實導師歷年來於會員大會中，闡述佛教界的**師子身中蟲**的開示文，今已全部整理成文字並結集成書，昭告佛教界所有大師與學人，欲普令佛教界所有人都能遠離師子身中蟲，使正法得以廣傳而助益更多佛弟子四眾得以遠離師子身中蟲等人所說之邪見，迴心於如來所說的八識論大乘法教，則大眾實證第八識眞如，實相般若智慧的生起即有可望，亦令天界大得利益。今已出版，每冊110元。

**解深密經講義**：本經是所有尋求大乘見道及悟後欲入地者所應詳讀串習的三經之一，即是《楞伽經》、《解深密經》、《楞嚴經》三經中的一經，亦可作爲見道眞假的自我印證依據。此經是 世尊晚年第三轉法輪時，宣說地上菩薩所應熏修之無生法忍唯識正義經典；經中總說眞見道位所見的智慧總相，兼及相見道位所應熏修的七眞如等法；亦開示入地應修之十地眞如等義理，乃是大乘一切種智增上慧學，以阿陀那識—如來藏—阿賴耶識爲成佛之道的主體。禪宗之證悟者，若欲修證初地無生法忍乃至八地無生法忍者，必須修學《楞伽經、解深密經、楞嚴經》所說之八識心王一切種智。此三經所說正法，方是眞正成佛之道；印順法師否定第八識如來藏之後所說萬法緣起性空之法，墮於六識論中而著作的《成佛之道》，乃宗本於密宗宗喀巴六識論邪思而寫成的邪見，是以誤會後之二乘解脫道取代大乘眞正成佛之道，承襲自古天竺部派佛教聲聞凡夫論師的邪見，尙且不符二乘解脫道正理，亦已墮於斷滅見及常見中，所說全屬臆想所得的外道見，不符本經、諸經中佛所說的正義。平實導師曾於本會郭故理事長往生時，於喪宅中從**首七**開始宣講此經，於每一七起各宣講三小時，至**十七**而快速略講圓滿，作爲郭老之往生後的佛事功德，迴向郭老早證八地、速返娑婆住持正法。茲爲今時後世學人故，已經開始重講《解深密經》，以淺顯之語句講畢後，將會整理成文並梓行流通，用供證悟者進道；亦令諸方未悟者，據此經中佛語正義修正邪見，依之速能入道。平實導師述著，全書輯數未定，每輯三百餘頁，預定於《不退轉法輪經講義》發行圓滿之後逐輯陸續出版。

**菩薩瓔珞本業經講義**：本經是律部經典，依之修行可免誤犯大妄語業。成佛之道總共有五十二階位，前十階位爲十信位，是對佛法僧三寶修學正確的信心，如實理解三寶的實質都是依第八識如來藏而成就的；然後轉入四十二個位階修學，才是正式修學佛道，即是十住、十行、十迴向、十地、等覺、妙覺，分別名爲習種性、性種性、道種性、聖種性、等覺性、妙覺性，所應修習完成的是銅寶瓔珞、銀寶瓔珞、金寶瓔珞、琉璃寶瓔珞、摩尼寶瓔珞、水精瓔珞，依於如是所應修學的內容及階位而實修，方是眞正的成佛之道。此經中亦對大乘菩提的見道提出了判位，名爲「第六般若波羅蜜正觀現在前」，說明正觀現時應該如何方能成爲眞見道菩薩，否則皆必退轉。平實導師述著，全書輯數未定，每輯三百餘頁，預定於《解深密經講義》出版發行圓滿之後逐輯陸續出版。

**修習止觀坐禪法要講記**：修學四禪八定之人，往往錯會禪定之修學知見，欲以無止盡之坐禪而證禪定境界，卻不知修除性障之行門才是修證四禪八定不可或缺之要素，故智者大師云「性障初禪」；性障不除，初禪永不現前，云何修證二禪等？又：行者學定，若唯知數息，而不解六妙門之方便善巧者，欲求一心入定，未到地定極難可得，智者大師名之爲「事障未來」：障礙未到地定之修證。又禪定之修證，不可違背二乘菩提及第一義法，否則縱使具足四禪八定，亦不能實證涅槃而出三界。此諸知見，智者大師於《修習止觀坐禪法要》中皆有闡釋。作者平實導師以其第一義之見地及禪定之實證證量，曾加以詳細解析。將俟正覺寺竣工啓用後重講，不限制聽講者資格；講後將以語體文整理出版。欲修習世間定及增上定之學者，宜細讀之。平實導師述著。

**阿含經講記—小乘解脫道之修證：**小乘解脫道之修證：數百年來，南傳佛法所說證果之不實，所說解脫道之虛妄，所弘解脫道法義之世俗化，皆已少人知之；阿含解脫道從南洋傳入台灣與大陸之後，所說法義虛謬之事，亦復少人知之；今時台灣全島印順系統之法師居士，多不知南傳佛法數百年來所說解脫道之義理已然偏斜、已然世俗化、已非眞正之二乘解脫正道，猶極力推崇與弘揚。彼等南傳佛法近代所謂之證果者皆非眞實證果者，譬如阿迦曼、葛印卡、帕奧禪師、一行禪師……等人，悉皆未斷我見故。近年更有台灣南部大願法師，高抬南傳佛法之二乘修證行門爲「捷徑究竟解脫之道」者，然而南傳佛法縱使眞修實證，得成阿羅漢，至高唯是二乘菩提解脫之道，絕非究竟解脫，無餘涅槃中之實際尚未得證故，法界之實相尚未了知故，習氣種子待除故，一切種智未實證故，焉得謂爲「究竟解脫」？即使南傳佛法近代眞有實證之阿羅漢，尚且不及三賢位中之七住明心菩薩本來自性清淨涅槃智慧境界，則不能知此賢位菩薩所證之無餘涅槃實際，仍非大乘佛法中之見道者，何況彼等普未實證聲聞果乃至未斷我見之人？謬充證果已屬逾越，更何況是誤會二乘菩提之後，以未斷我見之凡夫知見所說之二乘菩提解脫偏斜法道，焉可高抬爲「究竟解脫」？而且自稱「捷徑之道」？又妄言解脫之道即是成佛之道，完全否定般若實智、否定三乘菩提所依之如來藏心體，此理大大不通也！平實導師爲令修學二乘菩提欲證解脫果者，普得迴入二乘菩提正見、正道中，是故選錄四阿含諸經中，對於二乘解脫道法義有具足圓滿說明之經典，預定未來十年內將會加以詳細講解，令學佛人得以了知二乘解脫道之修證理路與行門，庶免被人誤導之後，未證言證，梵行未立，干犯道禁自稱阿羅漢或成佛，成大妄語，欲升反墮。本書首重斷除我見，以助行者斷除我見而實證初果爲著眼之目標，若能根據此書內容，配合平實導師所著《識蘊眞義》《阿含正義》內涵而作實地觀行，實證初果非爲難事，行者可以藉此三書自行確認聲聞初果爲實際可得現觀成就之事。此書中除依二乘經典所說加以宣示外，亦依斷除我見等之證量，及大乘法中道種智之證量，對於意識心之體性加以細述，令諸二乘學人必定得斷我見、常見，免除三縛結之繫縛。次則宣示斷除我執之理，欲令升進而得薄貪瞋痴，乃至斷五下分結…等。平實導師將擇期講述，然後整理成書。共二冊，每冊三百餘頁。每輯300元。

**總經銷： 聯合發行股份有限公司**

231 新北市新店區寶橋路 235 巷 6 弄 6 號 4F

Tel.02－2917-8022（代表號） Fax.02－2915-6275（代表號）

**零售：** 1.**全台連鎖經銷書局：**

三民書局、誠品書局、何嘉仁書店

敦煌書店、紀伊國屋、金石堂書局、建宏書局

諾貝爾圖書城、墊腳石圖書文化廣場

2.**台北市：**佛化人生 **大安區**羅斯福路 3 段 325 號 6 樓之 4 台電大樓對面

3.**新北市：**春大地書店 **蘆洲區**中正路 117 號

4.**桃園市：**御書堂 **龍潭區**中正路 123 號

5.**新竹市：**大學書局 **東區**建功路 10 號

6.**台中市：**瑞成書局 **東區**雙十路 1 段 4 之 33 號

佛教詠春書局 **南屯區**永春東路 884 號

文春書店 **霧峰區**中正路 1087 號

7.**彰化市：**心泉佛教文化中心 南瑤路 286 號

8.**高雄市：**政大書城 **前鎮區**中華五路 789 號 2 樓（高雄夢時代店）

明儀書局 **三民區**明福街 2 號

青年書局 **苓雅區**青年一路 141 號

9.**台東市：**東普佛教文物流通處 博愛路 282 號

10.**其餘鄉鎮市經銷書局：**請電詢總經銷**聯合**公司。

11.**大陸地區請洽：**

**香港：**樂文書店

銅鑼灣店 :香港銅鑼灣駱克道 506 號 2 樓

電話 ：(852) 2881 1150 email: luckwinbs@gmail.com

**廈門：**廈門外圖臺灣書店有限公司

地址：廈門市思明區湖濱南路809 號 廈門外圖書城3 樓 郵編：361004

電話：0592-5061658（臺灣地區請撥打 86-592-5061658）

E-mail：JKB118＠188.COM

12.**美國：世界日報圖書部：**紐約圖書部 電話 7187468889#6262

洛杉磯圖書部 電話 3232616972#202

13.**國內外地區網路購書：**

**正智出版社 書香園地** http://books.enlighten.org.tw/

（書籍簡介、經銷書局可直接聯結下列網路書局購書）

**三民** 網路書局 http://www.sanmin.com.tw

**誠品** 網路書局 http://www.eslitebooks.com

**博客來** 網路書局 http://www.books.com.tw

**金石堂** 網路書局 http://www.kingstone.com.tw

**聯合** 網路書局 http:// www.nh.com.tw

**附註：**1.請儘量向各經銷書局購買：郵政劃撥需要八天才能寄到（本公司在您劃撥後第四天才能接到劃撥單，次日寄出後第二天您才能收到書籍，此六天中可能會遇到週休二日，是故共需八天才能收到書籍）若想要早日收到書籍者，請劃撥完畢後，將劃撥收據貼在紙上，旁邊寫上您的姓名、住址、郵區、電話、買書詳細內容，直接傳真到本公司 02-28344822，並來電 02-28316727、28327495 確認是否已收到您的傳眞，即可提前收到書籍。 2.因台灣每月皆有五十餘種宗教類書籍上架，書局書架空間有限，故唯有新書方有機會上架，通常每次只能有一本新書上架；本公司出版新書，大多上架不久便已售出，若書局未再叫貨補充者，書架上即無新書陳列，則請直接向書局櫃台訂購。 3.若書局不便代購時，可於晚上共修時間向正覺同修會各共修處請購（共修時間及地點，詳閱**共修現況表**。每年例行年假期間請勿前往請書，年假期間請見共修現況表）。 4.郵購：郵政劃撥帳號 19068241。 5.正覺同修會會員購書都以八折計價（戶籍台北市者爲一般會員，外縣市爲護持會員）都可獲得優待，欲一次購買全部書籍者，可以考慮入會，節省書費。入會費一千元（第一年初加入時才需要繳），年費二千元。**6.尚未出版之書籍，請勿預先郵寄書款與本公司，謝謝您！** 7.若欲一次購齊本公司書籍，或同時取得正覺同修會贈閱之全部書籍者，請於正覺同修會共修時間，親到各共修處請購及索取；**台北市讀者**請洽：103 台北市承德路三段 267 號 10 樓（捷運淡水線 圓山站旁）請書時間：週一至週五爲 18.00~21.00，第一、三、五週週六爲 10.00~21.00，雙週之週六爲 10.00~18.00 請購處專線電話：25957295-分機 14（於請書時間方有人接聽）。

**敬告大陸讀者：**

大陸讀者購書、索書捷徑（尚未在大陸出版的書籍，以下二個途徑都可以購得，電子書另包括結緣書籍）：

**1.廈門外國圖書公司**：廈門市思明區湖濱南路 809 號 廈門外圖書城 3F
　郵編：361004　電話：0592-5061658　網址：http://www.xibc.com.cn/

**2.電子書**：正智出版社有限公司及正覺同修會在台灣印行的各種局版書、結緣書，已有『**正覺電子書**』陸續上線中，提供讀者於手機、平板電腦上購書、下載、閱讀正智出版社、正覺同修會及正覺教育基金會所出版之電子書，詳細訊息敬請參閱『正覺電子書』專頁：http://books.enlighten.org.tw/ebook

關於平實導師的書訊，請上網查閱：

　成佛之道　http://www.a202.idv.tw

　正智出版社 書香園地　http://books.enlighten.org.tw/

**中國網**採訪佛教正覺同修會、正覺教育基金會訊息：

http://foundation.enlighten.org.tw/newsflash/20150817_1

http://video.enlighten.org.tw/zh-CN/visit_category/visit10

★ 正智出版社有限公司售書之稅後盈餘，全部捐助財團法人正覺寺籌備處、佛教正覺同修會、正覺教育基金會，供作弘法及購建道場之用；懇請諸方大德支持，功德無量。

## ★ 聲 明 ★

本社於 2015/01/01 開始調整本目錄中部分書籍之售價，以因應各項成本的持續增加。

＊ 喇嘛教修外道雙身法、墮識陰境界，非佛教 ＊

＊ 弘揚如來藏他空見的覺囊派才是真正藏傳佛教 ＊

## 售後服務—換書啓事（免附回郵）　　2017/12/05

**《楞伽經詳解》第三輯初版免費調換新書啓事：**茲因 平實導師弘法早期尚未回復往世全部證量，有些法義接受他人的說法，寫書當時並未察覺而有二處（同一種法義）跟著誤說，如今發現已將之修正。茲爲顧及讀者權益，已開始免費調換新書；敬請所有讀者將以前所購第三輯（不論第幾刷），攜回或寄回本公司免費換新；郵寄者之回郵由本公司負擔，不需寄來郵票。因此而造成讀者閱讀、以及換書的不便，在此向所有讀者致上萬分的歉意，祈請讀者大眾見諒！

**《楞嚴經講記》第 14 輯初版首刷本免費調換新書啓事：**本講記第 14 輯出版前因 平實導師諸事繁忙，未將之重新閱讀而只改正校對時發現的錯別字，故未能發覺十年前所說法義有部分錯誤，於第 15 輯付印前重閱時才發覺第 14 輯中有部分錯誤尚未改正。今已重新審閱修改並已重印完成，煩請所有讀者將以前所購第 14 輯初版首刷本，寄回本公司免費換新（初版二刷本無錯誤），本公司將於寄回新書時同時附上您寄書來換新時的郵資，並在此向所有讀者致上最誠懇的歉意。

**《心經密意》初版書免費調換二版新書啓事：**本書係演講錄音整理成書，講時因時間所限，省略部分段落未講。後於再版時補寫增加 13 頁，維持原價流通之。茲爲顧及初版讀者權益，自 2003/9/30 開始免費調換新書，原有初版一刷、二刷書籍，皆可寄來本公司換書。

**《宗門法眼》**已經增寫改版爲 464 頁新書，2008 年 6 月中旬出版。讀者原有初版之第一刷、第二刷書本，都可以寄回本公司免費調換改版新書。改版後之公案及錯悟事例維持不變，但將內容加以增說，較改版前更具有廣度與深度，將更能助益讀者參究實相。

**換書**者**免附回郵**，亦無截止期限；舊書請寄：111 台北郵政 73-151 號信箱 或 103 台北市承德路三段 267 號 10 樓 正智出版社有限公司。舊書若有塗鴨、殘缺、破損者，仍可換取新書；但缺頁之舊書至少應仍有五分之三頁數，方可換書。所有讀者不必顧念本公司是否有盈餘之問題，都請踴躍寄來換書；本公司成立之目的不是營利，只要能眞實利益學人，即已達到成立及運作之目的。若以郵寄方式換書者，免附回郵；並於寄回新書時，由本公司附上您寄來書籍時耗用的郵資。造成您不便之處，再次致上萬分的歉意。

正智出版社有限公司 啓

## 免費換書公告

2023/7/15

**《法華經講義》第十三輯初版免費調換新書啓事**：本書因謄稿、印製等相關人員作業疏失，導致該書中的經文及內文用字將「**親近**」誤植成「清淨」。茲爲顧及讀者權益，自 2017/8/30 開始免費調換新書；敬請所有讀者將以前所購第十三輯初版首刷及二刷本，攜回或寄回本公司免費換新。

錯誤更正說明如下：

一、第 256 頁第 10 行~第 14 行：【就是先要具備「**法親近處**」、「**眾生親近處**」；法**親近**處就是在實相之法有所實證，如果在實相法上有所實證，他在二乘菩提中自然也能有所實證，以這個作爲第一個**親近**處——第一個基礎。然後還要有第二個基礎，就是瞭解應該如何善待眾生；對於眾生不要有排斥或者是貪取之心，平等觀待而攝受、親近一切有情。以這兩個**親近**處作爲基礎，來實行其他三個安樂行法。】。

二、第 268 頁第 13 行：【具足了那兩個「**親近處**」，使你能夠在末法時代，如實而圓滿的演述《法華經》時，那麼你作這個夢，它就是如理作意的，完全符合邏輯去完成這個過程，就表示你那個晚上，在那短短的一場夢中，已經度了不少眾生了。

**《大法鼓經講義》第一輯初版免費調換二版新書啓事**：本書因校對相關人員作業疏失錯失別字，導致該書中的內文 255 頁倒數 5 行有二字錯植而無發現，乃「『**智慧**』的滅除不容易」應更正爲「『**煩惱**』的滅除不容易」。茲爲顧及讀者權益，自 2023/4/1 開始免費調換新書，或請自行更正其中的錯誤之處；敬請所有讀者將以前所購第一輯初版首刷及二刷本，攜回或寄回本公司免費換新。

**《涅槃》**下冊初版一刷至六刷**免費調換新書啓事**：本書因法義上有少處疏失而重新印製，乃第 20 頁倒數 6 行的「法智忍、法智」更正爲「**法智、類智**」，同頁倒數 4 行的「類智忍、類智」更正爲「**法智忍、類智忍**」；並將書中引文重新標點後重印。敬請讀者攜回或寄回本公司免費換新。

**換書者免附回郵**，郵寄者之回郵由本公司負擔，不需寄來郵票，亦無截止期限；同時對因此而造成讀者閱讀、以及換書的困擾及不便，在此向所有讀者致上最誠懇的歉意，祈請讀者大眾見諒！

正智出版社有限公司 敬啓

國家圖書館出版品預行編目(CIP)資料

成唯識論釋 / 平實導師著述. --初版.
-- 臺北市 : 正智出版社有限公司, 2024.01
面 ; 公分

ISBN 978-626-96703-7-6(第一輯;平裝)
ISBN 978-626-97355-9-4(第二輯;平裝)

1. CST:瑜伽部

222.13 112005761

# 成唯識論釋——第一輯

作　者：平實導師
校　對：章乃鈞 孫淑貞 陳介源 王美伶 張善思
出版者：正智出版社有限公司
電話：○二 28327495　28316727（白天）
傳眞：○二 28344822
111 台北郵政 73-151 號信箱
郵政劃撥帳號：一九○六八二四一
**正覺講堂：**總機○二 25957295（夜間）
總經銷：聯合發行股份有限公司
231 新北市新店區寶橋路 235 巷 6 弄 6 號 4 樓
電話：○二 29178022（代表號）
傳眞：○二 29156275
初版首刷：二○二三年五月三十日　二千冊
初版七刷：二○二四年九月三十日　二千冊
定　價：四○○元